税 法（第六版）

SHUIFA

主 编 梁俊娇
副主编 王怡璞

中国人民大学出版社
·北京·

总 序

为了促进我国经济管理类学科建设，提高教学质量，规范教学内容，编写出一套高水平、高质量、上台阶，融理论与实务、知识性与启发性于一体，适合我国经济管理类各专业教学需要的真正的“21世纪课程教材”，在教育部高教司的直接领导下，我们组织国家税务总局、中国社会科学院、中国人民大学、中央财经大学、中南财经政法大学、东北财经大学、厦门大学、会计师事务所等“政产学”界的专家和教授积极开展调查研究，征求各方意见，讨论教材编写大纲和知识点。在教材初稿完成后，我们分别审查了各种教材的初稿，并进行了认真修改和完善，最后定稿。这套教材是教育部重点项目“财税课程主要教学内容改革研究与实践”的重要成果之一。它倾注了专家和教授的智慧，是集体智慧的结晶。

这套教材与同类教材、出版物相比，具有很高的权威性、准确性、实用性和针对性。我们希望全国各高等院校经济管理专业的广大教师继续关心和支持这项工作，同时将使用这套教材中遇到的问题和改进意见向各位主编反映，以供修订参考。

教学指导委员会

第六版前言

“税”成为2018年的年度汉字。随着税收法定原则的不断推进以及包括个人所得税改革在内的多项税收政策的落地，人们对于税法的学习出现了一个新高潮。本着对读者负责的精神，同时在各大院校老师和同学以及社会公众的强烈要求下，《税法（第六版）》应运而生。本教材根据最新的《中华人民共和国个人所得税法实施条例》《国务院关于印发个人所得税专项附加扣除暂行办法的通知》《国家税务总局关于发布〈个人所得税专项附加扣除操作办法（试行）〉的公告》《国家税务总局关于发布〈个人所得税扣缴申报管理办法（试行）〉的公告》等多项政策，对上一版教材进行了及时修订和进一步完善，以便读者更好地学习和掌握最新政策。与此同时，本教材还根据《国家税务总局关于深化增值税改革有关事项的公告》（国家税务总局公告2019年第14号）、《财政部、税务总局、海关总署关于深化增值税改革有关政策的公告》（财政部、税务总局、海关总署公告2019年第39号）、《国家税务总局关于小规模纳税人免征增值税政策有关征管问题的公告》（国家税务总局公告2019年第4号）、《中华人民共和国车辆购置税法》、《中华人民共和国耕地占用税法》、《财政部、税务总局关于实施小微企业普惠性税收减免政策的通知》（财税［2019］13号）等文件，补充了税制改革的最新内容，本教材中的城市维护建设税与印花税均根据最新的征求意见稿编写，以利于读者更系统、全面、及时、准确地掌握税法知识。

本教材的出版目的在于为本科生与研究生提供一部比较权威的税法学习用书。随着我国税收制度的日趋完善，我国的税收政策也得到了越来越多的关注。对于刚接触经济的学生来说，拥有一部准确且能及时更新的税法学习用书的意义是不言而喻的。围绕这个宗旨，与其他的教科书相比，本教材的特色体现在以下几个方面：一是在内容设计上，紧跟最新的税收政策变化，基本保证了在税收制度每次重大调整后，本教材也会随之更新，以满足学生学习最新税收政策的需求。与此同时，本教材综合考虑了学生在各阶段的学习特点，使之具有较强的针对性。此外，不同于市面上资格类考试中税法的参考教材，本教材对税收政策的学习采取了循序渐进的过程，并针对学生的学习重点对税收政策进行了筛选。二是在编排体系上，设置了“知识要点提醒”等多个板块，借以将最新的税收政策改革要点与易混淆的知识点通过单列的方式提醒学生注意。针对每个学习重点，本教材设计了较为详细的例题讲解，促使学生触类旁通、举一反三。三是在教材配套上，本教材还提供了《税法学习指导书》，其中包括单选题、多选题、名词解释、简答题、案例分析题与论述题等多种题型，而且题量较大，确保从不同角度与层面考察学生对税收政策的理解。每道习题都附有答案解释和说明，可以方便广大师生的使用。本教材的课件与案例说明等教辅资料的电子版也在中国人民大学出版社的网站上进行了及时更新，欢迎使用本教材的各院校老师免费订阅。

自 2014 年本教材发布了第一版以来，已经过了六年的时光。在此期间，每当我国的税收制度发生了较大调整，本教材也会随之更新。在这六年里，本教材得到了社会的广泛关注与各院校师生的肯定，不仅发行量增长了十倍之多，还拥有了一批忠实与热心的读者。在我们工作之余，经常有各大院校的老师（或涉税工作人员）与本教材编写组的成员积极探讨教材中的问题，共同推进本教材的推陈出新和日益完善。在此，特别感谢中国人民大学出版社的各位编辑人员和本教材的忠实用户对本教材的建议与支持，也特别感谢本教材编写组的每一位成员对税收政策的反复揣摩与钻研。各位老师的关心与指导，以及各位老师对本教材不足之处的批评指正，是本教材不断更新的动力。本次修订工作由梁俊娇、王怡璞、申畅和陈颖完成。最后，再次感谢读者对本教材的关心和支持，真诚希望广大读者提出宝贵意见，以便我们进一步修订和完善。

编者

第一版前言

税收是一个古老的财政范畴，是各国财政收入的最主要来源，同时还发挥着资源配置、收入分配和宏观调控等重大职能。而税法是税收的法律表现形式，是国家税务机关从事税收征收管理工作的法律依据，也是纳税人履行纳税义务的法定准则。

近年来，我国税法进行了一系列重大调整：2008 年，实施新的《企业所得税法》，内外资企业所得税的税率统一；2009 年，实施新的增值税、消费税、营业税暂行条例，增值税转型改革在全国推开；2011 年，新《资源税暂行条例》对石油和天然气实行从价计征，重庆、上海试点开征房产税，《个人所得税法》对个人免征额和税率、级距进行调整；2012 年，“营改增”试点范围继续扩大……这一系列改革标志着我国税制体系的逐步完善，同时也要求广大财经专业的学生更好地熟悉、掌握税法、最新政策和相关税收知识。

本教材不同于一般的税法教材，具有以下特点：

1. 内容的系统性与前沿性。本教材首先对税法基本原理进行概述，然后系统介绍了我国现行税制中的各个税种，即重点阐述纳税人、征税对象、税目、税率、纳税环节、纳税期限、纳税地点、减（免）税等税法构成要素，并在编写中尽可能吸收我国税收制度的最新政策，反映税制改革的前沿内容。

2. 体例的灵活性与新颖性。本教材各章除正文外，还包括导入案例、例题、即学即用、小思考、知识要点提醒等诸多板块，形式灵活、新颖，能激发、引导学生的学习兴趣和独立思考。

3. 注重趣味性与实务性。本教材在案例、例题等的设计选用上重点突出趣味性、实务性，使内容更易理解、掌握。同时，为满足广大师生的需求，在各章均附有思考题与练习题。

全书由中央财经大学税务学院梁俊娇教授、孙亦军教授主编，并负责全书的框架设计、体例安排、总纂并定稿。参与本教材编写的人员有张良、陈俊良、李寅、董玲、陶婕、刘杰、申畅、南荣素。

在本书的编写过程中，所有的编著者都付出了极大的努力，我们希望呈现一本令读者满意的教材。但由于宏观经济环境和税收政策的不断发展变化，加之编者水平有限，书中的不足之处在所难免，真诚希望广大读者和师生提出宝贵意见，以便我们进一步修订和完善。

编者

目　录

第1章 税法概述

【本章要点】

1. 税法的概念
2. 税法的分类
3. 税法的构成要素
4. 我国现行的税制体系
5. 税收管理体制

1.1 税法的概念

1.1.1 税法的定义

税和法历来是不可分割的，有税必有法，无法便无税，征税必须以税法为依据。

税收是国家为了向社会提供公共产品、满足社会共同需要，依照法律的规定，参与社会产品的分配，强制、无偿取得财政收入的一种规范形式。税收所表现的是按照法律的规定，通过强制的征收，把纳税人的收入转移到政府手中，形成财政收入。税法是国家制定的、用以调整国家与纳税人之间在征纳税方面的权利和义务关系的法律规范的总称。税法构建了国家依法征税、纳税人依法纳税的行为准则体系，其目的是保障国家的利益和纳税人的合法权益，维护正常的税收秩序，保证国家的财政收入。

各有权机关根据国家立法体制规定所制定的一系列税收法律、法规、规章和规范性文件，构成了我国的税收法律体系。从广义上讲，税法是各种税收法律规范的总和，即包括所有调整税收关系的法律、法规、规章和规范性文件，是税法体系的总称。广义的税收法律规范不仅存在于专门的税收法律法规中，还存在于其他与税收有关的法规之中。从狭义上讲，税法是特指由全国人民代表大会及其常务委员会制定和颁布的税收法律。

税法涉及的主体包括税收征管机关和纳税人。税收征管机关依法进行税收的征收和管理，纳税人依法缴纳税款，双方均有各自的权利和义务，受到税法的规范和制约。

税法的本质是正确处理国家与纳税人之间因税收而产生的税收法律关系，既要保证国家税收收入，也要保护纳税人的权利，两者缺一不可。税法的核心在于兼顾和平衡纳税人权利，在保障国家税收收入稳步增长的同时，也保证对纳税人权利的有效保护。

税法是我国法律体系的重要组成部分。税法在我国法律体系中的地位是由税收在国家经济活动中的重要性决定的。税收收入是国家取得财政收入、进行宏观调控的重要手段，是调整国家与企业和公民个人分配关系的最基本、最直接的方式。税收在国家经济活动中的重要性决定了税法在法律体系中的重要地位。

1.1.2 税法的分类

1. 按税法内容分类

按税法内容的不同，可以将税法分为税收实体法、税收程序法、税收处罚法、税收救济法和税务行政法。

税收实体法是规定税收法律关系主体的实体权利和义务的法律规范的总称。其主要内容包括纳税主体、征税客体、计税依据、税目、税率、减免税等，是国家向纳税人行使征税权和纳税人负担纳税义务的要件。只有具备这些要件，纳税人才负有纳税义务，国家才能向纳税人征税。税收实体法直接影响国家与纳税人之间的权利和义务分配，是税法的核心部分，没有税收实体法，税法体系就不能成立。《中华人民共和国增值税暂行条例》（以下简称《增值税暂行条例》）、《中华人民共和国企业所得税法》（以下简称《企业所得税法》）就属于税收实体法。

税收程序法是税收实体法的对称，是指以国家税收活动中所发生的程序关系为调整对象的税法，是规定国家征税权行使程序和纳税人纳税义务履行程序的法律规范的总称。其内容主要包括税收确定程序、税收征收程序、税收检查程序和税务争议的解决程序等。税收程序法是指如何具体实施税法的规定，是税法体系的基本组成部分。《中华人民共和国税收征收管理法》（以下简称《税收征管法》）就属于税收程序法。有的国家将税务争议的解决程序独立出来，将其称为税收争讼法，它是与税收实体法、税收程序法等并列的分类方法。

税收处罚法是对税收活动中的违法犯罪行为进行处罚的法律规范的总称。我国税收处罚法由四部分构成：一是《中华人民共和国刑法》（以下简称《刑法》）中对逃避缴纳税款、抗税、骗税等税收犯罪行为的刑事罚则；二是最高司法机关对税收犯罪做出的司法解释和规定；三是《税收征管法》中“法律责任”一章对税收违法行为的行政处罚规定；四是有关单行税法和其他法规中有关税收违法处罚的规定。

税收救济法是有关税收救济的法律规范的总称。税收救济是通过解决税收争议，制止和矫正违法或不当的税收行政侵权行为，从而使纳税人的合法权益获得补救。其内容主要包括税收行政复议、税务行政诉讼和税务行政赔偿等。

税务行政法是规定国家税务行政组织的规范性法律文件的总称。其内容通常包括各种不同税务机关的职责范围、人员编制、经费来源，各级各类税务机关设立、变更和撤销的程序，它们之间的相互关系，以及与其他国家机关的关系等。从一定意义上说，税务行政法也是税务行政组织法。多数国家并没有设立专门的税务行政法，而是在基本税法中确立税务机关的基本组织原则或规则，然后以法规或规章的形式确立税务机构的组织方法。

【小思考】 税收实体法与税收程序法的主要区别是什么？

【即学即用】 在下列税法中属于税收程序法的是（　　）。

A.《中华人民共和国增值税暂行条例》

B.《中华人民共和国个人所得税法》

C.《中华人民共和国税收征收管理法》

D.《中华人民共和国企业所得税法》

答案： C

---

2. 按税法效力分类

按照税法效力的不同，可以将税法分为税收法律、税收法规、税收规章等。

税收法律是指享有国家立法权的国家最高权力机关，依照法律程序制定的有关税收分配活动的基本制度。按照《中华人民共和国立法法》（以下简称《立法法》）的规定，只能由全国人民代表大会及其常务委员会制定法律，其法律地位和法律效力仅次于《中华人民共和国宪法》（以下简称《宪法》），而高于税收法规、规章。

税收法规是指国家最高行政机关根据其职权或国家最高权力机关的授权，依据《宪法》和税收法律，通过一定法律程序制定的有关税收活动的实施规定或办法。国务院是国家最高行政机关，依《宪法》和法律制定税收法规。

税收规章是指国家税收管理职能部门、地方政府根据其职权和国家最高行政机关的授权，依据有关法律、法规制定的规范性税收文件。在我国，具体是指财政部、国家税务总局、海关总署以及地方政府在其权限内制定的有关税收的“办法”、“规则”和“规定”等。

【小思考】 我国现行税法中属于税收法律的有哪几部？

3. 按税法地位分类

按照具体税法在税法体系中的法律地位不同，可以将其分为税收通则法和税收单行法。

税收通则法是指对税法中的共性问题加以规范，对具体税法具有约束力，在税法体系中具有最高法律地位和最高法律效力的税法。其主要内容包括通用条款、税权划分、基本税收权利与义务、征收程序、法律责任、行政协助、税务争讼等方面的内容。较为典型的税收通则法就是税收基本法。

税收单行法是指就某一类纳税人、某一类征税对象或某一类税收问题单独设立的税收法律、法规或规章。税收单行法受税收通则法的约束和指导。税收单行法是相对于税收通则法而言的，税收通则法以外的税法都属于税收单行法。

【小思考】 我国需要制定税收基本法吗？

4. 按税收管辖权分类

按照税收管辖权的不同，可以将税法分为国内税法与国际税法。

国内税法是指一国在其税收管辖权范围内调整税收分配过程中形成的权利与义务关系的法律规范的总称，是由国家最高权力机关和经由授权或依法律规定的国家行政机关制定的税收法律、法规、规章等规范性文件。其效力范围在地域上和对人上均以国家税收管辖权所能达到的管辖范围为准。

国际税法是指调整国家与国家之间税收权益分配的法律规范的总称。它包括政府间的双边或多边税收协定、关税互惠公约、《经合组织范本》、《联合国范本》以及国际税收惯例等。其内容涉及税收管辖权的确定、税收抵免以及无差别待遇、最惠国待遇等。国际税法是国际法的特殊组成部分，一旦得到一国政府和立法机关的法律承认，则国际税法的效力高于国内税法。

国际税法的主要内容包括税收管辖权及其协调、国际重复征税的缓解与消除、国际避税与反避税、国际税收协定四个方面。

【小思考】 各国必须遵守国际税收惯例吗？

1.2 税法的构成要素

1.2.1 税法的基本构成要素

税法的基本构成要素是指纳税人、征税对象和税率。由于这三个要素回答了由谁纳税、对什么征税、征多少税等最基本的税收问题，直接反映税收分配关系，所以相对于其他税制要素而言，它们是基本的要素，也是税制诸要素的核心与重点内容。

1. 纳税人

纳税人是指税法上规定的直接负有纳税义务的单位和个人，它规定了税款的直接承担者。每一税种都有关于纳税人的规定。

纳税人一般分为“法人”和“自然人”两类。法人依法对国家负有纳税义务，我国的纳税法人是指企业法人。我国税法中的纳税自然人具体是指我国公民、居住在我国的外国人和无国籍人以及属于自然人范畴的企业，如个体工商户、私营独资企业、农村经营承包户、个人合伙企业和其他不属于法人性质的企业等。

负税人是指实际负担税款的单位和个人。纳税人与负税人是两个既有联系又有区别的概念。纳税人是直接向税务机关缴纳税款的单位和个人。如果纳税人能够通过一定途径把税款转嫁或转移出去，纳税人就不再是负税人；否则，纳税人同时也是负税人。

【小思考】 税款（负）转嫁的条件是什么？如何进行税款（负）转嫁？

扣缴义务人是指按照税法的规定，负有代扣代缴税款义务的单位和个人。其目的是为了实行源泉控制，保证国家财政收入。扣缴义务人直接负有税款的扣缴义务，应当按照税法规定代扣税款，并在规定期限内足额缴入国库。对于不履行扣缴义务的扣缴义务人，应给予一定的法律制裁。对于完成扣缴义务的扣缴义务人，也有按规定取得一定比例手续费的权利。

【小思考】 纳税人是扣缴义务人吗？

2. 征税对象

征税对象是指征税的直接对象或国家征税的标的物。征税对象说明了对什么征税的问题，规定了每一种税的征税界限，是一种税区别于另一种税的主要标志。每一种税一般都有特定的征税对象。

征税对象从总体上确定了一个税种的征税范围，税种的名称也常常是以征税对象为根据来确定的。

征税对象可以从质和量两方面进行划分，其质的具体化是征税范围和税目，量的具体化是计税依据。它们与税类、税种、税源、税本等共同补充或延伸了征税对象的功能并使其具体化。

(1) 征税范围，即税法规定的征税对象的具体内容或范围，也就是课征税收的界限。凡是列入征税范围的，都应征税。

(2) 计税依据，即计算应纳税额所依据的标准，是指根据税法规定所确定的用以计算应纳税额的依据，也就是据以计算应纳税额的基数。一般来说，从价计算的税收以计税金额为计税依据，计税金额是指征税对象的数量乘以计税价格的数额；从量计征的税收以征税对象的自然单位（如重量、容积、体积、数量）为计税依据。

(3) 税目，即税法上规定的应征税的具体项目，是征税对象的具体化。税目体现了征税的广度，反映了各税种具体的征税范围。

【小思考】 为什么税法中要规定税目？每一种税都要划分税目吗？

(4) 税类，即国家税收制度中税收类别的简称。世界各国普遍实行复合税制，税收分类是税收征管科学化的前提。为了研究对比和加强管理的需要，各国常按一定的标准把各种基本相同或类似的税种归为一类，形成各个税类。每个税类中可以只包含一个税种，也可以包含数个税种。税类之间相互联系、相互配合，构成税制结构的一个最基本层次。常用的税收分类方法有以下几种：

1) 按征税对象的性质分类。按征税对象的性质，可以把税种分为货物劳务税（又称流转税）、所得税、资源税、财产税、特定目的与行为税五类。货物劳务税是以货物和劳务的流转额为征税对象的税种，它主要以货物销售额、购进货物的支付金额和营业收入额为计税依据，一般采用比例税率的形式。所得税是以收益额为征税对象的税种。资源税是对从事资源开发或者使用城镇土地者征收的，可以体现资源的有偿使用，并对纳税人取得的资源级差收入进行调节。财产税是以财产价值为征税对象的税种。特定目的与行为税是为了达到特定的目的，对特定对象和特定行为征收的税种。

2) 按税负能否转嫁分类。按税负能否转嫁，可以将税种分为直接税与间接税两大类。直接税是指纳税人直接负担的各种税收。间接税是指纳税人能将税负转嫁给他人负担的各种税收。对于直接税来说，由于税负不能转嫁，纳税人就是负税人。对于间接税来说，纳税人不一定是负税人，最终负担税收的可能是消费者。

3）按税收与价格的关系分类。按税收与价格的关系，可以将税种分为价内税和价外税两大类。价内税是指税款构成价格组成部分的税种。价内税的计税价格为含税价格。价外税是指税款不包含在价格中的税种。价外税的计税价格为不含税价格。

【小思考】 如何理解价内税与价外税？

4）按税收的计量标准分类。按税收的计量标准，可以将税种分为从价税和从量税。从价税是以征税对象的价格为计税依据的税种。从量税是以征税对象的数量、重量、容积或体积等自然单位为计税依据的税种。

5）按税收收入归属分类。按税收收入归属，可以将税种分为中央税、地方税和共享税。中央税是指收入归中央政府支配的税种。地方税是指收入归地方政府支配的税种。共享税是指收入由中央政府与地方政府共同分享的税种。

（5）税种。税种是国家税收制度中对税收种类的简称。根据征税对象的不同，税收划分为若干不同的税种，一个税种一般由若干税制要素构成。随着政治经济形势的变化和税制的不断改革，税种也会变化和调整。

（6）税基。税基是征税的客观基础。广义税基是指抽象意义上的课税基础；狭义税基是指计算税额时的课税基础，又称计税依据。

（7）税源。税源是指税收的源泉，即税收的最终出处。从根本上说，税源来自当年创造的剩余产品。具体到每种税，则有各自的经济来源。

（8）税本。税本是指产生税源的物质要素和基础条件。税源是税本所产生的果实，有税本才有税源，有税源才有税收。一般把人力、资金、资源等生产要素作为税本，因为通过这些生产要素的运用和有机结合才能生产社会产品，进而提供丰富的税源。

3. 税 率

税率是指应纳税额与征税对象数额之间的法定比例，是计算应纳税额和税收负担的尺度，体现征税的程度。税率既是税收制度的中心环节，也是税制中最活跃、最有力的因素。税率的高低，直接关系到国家财政收入和纳税人的负担，同时也反映了国家经济政策的要求。在征税对象既定的前提下，税率形式的选择和税率档次的设计，决定了税收规模和纳税人负担水平以及纳税人之间的税负水平。

（1）税率的基本形式。不同税率可细分为若干种税率形式，税率的基本形式有：

1）比例税率，是指对同一征税对象，不论数额大小，均按同一比例计征的税率。比例税率一般适用于对货物流转额的课税。在具体运用上，比例税率又可分为产品比例税率、地区差别比例税率、幅度比例税率。

2）累进税率，是指随着征税对象数额或相对比例的增大而逐级提高税率的一种递增等级税率。也就是说，按征税对象的数额或相对比例的大小，划分为若干不同的征税级距，规定若干个高低不同的等级税率。征税对象的数额或相对比例越大，规定的等级税率越高；反之，税率越低。累进税率又可分为全额累进税率、超额累进税率、全率累进税率、超率累进税率、超倍累进税率等。其中，使用时间较长和应用较多的是超额累进税率。

全额累进税率是指按征税对象的绝对数额划分征税级距，就纳税人的征税对象全部数额按与之相对应的级距税率计征的一种累进税率，即一定征税对象的税额只适用一个等级的税率。

超额累进税率是指按征税对象的绝对数额划分征税级距，就纳税人征税对象全部数额中符合不同级距部分的数额，分别按与之相对应的各级距税率计征的一种累进税率，即一定征税对象的应纳税所得额会同时适用几个等级的税率。超额累进税率下税款的计算比较复杂，征税对象包括的等级越多，计算的步骤也越多。为了解决这一问题，在实际工作中引进了"速算扣除数"，通过预先计算出的速算扣除数，即可直接计算应纳税额，不必再分级分段计算。采用速算扣除数计算应纳税额的公式是：

应纳税额＝应税所得额×适用税率－速算扣除数

速算扣除数是为简化计税程序而按全额累进税率计算超额累进税额时所使用的扣除数额，反映的具体内容是按全额累进税率和超额累进税率计算的应纳税额的差额。通常速算扣除数事先计算出来后，附在税率表中，并与税率表一同颁布。

全率累进税率是指按征税对象的相对比例划分征税级距，就纳税人的征税对象全部数额按与之相应的级距税率计征的一种累进税率。

超率累进税率是指按征税对象的相对比例划分征税级距，就纳税人的征税对象全部数额中符合不同级距部分的数额，分别按与之相应的各级距税率计征的一种累进税率。它以征税对象的某种比率作为累进依据。

超倍累进税率是以按征税对象的一定数额确定的计税基数为起点，就超过这个起点的倍数作为累进的依据。

【小思考】 全额累进税率与超额累进税率的区别是什么？

【例题 1-1】 假定 2019 年王某的应税所得为 150 000 元，适用的税率表如下：

年应纳税所得额	税率（%）	速算扣除数
不超过 36 000 元	3	0
超过 36 000 元至 144 000 元的部分	10	2 520
超过 144 000 元至 300 000 元的部分	20	16 920
…………	…………	…………

试分别按全额累进税率、超额累进税率计算王某的应纳税额。

解析：

全额累进税率下应纳税额的计算：

150 000×20％＝30 000(元)

超额累进税率下应纳税额的计算：

36 000×3％＋(144 000－36 000)×10％＋(150 000－144 000)×20％

＝1 080＋10 800＋1 200＝13 080(元)

或

150 000×20％－16 920＝13 080(元)

3）定额税率是指对每一单位的征税对象直接规定固定税额的一种税率，它是税率的一种特殊形式。在具体运用时，又可分为地区差别定额税率、幅度定额税率和分类分级定额税率等形式。

地区差别定额税率，即地区差别税额，是指根据不同地区的自然资源、成本水平和盈利水平的情况，分别制定不同的税额。

幅度定额税率，即幅度税额，是指税法统一规定税额幅度，各地区在规定的幅度内自行规定本地区的定额税率。

分类分级定额税率是指按照征税对象的不同种类和不同等级，分别规定不同税额的定额税率。

【小思考】 哪一种税率形式更能体现税收的公平原则？

（2）税率的其他形式。

1）名义税率与实际税率。名义税率与实际税率是分析纳税人负担时常用的概念。名义税率是指税法规定的税率。实际税率是指实际负担率，即纳税人在一定时期内实际缴纳税额占其征税对象实际数额的比例。由于某些税种中计税依据与征税对象不一致、税率存在差异以及减免税等因素，实际税率常常会低于名义税率。

【小思考】 在【例题1-1】中，王某的实际税率是多少？

2）边际税率与平均税率。边际税率是指在征税对象增加一些数额时，增加的这部分数额所纳税额与增加数额之间的比例。平均税率是指全部税额与全部征税对象的实际数额之比。在比例税率条件下，边际税率等于平均税率。在累进税率条件下，边际税率往往要大于平均税率。边际税率的提高还会带动平均税率的上升。边际税率上升的幅度越大，平均税率的提高就越多。

【小思考】 在【例题1-1】中，王某的边际税率和平均税率是多少？

3）零税率与负税率。零税率是以零表示的税率。负税率是指政府利用税收形式对所得额低于某一特定标准的家庭或个人予以补贴的比例。负税率主要用于负所得税的计算。负所得税是指现代一些西方国家把所得税和社会福利补助制度相结合的一种主张与试验，即对那些实际收入低于维持一定生活水平所需费用的家庭或个人，按一定比例付给所得税。

【小思考】 我国有必要实施负所得税吗？

1.2.2 税法的其他构成要素

1. 纳税环节

纳税环节是指在税法规定的商品整个流转过程中应当缴纳税款的环节。商品从生产到消费要经过许多流转环节，如工业品一般要经过工业生产、商业批发、商业零售等环节。许多税种往往只选择其中的某个环节纳税。按照纳税环节的多少可分为“一次课征制”、“两次课征制”和“多次课征制”。

2. 纳税期限

纳税期限一般是指税法规定的纳税人申报纳税的间隔时间。对于纳税期限的确定，主要应考虑以下几个方面的情况：首先，应从国民经济各部门生产经营的特点和不同的征税对象来确定；其次，应根据纳税人缴纳税款的数额来确定；最后，应根据纳税义务发生的特殊性和加强税收征管的要求来确定。从我国现行各税种看，纳税期限分为按年征收、按月征收和按次征收等。

与纳税期限相关的概念有缴库期限和申报期限。缴库期限又称入库期限，是指纳税人每期应纳税款缴入国库的间隔时间，它是纳税期限的一个延伸期限。申报期限是指纳税人每期申报应纳税款的间隔时间，通常是缴库期限的一个内含期限。

【小思考】 如何理解纳税期限与申报期限？

3. 税收优惠

税收优惠以减轻纳税人的税负为主要内容，往往与一定的经济政策的引导有关。税收优惠措施主要包括税收减免、税收抵免、亏损结转等。这些税收优惠措施的实行会直接影响到计税依据，从而影响纳税人的税收负担和国家相关经济、社会政策目标的实现。

税收减免是指国家为实现一定的政治经济政策，给某些纳税人或征税对象的一种鼓励或特殊照顾。减税是从应征税款中减征部分税款；免税是免征全部税款。税收减免的形式分为税基式减免、税率式减免和税额式减免三种。

税基式减免是通过直接缩小计税依据的方式实现的税收减免，具体包括起征点、免征额、项目扣除以及跨期结转等。其中，起征点是征税对象达到一定数额开始征税的起点，免征额是在征税对象的全部数额中免予征税的数额。起征点与免征额同为征税与否的界限，对纳税人来说，在其收入没有达到起征点或没有超过免征额的情况下，都不纳税。当纳税人的收入达到或超过起征点时，就其收入全额征税；当纳税人的收入超过免征额时，只就超过的部分征税。起征点只能照顾一部分纳税人，而免征额则可以照顾适用范围内的所有纳税人。项目扣除是指在征税对象中扣除一定项目的数额，以其余额作为依据计算税额。跨期结转是允许将以前纳税年度的亏损等在以后纳税年度的税基中扣除。

【即学即用】 张某月经营收入为30 000元，若当地规定的起征点为20 000元，计算张某的应税收入额。

解析： 由于张某的收入超过起征点，因而其应将全部收入30 000元作为应税收入额计算纳税。

【小思考】 张某月经营收入为30 000元，若当地规定的免征额为20 000元，张某的应税收入额为多少？

税率式减免是通过直接降低税率的方式实现的税收减免，具体包括重新确定税率、选用其他税率、零税率等形式。

税额式减免是通过直接减少应纳税额的方式实现的税收减免，具体包括全部免征、减半征收、核定减免率以及另行制定减征税额等。

4. 税收附加

税收附加是指随同正税一起征收的一种款项。正税是指国家正式开征并纳入预算内收入的各种税收。税收附加是由地方财政单独管理并按规定的范围使用，不得自行变更。税收附加的计算方法是以正税税款为依据，按规定的附加率计算附加额。

5. 违章处理

违章处理是指对纳税人发生违反税法行为所做的处罚，它是维护国家税法严肃性的一种必要措施，也是税收强制性的一种具体体现。纳税人的违章可以分为一般违章行为、欠税、偷税、抗税等。

1.3 我国现行税制体系

1.3.1 税制体系的概念

税制体系是指一国在进行税制设置时，根据本国的具体情况，将不同功能的税种进行组合配置，形成主体税种明确、辅助税种各具特色、作用和功能互补的税种体系。由于税制体系涉及的主要是税收的结构模式问题，所以又称税制结构或税收体系。

在不同的税种中，有的税种可以作为一国税制中的主体税种，有的税种只能充当辅助税种。主体税种是普遍征收的税种，其收入在全部税收收入总额中占较大比重，因而在税制体系中占主要地位。一国税收政策的目标主要是通过主体税种的设置和运行来实现的。辅助税种是作为主体税种的补充，往往为实现某一特定情况下国家的社会经济政策目标而设置，起到一种特殊调节作用。

1.3.2 税制体系的类型

1. 货物劳务税为主体

货物劳务税是以货物或劳务流转额为征税对象的税种的统称。这类税制体系的特征是：在税制体系中，货物劳务税居主体地位，在整个税制中发挥主导作用，其他税居次要地位，在整个税制中只起辅助作用。由于货物劳务税是以货物和劳务为征税对象，只要有货物和劳务的流转额发生，就能课征到税款，所以货物劳务税具有征税范围广、税源充裕、取得税收收入及时和稳定以及征管简便等优点，而且在实行价内税的情况下，该类税的税额又是价格的组成部分，能够与价格杠杆配合，调节生产、消费和在一定程度上调节企业的盈利水平。当然，这种税制体系同样存在一些缺点。由于该类税制体系只是在生产与流通领域形成收入的过程中对国民收入进行调节，所以其调节功能相对较弱，而且容易产生税负转移，其中有些税种还存在累退性以及重复征税等缺陷。

2. 所得税为主体

所得税是以所得额为征税对象的税种的统称。这类税制体系的特征是：在税制体系中，所得税居主导地位，在整个税制中发挥主导作用。由于这类税制体系以纳税人的所得额为计税依据，对社会所有成员普遍征收，即不仅对生产经营者征税，也对非生产经营但有收入的人征税；同时，所得税还可与累进税率配合，具有按负担能力大小征收、自动调节经济和公平分配的优点。当然，这类税制体系也存在收入不稳定、计算复杂、要求与之相适应的社会核算程度较高、征管难度较大等缺陷。

3. 资源税为主体

资源税是以资源的绝对收益和级差收益为征税对象的税种的统称。这类税制体系的特征是：在税制体系中，资源税居于主体地位，在整个税制中发挥主导作用。该类税是对土地、矿产、水利、滩涂、森林等所有资源征税，所以这类税制体系具有保护资源、促进合理配置资源、调节资源级差收入和课税一般不受成本费用变化影响等特点。由于世界上大多数国家的资源分布都有不均匀的现象，所以，除少数中东石油资源丰富的国家外，其他国家很少采用这种税制体系。

1.3.3 影响税制体系的因素

尽管每个国家的税制体系都有其具体的形成和发展原因，但从总体上看，影响税制体系的主要因素大致可以分为以下几个方面。

1. 社会经济发展水平

社会经济发展水平是影响并决定税制体系的最基本因素，这里的社会经济发展水平主要是指社会生产力发展水平以及由社会生产力发展水平所决定的经济结构。从世界主要国家税制体系的历史发展进程来看，它大致经历了从古老的直接税到间接税，再由间接税发展到现代直接税的进程，这种发展进程是同社会经济发展水平的进程相一致的。

2. 国家政策取向

税制体系的具体设置，一方面要体现税收的基本原则，另一方面也要为实现国家的税收政策目标服务。税收作为国家宏观经济政策的一个主要工具，除了其特有的财政收入职能外，与其他许多宏观经济政策工具一样，要发挥调控职能，需要通过具体税种的设置对社会经济起到调节作用。

3. 税收管理水平

一国的税收管理水平对该国税制体系的设置也会产生影响。一般来说，由于货物劳务税是对货物销售或劳务服务所取得的收入进行征税，因而其征收管理相对较为简单。而所得税是对纳税人取得的各项所得进行征税，涉及税前扣除、具体的会计制度等许多细节问题，征收管理相对较为复杂。因此，如果一国采用以所得税为主体的税制体系，必须有较高的税收管理水平作为基础。

【小思考】 大多数西方发达国家为什么采用以所得税为主体的税制体系结构？

1.3.4 我国现行的税制体系

自中华人民共和国成立以来，我国税制体系经历了从计划经济到有计划的商品经济，再到社会主义市场经济的调整与变革过程。其中，1994 年的税制改革是中华人民共和国成立以来范围最广、程度最深、影响最大的一次税制改革。这次税制改革是适应建立社会主义市场经济体制的要求，按照“统一税制、公平税负、简化税制、合理分权、理顺分配关系、保证财政收入”的指导思想，选择以货物劳务税制及所得税制为重点，建立一个多税种、多次征、主次分明的复合式税制体系。

经过 1994 年税制改革和多年来的逐步完善，我国已初步建立了适应社会主义市场经济体制需要的税制体系。目前，我国实际开征的税种共有 18 种（从 2018 年 1 月 1 日起开始征收环境保护税），按其性质和作用大致可以分为 5 类：

（1）货物劳务税类，包括增值税、消费税、关税和烟叶税。

(2) 所得税类，包括企业所得税、个人所得税。

(3) 资源税类，包括资源税、城镇土地使用税、土地增值税和耕地占用税。

(4) 财产税类，包括房产税、车船税和契税。

(5) 特定目的与行为税类，包括城市维护建设税、印花税、车辆购置税、船舶吨税和环境保护税。

【小思考】 我国现行的税制体系是否合理？

1.4 我国税收管理体制

1.4.1 税收管理体制概述

税收管理体制是指在中央与地方以及地方各级政府之间划分税收管理权限的一种制度，是税收管理制度的重要组成部分。税收管理权限包括税收立法权和税收管理权两个方面。

税收立法权是指国家最高权力机关依据法定程序赋予税收法律效力时所具有的权力。税收立法权包括税法制定权、审议权、表决权和公布权。

税收管理权是指贯彻执行税法所拥有的权限，它实质上是一种行政权力，属于政府及其职能部门的职权范围。

1.4.2 税务管理机构的设置和税收收入的划分

1. 税务管理机构的设置

为了保证中央财政与地方财政收入，1994 年国家按税种分设了国家税务局和地方税务局，分别负责中央税、中央与地方共享税和地方税的征收管理工作。国家税务总局是我国税务管理工作的最高职能机构，代表国家实施税务管理的职能。

2018 年 3 月，中共中央印发了《深化党和国家机构改革方案》，用于改革国税、地税征管体制。为了降低征纳成本、理顺职责关系、提高征管效率，为纳税人提供更加优质、高效、便利的服务，将省级和省级以下国税、地税机构合并，具体承担所辖区域内各项税收、非税收入征管等职责。为了提高社会保险资金征管效率，将基本养老保险费、基本医疗保险费、失业保险费等各项社会保险费交由税务部门统一征收。在国税、地税机构合并后，实行国家税务总局与省（自治区、直辖市）政府的双重领导管理体制（以国家税务总局为主）。

【小思考】 我国税务机构设置是否合理？按行政区划与按经济区划设置税务机构哪个更有效率？

2. 中央政府与地方政府税收收入的划分

按照事权与财权相结合的原则，把各项税收划分为中央税、中央与地方共享税和地

方税。

中央政府固定收入包括国内消费税、车辆购置税、关税、船舶吨税、海关代征的进口增值税和消费税等。

地方政府固定收入包括房产税、城镇土地使用税、土地增值税、车船税、烟叶税、耕地占用税、契税、环境保护税等。

中央政府与地方政府共享收入包括：

（1）增值税（不含进口环节由海关代征的部分）：中央政府分享 50%，地方政府分享 50%。①

（2）企业所得税：中国铁路总公司、各银行总行及海洋石油天然气企业缴纳的部分归中央政府，其余部分中央政府分享 60%，地方政府分享 40%。

（3）个人所得税：中央政府分享 60%，地方政府分享 40%。

（4）资源税：海洋石油资源税作为中央收入，其他资源税归地方政府。

（5）印花税：从 2016 年 1 月 1 日起，证券交易印花税收入全部调整为中央收入，其他印花税收入归地方政府。

（6）城市维护建设税：中国铁路总公司、各银行总行、各保险总公司集中缴纳的部分归中央政府，其余部分归地方政府。

【即学即用】 在下列税种中属于中央政府固定收入的有（　　）。

A. 增值税　　B. 房产税　　C. 消费税　　D. 车辆购置税

答案：CD

本章小结

税法是税制的核心，是税收的法律表现形式。税法是由国家权力机关或其授权的行政机关制定的调整税收关系的法律规范的总称，是国家税务征管机关和纳税人从事税收征收管理与缴纳活动的法律依据。税法的基本构成要素包括纳税人、征税对象和税率。税制体系是指一国在进行税制设置时，根据本国的具体情况，将不同功能的税种进行组合配置，形成主体税种明确、辅助税种各具特色、作用和功能互补的税种体系。社会经济发展水平、国家政策取向、税收管理水平影响一个国家的税制体系。税收管理体制是指在中央与地方以及地方各级政府之间划分税收管理权限的一种制度，是税收管理制度的重要组成部分。税收管理权限包括税收立法权和税收管理权两个方面。

关键术语

税法　税制要素　税制体系　税收管理体制

---

① 国务院关于印发全面推开营改增试点后调整中央与地方增值税收入划分过渡方案的通知（国发［2016］26 号），2016-04-29.

思考题

1. 税法的特征有哪些？
2. 税法可以分为几类？
3. 税法的要素包括哪些内容？
4. 税法体系的影响因素有哪些？
5. 我国现行税收管理权限是如何划分的？

相关网站

［1］中国财税法网
［2］中国税法分类速查网
［3］国家税务总局
［4］法律与公共财政法网

第2章 增值税

【本章要点】

1. 增值税的概念
2. 增值税的特点
3. 纳税人
4. 征税对象
5. 税率
6. 应纳税额的计算
7. 出口货物退免税的计算
8. 税收优惠
9. 纳税义务发生时间
10. 增值税申报与征收管理

【导入案例】

鉴于目前十分庞大的汽车消费市场，经董事会研究决定，A汽车制造有限公司在北京成立宏远汽车修理厂，预计月营业额为50万元，每月购进的修理配件金额为10万元，那么该厂每月取得的汽车修理费收入如何缴纳增值税？（假定上述金额均不含税，且购进的修理配件均能取得增值税专用发票。）

2.1 增值税概述

2.1.1 增值税的概念

增值税是对在中华人民共和国境内销售货物，提供加工、修理修配劳务（以下简称

"应税劳务"），销售服务、无形资产或者不动产（以下简称"应税行为"），以及进口货物的单位和个人就其实现的增值额作为征税对象而征收的一种税。

增值额是指企业或者其他经营者从事生产、服务，销售无形资产、不动产和提供劳务，在购入的货物、劳务、服务、无形资产和不动产的价值基础上新增加的价值额，是从事生产、经营、服务过程中新创造的那部分价值。就一个生产单位来说，增值额是这个单位商品销售收入额或者经营收入额扣除非增值项目（相当于物化劳动，如外购的原材料、燃料、动力、包装物、低值易耗品等）价值后的余额。这个余额大体相当于该单位活劳动创造的价值。就一个商品的生产、经营全过程来说，不论其生产、经营经过几个环节，最后的销售价格等于各环节增值额之和。从国民收入分配角度看，增值额（V+M）在我国相当于净产值，包括工资、利润、利息、租金和其他属于增值性的收入。

1. 理论增值额

根据马克思的劳动价值理论，增值额是指人类通过劳动新创造的价值额，相当于商品价值C+V+M中的V+M部分，包括工资、利息、利润。C代表商品生产过程中所消耗的生产资料转移价值；V代表工资，是劳动者为自己创造的价值；M代表剩余价值或盈利，是劳动者为社会创造的价值。增值额是劳动者新创造的价值，从内容上讲，大体相当于净产值。

2. 法定增值额

实行增值税的国家，征税的增值额并非理论上的增值额，而是法定增值额。法定增值额是指各国政府根据各自的国情、政策要求，在增值税制度中人为确定的增值额。

3. 法定增值额与理论增值额的关系

法定增值额可以等于理论增值额，也可以大于或者小于理论增值额。造成法定增值额与理论增值额不一致的一个重要原因是各国在规定扣除范围时，对外购固定资产所含增值税的处理办法不同。一般来说，各国在确定法定增值额时，对外购流动资产价款部分都允许从货物总价值中扣除。但是，对外购固定资产的价款，各国的处理办法不尽相同。

【即学即用】 表2-1是某商品的最后销售价格与各生产流通环节增值额的关系。

表2-1 某商品的最后销售价格与各生产流通环节增值额的关系

生产流通环节	本环节销售额（元）	本环节增值额（元）
原材料生产环节	50	50*
产成品生产环节	80	30
批发环节	120	40
零售环节	140	20
合计	390	140

* 假定本环节均为增值额，无购进项目。每个环节的增值额为本环节销售额减去购进成本（即上一环节的销售额）后的余额。

以表2-1为例，如果对每个环节的销售额计税，除了第一个环节外，其余环节分别被重复征税若干次。如果改为按每个环节的增值额征税后，不论一个商品从生产到最后消费经过几个流转环节，其计税总值都等于该商品的最终销售价格。

2.1.2 增值税的特点

1. 避免重复征税

增值税仅就增值额部分征税，这是增值税最本质的特征，也是增值税区别于其他间接税的一个显著特点。

2. 普遍征收

从增值税的征税范围看，对从事商品生产经营和劳务及服务提供、销售不动产以及无形资产的所有单位和个人，在商品、劳务和服务、不动产与无形资产增值的各个生产流通环节向纳税人普遍征收。

3. 税收负担由最终消费者承担

虽然增值税是向纳税人征收，但纳税人在销售商品或者提供劳务、服务时又通过价格将税收负担转嫁给下一生产流通环节，因而税负由最终消费者承担。

4. 实行税款抵扣制度

在计算纳税人的增值税应纳税款时，要扣除商品、劳务和服务在以前的生产流通环节已负担的税款，以避免重复征税。从世界各国来看，一般都实行凭购货发票进行税款抵扣制度。

5. 实行比例税率

从实行增值税制度的国家来看，普遍实行比例税制，以贯彻征收简便易行的原则。由于增值额对不同行业、不同企业和不同产品来说性质是一样的，原则上对增值额应采用单一比例税率，但为了贯彻经济、社会政策，也会对某些行业或产品实行不同的税率。

6. 实行价外税制度

在计税时，作为计税依据的销售额中不包含增值税税额，这样有利于形成均衡的生产价格，并有利于税负转嫁。这是增值税与传统的以全部流转额为计税依据的税种的一个重要区别。

【实例分析】

甲方销售货物给乙方并收取5 000元，该货物的成本为3 000元，乙方再以7 000元的价格销售给丙方。此时，对于甲方来说，他只需对2 000元（=5 000－3 000）的部分计算增值税，而不是对5 000元计算增值税；对于乙方来说，他只需对2 000元（=7 000－5 000）的部分计算增值税，而不是对7 000元计算增值税。甲方销售货物给乙方和乙方销售货物给丙方，都是对增值额计税。甲方要开具增值税专用发票给乙方抵扣，同时乙方要开具增值税专用发票给丙方抵扣，这样就避免了重复征税问题。

2.1.3 增值税的类型

根据对购入固定资产已纳税款的不同处理，可以将增值税分为不同的类型。依据实行增值税的各个国家允许抵扣已纳税款的扣除项目范围的大小，增值税分为生产型增值税、收入型增值税、消费型增值税三种类型。三大增值税类型的特点比较见表 2-2。

1. 生产型增值税

生产型增值税以纳税人的销售收入（或劳务收入、服务收入）减去用于生产经营的外购原材料、燃料、动力等物质资料价值和劳务、服务等非物质资料价值后的余额作为法定的增值额，但对购入的固定资产及其折旧均不予扣除。也就是说，既不允许扣除购入固定资产的价值，也不考虑生产经营过程中固定资产磨损的那部分转移价值（即折旧）。由于这个法定增值额等于工资、租金、利息、利润和折旧之和，其内容从整个社会来说相当于国民生产总值，所以称为生产型增值税。

2. 收入型增值税

收入型增值税除允许扣除外购物质资料和非物质资料的价值以外，对于购置用于生产经营用的固定资产，允许将已提折旧的价值额予以扣除。也就是说，对于购入的固定资产，可以按照磨损程度相应地给予扣除。就整个社会来说，这个法定增值额相当于国民收入，所以称为收入型增值税。

3. 消费型增值税

消费型增值税允许将购置物质资料和非物质资料的价值以及用于生产经营的固定资产价值中所含的税款，在购置当期全部一次扣除。虽然固定资产在原生产经营单位作为商品于出售时都已征税，但当购置者作为固定资产购进使用时，其已纳税额在购置当期已经全部扣除。因此，就整个社会来说，这部分商品实际上没有征税，所以说这种类型增值税的征税对象不包括生产资料部分，仅限于当期生产销售的所有消费品，所以称为消费型增值税。我国从 2009 年 1 月 1 日起实行消费型增值税。

表 2-2　三大增值税类型比较

类型	特点	优点	缺点
生产型增值税	1. 确定法定增值额时不允许扣除任何外购固定资产价款 2. 法定增值额＞理论增值额	保证财政收入	不利于鼓励投资
收入型增值税	1. 对外购固定资产只允许扣除当期计入产品价值的折旧部分 2. 法定增值额＝理论增值额	完全避免重复征税	给以票扣税造成困难
消费型增值税	1. 当期购入固定资产价款一次全部扣除 2. 法定增值额＜理论增值额	体现增值税的优越性，便于操作	—

【小思考】 增值税转型改革是我国税制改革史上的一件大事，在当前的市场经济条件下有怎样的现实意义？

【实例分析】

某企业销售收入 100 万元，购入原材料 45 万元，固定资产 36 万元，当期计提折旧 5 万元，请计算不同增值税类型下的法定增值额（计算结果见表 2-3）。

表 2-3　　不同类型增值税的增值额　　单位：万元

类型	销售额	扣除外购原材料	扣除外购固定资产	法定增值额
生产型增值税	100	45	0	55
收入型增值税	100	45	5	50
消费型增值税	100	45	36	19

【小思考】 哪种类型的增值税对纳税人最有利？

2.2 纳税人

2.2.1 基本概念

1. 纳税人

根据《增值税暂行条例》及营业税改征增值税（以下简称“营改增”）税收政策的规定，凡在中华人民共和国境内销售或者进口货物、提供应税劳务和销售服务、无形资产、不动产的单位和个人，都是增值税的纳税人。其中，单位是指企业、行政单位、事业单位、军事单位、社会团体及其他单位；个人是指个体工商户和其他个人。境内的具体含义是指：

（1）销售货物的起运地或者所在地在境内。

（2）提供的应税劳务发生在境内。

（3）在境内销售服务、无形资产或者不动产，是指：

1）服务（租赁不动产除外）或者无形资产（自然资源使用权除外）的销售方或者购买方在境内。

2）所销售或者租赁的不动产在境内。

3）所销售自然资源使用权的自然资源在境内。

4）财政部和国家税务总局规定的其他情形。

（4）下列情形不属于在境内销售服务或者无形资产：

1）境外单位或者个人向境内单位或者个人销售完全在境外发生的服务。

2）境外单位或者个人向境内单位或者个人销售完全在境外使用的无形资产。

3）境外单位或者个人向境内单位或者个人出租完全在境外使用的有形动产。

4）财政部和国家税务总局规定的其他情形。

【实例分析】

境外某咨询公司与境内某公司签订咨询合同，就这家境内公司开拓境内外市场进行实地调研并提出合理化管理建议，境外咨询公司提供的咨询服务同时在境内和境外发生，属于在境内销售服务。

【实例分析】

境外C公司向境内D公司转让一项专利技术，该技术同时用于D公司在境内和境外的生产线，属于在境内销售无形资产。境外E公司向境内F公司转让一项专用于F公司所属印度子公司在印度生产线上的专利技术，不属于在境内销售无形资产。

在境内销售或进口货物、提供应税劳务的单位租赁或者承包给其他单位或者个人经营的，以承租人或者承包人为纳税人。“营改增”试点的单位以承包、承租、挂靠方式经营的，承包人、承租人、挂靠人（以下简称“承包人”）以发包人、出租人、被挂靠人（以下简称“发包人”）名义对外经营并由发包人承担相关法律责任的，以该发包人为纳税人；否则，以承包人为纳税人。

2. 扣缴义务人

中华人民共和国境外的单位或者个人在境内销售劳务，在境内未设有经营机构的，以其境内代理人为扣缴义务人；在境内没有代理人的，以购买方为扣缴义务人。

2.2.2 增值税纳税人的类型

我国增值税实行税款抵扣制度，对增值税纳税人的会计核算是否健全，是否能够准确核算销项税额、进项税额以及应纳税额有较高的要求。为了方便增值税的征收管理，保证对专用发票的正确使用和安全管理，将增值税纳税人按照其经营规模大小及会计核算是否健全划分为一般纳税人和小规模纳税人。

1. 小规模纳税人

小规模纳税人是指年应征增值税销售额（以下简称“应税销售额”）未超过财政部和国家税务总局规定标准，并且会计核算不健全，不能按规定报送有关税务资料的增值税纳税人。会计核算不健全是指不能正确核算增值税的销项税额、进项税额和应纳税额。

年应税销售额是指纳税人在连续不超过12个月或四个季度的经营期内累计应征增值税销售额，包括纳税申报销售额、稽查查补销售额、纳税评估调整销售额、税务机关代开发票销售额和免税销售额。对于稽查查补销售额和纳税评估调整销售额，应计入查补税款申报当月的销售额，不应计入税款所属期销售额。经营期是指在纳税人存续期内的连续经营期间，包括未取得销售收入的月份。

根据《增值税暂行条例》和《中华人民共和国增值税暂行条例实施细则》（以下简称《增值税暂行条例实施细则》）以及《财政部、税务总局关于统一增值税小规模纳税人标准的通知》（财税［2018］33号）的规定，小规模纳税人的标准是：

（1）年应征增值税销售额500万元及以下。

需要注意的是，“营改增”试点纳税人试点实施前的应税服务年销售额按以下公式换算：

$$\text{销售服务、无形资产、不动产年销售额}=\frac{\text{连续不超过 12 个月营业额合计}}{1+3\%}$$

按规定差额征收营业税的试点纳税人，上述公式中的“营业额”按未扣除前的营业额计算。

（2）年应税销售额超过规定标准的其他个人不属于一般纳税人。

(3) 不经常发生应税销售行为的单位和个体工商户可选择按照小规模纳税人纳税。

(4) 兼有销售货物、劳务和销售服务、无形资产、不动产，且不经常发生销售货物、劳务和销售服务、无形资产、不动产的单位及个体工商户，可选择按照小规模纳税人纳税。

(5) 增值税小规模纳税人偶然发生的转让不动产的销售额，不计入销售服务、无形资产、不动产年销售额。

2. 一般纳税人

(1) 登记标准。一般纳税人是指年应税销售额超过财政部、国家税务总局规定的小规模纳税人标准的企业和企业性单位。除国家税务总局另有规定外，纳税人一经登记为一般纳税人后，不得转为小规模纳税人。

年应税销售额未超过财政部、国家税务总局规定标准的纳税人，会计核算健全，能够提供准确税务资料的，可以向主管税务机关办理一般纳税人登记。

(2) 不需办理一般纳税人登记的纳税人。

① 按照政策规定，选择按照小规模纳税人纳税的。

② 年应税销售额超过规定标准的其他个人。

此外，根据《财政部、税务总局关于统一增值税小规模纳税人标准的通知》(财税［2018］33号) 以及《国家税务总局关于统一小规模纳税人标准等若干增值税问题的公告》(国家税务总局公告2018年第18号)，同时符合以下条件的一般纳税人，可选择按照《财政部、税务总局关于统一增值税小规模纳税人标准的通知》(财税［2018］33号) 第二条的规定，转登记为小规模纳税人或选择继续作为一般纳税人：

第一，根据《中华人民共和国增值税暂行条例》第十三条和《中华人民共和国增值税暂行条例实施细则》第二十八条的有关规定，登记为一般纳税人。

第二，转登记日前连续12个月 (以1个月为1个纳税期) 或者连续4个季度 (以1个季度为1个纳税期) 累计应征增值税销售额未超过500万元。

转登记日前经营期不满12个月或者4个季度的，按照月 (季度) 平均应税销售额估算上款规定的累计应税销售额。

但是，转登记为小规模纳税人后，如果纳税人连续12个月或者4个季度的销售额超过500万元，则应按照规定，再次登记为一般纳税人。

【小思考】 10月[①]，某数学研究院转让一批实验设备，取得转让收入600万元，该研究院是否需要办理一般纳税人资格登记？

2.3 征税对象

2.3.1 一般规定

1. 销售货物

销售货物是指有偿转让货物的所有权。其中，货物是指有形动产，包括电力、热力、

① 在本书中，若非特别说明，例题等所涉时间均为2019年。

气体在内。

2. 提供应税劳务

提供应税劳务是指有偿提供加工、修理修配劳务。其中，加工是指受托加工货物，即委托方提供原料及主要材料，受托方按照委托方的要求制造货物并收取加工费的业务；修理修配是指受托对损伤和丧失功能的货物进行修复，使其恢复原状和功能的业务。单位或者个体工商户聘用的员工为本单位或者雇主提供加工、修理修配劳务，不包括在内。

3. 销售服务、无形资产和不动产

(1) 销售服务，是指提供交通运输服务、邮政服务、电信服务、建筑服务、金融服务、现代服务、生活服务。

① 交通运输服务，是指利用运输工具将货物或者旅客送达目的地，使其空间位置得到转移的业务活动，包括陆路运输服务、水路运输服务、航空运输服务和管道运输服务。

第一，陆路运输服务，是指通过陆路（地上或者地下）运送货物或者旅客的运输业务活动，包括铁路运输服务和其他陆路运输服务。出租车公司向使用本公司自有出租车的出租车司机收取的管理费用，按照陆路运输服务缴纳增值税。

第二，水路运输服务，是指通过江、河、湖、川等天然、人工水道或者海洋航道运送货物或者旅客的运输业务活动。

水路运输的程租业务和期租业务属于水路运输服务。

程租业务是指运输企业为租船人完成某一特定航次的运输任务并收取租赁费的业务。

期租业务是指运输企业将配备有操作人员的船舶租赁给他人使用一定期限，租赁期内听候承租方调遣，不论是否经营，均按天向承租方收取租赁费，发生的固定费用均由船东负担的业务。

第三，航空运输服务，是指通过空中航线运送货物或者旅客的运输业务活动。

航空运输的湿租业务属于航空运输服务。

湿租业务是指航空运输企业将配备有机组人员的飞机租赁给他人使用一定期限，租赁期内听候承租方调遣，不论是否经营，均按一定标准向承租方收取租赁费，发生的固定费用均由承租方承担的业务。

【小思考】 程租业务、期租业务和湿租业务的区别是什么？

第四，管道运输服务，是指通过管道设施输送气体、液体、固体物质的运输业务活动。

无运输工具承运业务按照交通运输服务缴纳增值税。

无运输工具承运业务是指经营者以承运人身份与托运人签订运输服务合同，收取运费并承担承运人责任，然后委托实际承运人完成运输服务的经营活动。

② 邮政服务，是指中国邮政集团公司及其所属邮政企业提供邮件寄递、邮政汇兑和机要通信等邮政基本服务的业务活动，包括邮政普遍服务、邮政特殊服务和其他邮政服务。

第一，邮政普遍服务，是指函件、包裹等邮件寄递，以及邮票发行、报刊发行和邮政汇兑等业务活动。

第二，邮政特殊服务，是指义务兵平常信函、机要通信、盲人读物和革命烈士遗物的寄递等业务活动。

第三，其他邮政服务，是指邮册等邮品销售、邮政代理等业务活动。

③ 电信服务，是指利用有线、无线的电磁系统或者光电系统等各种通信网络资源，提供语音通话服务，传送、发射、接收或者应用图像、短信等电子数据和信息的业务活动，包括基础电信服务和增值电信服务。

第一，基础电信服务，是指利用固网、移动网、卫星、互联网，提供语音通话服务的业务活动，以及出租或者出售带宽、波长等网络元素的业务活动。

第二，增值电信服务，是指利用固网、移动网、卫星、互联网、有线电视网络，提供短信和彩信服务、电子数据和信息的传输及应用服务、互联网接入服务等业务活动。

卫星电视信号落地转接服务按照增值电信服务缴纳增值税。

④ 建筑服务。建筑服务是指各类建筑物、构筑物及其附属设施的建造、修缮、装饰，线路、管道、设备、设施等的安装以及其他工程作业的业务活动，包括工程服务、安装服务、修缮服务、装饰服务和其他建筑服务。

第一，工程服务，是指新建、改建各种建筑物、构筑物的工程作业，包括与建筑物相连的各种设备或者支柱、操作平台的安装或者装设工程作业，以及各种窑炉和金属结构工程作业。

第二，安装服务，是指生产设备、动力设备、起重设备、运输设备、传动设备、医疗实验设备以及其他各种设备、设施的装配、安置工程作业，包括与被安装设备相连的工作台、梯子、栏杆的装设工程作业，以及被安装设备的绝缘、防腐、保温、油漆等工程作业。

固定电话、有线电视、宽带、水、电、燃气、暖气等经营者向用户收取的安装费、初装费、开户费、扩容费以及类似收费，按照安装服务缴纳增值税。

【小思考】 全面“营改增”以后，企业销售自产电梯并负责安装的业务，应如何计算增值税？

第三，修缮服务，是指对建筑物、构筑物进行修补、加固、养护、改善，使之恢复原来的使用价值或者延长其使用期限的工程作业。

第四，装饰服务，是指对建筑物、构筑物进行修饰装修，使之美观或者具有特定用途的工程作业。

第五，其他建筑服务，是指上述工程作业之外的各种工程作业服务，如钻井（打井）、拆除建筑物或者构筑物、平整土地、园林绿化、疏浚（不包括航道疏浚）、建筑物平移、搭脚手架、爆破、矿山穿孔、表面附着物（包括岩层、土层、沙层等）剥离和清理等工程作业。

航道疏浚服务属于“物流辅助服务——港口码头服务”。

⑤ 金融服务，是指经营金融、保险的业务活动，包括贷款服务、直接收费金融服务、保险服务和金融商品转让。

第一，贷款服务，是指将资金借贷给他人使用并取得利息收入的业务活动。

各种占用、拆借资金取得的收入，包括金融商品持有期间（含到期）的利息（保本收益、报酬、资金占用费、补偿金等）收入、信用卡透支利息收入、买入返售金融商品的利息收入、融资融券收取的利息收入，以及融资性售后回租、押汇、罚息、票据贴现、转贷等业务取得的利息及利息性质的收入，按照贷款服务缴纳增值税。

融资性售后回租是指承租方以融资为目的，将资产出售给从事融资性售后回租业务的企业后，从事融资性售后回租业务的企业将该资产出租给承租方的业务活动。

以货币资金投资收取的固定利润或者保底利润，按照贷款服务缴纳增值税。

第二，直接收费金融服务，是指为货币资金融通及其他金融业务提供相关服务并且收取费用的业务活动，包括提供货币兑换、账户管理、电子银行、信用卡、信用证、财务担保、资产管理、信托管理、基金管理、金融交易场所（平台）管理、资金结算、资金清算、金融支付等服务。

第三，保险服务，是指投保人根据合同约定，向保险人支付保险费，保险人对于合同约定的可能发生的事故因其发生所造成的财产损失承担赔偿保险金责任，或者当被保险人死亡、伤残、疾病或者达到合同约定的年龄、期限等条件时承担给付保险金责任的商业保险行为，包括人身保险服务和财产保险服务。

人身保险服务是指以人的寿命和身体为保险标的的保险业务活动。

财产保险服务是指以财产及其有关利益为保险标的的保险业务活动。

第四，金融商品转让，是指转让外汇、有价证券、非货物期货和其他金融商品所有权的业务活动。

其他金融商品转让包括基金、信托、理财产品等各类资产管理产品和各种金融衍生产品的转让。

【小思考】 销售金融商品的计税依据应如何计算？

⑥ 现代服务，是指围绕制造业、文化产业、现代物流产业等提供技术性、知识性服务的业务活动，包括研发和技术服务、信息技术服务、文化创意服务、物流辅助服务、租赁服务、鉴证咨询服务、广播影视服务、商务辅助服务和其他现代服务。

第一，研发和技术服务，包括研发服务、合同能源管理服务、工程勘察勘探服务、专业技术服务。

第二，信息技术服务，是指利用计算机、通信网络等技术对信息进行生产、收集、处理、加工、存储、运输、检索和利用，并提供信息服务的业务活动，包括软件服务、电路设计及测试服务、信息系统服务、业务流程管理服务和信息系统增值服务。

第三，文化创意服务，包括设计服务、知识产权服务、广告服务和会议展览服务。

第四，物流辅助服务，包括航空服务、港口码头服务、货运客运场站服务、打捞救助服务、装卸搬运服务、仓储服务和收派服务。

第五，租赁服务，包括融资租赁服务和经营租赁服务。

融资租赁服务是指具有融资性质和所有权转移特点的租赁活动，即出租人根据承租人所要求的规格、型号、性能等条件购入有形动产或者不动产租赁给承租人，合同期内租赁物所有权属于出租人，承租人只拥有使用权，合同期满付清租金后，承租人有权按照残值购入租赁物，以拥有其所有权。不论出租人是否将租赁物销售给承租人，均属于融资租赁。按照标的物的不同，融资租赁服务可分为有形动产融资租赁服务和不动产融资租赁服务。

经营租赁服务是指在约定时间内将有形动产或者不动产转让给他人使用且租赁物所有权不变更的业务活动。按照标的物的不同，经营租赁服务可分为有形动产经营租赁服务和不动产经营租赁服务。

将建筑物、构筑物等不动产或者飞机、车辆等有形动产的广告位出租给其他单位或者个人用于发布广告，按照经营租赁服务缴纳增值税。

车辆停放服务、道路通行服务（包括过路费、过桥费、过闸费）等按照不动产经营租赁服务缴纳增值税。

水路运输的光租业务、航空运输的干租业务属于经营租赁。光租业务是指运输企业将船舶在约定的时间内出租给他人使用，不配备操作人员，不承担运输过程中发生的各项费用，只收取固定租赁费的业务活动。干租业务是指航空运输企业将飞机在约定的时间内出租给他人使用，不配备机组人员，不承担运输过程中发生的各项费用，只收取固定租赁费的业务活动。

第六，鉴证咨询服务，包括认证服务、鉴证服务和咨询服务。

第七，广播影视服务，包括广播影视节目（作品）的制作服务、发行服务和播映服务。

第八，商务辅助服务，包括企业管理服务、经纪代理服务、人力资源服务、安全保护服务。

第九，其他现代服务，是指除研发和技术服务、信息技术服务、文化创意服务、物流辅助服务、租赁服务、鉴证咨询服务、广播影视服务和商务辅助服务以外的现代服务。

比如纳税人为客户办理退票而向客户收取的退票费、手续费等收入，按照“其他现代服务”缴纳增值税。

纳税人对安装运行后的电梯提供的维护保养服务，按照“其他现代服务”缴纳增值税。

⑦ 生活服务。

文化体育服务，包括文化服务和体育服务。

教育医疗服务，包括教育服务和医疗服务。

旅游娱乐服务，包括旅游服务和娱乐服务。

餐饮住宿服务，包括餐饮服务和住宿服务。

居民日常服务，是指主要为满足居民个人及其家庭日常生活需求提供的服务，包括市容市政管理、家政、婚庆、养老、殡葬、照料和护理、救助救济、美容美发、按摩、桑拿、氧吧、足疗、沐浴、洗染、摄影扩印等服务。

其他生活服务，是指除文化体育服务、教育医疗服务、旅游娱乐服务、餐饮住宿服务和居民日常服务之外的生活服务。

【即学即用】 以下符合“营改增”应税服务规定的有（　　）。

A. 光租和湿租业务都属于有形动产租赁服务

B. 仓储服务属于物流辅助服务

C. 代理报关服务属于鉴证咨询服务

D. 代理记账服务属于生活服务

答案：B

光租业务和干租业务属于有形动产租赁服务，程租业务、期租业务、湿租业务属于交通运输业服务；代理报关服务与代理记账服务属于商务辅助服务。

【即学即用】 以下属于生活服务业并缴纳增值税的是（ ）。

A. 辅导机构开办暑假英语培训班

B. 房地产公司销售房产给新婚夫妇

C. 餐饮业出租餐饮设备

D. 经营保龄球馆

答案：AD

辅导机构开办培训班属于提供教育服务，经营保龄球馆属于提供娱乐服务，均属于新增生活服务业的征税范围；而房地产公司销售房产属于销售不动产的征税范围；餐饮业出租餐饮设备属于经营租赁的征税范围。

（2）销售无形资产，是指转让无形资产所有权或者使用权的业务活动。无形资产是指不具有实物形态，但能带来经济利益的资产，包括技术、商标、著作权、商誉、自然资源使用权和其他权益性无形资产。

技术包括专利技术和非专利技术。

自然资源使用权包括土地使用权、海域使用权、探矿权、采矿权、取水权和其他自然资源使用权。

其他权益性无形资产包括基础设施资产经营权、公共事业特许权、配额、经营权（包括特许经营权、连锁经营权、其他经营权）、经销权、分销权、代理权、会员权、席位权、网络游戏虚拟道具、域名、名称权、肖像权、冠名权、转会费等。

（3）销售不动产，是指转让不动产所有权的业务活动。不动产是指不能移动或者移动后会引起性质、形状改变的财产，包括建筑物、构筑物等。

建筑物包括住宅、商业营业用房、办公楼等可供居住、工作或者进行其他活动的建造物。

构筑物包括道路、桥梁、隧道、水坝等建造物。

转让建筑物有限产权或者永久使用权的，转让在建的建筑物或者构筑物所有权的，以及在转让建筑物或者构筑物时一并转让其所占土地的使用权的，按照销售不动产缴纳增值税。

【小思考】 在“营改增”之后，对于销售不动产，纳税人的税负实际上是加重还是减轻了？

销售服务、无形资产或者不动产是指有偿提供服务、有偿转让无形资产或者不动产，但属于下列非经营活动的情形除外：

（1）行政单位收取的同时满足以下条件的政府性基金或者行政事业性收费：

① 由国务院或者财政部批准设立的政府性基金，由国务院或者省级人民政府及其财政、价格主管部门批准设立的行政事业性收费。

② 收取时开具省级以上（含省级）财政部门监（印）制的财政票据。

③ 所收款项全额上缴财政。

（2）单位或者个体工商户聘用的员工为本单位或者雇主提供取得工资的服务。

（3）单位或者个体工商户为聘用的员工提供服务。

（4）财政部和国家税务总局规定的其他情形。

上述规定中的“有偿”，是指从购买方或接受方取得货币、货物或者其他经济利益。

4. 进口货物

根据《增值税暂行条例》的规定，申报进入中华人民共和国海关境内的货物，均应缴纳增值税。

确定一项货物是否属于进口货物，首先要看其是否有报关进口手续。一般来说，境外产品要输入境内，都必须向我国海关申报进口，并办理有关报关手续。只要是报关进口的应税货物，不论其是国外产制还是我国已出口而转销国内的货物，是进口者自行采购的货物还是国外捐赠的货物，是进口者自用还是作为贸易或其他用途等，均应按照规定缴纳进口环节的增值税。在规定对进口货物征收增值税的同时，国家对于一些特定的进口货物制定了减免税政策。例如，《增值税暂行条例》规定，直接用于科学研究、科学试验和教学的进口仪器、设备免征进口环节的增值税。

2.3.2 特殊规定

1. 特殊项目

（1）货物期货，包括商品期货和贵金属期货，应当征收增值税，在期货的实物交割环节纳税。

（2）银行销售金银的业务，应当征收增值税。

（3）典当业的绝当物品销售业务和寄售业代委托人销售寄售物品的业务，均应征收增值税。

（4）纳税人提供的矿产资源开采、挖掘、切割、破碎、分拣、洗选等劳务，属于增值税应税劳务，应当缴纳增值税。

（5）纳税人转让土地使用权或者销售不动产的同时一并销售的附着于土地或者不动产上的固定资产中，凡属于增值税应税货物的，应按规定计算缴纳增值税；凡属于不动产的，应按照“销售不动产”税目计算缴纳增值税。

（6）电力公司向发电企业收取的过网费，应当征收增值税。

（7）供电企业进行电力调压并按电量向电厂收取的并网服务费，应当征收增值税。

（8）印刷企业接受出版单位委托，自行购买纸张，印刷有统一刊号（CN）以及采用国际标准书号编序的图书、报纸和杂志，按货物销售征收增值税。

（9）出租车公司向使用本公司自有出租车的出租车司机收取的管理费用，按照交通运输业中的陆路运输服务征收增值税。

（10）水路运输的程租、期租业务，按照交通运输业中的水路运输服务征收增值税；航空运输的湿租业务，按照交通运输业中的航空运输服务征收增值税。

（11）航天运输服务，按照交通运输业中的航空运输服务征收增值税。

（12）水路运输的光租业务、航空运输的干租业务，按照经营租赁征收增值税。

（13）航空运输企业已售票但未提供航空运输服务取得的逾期票证收入，按照交通运输业中的航空运输服务征收增值税。

（14）港口设施经营人收取的港口设施保安费，按照物流辅助服务中的“港口码头服务”征收增值税。

（15）代理记账按照商务辅助服务中的“经纪代理服务”征收增值税；翻译服务和市场调查服务，按照鉴证咨询服务中的“咨询服务”征收增值税。

（16）纳税人取得的中央财政补贴，不属于增值税应税收入，不征收增值税。

（17）融资性售后回租业务中承租方出售资产的行为，不属于增值税征收范围，不征收增值税。融资性售后回租业务是指承租方以融资为目的，将资产出售给经批准从事融资租赁业务的企业后，又将该项资产从该融资租赁企业租回的行为。在融资性售后回租业务的承租方出售资产时，资产所有权以及与资产所有权有关的全部报酬和风险并未完全转移。

（18）纳税人在资产重组的过程中，通过合并、分立、出售、置换等方式，将全部或者部分实物资产以及与其相关联的债权、负债和劳动力一并转让给其他单位和个人，不属于增值税的征税范围，其中涉及的货物转让，不征收增值税。在前述业务中，若纳税人将全部或者部分实物资产以及与其相关联的债权、负债经多次转让后，最终的受让方与劳动力接收方为同一单位和个人的，仍适用前述规定，其中货物的多次转让行为均不征收增值税。

（19）航空运输企业提供的旅客利用里程积分兑换的航空运输服务，不征收增值税。

（20）以积分兑换形式赠送的电信业服务，不征收增值税。

（21）“营改增”试点纳税人根据国家指令无偿提供的铁路运输服务、航空运输服务，属于《营业税改征增值税试点实施办法》规定的以公益活动为目的的服务，不征收增值税。

（22）无运输工具承运业务，按照交通运输服务缴纳增值税。

（23）航道疏浚服务按照“物流辅助服务——港口码头服务”缴纳增值税。

（24）货物运输代理服务，是指接受货物收货人、发货人、船舶所有人、船舶承租人或者船舶经营人的委托，以委托人的名义，为委托人办理货物运输、装卸、仓储和船舶进出港口、引航、靠泊等相关手续的业务活动。货物运输代理服务按照“经纪代理服务”缴纳增值税。

（25）金融商品持有期间（含到期）的利息（保本收益、报酬、资金占用费、补偿金等）收入，按照贷款服务缴纳增值税。金融商品持有期间（含到期）取得的非保本的上述收入，不属于利息或利息性质的收入，不征收增值税。

（26）纳税人购入基金、信托、理财产品等各类资产管理产品持有至到期，不属于金融商品转让。

（27）证券公司、保险公司、金融租赁公司、证券基金管理公司、证券投资基金以及其他经中国人民银行、银保监会、证监会批准成立且经营金融保险业务的机构发放贷款后，自结息日起 90 天内发生的应收未收利息按现行规定缴纳增值税，自结息日起 90 天后发生的应收未收利息暂不缴纳增值税，待实际收到利息时按规定缴纳增值税。

（28）资管产品运营过程中发生的增值税应税行为，以资管产品管理人为增值税纳税人。

（29）转让金融商品出现的正负差，按盈亏相抵后的余额为销售额。若相抵后出现负差，可结转下一纳税期与下期转让金融商品销售额相抵，但年末时仍出现负差的，不得转入下一个会计年度。

（30）提供餐饮服务的纳税人销售的外卖食品，按照“餐饮服务”缴纳增值税。

（31）宾馆、旅馆、旅社、度假村和其他经营性住宿场所提供会议场地及配套服务的活动，按照“会议展览服务”缴纳增值税。

（32）纳税人在游览场所经营索道、摆渡车、电瓶车、游船等取得的收入，按照“文化体育服务”缴纳增值税。

（33）非企业性单位中的一般纳税人提供的研发和技术服务、信息技术服务、鉴证咨询服务，以及销售技术、著作权等无形资产，可以选择简易计税方法按照3%的征收率计算缴纳增值税。

（34）一般纳税人提供教育辅助服务，可以选择简易计税方法按照3%的征收率计算缴纳增值税。

（35）纳税人提供武装守护押运服务，按照“安全保护服务”缴纳增值税。

（36）物业服务企业为业主提供的装修服务，按照“建筑服务”缴纳增值税。

（37）纳税人将建筑施工设备出租给他人使用并配备操作人员的，按照“建筑服务”缴纳增值税。

（38）药品生产企业销售自产创新药的销售额，为向购买方收取的全部价款和价外费用，其提供给患者后续免费使用的相同创新药，不属于增值税视同销售范围。

（39）被保险人获得的保险赔付不征收增值税。

（40）房地产主管部门或者其指定机构、公积金管理中心、开发企业以及物业管理单位代收的住宅专项维修资金，不征收增值税。

（41）根据国家指令无偿提供的铁路运输服务、航空运输服务，属于《营业税改征增值税试点实施办法》第十四条规定的用于公益事业的服务，不征收增值税。

（42）执罚部门和单位查处的具备拍卖条件、不具备拍卖条件以及属于专营的财物，取得的收入如数上缴财政，不予征税。购入方再销售的照章纳税。

（43）经批准允许从事二手车经销业务的纳税人，收购二手车时将其过户登记到自己名下，销售时再将该二手车过户登记到买家名下的行为，属于销售货物的行为，应按照现行规定征收增值税。

（44）供电企业利用自身输变电设备对并入电网的企业自备电厂生产的电力产品进行电压调节，收取并网服务费，属于提供加工劳务，应当征收增值税。

（45）自2018年1月1日起，纳税人已售票但客户逾期未消费取得的运输逾期票证收入，按照“交通运输服务”缴纳增值税。

【即学即用】 在下列各项中，需要计算缴纳增值税的是（　　）。

A. 个人将购买5年以上的普通住房对外销售

B. 银行销售实物黄金取得的收入

C. 航空运输企业已售票但未提供航空运输服务取得的逾期票证收入

D. 以积分兑换形式赠送的电信业服务

答案： BC

个人将购买5年以上的普通住房对外销售、以积分兑换形式赠送的电信业服务，不征收增值税。

2. 特殊行为

(1) 视同销售货物行为。

单位或者个体工商户的下列行为，视同销售货物：

① 将货物交付其他单位或者个人代销。

② 销售代销货物。

③ 设有两个以上机构并实行统一核算的纳税人，将货物从一个机构移送其他机构用于销售，但相关机构设在同一县（市）的除外。

④ 将自产、委托加工的货物用于非增值税应税项目。①

⑤ 将自产、委托加工的货物用于集体福利或者个人消费。

⑥ 将自产、委托加工或者购进的货物作为投资，提供给其他单位或者个体工商户。

⑦ 将自产、委托加工或者购进的货物分配给股东或者投资者。

⑧ 将自产、委托加工或者购进的货物无偿赠送其他单位或者个人。

⑨ 财政部和国家税务总局规定的其他情形。

【知识要点提醒】 视同销售行为的判定

外购的货物用于集体福利、个人消费，属于不得抵扣进项税额的情形，而不属于视同销售行为的发生，已经抵扣进项税额的要做进项税额转出。将自产、委托加工的货物用于集体福利或个人消费应视同销售，缴纳增值税。

【实例分析】

A企业是月饼生产企业，把自产的500斤月饼于中秋节发给职工作为福利。因为这些月饼被A企业生产后，已经产生了从面粉到月饼的增值，既然产生增值，那么就需要缴纳增值税。

(2) 视同销售服务、无形资产或者不动产。

单位和个体工商户的下列情形，视同销售服务、无形资产或者不动产：

① 单位或者个体工商户向其他单位或者个人无偿提供服务，但用于公益事业或者以社会公众为对象的除外。

② 单位或者个人向其他单位或者个人无偿转让无形资产或者不动产，但用于公益事业或者以社会公众为对象的除外。

③ 财政部和国家税务总局规定的其他情形。

(3) 混合销售行为。如果一项销售行为既涉及服务又涉及货物，为混合销售。从事货物的生产、批发或者零售的单位和个体工商户的混合销售行为，按照销售货物缴纳增值税；其他单位和个体工商户的混合销售行为，按照销售服务缴纳增值税。

上述从事货物的生产、批发或者零售的单位和个体工商户，包括以从事货物的生产、批发或者零售为主，并兼营销售服务的单位和个体工商户在内。

① 非增值税应税项目原指营业税项目，现营业税项目已全部改征增值税。

【实例分析】

甲公司（增值税一般纳税人）主要从事电器销售业务，同时还为购买电器的客户提供安装服务。甲公司向乙公司销售一批电器产品并提供安装服务，取得不含税电器产品销售货款50 000元，同时收取安装服务费2 260元，货款已收到。由于该项业务既涉及货物销售，又涉及安装劳务，故此项业务属于混合销售行为，应一并征收增值税。

应税销售额＝50 000＋2 260÷(1＋13％)＝52 000(元)

【例题2-1】 某建材销售公司销售门窗并负责安装，2018年度销售门窗取得收入100万元（不含增值税），同时提供安装劳务取得收入50万元（不含增值税），该公司发生的混合销售行为应按照建筑业还是销售货物的税目缴纳增值税？

解析：

由于

100÷(100＋50)＝66.7％＞50％

所以该建材销售公司以销售货物为主，发生的混合销售行为应按照销售货物缴纳增值税。

混合销售行为涉及的货物和服务只是针对一项销售行为而言的，也就是说，销售服务是为了直接销售一批货物而提供的，两者之间是紧密相连的从属关系。

【知识要点提醒】 纳税人在销售活动板房、机器设备、钢结构件等自产货物的同时提供建筑、安装服务，不属于《营业税改征增值税试点实施办法》（财税［2016］36号附件1）第四十条规定的混合销售，应分别核算货物和建筑服务的销售额，分别适用不同的税率或者征收率。

（4）兼营行为。“营改增”试点纳税人兼营销售货物、劳务、服务、无形资产或者不动产，适用不同税率或者征收率的，应当分别核算适用不同税率或者征收率的销售额；未分别核算销售额的，按照以下方法适用税率或者征收率：

① 兼有不同税率的销售货物，加工、修理修配劳务，服务，无形资产或者不动产，从高适用税率。

② 兼有不同征收率的销售货物，加工、修理修配劳务，服务，无形资产或者不动产，从高适用征收率。

③ 兼有不同税率和征收率的销售货物，加工、修理修配劳务，服务，无形资产或者不动产，从高适用税率。

【即学即用】 骏达运输公司（增值税一般纳税人）既提供货物运输服务，又提供货物搬运服务和仓储服务。该公司取得不含税收入共计180万元，包括货物运输服务收入100万元，货物搬运服务收入50万元，仓储服务收入30万元。根据“营改增”税收政策的相关规定，货物运输服务属于交通运输业服务，适用9％的税率；货物搬运服务、仓储服务属于物流辅助服务，适用6％的税率。因此，该运输公司当月应对货物运输服务收入100万元按照交通运输业服务适用9％的税率计算缴纳增值税，对货物搬运服务和仓储服务收入80万元按照物流辅助服务适用6％的税率计算缴纳增值税。

如果该运输公司没有分别核算货物运输服务收入、货物搬运服务收入和仓储服务收入，就要按照收入总额180万元适用9%的税率计算缴纳增值税。

2.4 税率及征收率

2.4.1 13%税率

增值税一般纳税人销售或者进口除适用9%税率和零税率以外的货物，提供加工、修理修配劳务和有形动产租赁服务，税率一律为13%。

2.4.2 9%税率

(1) 增值税一般纳税人销售或者进口下列货物，按9%的税率计征增值税。

农产品（含粮食）、自来水、暖气、石油液化气、天然气、食用植物油、冷气、热水、煤气、居民用煤炭制品、食用盐、农机、饲料、农药、农膜、化肥、沼气、二甲醚、图书、报纸、杂志、音像制品、电子出版物。

(2) 增值税一般纳税人提供交通运输业服务、邮政业服务、基础电信服务、建筑、不动产租赁服务、销售不动产、转让土地使用权，适用税率为9%。

2.4.3 6%税率

增值税一般纳税人提供增值电信服务、金融服务、现代服务（租赁服务除外）、生活服务，适用税率为6%。

纳税人兼营不同税率的项目，应当分别核算不同税率项目的销售额。未分别核算销售额的，从高适用税率。

需要注意的是，增值税纳税人（包括一般纳税人和小规模纳税人）进口货物按照13%或9%的税率计算缴纳进口环节的增值税。

【即学即用】 下列项目适用9%税率的是（ ）。

A. 化妆品厂生产销售化妆品

B. 某工业企业对外出租一台生产设备

C. 印刷厂印刷图书、报刊（委托方提供纸张）

D. 某机械厂生产销售农机

答案： D

化妆品厂生产销售化妆品，适用税率为13%；工业企业对外出租生产设备，属于有形动产租赁服务，适用税率为13%；印刷厂印刷图书、报刊（委托方提供纸张），属于受托加工业务，适用税率为13%；机械厂生产销售农机，适用9%的税率，因此选择D。

2.4.4 零税率

纳税人出口货物、提供财政部和国家税务总局规定的跨境应税行为，税率为零；但是，国务院另有规定的除外。例如，境内的单位和个人提供的国际运输服务、向境外单位提供的研发服务和设计服务，适用增值税零税率。

【小思考】 增值税零税率与免税有什么不同？

2.4.5 征收率

2.4.5.1 小规模纳税人适用的征收率

小规模纳税人经营规模小，而且会计核算不健全，难以按增值税税率计税和使用增值税专用发票抵扣进项税款，因此实行按销售额与征收率计算应纳税额的简易计税方法。小规模纳税人按照简易计税方法计税的销售不动产、不动产经营租赁服务、提供劳务派遣选择差额纳税（除试点前开工的高速公路的车辆通行费），征收率为5%；在其他情况下，小规模纳税人发生应税销售行为的增值税征收率为3%。征收率的调整，由国务院决定。

小规模纳税人（其他个人除外，下同）销售自己使用过的固定资产和旧货，减按2%的征收率征收增值税；销售自己使用过的除固定资产以外的物品，应按3%的征收率征收增值税。旧货是指进入二次流通的具有部分使用价值的货物（含旧汽车、旧摩托车和旧游艇），但不包括自己使用过的物品（下同）。

小规模纳税人销售自己使用过的固定资产和旧货，应开具普通发票，不得由税务机关代开增值税专用发票，其销售额和应纳税额按以下公式计算：

销售额＝含税销售额÷(1＋3%)

应纳税额＝销售额×2%

2.4.5.2 一般纳税人适用的征收率

除了小规模纳税人适用征收率外，对于一些特殊情况，增值税一般纳税人也适用简易计税方法按照征收率计算缴纳增值税。

1. 销售自己使用过的物品

(1) 一般纳税人销售自己使用过的属于税法规定不得抵扣且未抵扣进项税额的固定资产（不动产除外，下同），自2014年7月1日起调整为按照简易计税办法依照3%的征收率减按2%征收增值税。对于此类业务，纳税人应开具普通发票，若按照简易计税办法依照3%的征收率缴纳增值税，可以开具增值税专用发票。具体包括以下几种情形：

① 在2008年12月31日以前未纳入扩大增值税抵扣范围试点的纳税人，销售自己使用过的2008年12月31日以前购进或者自制的固定资产。

② 在2008年12月31日以前已纳入扩大增值税抵扣范围试点的纳税人，销售自己使用过的在本地区扩大增值税抵扣范围试点以前购进或者自制的固定资产。

③ 一般纳税人销售自己使用过的属于《增值税暂行条例》第十条[①]规定不得抵扣且未抵扣进项税额的固定资产。

④ 纳税人购进或者自制固定资产时为小规模纳税人，转为一般纳税人后销售该固定资产。

⑤ 一般纳税人发生按简易计税办法征收增值税应税行为，销售其按照规定不得抵扣且未抵扣进项税额的固定资产。

⑥ 按照“营改增”税收政策认定的一般纳税人，销售自己使用过的本地区“营改增”试点实施之日前购进或者自制的固定资产，按照现行旧货相关增值税政策执行。

（2）一般纳税人销售自己使用过的除固定资产以外的物品，应当按照适用税率（13%或9%）征收增值税。

2. 销售旧货

一般纳税人销售旧货，按照简易计税办法依照3%的征收率减按2%征收增值税。对于此类业务，纳税人应开具普通发票，不得开具增值税专用发票。

3. 销售服务、无形资产、不动产

一般纳税人销售下列服务、无形资产、不动产的，可以选择简易计税方法计税。

（1）一般纳税人可选择5%征收率的有：

① 出租、销售2016年4月30日前取得的不动产。

② 提供劳务派遣服务、安全保护服务（含提供武装守护押运服务）选择差额纳税的。需要注意的是，向用工单位收取用于支付给劳务派遣员工工资、福利和为其办理社会保险及住房公积金的费用，不得开具增值税专用发票，可以开具普通发票。

③ 收取“营改增”试点前开工的一级公路、二级公路、桥、闸通行费。

④ 提供人力资源外包服务。需要注意的是，向委托方收取并代为发放的工资和代理缴纳的社会保险、住房公积金，不得开具增值税专用发票。

⑤ 转让2016年4月30日前取得的土地使用权，以取得的全部价款和价外费用减去取得该土地使用权的原价后的余额为销售额。

⑥ 在2016年4月30日前签订的不动产融资租赁合同。

⑦ 以2016年4月30日前取得的不动产提供的融资租赁服务。

⑧ 中外合作油（气）田开采的原油、天然气，按5%的征收率征收增值税。

⑨ 房地产开发企业出租、销售自行开发的房地产老项目。

---

① 《增值税暂行条例》第十条规定，下列项目的进项税额不得从销项税额中抵扣：（1）用于简易计税方法计税项目、免征增值税项目、集体福利或者个人消费的购进货物、劳务、服务、无形资产和不动产；（2）非正常损失的购进货物以及相关的劳务和交通运输服务；（3）非正常损失的在产品、产成品所耗用的购进货物（不包括固定资产）、劳务和交通运输服务；（4）国务院规定的其他项目。

（2）一般纳税人可选择3%征收率的有：

① 销售自产的用微生物、微生物代谢产物、动物毒素、人或者动物的血液或组织制成的生物制品。

② 寄售商店代销寄售物品（包括居民个人寄售的物品在内）。

③ 典当业销售绝当物品。

④ 销售自产的县级及县级以下小型水力发电单位生产的电力。

⑤ 销售自产的自来水。

⑥ 销售自产的建筑用和生产建筑材料所用的砂、土、石料。

⑦ 销售自产的以自己采掘的砂、土、石料或其他矿物连续生产的砖、瓦、石灰（不含黏土实心砖、瓦）。

⑧ 销售自产的商品混凝土（仅限于以水泥为原料生产的水泥混凝土）。

⑨ 单采血浆站销售非临床用人体血液。需要注意的是，不得开具增值税专用发票。

⑩ 药品经营企业销售生物制品。

⑪ 光伏发电项目发电户销售电力产品。

⑫ 自2015年9月1日起至2016年6月30日，增值税一般纳税人销售的库存化肥。

⑬ 资管产品管理人运营资管产品过程中发生的增值税应税行为，暂适用简易计税方法，按照3%的征收率缴纳增值税。

⑭ 兽用药品经营企业销售兽用生物制品。

⑮ 公共交通运输服务，包括轮客渡、公交客运、地铁、城市轻轨、出租车、长途客运、班车。

⑯ 经认定的动漫企业为开发动漫产品提供的服务以及在境内转让动漫版权。

⑰ 电影放映服务、仓储服务、装卸搬运服务、收派服务和文化体育服务（含纳税人在游览场所经营索道、摆渡车、电瓶车、游船等取得的收入）。

⑱ 以纳入“营改增”试点之日前取得的有形动产为标的物提供的经营租赁服务。

⑲ 纳入“营改增”试点之日前签订的尚未执行完毕的有形动产租赁合同。

⑳ 以清包工方式提供、为甲供工程提供的、为建筑工程老项目提供的建筑服务。需要注意的是，建筑工程总承包单位为房屋建筑的地基与基础、主体结构提供工程服务，建设单位自行采购全部或部分钢材、混凝土、砌体材料、预制构件的，适用简易计税方法计税（不是可选择）。

㉑ 一般纳税人销售电梯的同时提供安装服务，其安装服务可以按照甲供工程选择适用简易计税方法计税。

㉒ 提供物业管理服务的纳税人，向服务接受方收取的自来水水费，以扣除其对外支付的自来水水费后的余额为销售额，按照简易计税方法依3%的征收率计算缴纳增值税。

㉓ 公路经营企业收取“营改增”试点前开工的高速公路的车辆通行费。

㉔ 中国农业发展银行总行及其各分支机构提供涉农贷款取得的利息收入。

㉕ 农村信用社、村镇银行、农村资金互助社、由银行业机构全资发起设立的贷款公司、法人机构在县（县级市、区、旗）及县以下地区的农村合作银行和农村商业银行提供金融服务取得的收入。

㉖ 对中国农业银行纳入“三农金融事业部”改革试点的各省、自治区、直辖市、计

划单列市分行下辖的县域支行和新疆生产建设兵团分行下辖的县域支行（又称县事业部）提供农户贷款、农村企业和农村各类组织贷款取得的利息收入。

㉗ 提供非学历教育服务。

㉘ 提供教育辅助服务。

㉙ 非企业性单位中的一般纳税人提供的研发和技术服务、信息技术服务、鉴证咨询服务以及销售技术、著作权等无形资产。

㉚ 非企业性单位中的一般纳税人提供技术转让、技术开发和与之相关的技术咨询、技术服务。

㉛ 对拍卖行受托拍卖增值税应税货物，向买方收取的全部价款和价外费用，按照3%的征收率计算缴纳增值税。

㉜ 自2018年5月1日起，增值税一般纳税人生产销售和批发、零售抗癌药品，可选择按照简易计税办法依照3%的征收率计算缴纳增值税。上述纳税人选择简易计税办法计算缴纳增值税后，36个月内不得变更。

【即学即用】 在增值税一般纳税人发生的下列各项业务中，可选择按照简易计税办法依照3%的征收率缴纳增值税的有（ ）。

A. 提供餐饮服务

B. 销售用动物毒素生产的生物制品

C. 提供教育辅助服务

D. 单采血浆站销售非临床用人体血液

答案：BCD

“营改增”试点纳税人中的一般纳税人提供的餐饮服务不得选择按照简易计税方法计算缴纳增值税。因此，选项A不正确，应选择BCD。

【小思考】 一般纳税人与小规模纳税人相比，谁的税负较重？

2.5 计税方法

增值税的计税方法，包括一般计税方法、简易计税方法和扣缴计税方法。

2.5.1 一般计税方法

一般纳税人发生应税行为适用一般计税方法计税。

一般计税方法的应纳税额，是指当期销项税额抵扣当期进项税额后的余额。应纳税额的计算公式为：

应纳税额＝当期销项税额－当期进项税额

在当期销项税额小于当期进项税额不足抵扣时，其不足部分可以结转下期继续抵扣。

2.5.2 简易计税方法

2.5.2.1 小规模纳税人

小规模纳税人一律采用简易计税方法计税。简易计税方法的应纳税额是指按照销售额和增值税征收率计算的增值税税额，不得抵扣进项税额。应纳税额的计算公式为：

应纳税额＝销售额×征收率

简易计税方法的销售额不包括其应纳税额，纳税人采用销售额和应纳税额合并定价方法的，按照下列公式计算销售额：

销售额＝含税销售额÷(1＋征收率)

纳税人适用简易计税方法计税的，因销售折让、中止或者退回而退还给购买方的销售额，应当从当期销售额中扣减。扣减当期销售额后仍有余额造成多缴的税款，可以从以后的应纳税额中扣减。

2.5.2.2 一般纳税人

一般纳税人提供财政部和国家税务总局规定的特定的销售货物、应税劳务、应税服务，也可以选择适用简易计税方法。例如，试点纳税人中的一般纳税人，以清包工方式提供的建筑服务，在试点期间也可以选择适用简易计税方法计算缴纳增值税。

简易计税方法的销售额不包括其应纳税额，纳税人采用销售额和应纳税额合并定价方法的，按照下列公式计算销售额：

销售额＝含税销售额÷(1＋征收率)

一般纳税人发生财政部和国家税务总局规定的特定应税行为，可以选择适用简易计税方法计税，但一经选择，36个月内不得变更。

2.5.3 扣缴计税方法

境外单位或者个人在境内提供应税服务，在境内未设有经营机构，扣缴义务人按照下列公式计算应扣缴税额：

应扣缴税额＝接收方支付的价款÷(1＋税率)×税率

2.6 应纳税额的计算

2.6.1 一般计税方法应纳税额的计算

除了一些特殊情况适用简易计税方法计税外，增值税一般纳税人发生应税销售行为，适用一般计税方法，即以当期销项税额抵扣当期进项税额后的余额为应纳税额。相应的计算公式为：

当期应纳税额＝当期销项税额－当期进项税额

＝当期销售额×适用税率－当期进项税额

2.6.1.1 销项税额的计算

销项税额是指纳税人发生应税销售行为，按照货物销售额和规定的税率计算并收取的增值税税额。销项税额的计算公式为：

销项税额＝销售额×适用税率

这里的销售额是指不含增值税的销售额。如果是含税销售额，则需要将含税销售额换算成不含税销售额。含税销售额是指将增值税包含在价款当中的销售额。对于一般纳税人发生应税销售行为，采用销售额和销项税额合并定价方法的，应按下列公式将含税销售额换算为不含税销售额：

销售额＝含税销售额÷(1＋税率)

公式中的税率为发生应税销售行为后，按照《增值税暂行条例》和"营改增"税收政策中规定的适用税率。

1. 销售货物的销售额

销售货物的销售额是指纳税人销售货物而收取的全部价款和价外费用，但不包括收取的销项税额。

另外，对增值税一般纳税人收取的价外费用和逾期包装物押金，应视为含税收入，在征税时也应该按照上述公式换算成不含税收入并入销售额计算增值税销项税额。

【例题 2－2】 某家电商场（增值税一般纳税人）8月份销售家用电器商品，取得含税销售收入共计11.3万元，则其不含税销售额为多少？

解析：

含税销售额是包含增值税的金额，扣除其中的增值税部分就得到了不含税销售额。

不含税销售额＝11.3÷(1＋13%)＝10(万元)

(1) 一般销售方式下的销售额。销售额是指纳税人在销售货物或者提供应税劳务、发生应税行为时收取的全部价款和价外费用。销售额中不包括收取的销项税额。

价外费用包括价外收取的手续费、补贴、基金、集资费、返还利润、奖励费、违约金、滞纳金、延期付款利息、赔偿金、代收款项、代垫款项、包装费、包装物租金、储备费、优质费、运输装卸费以及其他各种性质的价外收费，但下列项目不包括在内：

① 受托加工应征消费税的消费品所代收代缴的消费税。

② 同时符合以下条件的代垫运输费用：

第一，承运部门的运输费用发票开具给购买方的。

第二，纳税人将该发票转交给购买方的。

③ 同时符合以下条件代为收取的政府性基金或者行政事业性收费：

第一，由国务院或者财政部批准设立的政府性基金，由国务院或者省级人民政府及其财政、价格主管部门批准设立的行政事业性收费。

第二，收取时开具省级以上财政部门印制的财政票据。

第三，所收款项全额上缴财政。

④ 销售货物的同时通过代办保险等收取的保险费，以及收取的代购买方缴纳的车辆购置税、车辆牌照费。

⑤ 以委托方的名义开具发票代委托方收取的款项。

【即学即用】 某汽车销售公司在销售10辆小轿车的同时向购买方收取了车辆装饰费，此外还代为收取并缴纳了车辆购置税和保险相关费用。请问该汽车销售公司收取的全部价款中，哪些是属于增值税的计税依据?

解析： 销售汽车的价款和收取车辆装饰费需要计征增值税，但代为收取并缴纳的保险费和车辆购置税不征增值税。

凡随同应税销售行为收取的价外费用，无论其会计制度如何核算，均应并入销售额计算应纳税额。

【即学即用】 在增值税纳税人的下列费用中，应缴纳增值税的是（　　）。

A. 代省级政府收取并全额上缴财政的费用

B. 收取的货物（非酒类）包装物押金

C. 逾期的货物包装物押金

D. 随同货物销售收取的包装物租金

答案： CD

增值税纳税人代省级政府收取并全额上缴财政的费用，符合规定条件的，不属于价外费用，不征收增值税；对销售货物收取的包装物押金，逾期时并入当期销售额征税。

根据《增值税暂行条例》及其实施细则和“营改增”税收政策的规定，销售额要以人民币计算。纳税人以人民币以外的货币结算销售额的，应当折合成人民币计算，其销售额的人民币折合率可以选择销售额发生的当天或者当月1日的人民币汇率中间价。纳税人应在事先确定采用何种折合率，确定后12个月内不得变更。

（2）视同销售行为的销售额。

对纳税人发生视同销售行为，价格明显偏低且无正当理由的，或者发生应税销售行为而无销售额的，由主管税务机关按下列顺序确定其销售额：

① 按照纳税人最近时期发生同类应税销售行为的平均价格确定。

② 按照其他纳税人最近时期发生同类应税销售行为的平均价格确定。

③ 按照组成计税价格确定。组成计税价格的公式为：

组成计税价格＝成本×(1＋成本利润率)

纳税人发生固定资产视同销售行为，对已使用过的固定资产无法确定销售额的，以固定资产净值为销售额。

对于既征收增值税又征收消费税的货物，其组成计税价格中应加上消费税税额，相应的组成计税价格公式为：

组成计税价格＝成本×(1＋成本利润率)＋消费税税额

或者

组成计税价格＝成本×(1＋成本利润率)÷(1－消费税税率)

或者

组成计税价格＝(成本＋利润＋课税数量×定额税率)÷(1－消费税比例税率)

公式中的成本是指销售自产货物的为实际生产成本，销售外购货物的为实际采购成本。公式中的成本利润率是由国家税务总局确定的利润率，统一为10%。然而，属于应从价定率征收或者复合计征消费税的货物，其组成计税价格公式中的成本利润率为《国家税务总局关于印发〈消费税若干具体问题的规定〉的通知》（国税发［1993］156号）和《财政部、国家税务总局关于调整和完善消费税政策的通知》（财税［2006］33号）中规定的成本利润率。

【即学即用】 增值税纳税人发生视同销售货物行为而无销售额者，税务机关可以核定其销售额，核定方法包括（　　）。

A. 按纳税人当月同类货物的最高销售价格确定

B. 按纳税人最近时期同类货物的平均销售价格确定

C. 按其他纳税人最近时期同类货物的平均销售价格确定

D. 按组成计税价格确定

答案：BCD

【例题2-3】 某化妆品厂将新试制的一批高档化妆品作为礼品无偿赠送客户。已知该批化妆品的生产成本为10万元，无同类产品的对外售价，化妆品的成本利润率为5%，消费税税率为15%。计算该批高档化妆品的应税销售额。

解析：

根据税法规定，将自产货物无偿赠送他人，应视同销售计算增值税。由于该批化妆品无同类产品的对外售价，故应按组成计税价格计算应税销售额。

应税销售额＝组成计税价格＝10×(1＋5%)÷(1－15%)＝12.352 9(万元)

【例题2-4】 某税务师事务所（增值税一般纳税人）派两名注册税务师参加一个企业高管座谈会，免费提供企业重组相关业务涉税咨询服务2小时。该事务所此类咨询服务的价格为每人1 500元/小时（不含税）。计算该项业务的增值税销项税额。

解析：

该税务师事务所提供的免费咨询服务应该视同提供应税服务计算增值税销项税额。

销项税额＝2×2×1 500×6%＝360(元)

(3) 特殊销售方式下的销售额。

① 折扣销售。

第一，商业折扣。商业折扣又称折扣销售，是指销货方在发生应税销售行为时，因购买方购买数量较大等原因而给予购买方的价格优惠。例如，购买50件产品，销售价格折扣10%；购买100件产品，折扣20%等。按照现行税法规定，纳税人采取折扣方式销售货物，如果销售额和折扣额在同一张发票上分别注明，可以按折扣后的销售额征收增

值税；如果将折扣额另开发票，不论其在财务上如何处理，均不得从销售额中减除折扣额。其中，销售额和折扣额在同一张发票上分别注明是指销售额和折扣额在同一张发票上的“金额”栏分别注明，未在同一张发票“金额”栏注明折扣额，而仅在发票的“备注”栏注明折扣额的，均不得从销售额中减除折扣额。

根据税法规定，纳税人销售货物并向购买方开具增值税专用发票后，由于购买方在一定时期内累计购买货物达到一定数量，或者由于市场价格下降等原因，销货方给予购买方相应的价格优惠或补偿等折扣、折让行为，销货方可按现行《增值税专用发票使用规定》的有关规定开具红字增值税专用发票。

【例题 2-5】 某公司为增值税一般纳税人，销售 A 商品 10 000 件，每件商品的不含税售价为 20 元。由于是成批销售，甲公司给予购买方 10%的折扣，在同一张发票上的金额栏分别注明了销售额和折扣额。该公司在计算增值税销项税额时的计税依据为多少？

解析：

该公司采取折扣方式销售货物，且销售额和折扣额在同一张发票上的金额栏分别注明，因此以折扣后的金额为计税依据。

应税销售额＝10 000×20×(1－10%)＝180 000(元)

第二，现金折扣。现金折扣又称销售折扣，是指销货方在发生应税销售行为后，为了鼓励购买方及早付款而通过协议许诺给予购买方的一种折扣优待。例如，10 天内付款，货款折扣 2%；20 天内付款，折扣 1%；30 天内全价付款。销售折扣发生在销货之后，是一种融资性质的理财费用，因此销售折扣不得从销售额中减除。企业在确定销售额时应严格区分折扣销售与销售折扣。

【例题 2-6】 某公司销售一批商品，增值税专用发票上注明的价格为 10 000 元。为早日收回账款，销售合同中规定买家 10 天内付款，货款折扣 2%；20 天内付款，折扣 1%；30 天内全价付款。若买家在第 15 天付款，则计税时应税销售额为多少？

解析：

现金折扣是企业为了尽早收回货款而给予买家的折扣优待，实际上是一种融资性质的财务费用，不能从销售额中减除，所以该公司应以折扣前的金额为计税依据，即应税销售额为 10 000 元。

【例题 2-7】 乙商场与甲羊毛衫厂（甲、乙企业均为增值税一般纳税人）签订一项购货合同，合同内容为：乙商场以每件 80 元（不含税）的价格向甲羊毛衫厂购买羊毛衫 1 000 件，如购货方在 1 个月内付清货款，销货方给予 10%的折扣；在 2 个月内付清货款，给予 5%的折扣；在 3 个月内付清货款，则全额支付货款。乙商场于 1 个月内付清货款。计算甲羊毛衫厂该笔业务的销项税额。

解析：

根据现行税法规定，现金折扣（销售折扣）不得从销售额中减除，因此甲羊毛衫厂应以折扣前的货款为计税依据计算销项税额。

销项税额＝1 000×80×13%＝10 400(元)

第三，销售折让。销售折让是指货物销售后，由于其品种、质量等原因，购货方未予退货，但销货方需要给予购货方的一种价格折让。现行税法规定，一般纳税人发生应税销售行为，在开具增值税专用发票后，若发生销售折让或者服务折让等情形，应按国家税务总局的规定开具红字增值税专用发票，将因折让而退回给购买方的增值税税额从当期的销项税额中抵减。

【例题2-8】 某公司销售一批商品，增值税专用发票上注明的价格为10 000元，因质量问题给予购买方销售折让2 000元，并按规定开具红字增值税专用发票。计算应税销售额为多少？

解析：

对销售折让可以以折让后的货款为应税销售额。

应税销售额＝10 000－2 000＝8 000(元)

【例题2-9】 甲公司向乙公司提供货物运输服务，应税收入为10 000元。由于货物未及时送达，双方协商折让20%。甲公司按规定开具了红字增值税专用发票。计算甲公司此项业务的销项税额。

解析：

甲公司应以折让后的款项作为计税依据计算增值税销项税额。

销项税额＝10 000×(1－20%)×9%＝720(元)

② 以旧换新。以旧换新是指纳税人在销售自己的货物时，有偿收回旧货物的行为。根据税法规定，采取以旧换新方式销售货物的，应按新货物的同期销售价格确定销售额，不得扣减旧货物的收购价格。对金银首饰以旧换新业务，可以按销售方实际收取的不含增值税的全部价款征收增值税。

【例题2-10】 某家电商场（增值税一般纳税人）为了促销，决定采取“以旧换新”方式销售家用电器商品。当月销售新家用电器商品实际取得含税现金收入共50万元，同时收购旧家用电器若干件，折价5万元。计算该业务的应税销售额。

解析：

以旧换新相当于销售货物和购进货物两笔业务，应分别进行账务处理，并按照新货物的同期销售价格确定应税销售额，不得扣减旧货物的收购价款。

应税销售额＝55÷(1＋13%)＝48.67(万元)

③ 还本销售。还本销售是指纳税人在销售货物后，到一定期限由销货方一次或分次向购买方退还全部或部分价款。采用这种销售方式的目的主要在于促销或者筹资。税法规定，采取还本销售方式销售货物，其销售额就是货物的销售价格，不得从销售额中减除还本支出。

【例题2-11】 某家电商场（增值税一般纳税人）采取还本销售方式销售家用电器商品。当月取得含税家用电器销售收入共计58万元，协定半个月后将其中10万元返还给消费者。计算该业务的应税销售额。

解析：

该商场采取还本销售方式销售家用电器商品，还本支出不能从销售额中减除，其应税销售额就是取得的不含税销售收入。

应税销售额＝58÷(1＋13%)＝51.33(万元)

④ 以物易物。以物易物是一种较为特殊的购销活动，是指购销双方不是以货币结算，而是以同等价款的货物相互结算，实现货物购销的一种方式。以物易物双方都应做购销处理，以各自发出的货物核算销售额并计算销项税额，以各自收到的货物核算购货额并

计算进项税额。需要注意的是，在以物易物活动中，双方应分别开具合法的票据，如果收到的货物不能取得相应的增值税专用发票或其他合法票据，则不能抵扣进项税额。

【例题 2-12】 某家电批发商（增值税一般纳税人）批发家用电器商品，取得含税销售收入共10万元，同时以A电器换取某电器厂家B电器，A电器和B电器的市场销售价格均为40万元（含税）。计算该批发商的应税销售额。

解析：

虽然以物易物部分不用货币结算，但实质上属于销售货物和购进货物两笔业务，所以应分别计算销售额和购货额，不能相互抵消。

应税销售额＝(10＋40)÷(1＋13％)＝44.25(万元)

⑤ 包装物押金。根据税法规定，纳税人为销售货物而出租出借包装物收取的押金，单独记账核算的，时间在1年以内，又未过期的，不并入销售额征税，但对因逾期未收回包装物不再退还的押金，应按所包装货物的适用税率计算销项税额。其中，“逾期”是指按合同约定实际逾期或以1年为期限，对收取1年以上的押金，无论是否退还均并入销售额征税。当然，在将包装物押金并入销售额征税时，需要先将该押金换算为不含税价格，再并入销售额征税。另外，包装物押金不应混同于包装物租金，包装物租金在销货时作为价外费用并入销售额计算销项税额。

对销售除啤酒、黄酒外的其他酒类产品而收取的包装物押金，无论是否返还以及会计上如何核算，均应并入当期销售额征税。对销售啤酒、黄酒所收取的押金，按上述一般押金的规定处理。

【例题 2-13】 某酒厂销售白酒，取得不含税收入100万元，包装物押金5.8万元，按事先约定的期限，购买方将于1个月后归还包装物。计算该酒厂的增值税销项税额。

解析：

白酒包装物押金无论是否返还以及会计上如何处理，都应在收取时计入当期销售额。

销项税额＝[100＋5.8÷(1＋13％)]×13％＝13.67(万元)

2. 提供加工、修理修配劳务的销售额

提供加工、修理修配劳务的销售额是指纳税人提供加工、修理修配劳务而收取的全部价款和价外费用。销售额中不包括收取的销项税额。

3. 销售服务、无形资产和不动产的销售额

（1）销售应税服务的销售额。

贷款服务，以提供贷款服务取得的全部利息及利息性质的收入为销售额。银行提供贷款服务按期计收利息的，结息日当日计收的全部利息收入，均计入结息日所属期销售额，缴纳增值税。

直接收费金融服务，以提供直接收费金融服务收取的手续费、佣金、酬金、管理费、服务费、经手费、开户费、过户费、结算费、转托管费等各类费用为销售额。

一般纳税人跨县（市）提供建筑服务，适用一般计税方法计税的，应以取得的全部价款和价外费用为销售额计算应纳税额。

（2）销售无形资产的销售额。销售无形资产的销售额是指纳税人销售无形资产取得的全部价款和价外费用，财政部和国家税务总局另有规定的除外。

价外费用是指价外收取的各种性质的收费，但不包括以下项目：

① 代为收取并同时满足以下条件的政府性基金或者行政事业性收费：

第一，由国务院或者财政部批准设立的政府性基金，由国务院或者省级人民政府及其财政、价格主管部门批准设立的行政事业性收费。

第二，收取时开具省级以上（含省级）财政部门监（印）制的财政票据。

第三，所收款项全额上缴财政。

② 以委托方名义开具发票代委托方收取的款项。

（3）销售不动产的销售额。一般纳税人转让不动产选择适用一般计税方法计税的，以取得的全部价款和价外费用为销售额计算应纳税额。

一般纳税人销售其 2016 年 4 月 30 日前取得（不含自建）的不动产，如果选择适用简易计税方法，以取得的全部价款和价外费用减去该项不动产购置原价或者取得不动产时作价后的余额为销售额。

一般纳税人销售其 2016 年 4 月 30 日前自建的不动产，如果选择适用简易计税方法，以取得的全部价款和价外费用为销售额。

4.“营改增”差额征税业务的销售额

属于以差额确定销售额的项目包括：

（1）金融商品转让，按照卖出价扣除买入价后的余额为销售额。

（2）经纪代理服务，以取得的全部价款和价外费用，扣除向委托方收取并代为支付的政府性基金或者行政事业性收费后的余额为销售额。

（3）融资租赁和融资性售后回租业务。

① 经中国人民银行、银监会或者商务部批准从事融资租赁业务的试点纳税人，提供融资租赁服务，以取得的全部价款和价外费用，扣除支付的借款利息（包括外汇借款和人民币借款利息）、发行债券利息和车辆购置税后的余额为销售额。

② 经中国人民银行、银监会或者商务部批准从事融资租赁业务的试点纳税人，提供融资性售后回租服务，以取得的全部价款和价外费用（不含本金），扣除对外支付的借款利息（包括外汇借款和人民币借款利息）、发行债券利息后的余额作为销售额。

③ 试点纳税人根据 2016 年 4 月 30 日前签订的有形动产融资性售后回租合同，在合同到期前提供的有形动产融资性售后回租服务，可继续按照有形动产融资租赁服务缴纳增值税。

继续按照有形动产融资租赁服务缴纳增值税的试点纳税人，经中国人民银行、银监会或者商务部批准从事融资租赁业务的，根据 2016 年 4 月 30 日前签订的有形动产融资性售后回租合同，在合同到期前提供的有形动产融资性售后回租服务，可以选择以下方法之一计算销售额：

第一，以向承租方收取的全部价款和价外费用，扣除向承租方收取的价款本金，以及对外支付的借款利息（包括外汇借款和人民币借款利息）、发行债券利息后的余额为销售额。

纳税人提供有形动产融资性售后回租服务，计算当期销售额时可以扣除的价款本金，为书面合同约定的当期应当收取的本金。无书面合同或者书面合同没有约定的，为当期实际收取的本金。

试点纳税人提供有形动产融资性售后回租服务，向承租方收取的有形动产价款本金，不得开具增值税专用发票，可以开具普通发票。

第二，以向承租方收取的全部价款和价外费用，扣除支付的借款利息（包括外汇借款和人民币借款利息）、发行债券利息后的余额为销售额。

【小思考】 有形动产融资租赁的保险费和安装费是否允许扣除？为什么？

(4) 航空运输企业的销售额，不包括代收的机场建设费和代售其他航空运输企业客票而代收转付的价款。自2018年1月1日起，航空运输销售代理企业提供境外航段机票代理服务，以取得的全部价款和价外费用，扣除向客户收取并支付给其他单位或者个人的境外航段机票结算款和相关费用后的余额为销售额。

(5) 试点纳税人中的一般纳税人提供客运场站服务，以其取得的全部价款和价外费用，扣除支付给承运方运费后的余额为销售额。

(6) 试点纳税人提供旅游服务，可以选择以取得的全部价款和价外费用，扣除向旅游服务购买方收取并支付给其他单位或者个人的住宿费、餐饮费、交通费、签证费、门票费和支付给其他接团旅游企业的旅游费用后的余额为销售额。

选择上述办法计算销售额的试点纳税人，向旅游服务购买方收取并支付的上述费用，不得开具增值税专用发票，可以开具普通发票。

【例题2-14】 某旅游公司为增值税一般纳税人，取得境外旅游服务收入100万元（不含税收入），支付给境外接团企业旅游费用85万元，计算该旅游公司境外旅游收入的应税销售额。

解析：

纳税人提供旅游服务，可以选择以取得的全部价款和价外费用，扣除向旅游服务购买方收取并支付给其他单位或者个人的住宿费、餐饮费、交通费、签证费、门票费和支付给其他接团旅游企业的旅游费用后的余额为销售额。

应税销售额＝100－85＝15(万元)

(7) 房地产开发企业中的一般纳税人销售其开发的房地产项目（选择简易计税方法的房地产老项目除外），以取得的全部价款和价外费用，扣除受让土地时向政府部门支付的土地价款后的余额为销售额。

(8) 试点纳税人提供建筑服务适用简易计税方法的，以取得的全部价款和价外费用扣除支付的分包款后的余额为销售额。

(9) 纳税人转让不动产，按照有关规定以差额缴纳增值税的，如因丢失等原因无法提供取得不动产时的发票，可向税务机关提供其他能证明契税计税金额的完税凭证等资料，进行差额扣除。

纳税人以契税计税金额进行差额扣除的，按照下列公式计算增值税应纳税额。

① 2016年4月30日及以前缴纳契税的。

$$\text{增值税应纳税额}=\left[\begin{matrix}\text{全部交易价格}\\\text{(含增值税)}\end{matrix}-\begin{matrix}\text{契税计税金额}\\\text{(含营业税)}\end{matrix}\right]\div(1+5\%)\times5\%$$

② 2016年5月1日及以后缴纳契税的。

$$\text{增值税应纳税额}=\left[\begin{matrix}\text{全部交易价格}\\\text{(含增值税)}\end{matrix}\div(1+5\%)-\begin{matrix}\text{契税计税金额}\\\text{(不含增值税)}\end{matrix}\right]\times5\%$$

纳税人同时保留取得不动产时的发票和其他能证明契税计税金额的完税凭证等资料的，应当凭发票进行差额扣除。

【即学即用】 在下列各项中，表述正确的有（　　）。

A. 航空运输企业的销售额，包括代收的机场建设费和代售其他航空运输企业客票而代收转付的价款

B. “营改增”试点纳税人提供货物运输代理服务，以其取得的全部价款和价外费用，扣除向委托方收取并代为支付的政府性基金或者行政事业性收费后的余额为销售额

C. “营改增”试点纳税人中的一般纳税人提供客运场站服务，以其取得的全部价款和价外费用为销售额，不得扣除任何费用

D. “营改增”试点纳税人提供融资性售后回租服务，向承租方收取的有形动产价款本金，不得开具增值税专用发票，可以开具普通发票

答案：BD

根据“营改增”税收政策的相关规定，航空运输企业的销售额不包括代收的机场建设费和代售其他航空运输企业客票而代收转付的价款，选项A错误；自本地区“营改增”试点实施之日起，试点纳税人中的一般纳税人提供的客运场站服务，以其取得的全部价款和价外费用，扣除支付给承运方运费后的余额为销售额，其从承运方取得的增值税专用发票注明的增值税，不得抵扣，选项C错误。因此，选择BD。

【例题2-15】 某知识产权代理公司为增值税一般纳税人，10月份向丙企业提供知识产权代理服务，取得含税收入20 000元，其中包括向丙公司收取并代为支付的行政事业性收费500元，已取得省级以上财政部门印制的财政票据。计算该知识产权代理公司这项业务的应税销售额和增值税销项税额。

解析：

根据“营改增”税收政策的规定，试点纳税人提供知识产权代理服务，以其取得的全部价款和价外费用，扣除向委托方收取并代为支付的政府性基金或者行政事业性收费后的余额为销售额；扣除政府性基金或者行政事业性收费，以省级以上财政部门印制的财政票据为合法有效凭证。因此，该知识产权代理公司这项业务的应税销售额和增值税销项税额分别为：

应税销售额＝(20 000－500)÷(1＋6%)＝18 396.23(元)

增值税销项税额＝18 396.23×6%＝1 103.77(元)

2.6.1.2 进项税额的计算

进项税额是指纳税人购进货物，加工、修理修配劳务，服务，无形资产和不动产支付或者负担的增值税税额。购进货物、服务、无形资产、不动产或者接受应税劳务包括外购（含进口）货物、服务、无形资产、不动产或者接受应税劳务、以物易物换入货物、抵偿债务转入的货物、接受投资转入的货物、接受捐赠转入的货物。

进项税额是与销项税额相对应的另一个概念。在开具增值税专用发票的情况下，它们之间的对应关系是：销售方收取的销项税额，就是购买方支付的进项税额。对于任何

一般纳税人来说，由于其在经营活动中既会发生应税销售行为，又会发生购进货物、服务、无形资产、不动产或者接受应税劳务，因此每个一般纳税人都会有收取的销项税额和支付的进项税额。需要注意的是，并非纳税人支付的所有进项税额都可以在计算应纳税额时从销项税额中抵扣。现行增值税法对于哪些进项税额可以抵扣、哪些进项税额不能抵扣做了专门、严格的规定。

1. 准予从销项税额中抵扣的进项税额

根据《增值税暂行条例》及其实施细则和“营改增”税收政策的规定，准予从销项税额中抵扣的进项税额，限于下列增值税扣税凭证上注明的增值税税额和按规定的扣除率计算的进项税额。

(1) 从销售方或者提供方取得的增值税专用发票（含税控机动车销售统一发票）上注明的增值税税额。

(2) 从海关取得的海关进口增值税专用缴款书上注明的增值税税额。

(3) 购进农产品，除取得增值税专用发票或者海关进口增值税专用缴款书外，按照农产品收购发票或者销售发票上注明的农产品买价和扣除率计算的进项税额。进项税额的计算公式为：

进项税额＝买价×扣除率

其中，买价包括纳税人购进农产品在农产品收购发票或者销售发票上注明的价款和按规定缴纳的烟叶税。烟叶收购金额包括纳税人支付给烟叶销售者的烟叶收购价款和价外补贴，价外补贴统一暂按烟叶收购价款的10%计算。相应的计算公式如下：

烟叶收购金额＝烟叶收购价款×(1＋10%)

应纳烟叶税税额＝烟叶收购金额×税率(烟叶税税率为20%)

准予抵扣的进项税额＝(烟叶收购金额＋应纳烟叶税税额)×扣除率

纳税人购进农产品，取得一般纳税人开具的增值税专用发票或海关进口增值税专用缴款书的，以增值税专用发票或海关进口增值税专用缴款书上注明的增值税税额为进项税额；从按照简易计税方法依照3%的征收率计算缴纳增值税的小规模纳税人处取得增值税专用发票的，以增值税专用发票上注明的金额和9%的扣除率计算进项税额；取得（开具）农产品销售发票或收购发票的，以农产品销售发票或收购发票上注明的农产品买价和9%的扣除率计算进项税额。

在营业税改征增值税试点期间，纳税人购进用于生产销售或委托（受托）加工13%税率货物的农产品的扣除率为10%。

纳税人从批发、零售环节购进适用免征增值税政策的蔬菜、部分鲜活肉蛋而取得的普通发票，不得作为计算抵扣进项税额的凭证。

纳税人购进农产品既用于生产销售或委托（受托）加工13%税率货物又用于生产销售其他货物或服务的，应当分别核算用于生产销售或委托（受托）加工13%税率货物和其他货物或服务的农产品进项税额。未分别核算的，统一以增值税专用发票或海关进口增值税专用缴款书上注明的增值税税额为进项税额，或以农产品收购发票或销售发票上注明的农产品买价和9%的扣除率计算进项税额。

需要注意的是，购进农产品按照《农产品增值税进项税额核定扣除试点实施办法》抵扣进项税额的不适用上述规定。

【例题 2-16】 7 月，某食品厂（增值税一般纳税人）从某农业生产者处收购花生一批用于生产饼干，开具的收购凭证上注明的收购价格为 50 000 元，货物验收入库。计算该批花生准予抵扣的进项税额。

解析：

纳税人购进用于生产销售或委托（受托）加工 13%税率货物的农产品的扣除率为 10%。

准予抵扣的进项税额＝50 000×10%＝5 000(元)

【例题 2-17】 6 月，某卷烟厂收购烟叶用于生产卷烟，收购凭证上注明价款 50 万元，并向烟叶生产者支付了价外补贴。计算该批烟叶准予抵扣的进项税额。

解析：

“烟叶收购金额”包括纳税人支付给烟叶销售者的烟叶收购价款和价外补贴。按照简化手续、方便征收的原则，对价外补贴统一暂按烟叶收购价款的 10%计入收购金额征税。

收购金额＝收购价款×(1＋10%)＝50×(1＋10%)＝55(万元)

应纳烟叶税＝55×20%＝11(万元)

准予抵扣的进项税额＝(55＋11)×10%＝6.6(万元)

(4) 从境外单位或者个人购进服务、无形资产或者不动产，从税务机关或者境内代理人取得的解缴税款的完税凭证上注明的增值税税额。中华人民共和国境外（以下简称“境外”）单位或者个人在境内发生应税销售行为，扣缴义务人在扣缴增值税的时候，应按照以下公式计算应扣缴税额：

应扣缴税额＝购买方支付的价款÷(1＋税率)×税率

需要注意的是，按照上述公式计算应扣缴税额时，无论购买方支付的价款是否超过 500 万元的一般纳税人标准，无论扣缴义务人是一般纳税人或者小规模纳税人，一律按照境外单位或者个人发生应税销售行为的适用税率予以计算。

(5) 部分行业农产品按照核定扣除办法计算当期准予扣除的进项税额。《财政部、国家税务总局关于在部分行业试行农产品增值税进项税额核定扣除办法的通知》（财税［2012］38 号）规定，自 2012 年 7 月 1 日起，以购进农产品为原料生产销售液体乳及乳制品、酒及酒精、植物油的增值税一般纳税人，纳入农产品增值税进项税额核定扣除试点范围，其购进农产品无论是否用于生产上述产品，增值税进项税额均按照《农产品增值税进项税额核定扣除试点实施办法》的规定抵扣。

2013 年 8 月 28 日，《财政部、国家税务总局关于扩大农产品增值税进项税额核定扣除试点行业范围的通知》（财税［2013］57 号）规定，自 2013 年 9 月 1 日起，扩大实行核定扣除试点的行业范围，由各省、自治区、直辖市、计划单列市税务部门商同级财政部门选择部分行业开展核定扣除试点工作。

试点纳税人应自执行《农产品增值税进项税额核定扣除试点实施办法》之日起，将期初库存农产品以及库存半成品、产成品耗用的农产品增值税进项税额做转出处理，以避免重复抵扣增值税进项税额。

① 以购进农产品为原料生产货物的试点纳税人，其农产品增值税进项税额可按照投入产出法、成本法和参照法核定。

第一，投入产出法是指依据农产品单耗数量、当期销售货物数量、农产品平均购买单价（含税，下同）和农产品增值税进项税额扣除率［以下简称“扣除率”，如果纳税人生产的货物适用税率为13%，则其扣除率为13%；如果纳税人生产的货物适用税率为9%，则其扣除率为9%，下同〕计算当期允许抵扣的农产品增值税进项税额，相应的计算公式为：

$$\text{当期允许抵扣农产品增值税进项税额}=\text{当期农产品耗用数量}\times\text{农产品平均购买单价}\times\frac{\text{扣除率}}{1+\text{扣除率}}$$

$$\text{当期农产品耗用数量}=\text{当期销售货物数量（不含采购除农产品以外的半成品生产的货物数量）}\times\text{农产品单耗数量}$$

【即学即用】 某乳制品公司（增值税一般纳税人）实行《农产品增值税进项税额核定扣除试点实施办法》，采用投入产出法计算可抵扣的农产品增值税进项税额。该公司11月份从牧场购入原乳8 000吨，取得的农产品销售发票注明价格5 000万元。当月对外销售10 000吨巴氏杀菌牛乳，取得不含税收入60 000万元，对应成本为40 000万元。该企业原材料成本的核算采用实际成本法，原乳单耗数量为1.055吨，原乳平均购买单价为5 000元/吨（巴氏杀菌牛乳适用的增值税税率为9%）。

解析：

该企业采用投入产出法，则

$$\begin{aligned}\text{当期允许抵扣农产品增值税进项税额}&=10\ 000\times1.055\times5\ 000\div(1+9\%)\times9\%\\&=4\ 355\ 504.59\text{（元）}\end{aligned}$$

第二，成本法是指依据当期主营业务成本、农产品耗用率以及扣除率计算当期允许抵扣的农产品增值税进项税额。相应的计算公式为：

$$\text{当期允许抵扣农产品增值税进项税额}=\text{当期主营业务成本}\times\text{农产品耗用率}\times\frac{\text{扣除率}}{1+\text{扣除率}}$$

$$\text{农产品耗用率}=\text{上年投入生产的农产品外购金额（含税）}\div\text{上年生产成本}$$

【即学即用】 某白酒生产企业（增值税一般纳税人）实行《农产品增值税进项税额核定扣除试点实施办法》，采用成本法计算可抵扣的农产品增值税进项税额。该企业8月份从农民手中收购一批粮食作为原料加工生产白酒，收购发票上注明的粮食收购价格为100 000元。货物已验收入库，款项已支付。当月该企业对外销售白酒80吨，取得不含税销售收入120 000元，对应的成本为80 000元。该企业原材料成本的核算采用实际成本法，经税务机关审定的农产品耗用率为40%（暂不考虑除增值税以外的其他税费）。

解析：

该企业采用成本法，故

$$\text{当期允许抵扣农产品增值税进项税额}=80\ 000\times40\%\div(1+13\%)\times13\%=3\ 681.42\text{（元）}$$

第三，参照法是指新举办的试点纳税人或者试点纳税人新增产品的，可参照所属行业或者生产结构相近的其他试点纳税人确定农产品单耗数量或者农产品耗用率，再按照投入产出法或者成本法计算当期允许抵扣的农产品增值税进项税额。

② 购进农产品直接销售的试点纳税人，其当期允许抵扣的农产品增值税进项税额按照以下公式计算：

$$\text{当期允许抵扣农产品增值税进项税额}=\text{当期销售农产品数量}\div(1-\text{损耗率})\times\text{农产品平均购买单价}\times\frac{\text{扣除率}}{1+\text{扣除率}}$$

$$\text{损耗率}=\text{损耗数量}\div\text{购进数量}$$

【即学即用】 某植物油生产企业（增值税一般纳税人）实行《农产品增值税进项税额核定扣除试点实施办法》。该企业8月份从农民手中收购500吨大豆作为原材料，收购发票上注明的大豆收购价格为2 000 000元。货物已验收入库，款项已支付。当月该企业将200吨大豆销售给另一家植物油生产企业，取得不含税销售收入1 200 000元，对应的成本为720 000元。该企业的大豆损耗率为0，大豆平均购买单价为3 600元/吨，原材料成本的核算采用实际成本法。

解析：

该企业将购进的200吨大豆直接对外销售，则

$$\text{当期允许抵扣农产品增值税进项税额}=200\div(1-0)\times3\ 600\div(1+9\%)\times9\%=59\ 449.54(\text{元})$$

③ 购进农产品用于生产经营且不构成货物实体（包括包装物、辅助材料、燃料、低值易耗品等）的试点纳税人，其当期允许抵扣的农产品增值税进项税额按照以下公式计算：

$$\text{当期允许抵扣农产品增值税进项税额}=\text{当期耗用农产品数量}\times\text{农产品平均购买单价}\times\frac{\text{扣除率}}{1+\text{扣除率}}$$

农产品平均购买单价是指购买农产品期末平均买价，不包括买价之外单独支付的运费和入库前的整理费用。相应的计算公式为：

$$\text{期末平均买价}=\left(\text{期初库存农产品数量}\times\text{期初平均买价}+\text{当期购进农产品数量}\times\text{当期买价}\right)\div\left(\text{期初库存农产品数量}+\text{当期购进农产品数量}\right)$$

(6) 不动产及不动产在建工程的进项税额抵扣。自2019年4月1日起，增值税一般纳税人（以下简称“纳税人”）取得并在会计制度上按固定资产核算的不动产，以及发生的不动产在建工程，其进项税额可以全额一次性进行抵扣。纳税人取得的不动产，包括以直接购买、接受捐赠、接受投资入股以及抵债等各种形式取得的不动产。

纳税人新建、改建、扩建、修缮、装饰不动产，属于不动产在建工程。

纳税人购进货物和设计服务、建筑服务，用于不动产在建工程的，其进项税额可以从销项税额中抵扣。

(7) 按照规定不得抵扣且未抵扣进项税额的固定资产、无形资产和不动产发生用途改变，用于允许抵扣进项税额的应税项目，可在用途改变的次月按照下列公式计算可以抵扣的进项税额：

$$\text{可以抵扣的进项税额}=\text{固定资产、无形资产、不动产净值}\div(1+\text{适用税率})\times\text{适用税率}$$

上述可以抵扣的进项税额应取得合法有效的增值税扣税凭证。

(8) 自2018年1月1日起，纳税人支付的道路、桥、闸通行费，按照以下规定抵扣进项税额：

① 纳税人支付的道路通行费，按照收费公路通行费增值税电子普通发票上注明的增值税税额抵扣进项税额。

2018年1月1日至6月30日，纳税人支付的高速公路通行费，如暂未能取得收费公路通行费增值税电子普通发票，可凭取得的通行费发票（不含财政票据，下同）上注明的收费金额按照下列公式计算可抵扣的进项税额：

$$\text{高速公路通行费可抵扣进项税额}=\text{高速公路通行费发票上注明的金额}\div(1+3\%)\times 3\%$$

2018年1月1日至12月31日，纳税人支付的一级、二级公路通行费，如暂未能取得收费公路通行费增值税电子普通发票，可凭取得的通行费发票上注明的收费金额按照下列公式计算可抵扣进项税额：

$$\text{一级、二级公路通行费可抵扣进项税额}=\text{一级、二级公路通行费发票上注明的金额}\div(1+5\%)\times 5\%$$

② 纳税人支付的桥、闸通行费，暂凭取得的通行费发票上注明的收费金额按照下列公式计算可抵扣的进项税额：

$$\text{桥、闸通行费可抵扣进项税额}=\text{桥、闸通行费发票上注明的金额}\div(1+5\%)\times 5\%$$

以上所称通行费，是指有关单位依法或者依规设立并收取的过路、过桥和过闸费用。

(9) 自2018年1月1日起，纳税人租入固定资产、不动产，既用于一般计税方法计税项目，又用于简易计税方法计税项目、免征增值税项目、集体福利或者个人消费的，其进项税额准予从销项税额中全额抵扣。

(10) 纳税人购进国内旅客运输服务，其进项税额允许从销项税额中抵扣。

纳税人未取得增值税专用发票的，暂按照以下规定确定进项税额：

① 取得增值税电子普通发票的，为发票上注明的税额。

② 取得注明旅客身份信息的航空运输电子客票行程单的，为按照下列公式计算的进项税额：

$$\text{航空旅客运输进项税额}=(\text{票价}+\text{燃油附加费})\div(1+9\%)\times 9\%$$

③ 取得注明旅客身份信息的铁路车票的，为按照下列公式计算的进项税额：

$$\text{铁路旅客运输进项税额}=\text{票面金额}\div(1+9\%)\times 9\%$$

④ 取得注明旅客身份信息的公路、水路等其他客票的，按照下列公式计算进项税额：

$$\text{公路、水路等其他旅客运输进项税额}=\text{票面金额}\div(1+3\%)\times 3\%$$

(11) 自2019年4月1日至2021年12月31日，允许生产、生活性服务业纳税人按照当期可抵扣进项税额加计10%，抵减应纳税额（以下简称“加计抵减政策”）。

① 生产、生活性服务业纳税人是指提供邮政服务、电信服务、现代服务、生活服务（以下简称“四项服务”）取得的销售额占全部销售额的比重超过50%的纳税人。四项服务的具体范围按照《销售服务、无形资产、不动产注释》（财税［2016］36号的附件）执行。

2019年3月31日前设立的纳税人，自2018年4月至2019年3月期间的销售额（经营期不满12个月的，按照实际经营期的销售额）符合上述规定条件的，自2019年4月1

日起适用加计抵减政策。

2019年4月1日后设立的纳税人，自设立之日起3个月的销售额符合上述规定条件的，自登记为一般纳税人之日起适用加计抵减政策。

纳税人确定适用加计抵减政策后，当年内不再调整，以后年度是否适用，根据上年度销售额计算确定。

纳税人可计提但未计提的加计抵减额，可在确定适用加计抵减政策当期一并计提。

② 纳税人应按照当期可抵扣进项税额的10%计提当期加计抵减额。按照现行规定不得从销项税额中抵扣的进项税额，不得计提加计抵减额；已计提加计抵减额的进项税额，按规定做进项税额转出的，应在进项税额转出当期调减加计抵减额。相应的计算公式如下：

$$当期计提加计抵减额=当期可抵扣进项税额\times 10\%$$

$$\frac{当期可抵减}{加计抵减额}=\frac{上期末加计}{抵减额余额}+\frac{当期计提}{加计抵减额}-\frac{当期调减}{加计抵减额}$$

③ 纳税人应按照现行规定计算一般计税方法下的应纳税额（以下简称“抵减前的应纳税额”）后，区分以下情形加计抵减：

第一，抵减前的应纳税额等于零的，当期可抵减加计抵减额全部结转下期抵减。

第二，抵减前的应纳税额大于零，且大于当期可抵减加计抵减额的，当期可抵减加计抵减额全额从抵减前的应纳税额中抵减。

第三，抵减前的应纳税额大于零，且小于或等于当期可抵减加计抵减额的，以当期可抵减加计抵减额抵减应纳税额至零。未抵减完的当期可抵减加计抵减额，结转下期继续抵减。

④ 纳税人出口货物和劳务、发生跨境应税行为不适用加计抵减政策的，其对应的进项税额不得计提加计抵减额。

纳税人兼营出口货物和劳务、发生跨境应税行为且无法划分不得计提加计抵减额的进项税额，按照以下公式计算：

$$\frac{不得计提加计}{抵减额的进项税额}=\frac{当期无法划分的}{全部进项税额}\times\frac{当期出口货物和劳务、发生}{跨境应税行为的销售额}\div\frac{当期全部}{销售额}$$

⑤ 纳税人应单独核算加计抵减额的计提、抵减、调减、结余等变动情况。骗取适用加计抵减政策或虚增加计抵减额的，按照《税收征管法》等有关规定处理。

⑥ 加计抵减政策执行到期后，纳税人不再计提加计抵减额，结余的加计抵减额停止抵减。

2. 不得从销项税额中抵扣的进项税额

根据《增值税暂行条例》及其实施细则和“营改增”税收政策的规定，下列情况的进项税额不得从销项税额中抵扣：

（1）纳税人购进货物、服务、无形资产、不动产或者接受应税劳务，取得的增值税扣税凭证（即增值税专用发票、海关进口增值税专用缴款书、农产品收购发票、农产品销售发票和税收完税凭证）不符合法律、行政法规或者国务院税务主管部门有关规定的，其进项税额不得从销项税额中抵扣。纳税人凭完税凭证抵扣进项税额的，应当具备书面合同、付款证明和境外单位的对账单或者发票；资料不全的，其进项税额不得从销项税额中抵扣。

(2) 使用简易计税方法计税项目、免征增值税项目、集体福利或者个人消费的购进货物，加工、修理修配劳务，服务，无形资产和不动产。其中，涉及的固定资产、无形资产、不动产，仅指专用于上述项目的固定资产、无形资产（不包括其他权益性无形资产)、不动产。

纳税人的交际应酬属于个人消费。

(3) 非正常损失的购进货物及相关的应税劳务或者交通运输业服务的进项税额不得抵扣。

(4) 非正常损失的在产品、产成品所耗用的购进货物（不包括固定资产）、应税劳务或者交通运输业服务的进项税额不得抵扣。

(5) 非正常损失的不动产，以及该不动产所耗用的购进货物、设计服务和建筑服务。

(6) 非正常损失的不动产在建工程所耗用的购进货物、设计服务和建筑服务。纳税人新建、改建、扩建、修缮、装饰不动产，均属于不动产在建工程。

(7) 购进的贷款服务、餐饮服务、居民日常服务和娱乐服务。

(8) 纳税人接受贷款服务向贷款方支付的与该笔贷款直接相关的投融资顾问费、手续费、咨询费等费用，其进项税额不得抵扣。

(9) 财政部和国家税务总局规定的其他情形。

已抵扣进项税额的购进货物（不含固定资产)、劳务或者服务，发生上述（1）～(8) 项情形（简易计税方法计税项目、免征增值税项目除外）的，应当将该进项税额从当期进项税额中扣减；无法确定进项税额的，按照当期实际成本计算应扣减的进项税额。

固定资产是指使用期限超过 12 个月的机器、机械、运输工具以及其他与生产经营有关的设备、工具、器具等。

非正常损失是指因管理不善造成被盗、丢失、霉烂变质的损失，以及被执法部门依法没收或者强令自行销毁的货物。

已抵扣进项税额的固定资产、无形资产或者不动产，发生上述（1）～（7）项情形的，按照下列公式计算不得抵扣的进项税额：

不得抵扣的进项税额＝固定资产、无形资产或者不动产净值×适用税率

固定资产、无形资产或者不动产净值是指纳税人根据财务会计制度计提折旧或摊销后的余额。

【例题 2－18】 某企业发现作为原料使用的一批免税农业产品因保管不善而发生霉烂变质，仓库账面价格为 15 000 元。该批农产品系 7 月购进，且进项税额已于 7 月购进时予以抵扣。计算该企业 8 月份进项税额转出金额。

解析：

非正常损失的购进货物及相关的应税劳务或者交通运输业服务不能抵扣进项税额，已抵扣的需要做进项税额转出处理。

进项税额转出金额＝15 000÷(1－10%)×10%＝1 666.67(元)

【小思考】 某公司位于一个工业园区，距离市区较远。为了方便职工上下班，该公司租用了一辆班车用于接送职工。对应的增值税税额能从销项税额中抵扣吗？为什么？

3. 关于进项税额的其他规定

(1) 一般纳税人兼营简易计税方法计税项目、免征增值税项目而无法划分不得抵扣

进项税额的，按下列公式计算不得抵扣的进项税额：

$$\text{不得抵扣的进项税额}=\text{当期无法划分的全部进项税额}\times\left(\text{当期简易计税方法计税项目销售额}+\text{免征增值税项目销售额}\right)\div\text{当期全部销售额}$$

主管税务机关可以按照上述公式依据年度数据对不得抵扣的进项税额进行清算。

（2）有下列情形之一者，应按销售额和增值税税率计算应纳税额，不得抵扣进项税额，也不得使用增值税专用发票：

① 一般纳税人会计核算不健全，或者不能提供准确税务资料的。

② 除可选择按小规模纳税人纳税之外，纳税人的销售额超过小规模纳税人标准，应当申请办理一般纳税人资格认定而未申请的。

（3）自 2013 年 8 月 1 日起，一般纳税人自用的应征消费税的摩托车、汽车、游艇，其进项税额准予从销项税额中抵扣。但是，如果购进的摩托车、汽车、游艇用于简易计税方法计税项目、免征增值税项目、集体福利或者个人消费以及发生非正常损失，其进项税额仍不得抵扣。

（4）一般纳税人发生购进货物退回或者折让、服务中止或者折让而收回的增值税税额，应当从当期的进项税额中扣减。

（5）一般纳税人在资产重组过程中，将全部资产、负债和劳动力一并转让给其他增值税一般纳税人（以下简称“新纳税人”），并按程序办理注销税务登记的，其在办理注销登记前尚未抵扣的进项税额可结转至新纳税人处继续抵扣。

（6）一般纳税人因住所、经营地点变动，按照相关规定，在工商行政管理部门做变更登记处理，但因涉及改变税务登记机关，需要办理注销税务登记并重新办理税务登记的，在迁达地重新办理税务登记后，其增值税一般纳税人资格予以保留，办理注销税务登记前尚未抵扣的进项税额允许继续抵扣。

【例题 2-19】 某咨询企业为增值税一般纳税人，既提供应税服务，又提供免税服务和简易计税项目的服务。该公司 8 月份取得应税服务收入 200 万元，免税服务收入 60 万元，简易计税项目的服务收入 40 万元，当月发生的进项税额共计 24 万元，但无法在各项服务之间进行准确划分。该企业当月能够抵扣的进项税额为多少（假定上述收入均为不含税收入）？

解析：

根据税法规定，一般纳税人兼营简易计税方法计税项目、免征增值税项目而无法划分不得抵扣进项税额的，按下列公式计算不得抵扣的进项税额：

$$\text{不得抵扣的进项税额}=\text{当期无法划分的全部进项税额}\times\left(\text{当期简易计税方法计税项目销售额}+\text{免征增值税项目销售额}\right)\div\text{当期全部销售额}$$

因此，有

该企业当月不得抵扣的进项税额＝24×(60＋40)÷(200＋60＋40)＝8(万元)

当月能够抵扣的进项税额＝(24－8)×(1＋10%)＝17.6(万元)

（7）增值税扣税凭证认证时限的规定。《国家税务总局关于进一步明确营改增有关征管问题的公告》（国家税务总局公告 2017 年第 11 号）规定：自 2017 年 7 月 1 日起，增值税一般纳税人取得的 2017 年 7 月 1 日及以后开具的增值税专用发票和机动车销售统一发票，应自开具之日起 360 日内认证或登录增值税发票选择确认平台进行确认，并在规定的纳税申报期内，向主管税务机关申报抵扣进项税额。

增值税一般纳税人取得的 2017 年 7 月 1 日及以后开具的海关进口增值税专用缴款书，应自开具之日起 360 日内向主管税务机关报送《海关完税凭证抵扣清单》，申请稽核比对。

对增值税一般纳税人取得的 2017 年 6 月 30 日前开具的增值税扣税凭证，认证期限为 180 天。

4. 向供货方收取的返还收入的税务处理

对商业企业向供货方收取的与商品销售量、销售额挂钩（如以一定比例、金额、数量计算）的各种返还收入，均应按平销返利行为的有关规定冲减当期增值税进项税额。应冲减进项税额的计算公式为：

$$\text{当期应冲减的进项税额}=\text{当期取得的返还资金}\div\left(1+\text{所购进货物适用增值税税率}\right)\times\text{所购进货物适用增值税税率}$$

【例题 2-20】 某商场（增值税一般纳税人）与其供货企业达成协议，按销售量挂钩进行平销返利。该商场 5 月份向供货方购进商品取得增值税专用发票，注明价款 120 万元、进项税额 15.6 万元。当月按平价销售全部商品，月末供货方向该商场支付返利 4.8 万元。试计算：

（1）该商场 5 月份的销项税额。

（2）该商场 5 月份可抵扣的进项税额。

解析：

该商场当月按平价销售全部商品，应按 120 万元计算确定销项税额；根据税法规定，对商业企业向供货方收取的与商品销售量、销售额挂钩的各种返还收入，均应按照平销返利行为的有关规定冲减当期增值税进项税额。

$$\text{当期应冲减进项税额}=\text{当期取得的返还资金}\div\left(1+\text{所购货物适用增值税税率}\right)\times\text{所购货物适用增值税税率}$$

（1）该商场 5 月份的销项税额为：

$120\times13\%=15.6$(万元)

（2）该商场 5 月份可抵扣的进项税额为：

$19.2-4.8\div(1+13\%)\times13\%=18.65$(万元)

【例题 2-21】 某工业企业为增值税一般纳税人，生产销售的产品适用增值税基本税率 13%。8 月发生以下经济业务：

（1）购进原材料一批，取得增值税专用发票注明的价款为 400 000 元，增值税 52 000 元；取得运输部门开具的货物运输业增值税专用发票，发票注明的运费为 20 000 元，增值税 1 800 元。

（2）接受外单位投资转入材料一批，取得增值税专用发票注明的价款为 100 000 元，增值税 13 000 元，材料未到。

（3）购进低值易耗品一批，取得增值税专用发票注明的价款为 50 000 元，增值税 6 500 元，款项已支付，低值易耗品尚未验收入库。

（4）销售产品一批，开出增值税专用发票，价款 900 000 元，税款 117 000 元。

（5）将产品投资入股 200 000 元（成本价），该企业无同类产品售价，该产品的成本

利润率为 10%。

(6) 销售已使用过的一台设备，取得收入 220 480 元（含税价），设备的账面原值为 200 000 元（2008 年购入，当时未抵扣进项税额），选择以减税方式征收增值税。

根据上述资料，计算该企业 8 月份应缴纳的增值税税额（本月取得的相关发票均在本月认证并抵扣）。

解析：

当月允许抵扣的进项税额为：

400 000×13%+20 000×9%+100 000×13%+50 000×13%

=52 000+1 800+13 000+6 500

=73 300(元)

当月增值税的销项税额为：

900 000×13%+200 000×(1+10%)×13%=117 000+28 600=145 600(元)

本月应纳增值税税额为：

145 600−73 300+220 480÷(1+3%)×2%=72 300+4 281.17=76 581.17(元)

（注：投资入股的产品成本 200 000 元，无同类产品销售价格，需要按组成计税价格计算其销项税额，2014 年 7 月 1 日以后出售未抵扣进项税额的固定资产，按照简易计税办法依照 3%的征收率减按 2%征收增值税。）

【例题 2-22】 参见【导入案例】。

该汽车修理厂的预计月营业额为 50 万元，那么年应税销售额预计将达到 600 万元（=50×12)，超过了税法规定的小规模纳税人标准，符合增值税一般纳税人的条件，应按规定办理一般纳税人登记手续，适用一般计税方法计算缴纳增值税。该厂每月应缴纳的增值税计算如下：

增值税销项税额=50×13%=6.5(万元)

增值税进项税额=10×13%=1.3(万元)

增值税应纳税额=6.5−1.3=5.2(万元)

2.6.1.3 应纳税额的计算

增值税一般纳税人发生应税销售行为适用一般计税方法的，其增值税应纳税额为当期销项税额抵扣当期进项税额后的余额。相应的计算公式如下：

当期应纳增值税税额=当期销项税额−当期进项税额

当期销项税额小于当期进项税额不足抵扣时，其不足部分可以结转下期继续抵扣。需要注意的是，原增值税一般纳税人兼有应税行为的，截至本地区“营改增”试点实施之日前的增值税期末留抵税额，不得从应税行为的销项税额中抵扣。

2012 年 2 月 7 日，财政部、国家税务总局联合发布《关于增值税税控系统专用设备和技术维护费用抵减增值税税额有关政策的通知》（财税［2012］15 号）。该文件规定，增值税纳税人 2011 年 12 月 1 日（含，下同）以后初次购买增值税税控系统专用设备（包括分开票机）支付的费用，可凭购买增值税税控系统专用设备取得的增值税专用发票，在增值税应纳税额中全额抵减（抵减额为价税合计额），不足抵减的可结转下期继续抵减；增值税纳税人非初次购买增值税税控系统专用设备支付的费用，由其自行负担，不得在增值税应纳税额中抵减；增值税纳税人 2011 年 12 月 1 日以后缴纳的技术维护费（不含补缴的 2011 年 11 月 30 日以前的技术维护费），可凭技术维护服务单位开具的技术维护费发票，在增值税应纳税额中全额抵减，不足抵减的可结转下期继续抵减。

【小思考】 增值税一般纳税人初次购买增值税税控系统专用设备支付的费用以及缴纳的技术维护费在增值税应纳税额中全额抵减的，对应的进项税额是否能够从销项税额中抵扣？

【例题 2-23】 某纺织厂（增值税一般纳税人）主要生产棉纱、棉型涤纶纱、棉坯布、棉型涤纶坯布和印染布。该纺织厂 5 月的外购项目如下：

（1）外购染料价款为 30 000 元，增值税专用发票注明税额 3 900 元。

（2）外购低值易耗品价款为 15 000 元，增值税专用发票注明税额 1 950 元。

（3）从供销社棉麻公司购进棉花一批，增值税专用发票注明税额 27 200 元。

（4）从农业生产者手中购进一批棉花，价款为 40 000 元。

（5）从小规模纳税人企业购进修理用配件 6 000 元，取得增值税普通发票。

（6）购进煤炭一批，增值税专用发票注明税额 810 元。

（7）生产用外购电力若干千瓦时，增值税专用发票注明税额 5 270 元。

（8）生产用外购水若干吨，增值税专用发票注明税额 715 元。

（9）购置气流纺纱机一台，价款为 50 000 元，增值税专用发票注明税额 6 500 元。

销售业务如下：

（1）销售棉坯布 120 000 米，取得不含税销售收入 240 000 元。

（2）销售棉型涤纶纱 100 000 米，取得不含税销售收入 310 000 元。

（3）销售印染布 90 000 米，其中销售给一般纳税人 80 000 米，取得不含税销售收入 280 000 元，销售给小规模纳税人 10 000 米，收取价税合计款 40 000 元。

（4）销售各类棉纱给一般纳税人，取得不含税价款 220 000 元；销售各类棉纱给小规模纳税人，收取价税合计款 60 000 元。

根据上述资料，计算该厂本月应纳增值税税额。

解析：

纳税人购进用于生产销售或委托加工 13%税率货物的农产品，按照 10%的扣除率计算进项税额。从小规模纳税人企业购进修理用配件取得增值税普通发票，不能抵扣相应的进项税额。

$$\begin{aligned}\text{进项税额} &= 3\,900+1\,950+27\,200+40\,000\times10\%+810+5\,270+715+6\,500\\ &= 50\,345(\text{元})\end{aligned}$$

销售货物给小规模纳税人时，取得的销售额为含税销售额，应换算成不含税销售额后再计算销项税额。

$$\begin{aligned}\text{销项税额} &= 240\,000\times13\%+310\,000\times13\%+280\,000\times13\%+40\,000\\ &\quad\div(1+13\%)\times13\%+220\,000\times13\%+60\,000\div(1+13\%)\times13\%\\ &= 148\,004.42(\text{元})\end{aligned}$$

$$\text{应纳增值税税额} = 148\,004.42-50\,345 = 97\,659.42(\text{元})$$

【例题 2-24】 某物资系统金属公司（增值税一般纳税人）主要从事工业金属材料的采购和供应业务。5月，该公司各类金属材料的不含税销售收入额为1 000 000元。此外，该公司还将一批H型金属材料用于对外投资，这批材料的不含税市场价格为20 000元。当月，该公司外购货物情况如下：

（1）外购螺纹钢120吨，单价每吨4 300元，价款516 000元，增值税专用发票注明税额67 080元。

（2）外购镀锌板100吨，单价每吨4 900元，价款490 000元，增值税专用发票注明税额63 700元。

（3）外购铲车一部，价款42 000元，增值税专用发票注明税额5 460元，交付仓库使用。

（4）将本月购进的螺纹钢20吨转为本公司职工食堂使用，价款86 000元。

（5）由于公司仓库管理不善，本月购进的镀锌板被盗丢失10吨，价款49 000元。

（6）初次购买增值税防伪税控系统专用设备，取得增值税专用发票注明价款2 000元和税额260元。

（7）本月销售金属材料过程中支付的运费均取得运输公司开具的货物运输业增值税专用发票，增值税税额共计5 000元。

根据上述资料，计算该公司本月应纳增值税税额。

解析：

该公司将金属材料用于对外投资，要视同销售计算增值税销项税额；将购进的螺纹钢用于职工食堂建设，其进项税额不能抵扣；因仓库管理不善导致购进的镀锌板被盗丢失，属于税法规定的非正常损失，不能抵扣相应的进项税额；初次购买增值税防伪税控系统专用设备所支付的费用，可凭取得的增值税专用发票在本月增值税应纳税额中全额抵减。

销项税额＝1 000 000×13%＋20 000×13%＝132 600(元)

进项税额＝67 080＋63 700＋5 460－86 000×13%－49 000×13%＋5 000
＝123 690(元)

应纳增值税＝132 600－123 690－(2 000＋260)＝6 650(元)

【例题 2-25】 某企业从事提供销售服务的业务，5月发生如下业务：

（1）5月10日，取得某项服务费收入106万元，开具增值税专用发票。

（2）5月14日，购进轿车一台，取得税控机动车销售统一发票，金额20万元，增值税税额2.6万元。

（3）5月16日，接受其他单位提供应税服务，取得增值税专用发票，发票上注明的服务销售额为1万元。

（4）5月20日，接受某货物运输企业提供的交通运输服务，取得增值税专用发票一张，金额5 000元，税率9%，税额450元。

（5）5月22日，接受个体货物运输企业提供的交通运输服务，取得税务机关代开的增值税专用发票，票面税额为400元。

根据上述资料，计算该公司本月应纳增值税税额。

解析：

提供应税服务适用6%的税率，进项税额加计抵减10%。

本月销项税额＝1 060 000÷(1＋6％)×6％＝60 000(元)

本月进项税额＝26 000＋10 000×6％＋450＋400＝27 450(元)

本月应纳增值税税额＝60 000－27 450×(1＋10％)＝29 805(元)

2.6.2 简易计税方法应纳税额的计算

2.6.2.1 应纳税额的计算

1. 销售额的确认

简易计税方法的销售额不包括其应纳税额，纳税人采用销售额和应纳税额合并定价方法的，按照下列公式计算销售额：

销售额＝含税销售额÷(1＋征收率)

纳税人因销售货物退回或者折让、服务中止或者折让而退还给购买方或者接受方的销售额，应当从当期销售额中扣减。扣减当期销售额后仍有余额造成多缴的税款，可以从以后的应纳税额中扣减。

试点纳税人提供建筑服务适用简易计税方法的，以取得的全部价款和价外费用扣除支付的分包款后的余额为销售额。

房地产开发企业中的一般纳税人销售其开发的房地产项目（选择简易计税方法的房地产老项目除外），以取得的全部价款和价外费用扣除受让土地时向政府部门支付的土地价款后的余额为销售额。

一般纳税人销售其2016年4月30日前取得（不含自建）的不动产，可以选择适用简易计税方法，以取得的全部价款和价外费用减去该项不动产购置原价或者取得不动产时的作价后的余额为销售额。

小规模纳税人销售其取得（不含自建）的不动产（不含个体工商户销售购买的住房和其他个人销售不动产），应以取得的全部价款和价外费用减去该项不动产购置原价或者取得不动产时的作价后的余额为销售额。

2. 应纳税额的计算

简易计税方法的应纳税额，是指按照销售额和增值税征收率计算的增值税税额，不得抵扣进项税额。应纳税额的计算公式为：

应纳税额＝销售额×征收率

【即学即用】 某小规模纳税人提供餐饮服务的含税销售额为103元，在计算时应先扣除税额，即

不含税销售额＝103÷(1＋3％)＝100(元)

则

增值税应纳税额＝100×3％＝3(元)

【例题2－26】 某杂货店（增值税小规模纳税人）取得的零售收入合计37 080元。该杂货店应缴纳的增值税税额为多少？

解析：

取得的不含税销售额＝37 080÷(1＋3％)＝36 000(元)

应缴纳的增值税税额＝36 000×3％＝1 080(元)

【例题 2－27】 某公司为增值税小规模纳税人，8 月发生下列业务：

(1) 8 月 6 日，购入办公用品，取得增值税专用发票一张，发票注明的增值税税额为 80 元。

(2) 8 月 11 日，以直接收款方式向 A 公司销售一批产品，开具的普通发票注明的价款为 2 340 元，已收到货款。

(3) 8 月 31 日，收到 B 公司支付的机器设备租赁费，向主管税务机关申请代开增值税专用发票，发票注明的租赁费为 1 000 元，款项已收到。

请根据上述材料，计算该公司当月应缴纳的增值税税额。

解析：

小规模纳税人销售货物、提供应税服务适用简易计税方法计税，不得抵扣进项税额，按照销售额和征收率计算的增值税税额为应纳税税额。因此，有

该公司当月的不含税销售额＝2 340÷(1＋3％)＋1 000＝3 271.84(元)

该公司当月的增值税应纳税额＝3 271.84×3％＝98.16(元)

2.6.2.2 销售已使用过的固定资产应纳税额的计算

小规模纳税人（其他个人除外，下同）销售自己使用过的固定资产（不动产除外，下同）和旧货，减按 2％的征收率征收增值税；销售自己使用过的除固定资产以外的物品，按 3％的征收率征收增值税。

增值税一般纳税人销售自己使用过的属于税法规定不得抵扣且未抵扣进项税额的固定资产，在 2014 年 7 月 1 日以前按简易计税方法依 4％的征收率减半征收增值税，自 2014 年 7 月 1 日起调整为按简易计税方法依照 3％的征收率减按 2％征收增值税；销售自己使用过的属于税法规定可以抵扣且已抵扣进项税额的固定资产，以及虽然税法规定准予抵扣进项税额，但由于自身原因（如未取得增值税专用发票、增值税专用发票逾期未认证或逾期未申报抵扣等）未实际抵扣的固定资产，按照适用税率（13％或 9％）征收增值税。其中，已使用过的固定资产是指纳税人根据财务会计制度已经计提折旧的固定资产。

纳税人发生固定资产视同销售行为，对已使用过的固定资产无法确定销售额的，以固定资产净值为销售额。其中，固定资产净值是指纳税人按照财务会计制度计提折旧后计算的固定资产净值。

自 2014 年 7 月 1 日起，纳税人（包括小规模纳税人）销售自己使用过的固定资产和旧货，适用按照简易计税办法依 3％的征收率减按 2％征收增值税政策的，按下列公式确定销售额和应纳税额：

销售额＝含税销售额÷(1＋3％)

应纳税额＝销售额×2％

【例题 2－28】 2018 年 8 月，位于市区的利宁服装厂（增值税一般纳税人）转让一台

自己使用过的机床，该机床于2008年7月购入，其原值为50 000元，已提折旧2 000元，在转让过程中支付清理费用1 000元，取得转让收入60 000元。(注：该服装厂在2008年12月31日以前未纳入扩大增值税抵扣范围试点，暂不考虑地方教育费附加。)

解析：

由于利宁服装厂转让的这台机床是2008年7月购进的，且该服装厂在2008年12月31日以前未纳入扩大增值税抵扣范围试点，按照当时的增值税规定不能抵扣相应的进项税额，因此在2018年8月转让的时候需要依照3%的征收率减按2%计算缴纳增值税。

应纳增值税=60 000÷(1+3%)×2%=1 165.05(元)

【例题2-29】 某旅游开发有限公司（增值税一般纳税人）2019年7月处理已使用过的旧车一批，其中机动车1辆（2007年购入），原值15万元，售价5万元（含税价）；电动车10辆（2015年购入），原值4.2万元/辆，售价5万元/辆（含税价）。计算处理已使用过的旧车应纳增值税税额。

解析：

第一，销售2007年购入的旧机动车，应按简易计税办法依照3%的征收率减按2%征收增值税。

应纳增值税税额=50 000÷(1+3%)×2%=970.87(元)

第二，销售2015年购入的电动车，购入时进项税额已抵扣，应按13%的税率计算增值税销项税额。

增值税销项税额=50 000×10÷(1+13%)×13%=57 522.12(元)

2.6.3 进口货物应纳税额的计算

纳税人进口货物，按照组成计税价格和《增值税暂行条例》规定的税率计算应纳税额。

组成计税价格=关税完税价格+关税+消费税

应纳税额=组成计税价格×税率

【例题2-30】 某进出口公司当月进口一批货物，海关审定的关税完税价格为700万元，该货物的关税税率为10%，增值税税率为13%，计算该公司进口货物应纳增值税税额。

解析：

进口货物应纳增值税税额=700×(1+10%)×13%=100.10(万元)

2.6.4 代扣代缴义务人应纳税额的计算

按照现行增值税制度规定，境外单位或个人在境内销售劳务，在境内未设有经营机构的，以其境内代理人为扣缴义务人；在境内没有代理人的，以购买方为扣缴义务人。扣缴义务人按下列公式计算代扣代缴税额：

应扣缴税额=接受方支付的价款÷(1+税率)×税率

【即学即用】 某企业向境外单位支付设计费折合人民币106 000元，应扣缴增值税为6 000元［=106 000÷(1+6%)×6%］。

2.6.5 几种特殊经营行为应纳税额的计算

2.6.5.1 不动产转让行为应纳税额的计算

1. 一般纳税人转让不动产应纳税额的计算

一般纳税人转让其2016年4月30日前取得（不含自建）的不动产，可以选择适用简易计税方法计税，以取得的全部价款和价外费用扣除不动产购置原价或者取得不动产时的作价后的余额为销售额，按照5%的征收率计算应纳税额。纳税人应按照上述计税方法向不动产所在地主管税务机关预缴税款，向机构所在地主管税务机关申报纳税。选择适用一般计税方法计税的，以取得的全部价款和价外费用为销售额计算应纳税额。纳税人应以取得的全部价款和价外费用扣除不动产购置原价或者取得不动产时的作价后的余额，按照5%的预征率向不动产所在地主管税务机关预缴税款，向机构所在地主管税务机关申报纳税。

一般纳税人转让其2016年4月30日前自建的不动产，可以选择适用简易计税方法计税，以取得的全部价款和价外费用为销售额，按照5%的征收率计算应纳税额。纳税人应按照上述计税方法向不动产所在地主管税务机关预缴税款，向机构所在地主管税务机关申报纳税。选择适用一般计税方法计税的，以取得的全部价款和价外费用为销售额计算应纳税额。纳税人应以取得的全部价款和价外费用，按照5%的预征率向不动产所在地主管税务机关预缴税款，向机构所在地主管税务机关申报纳税。

一般纳税人转让其2016年5月1日后取得（不含自建）的不动产，适用一般计税方法，以取得的全部价款和价外费用为销售额计算应纳税额。纳税人应以取得的全部价款和价外费用扣除不动产购置原价或者取得不动产时的作价后的余额，按照5%的预征率向不动产所在地主管税务机关预缴税款，向机构所在地主管税务机关申报纳税。

一般纳税人转让其2016年5月1日后自建的不动产，适用一般计税方法，以取得的全部价款和价外费用为销售额计算应纳税额。纳税人应以取得的全部价款和价外费用，按照5%的预征率向不动产所在地主管税务机关预缴税款，向机构所在地主管税务机关申报纳税。

【例题2-31】 某纳税人（一般纳税人）2019年6月30日转让其2014年购买的写字楼一层，取得转让收入2 000万元。纳税人2014年购买时的价格为1 000万元。假设该纳税人当月发生的其他业务产生的应纳税额是50万元，请问该纳税人在不动产所在地税务机关应预缴多少税款？此后回到机构所在地应如何计算应纳税额？

解析：

纳税人转让的不动产为2014年外购的房产，属于非自建的老房产。纳税人为增值税一般纳税人，可以选择简易计税方法或者一般计税方法。

如果纳税人转让该房产选择简易计税方法，应首先向不动产所在地的税务机关按照5%的预征率预缴税款：

(2 000－1 000)÷(1＋5%)×5%＝47.62(万元)

在计算应纳税额时，应按照全部价款和价外费用扣除不动产购置原价或者取得不动产时的作价后的余额为销售额，按照5%的征收率计算应纳税额，即1 000万元（＝2 000－1 000），此为含税价，换算为不含税价后，按照5%的征收率计算应纳税额。

应纳税额＝(2 000－1 000)÷(1＋5%)×5%＋50－47.62＝50(万元)

如果纳税人选择适用一般计税方法计税的，也应首先向不动产所在地的税务机关按照5%的预征率预缴税款：

(2 000－1 000)÷(1＋5%)×5%＝47.62(万元)

在计算应纳税额时，以取得的全部价款和价外费用为销售额（即2 000万元）计算应纳税额。当月应纳税额为：

2 000÷(1＋9%)×9%＋50－47.62＝167.52(万元)

2. 房地产开发企业销售自行开发的房地产应纳税额的计算

房地产开发企业中的一般纳税人销售其开发的房地产项目（选择简易计税方法的房地产老项目除外），以取得的全部价款和价外费用，扣除受让土地时向政府部门支付的土地价款后的余额为销售额。销售额的计算公式如下：

销售额＝(全部价款和价外费用－当期允许扣除的土地价款)÷(1＋9%)

当期允许扣除的土地价款按照以下公式计算：

$$\text{当期允许扣除的土地价款}=\text{当期销售房地产项目建筑面积}\div\text{房地产项目可供销售建筑面积}\times\text{支付的土地价款}$$

当期销售房地产项目建筑面积是指当期进行纳税申报的增值税销售额对应的建筑面积。房地产项目可供销售建筑面积是指房地产项目可以出售的总建筑面积，不包括销售房地产项目时未单独作价结算的配套公共设施的建筑面积。

一般纳税人销售自行开发的房地产老项目，可以选择按照简易计税方法依照5%的征收率计税，以取得的全部价款和价外费用为销售额，不得扣除对应的土地价款。一经选择简易计税方法计税的，36个月内不得变更为一般计税方法计税。

房地产老项目是指：《建筑工程施工许可证》注明的合同开工日期在2016年4月30日前的房地产项目；《建筑工程施工许可证》未注明合同开工日期或者未取得《建筑工程施工许可证》但建筑工程承包合同注明的开工日期在2016年4月30日前的建筑工程项目。

一般纳税人采取预收款方式销售自行开发的房地产项目，应在收到预收款时按照3%的预征率预缴增值税。

应预缴税款按照以下公式计算：

应预缴税款＝预收款÷(1＋适用税率或征收率)×3%

选择一般计税方法计税的，依照9%的适用税率计算；选择简易计税方法计税的，依照5%的征收率计算。

一般纳税人应在取得预收款的次月纳税申报期向主管税务机关预缴税款。

【例题2－32】 A房地产企业（一般纳税人）自行开发了B房地产项目，施工许可证注明的开工日期是2015年3月15日，2018年5月15日开始预售房地产，至2018年9月

30 日共取得预收款 5 250 万元。

计算 A 房地产企业在 10 月应预缴多少增值税税款？

解析：

由于 A 房地产企业销售了自行开发的房地产老项目，纳税人可选择按照简易计税方法依照 5%的征收率计税。A 房地产企业应在 10 月申报期就取得的预收款 5 250 万元预缴税款 150 万元。

应预缴税款＝5 250÷(1＋5%)×3%＝150(万元)

3. 小规模纳税人转让房地产应纳税额的计算

小规模纳税人转让其取得（不含自建）的不动产，以取得的全部价款和价外费用扣除不动产购置原价或者取得不动产时的作价后的余额为销售额，按照 5%的征收率计算应纳税额。

小规模纳税人转让其自建的不动产，以取得的全部价款和价外费用为销售额，按照 5%的征收率计算应纳税额。

除其他个人之外的小规模纳税人，应按照《纳税人转让不动产增值税征收管理暂行办法》第四条规定的计税方法向不动产所在地主管税务机关预缴税款，向机构所在地主管税务机关申报纳税；其他个人按照《纳税人转让不动产增值税征收管理暂行办法》第四条规定的计税方法向不动产所在地主管税务机关申报纳税。

4. 个人转让房地产应纳税额的计算

个人将购买不足 2 年的住房对外销售的，按照 5%的征收率全额缴纳增值税；个人将购买 2 年以上（含 2 年）的住房对外销售的，免征增值税。上述政策适用于北京市、上海市、广州市和深圳市之外的地区。

对北、上、广、深四城市，规定个人将购买不足 2 年的住房对外销售的，按照 5%的征收率全额缴纳增值税；个人将购买 2 年以上（含 2 年）的非普通住房对外销售的，以销售收入减去购买住房价款后的差额按照 5%的征收率缴纳增值税；个人将购买 2 年以上（含 2 年）的普通住房对外销售的，免征增值税。

个人转让其购买的住房，按照有关规定全额缴纳增值税的，以取得的全部价款和价外费用为销售额，按照 5%的征收率计算应纳税额。

个人转让其购买的住房，按照有关规定差额缴纳增值税的，以取得的全部价款和价外费用扣除购买住房价款后的余额为销售额，按照 5%的征收率计算应纳税额。

个体工商户应按照本条规定的计税方法向住房所在地主管地税机关预缴税款，向机构所在地主管国税机关申报纳税；其他个人应按照《纳税人转让不动产增值税征收管理暂行办法》第四条规定的计税方法向住房所在地主管税务机关申报纳税。

【例题 2－33】 张三的户口所在地为北京，他在河北工作，并长期在河北居住。张三于 2017 年在广州买了一套房，价值 80 万元。2018 年 3 月，张三将广州的房产以 105 万元卖出。张三销售该房产应如何计算应纳税额？

解析：

张三销售该房产应全额征税，即

应纳税额＝105÷(1＋5%)×5%＝5(万元)

2.6.5.2 不动产经营租赁应纳税额的计算

纳税人以经营租赁方式出租其取得的不动产（以下简称“出租不动产”），按照以下规定缴纳增值税。纳税人取得的不动产，包括以直接购买、接受捐赠、接受投资入股、自建以及抵债等各种形式取得的不动产。纳税人提供道路通行服务不适用以下规定。

1. 一般纳税人出租不动产应纳税额的计算

（1）一般纳税人出租 2016 年 4 月 30 日前取得的不动产，可以选择按照简易计税方法，依照 5%的征收率计算应纳税额。

不动产所在地与机构所在地不在同一县（市、区）的，纳税人应按照上述计税方法向不动产所在地主管税务机关预缴税款，向机构所在地主管税务机关申报纳税。不动产所在地与机构所在地在同一县（市、区）的，纳税人向机构所在地主管税务机关申报纳税。

（2）一般纳税人出租 2016 年 5 月 1 日后取得的不动产，适用一般计税方法计税。不动产所在地与机构所在地不在同一县（市、区）的，纳税人应按照 3%的预征率向不动产所在地主管税务机关预缴税款，向机构所在地主管税务机关申报纳税。不动产所在地与机构所在地在同一县（市、区）的，纳税人应向机构所在地主管税务机关申报纳税。纳税人出租不动产适用一般计税方法计税的，按照以下公式计算应预缴税款：

应预缴税款＝含税销售额÷(1＋9%)×3%

纳税人出租不动产适用简易计税方法计税的，除个人出租住房外，按照以下公式计算应预缴税款：

应预缴税款＝含税销售额÷(1＋5%)×5%

【例题 2-34】 甲企业是 A 区的增值税一般纳税人，甲企业在 2013 年购买了 A 区的两层写字楼用于出租，其中一层自用、另一层出租。如果纳税人对出租该不动产业务实行简易计税方法。请问，自 2019 年 5 月 1 日起，纳税人出租该写字楼，应如何计算纳税？如何预缴税款？

解析：

纳税人机构所在地在 A 区，不动产也在 A 区，不动产所在地与机构所在地在同一县（市、区），因此纳税人不需要预缴税款。纳税人可以选择按照简易计税方法，以收取的租金按照 5%的征收率计算应纳税额，向机构所在地主管税务机关申报纳税即可。

【例题 2-35】 甲企业是 A 市的增值税一般纳税人，2019 年购买 B 市的商铺 10 套，全部用于出租，每月租金收入 20 万元。请问，自 2019 年 5 月 1 日起，甲企业出租这些商铺应如何计算预缴税款？应如何申报纳税？

解析：

甲企业机构所在地在 A 市，不动产在 B 市，不动产所在地与机构所在地不在同一县（市、区），因此纳税人应向不动产所在地预缴税款。

甲企业为增值税一般纳税人，如果甲企业选择一般计税方法，则

预缴税款＝20÷(1＋9%)×3%＝0.55(万元)

向机构所在地补缴税款＝20÷(1＋9%)×9%－0.55＝1.1(万元)

如果纳税人选择简易计税方法，则

预缴税款＝20÷(1＋5％)×5％＝0.95(万元)

向机构所在地补缴税款＝0

2. 小规模纳税人出租不动产应纳税额的计算

单位和个体工商户出租不动产（不含个体工商户出租住房），按照5％的征收率计算应纳税额。个体工商户出租住房，按照5％的征收率减按1.5％计算应纳税额。

不动产所在地与机构所在地不在同一县（市、区）的，纳税人应按照上述计税方法向不动产所在地主管税务机关预缴税款，向机构所在地主管税务机关申报纳税。不动产所在地与机构所在地在同一县（市、区）的，纳税人应向机构所在地主管税务机关申报纳税。

3. 其他个人出租不动产应纳税额的计算

其他个人出租不动产（不含住房），按照5％的征收率计算应纳税额，向不动产所在地主管税务机关申报纳税。其他个人出租住房，按照5％的征收率减按1.5％计算应纳税额，向不动产所在地主管税务机关申报纳税。纳税人出租的不动产所在地与其机构所在地在同一直辖市或计划单列市但不在同一县（市、区）的，由直辖市或计划单列市主管税务机关决定是否在不动产所在地预缴税款。

纳税人出租不动产，需要预缴税款的，应在取得租金的次月纳税申报期或不动产所在地主管税务机关核定的纳税期限预缴税款。

个体工商户出租住房，按照以下公式计算应预缴税款：

应预缴税款＝含税销售额÷(1＋5％)×1.5％

其他个人出租不动产，按照以下公式计算应纳税款。

（1）出租住房：

应纳税款＝含税销售额÷(1＋5％)×1.5％

（2）出租非住房：

应纳税款＝含税销售额÷(1＋5％)×5％

【例题2－36】 张三为A市的居民，拥有A市的住房三套，其将两套住房出租，每月租金合计达3.3万元。张三应如何计算应纳税额？应向何地税务机关申报纳税？

解析：

张三为个人，个人出租不动产业务，由地方税务部门代为征收。个人出租住房，可以依照5％的征收率减按1.5％计算应纳税额，即

应纳税款＝3.3÷(1＋5％)×1.5％＝0.05(万元)

张三应向住房所在地的主管税务机关（即A市的税务机关）申报纳税0.05万元。

2.6.5.3 跨县建筑服务应纳税额的计算

跨县（市、区）提供建筑服务，是指单位和个体工商户（以下简称“纳税人”）在其机构所在地以外的县（市、区）提供建筑服务。其他个人跨县（市、区）提供建筑服务，不适用以下规定。

纳税人跨县（市、区）提供建筑服务，应按照财税［2016］36号文规定的纳税义务

发生时间和计税方法，向建筑服务发生地主管税务机关预缴税款，向机构所在地主管税务机关申报纳税。

(1) 一般纳税人以清包工方式提供的建筑服务，可以选择适用简易计税方法计税。

以清包工方式提供建筑服务，是指施工方不采购建筑工程所需的材料或只采购辅助材料，并收取人工费、管理费或者其他费用的建筑服务。

(2) 一般纳税人为甲供工程提供的建筑服务，可以选择适用简易计税方法计税。

甲供工程是指全部或部分设备、材料、动力由工程发包方自行采购的建筑工程。

(3) 一般纳税人为建筑工程老项目提供的建筑服务，可以选择适用简易计税方法计税。

建筑工程老项目是指：

①《建筑工程施工许可证》注明的合同开工日期在 2016 年 4 月 30 日前的建筑工程项目。

② 未取得《建筑工程施工许可证》的，建筑工程承包合同注明的开工日期在 2016 年 4 月 30 日前的建筑工程项目。

《建筑工程施工许可证》未注明合同开工日期，但建筑工程承包合同注明的开工日期在 2016 年 4 月 30 日前的建筑工程项目，属于财税［2016］36 号文规定的可以选择简易计税方法计税的建筑工程老项目。

(4) 一般纳税人跨县（市）提供建筑服务，适用一般计税方法计税的，应以取得的全部价款和价外费用为销售额计算应纳税额。纳税人应以取得的全部价款和价外费用扣除支付的分包款后的余额，按照 2%的预征率在建筑服务发生地预缴税款后，向机构所在地主管税务机关进行纳税申报。

应预缴税款＝(全部价款和价外费用－支付的分包款)÷(1＋9%)×2%

(5) 一般纳税人跨县（市）提供建筑服务，选择适用简易计税方法计税的，应以取得的全部价款和价外费用扣除支付的分包款后的余额为销售额，按照 3%的征收率计算应纳税额。纳税人应按照上述计税方法在建筑服务发生地预缴税款后，向机构所在地主管税务机关进行纳税申报。

应预缴税款＝(全部价款和价外费用－支付的分包款)÷(1＋3%)×3%

纳税人取得的全部价款和价外费用扣除支付的分包款后的余额为负数的，可结转下次预缴税款时继续扣除。

纳税人应按照工程项目分别计算应预缴税款，分别预缴。

(6) 小规模纳税人跨县（市）提供建筑服务，应以取得的全部价款和价外费用扣除支付的分包款后的余额为销售额，按照 3%的征收率计算应纳税额。纳税人应按照上述计税方法在建筑服务发生地预缴税款后，向机构所在地主管税务机关进行纳税申报。

【例题 2－37】 A 省某建筑企业（一般纳税人）2019 年 8 月分别在 B 省和 C 省提供建筑服务（非简易计税项目），当月分别取得建筑服务收入（含税）1 635 万元和 2 943 万元，分别支付分包款 545 万元（取得增值税专用发票上注明的增值税税额为 45 万元）和 763 万元（取得增值税专用发票上注明的增值税税额为 63 万元），支付不动产租赁费用

109 万元（取得增值税专用发票上注明的增值税税额为 9 万元），购入建筑材料 1 130 万元（取得增值税专用发票上注明的增值税税额为 130 万元）。该建筑企业在 9 月纳税申报期如何申报缴纳增值税？

解析：

该建筑公司应当在 B 省和 C 省就两项建筑服务分别计算并预缴税款：

(1) 就 B 省的建筑服务计算并向建筑服务发生地主管税务机关预缴增值税。

当期预缴税款＝(1 635－545)÷(1＋9%)×2%＝20(万元)

(2) 就 C 省的建筑服务计算并预缴增值税：

当期预缴税款＝(2 943－763)÷(1＋9%)×2%＝40(万元)

(3) 分项目预缴后，需要回到机构所在地 A 省向主管税务机关申报纳税：

当期应纳税额＝(1 635＋2 943)÷(1＋9%)×9%－45－63－9－130＝131(万元)

当期应补税额＝131－20－40＝71(万元)

2.7 出口货物、劳务及服务退（免）税

2.7.1 出口货物退（免）税基本政策

出口货物退（免）税是指在国际贸易业务中，对报关出口的货物退还在国内各生产环节和流转环节按税法规定已缴纳的增值税和消费税，或免征应缴纳的增值税和消费税。

各国为了鼓励本国货物出口、提高出口货物在国际市场上的竞争力，一般都采取优惠的税收政策。在立足本国国情和充分借鉴国际经验的基础上，我国对出口货物采取退税与免税相结合的政策，大致可以分为以下三种方式：

1. 出口免税并退税

出口免税是指将货物出口环节与出口前的销售环节分别视为一个征税环节，但对货物在出口销售环节免予征收增值税；出口退税是指对货物在出口前实际承担的税收负担，按规定的退税率计算后予以退还。

2. 出口免税不退税

出口免税是指货物在出口销售环节免予征收增值税；出口不退税是指货物在出口销售环节以前的生产、销售或者进口环节是免税的，该货物的价格中本身就不含税，因而无须退税。

3. 出口不免税也不退税

出口不免税是指对国家限制或者禁止出口的某些货物的出口环节视同内销环节照常征收增值税；出口不退税是指对这些货物不退还出口销售环节以前所负担的税款。

2.7.2 出口货物、劳务及服务的增值税退（免）税政策

2.7.2.1 适用增值税退（免）税政策的范围

对下列出口货物、劳务及服务，除适用增值税免税政策和征税政策的货物、劳务及服务以外，实行增值税退（免）税政策，即免征和退还增值税的政策。

1. 出口企业出口货物

出口企业是指依法办理工商登记、税务登记、对外贸易经营者备案登记，自营或委托出口货物的单位或个体工商户，以及依法办理工商登记、税务登记但未办理对外贸易经营者备案登记，委托出口货物的生产企业；出口货物是指向海关报关后实际离境并销售给境外单位或个人的货物，分为自营出口货物和委托出口货物两类。

生产企业是指具有生产能力（包括加工、修理修配能力）的单位或个体工商户。与之相对应，不具有生产能力的出口企业称为外贸企业。

2. 出口企业或其他单位视同出口货物

出口企业或其他单位视同出口货物具体包括以下七类：

（1）出口企业对外援助、对外承包、境外投资的出口货物。

（2）出口企业经海关报关进入国家批准的出口加工区、保税物流园区、保税港区、综合保税区、珠澳跨境工业区（珠海园区）、中哈霍尔果斯国际边境合作中心（中方配套区域）、保税物流中心（B型）（以下简称“特殊区域”）并销售给特殊区域内单位或境外单位、个人的货物。

（3）免税品经营企业销售的货物（国家规定不允许经营和限制出口的货物①、卷烟和超出免税品经营企业《企业法人营业执照》规定经营范围的货物除外）。

（4）出口企业或其他单位销售给用于国际金融组织或外国政府贷款国际招标建设项目的中标机电产品（以下简称“中标机电产品”）。上述中标机电产品包括外国企业中标再分包给出口企业或其他单位的机电产品。

（5）生产企业向中外合作海上石油天然气开采企业销售的自产的海洋工程结构物。

（6）出口企业或其他单位销售给国际运输企业用于国际运输工具上的货物。上述规定暂仅适用于外轮供应公司、远洋运输供应公司销售给外轮、远洋国轮的货物，国内航空供应公司生产销售给国内外航空公司国际航班的航空食品。

（7）出口企业或其他单位销售给特殊区域内生产企业生产耗用且不向海关报关而输入特殊区域的水（包括蒸汽）、电力、燃气（以下简称“输入特殊区域的水电气”）。

除另有规定外，视同出口货物适用出口货物的各项规定。

3. 出口企业对外提供加工、修理修配劳务

对外提供加工、修理修配劳务是指对进境复出口货物或从事国际运输的运输工具进行的加工、修理修配。

---

① 具体范围参见《财政部、国家税务总局关于出口货物劳务增值税和消费税政策的通知》（财税［2012］39号）中的附件1《国家规定不允许经营和限制出口的货物》。

4. 出口融资租赁货物

根据《财政部、海关总署、国家税务总局关于在全国开展融资租赁货物出口退税政策试点的通知》(财税［2014］62号)，自2014年10月1日起，将在天津东疆保税港区试点的融资租赁货物出口退税政策扩大到全国统一实施，融资租赁企业、金融租赁公司及其设立的项目子公司（以下简称“融资租赁出租方”）将融资租赁出口货物租赁给境外承租方、将融资租赁海洋工程结构物租赁给海上石油天然气开采企业，向融资租赁出租方退还其购进租赁货物所含的增值税。应退税额的计算公式如下：

$$增值税应退税额=\frac{购进融资租赁货物的增值税专用发票注明的金额或海关(进口增值税)专用缴款书注明的完税价格}{}\times 融资租赁货物适用的增值税退税率$$

融资租赁出口货物适用的增值税退税率，按照统一的出口货物适用退税率执行。从增值税一般纳税人处购进的按简易计税办法征税的融资租赁货物（包括融资租赁出口货物、融资租赁海洋工程结构物，下同）和从小规模纳税人处购进的融资租赁货物，其适用的增值税退税率，按照购进货物适用的征收率和退税率孰低的原则确定。

5. 境内单位和个人销售下列服务及无形资产，适用增值税零税率

(1) 国际运输服务。

国际运输服务，包括：

① 在境内载运旅客或者货物出境。

② 在境外载运旅客或者货物入境。

③ 在境外载运旅客或者货物。

(2) 航天运输服务。

(3) 向境外单位提供的完全在境外消费的下列服务：

① 研发服务。

② 合同能源管理服务。

③ 设计服务。

④ 广播影视节目（作品）的制作和发行服务。

⑤ 软件服务。

⑥ 电路设计及测试服务。

⑦ 信息系统服务。

⑧ 业务流程管理服务。

⑨ 离岸服务外包业务。

离岸服务外包业务包括信息技术外包服务（ITO）、技术性业务流程外包服务（BPO）、技术性知识流程外包服务（KPO），其所涉及的具体业务活动，可按照《销售服务、无形资产、不动产注释》相对应的业务活动执行。

⑩ 转让技术。

⑪ 自2013年8月1日起，境内的单位或个人提供程租服务，如果租赁的交通工具用于国际运输服务和港澳台运输服务，由出租方按规定申请适用增值税零税率。

自2013年8月1日起，境内的单位或个人向境内单位或个人提供期租、湿租服务，

如果承租方利用租赁的交通工具向其他单位或个人提供国际运输服务和港澳台运输服务，由承租方按规定申请适用增值税零税率。境内的单位或个人向境外单位或个人提供期租、湿租服务，由出租方按规定申请适用增值税零税率。

（4）财政部和国家税务总局规定的其他服务。境内的单位和个人提供适用增值税零税率应税行为的，可以放弃适用增值税零税率，选择免税或按规定缴纳增值税；放弃适用增值税零税率后，36 个月内不得再申请适用增值税零税率。

2.7.2.2 增值税退（免）税办法

适用增值税退（免）税政策的出口货物、劳务及服务实行增值税免、抵、退税办法或免、退税办法。

1. 免、抵、退税办法

生产企业出口自产货物和视同自产货物①及对外提供加工、修理修配劳务以及列名生产企业②出口非自产货物，实行免、抵、退税办法，免征增值税，相应的进项税额抵减应纳增值税税额（不包括适用增值税即征即退、先征后退政策的应纳增值税税额），未抵减完的部分予以退还。

境内的单位和个人提供适用增值税零税率的应税服务，如果属于适用增值税一般计税方法的，生产企业实行免、抵、退税办法；外贸企业自己开发的研发服务和设计服务出口，视同生产企业，连同其出口货物统一实行免、抵、退税办法。

2. 免、退税办法

不具有生产能力的出口企业（即外贸企业）或其他单位出口货物和劳务，实行免、退税办法，即免征增值税，相应的进项税额予以退还。外贸企业外购研发服务和设计服务出口实行免、退税办法。根据《国家税务总局关于外贸综合服务企业出口货物退（免）税有关问题的公告》（国家税务总局公告 2014 年第 13 号）的规定，自 2014 年 1 月 1 日起，外贸综合服务企业以自营方式出口国内生产企业与境外单位或个人签约的出口货物，同时具备规定条件的，可由外贸综合服务企业按自营出口的规定申报退（免）税。

2.7.2.3 增值税出口退税率

1. 出口退税率的一般规定

除财政部和国家税务总局根据国务院决定而明确的增值税出口退税率（以下简称“退税率”）外，出口货物的退税率为其适用税率。增值税零税率应税服务的退税率为对应服务提供给境内单位适用的增值税税率。国家税务总局会将退税率通过出口货物、劳务退税率文库予以发布，供征纳双方执行。

---

① 视同自产货物的具体范围参见《财政部、国家税务总局关于出口货物劳务增值税和消费税政策的通知》（财税［2012］39 号）中的附件 4《视同自产货物的具体范围》。

② 列名生产企业的具体范围参见《财政部、国家税务总局关于出口货物劳务增值税和消费税政策的通知》（财税［2012］39 号）中的附件 5《列名生产企业的具体范围》。

2. 出口退税率的特殊规定

(1) 外贸企业购进按简易计税办法征税的出口货物、从小规模纳税人处购进的出口货物，其退税率分别为简易计税办法实际执行的征收率、小规模纳税人征收率。上述出口货物取得增值税专用发票的，退税率按照增值税专用发票上的税率和出口货物退税率孰低的原则确定。

(2) 出口企业委托加工、修理修配货物，其加工、修理修配费用的退税率，为出口货物的退税率。

(3) 中标机电产品出口企业向海关报关进入特殊区域销售给特殊区域内生产企业生产耗用的列名原材料①（以下简称“列名原材料”）、输入特殊区域的水电气，其退税率为适用税率。如果国家调整列名原材料的退税率，列名原材料应当自调整之日起按调整后的退税率执行。

(4) 海洋工程结构物退税率的适用，参见《财政部、国家税务总局关于出口货物劳务增值税和消费税政策的通知》（财税［2012］39 号）中的附件 3《海洋工程结构物和海上石油天然气开采企业的具体范围》。

自 2019 年 4 月 1 日起，我国企业实行的出口退税率包括 13%、10%、9%、6%和 0 等。需要注意的是，适用不同退税率的货物、劳务及服务，应分开报关、核算并申报退（免）税，未分开报关、核算或划分不清的，从低适用退税率。

2.7.2.4 增值税退（免）税的计税依据

1. 出口货物和劳务的增值税退（免）税计税依据

出口货物和劳务的增值税退（免）税的计税依据，按出口货物和劳务的出口发票（外销发票）、其他普通发票或购进出口货物和劳务的增值税专用发票、海关进口增值税专用缴款书确定。

(1) 生产企业出口货物和劳务（进料加工复出口货物除外）增值税退（免）税的计税依据，为出口货物和劳务的实际离岸价（FOB）。实际离岸价应以出口发票上的离岸价为准，若出口发票不能反映实际离岸价，主管税务机关有权予以核定。

(2) 生产企业进料加工复出口货物增值税退（免）税的计税依据，按出口货物的离岸价（FOB）扣除出口货物所含的海关保税进口料件的金额后确定。

(3) 生产企业国内购进无进项税额且不计提进项税额的免税原材料加工后出口的货物的计税依据，按出口货物的离岸价（FOB）扣除出口货物所含的国内购进免税原材料的金额后确定。

(4) 外贸企业出口货物（委托加工、修理修配货物除外）增值税退（免）税的计税依据，为购进出口货物的增值税专用发票注明的金额或海关进口增值税专用缴款书注明的完税价格。

(5) 外贸企业出口委托加工、修理修配货物增值税退（免）税的计税依据，为加工、

① 列名原材料的具体范围参见《财政部、国家税务总局关于出口货物劳务增值税和消费税政策的通知》（财税［2012］39 号）中的附件 6《列名原材料的具体范围》。

修理修配费用增值税专用发票注明的金额。外贸企业应将加工、修理修配使用的原材料（进料加工海关保税进口料件除外）作价销售给受托加工、修理修配的生产企业，受托加工、修理修配的生产企业应将原材料成本并入加工、修理修配费用开具发票。

(6) 出口进项税额未计算抵扣的已使用过的设备（即出口企业根据财务会计制度已计提折旧的固定资产）增值税退（免）税的计税依据，按下列公式确定：

$$\text{退(免)税计税依据}=\begin{array}{c}\text{增值税专用发票上的金额}\\\text{或海关进口增值税}\\\text{专用缴款书注明的完税价格}\end{array}\times\text{已使用过的设备固定资产净值}\div\text{已使用过的设备原值}$$

$$\text{已使用过的设备固定资产净值}=\text{已使用过的设备原值}-\text{已使用过的设备已提累计折旧}$$

(7) 输入特殊区域的水电气增值税退（免）税的计税依据，为作为购买方的特殊区域内生产企业购进水（包括蒸汽）、电力、燃气的增值税专用发票上注明的金额。

(8) 免税品经营企业销售的货物增值税退（免）税的计税依据，为购进货物的增值税专用发票注明的金额或海关进口增值税专用缴款书注明的完税价格。

(9) 中标机电产品增值税退（免）税的计税依据，生产企业为销售机电产品的普通发票注明的金额，外贸企业为购进货物的增值税专用发票注明的金额或海关进口增值税专用缴款书注明的完税价格。

(10) 生产企业向海上石油天然气开采企业销售的自产海洋工程结构物增值税退（免）税的计税依据，为销售海洋工程结构物的普通发票注明的金额。

2. 零税率应税服务的增值税退（免）税计税依据

(1) 实行免、抵、退税办法的退（免）税计税依据。

① 以铁路运输方式载运旅客的，为按照铁路合作组织清算规则清算后的实际运输收入。

② 以铁路运输方式载运货物的，为按照铁路运输进款清算办法，对“发站”或“到站（局）”名称包含“境”字的货票上注明的运输费用以及直接相关的国际联运杂费清算后的实际运输收入。

③ 以航空运输方式载运货物或旅客的，如果国际运输或港澳台运输各航段由多个承运人承运的，为中国航空结算有限责任公司清算后的实际收入；如果国际运输或港澳台运输各航段由一个承运人承运的，为提供航空运输服务取得的收入。

④ 其他实行免、抵、退税办法的增值税零税率应税服务，为提供增值税零税率应税服务取得的收入。

(2) 实行免、退税办法的退（免）税计税依据，为购进应税服务的增值税专用发票或解缴税款的完税凭证上注明的金额。

实行退（免）税办法的服务和无形资产，如果主管税务机关认定出口价格偏高的，有权按照核定的出口价格计算退（免）税，核定的出口价格低于外贸企业购进价格的，低于部分对应的进项税额不予退税，转入成本。

2.7.2.5 增值税免、抵、退税和免、退税的计算

1. 增值税免、抵、退税的计算

实行增值税免、抵、退税办法的企业出口货物、劳务及服务，按照以下公式计算增

值税免、抵、退税：

（1）当期应纳税额的计算。

$$当期应纳税额=当期销项税额-(当期进项税额-当期不得免征和抵扣税额)$$

$$\begin{aligned}\text{当期不得免征和抵扣税额}=&\text{当期出口货物离岸价}\times\text{外汇人民币折合率}\times(\text{出口货物适用税率}-\text{出口货物退税率})\\&-\text{当期不得免征和抵扣税额抵减额}\end{aligned}$$

$$当期不得免征和抵扣税额抵减额=当期免税购进原材料价格\times(出口货物适用税率-出口货物退税率)$$

（2）当期免、抵、退税额的计算。

$$当期免、抵、退税额=当期出口货物离岸价\times外汇人民币折合率\times出口货物退税率-当期免、抵、退税额抵减额$$

$$当期免、抵、退税额抵减额=当期免税购进原材料价格\times出口货物退税率$$

上述当期免税购进原材料价格包括当期国内购进的无进项税额且不计提进项税额的免税原材料的价格和当期进料加工保税进口料件的价格，其中当期进料加工保税进口料件的价格为组成计税价格。

$$当期进料加工保税进口料件的组成计税价格=当期进口料件到岸价格+海关实征关税+海关实征消费税$$

① 采用“实耗法”的，当期进料加工保税进口料件的组成计税价格为当期进料加工出口货物耗用的进口料件组成计税价格。相应的计算公式为：

$$当期进料加工保税进口料件的组成计税价格=当期进料加工出口货物离岸价\times外汇人民币折合率\times计划分配率$$

$$计划分配率=计划进口总值\div计划出口总值\times100\%$$

② 采用“购进法”的，当期进料加工保税进口料件的组成计税价格为当期实际购进的进料加工进口料件的组成计税价格。

若当期实际不得免征和抵扣税额抵减额大于当期出口货物离岸价×外汇人民币折合率×（出口货物适用税率－出口货物退税率）的，则

$$当期不得免征和抵扣税额抵减额=当期出口货物离岸价\times外汇人民币折合率\times(出口货物适用税率-出口货物退税率)$$

（3）当期应退税额和免、抵税额的计算。

① 当期期末留抵税额≤当期免、抵、退税额，则

$$当期应退税额=当期期末留抵税额$$

$$当期免、抵税额=当期免、抵、退税额-当期应退税额$$

② 当期期末留抵税额＞当期免、抵、退税额，则

$$当期应退税额=当期免、抵、退税额$$

$$当期免、抵税额=0$$

当期期末留抵税额为当期增值税纳税申报表中的“期末留抵税额”。

2. 增值税免、退税的计算

实行免、退税办法的企业出口货物、劳务及服务，按照以下公式计算增值税免、退税：

（1）外贸企业出口委托加工、修理修配货物以外的货物：

增值税应退税额＝增值税退（免）税计税依据×出口货物退税率

（2）外贸企业出口委托加工、修理修配货物：

出口委托加工、修理修配货物的增值税应退税额＝委托加工、修理修配货物的增值税退（免）税计税依据×出口货物退税率

【即学即用】 下列关于出口退税的说法中，正确的有（　　）。

A. 生产企业出口自产货物和视同自产货物及对外提供加工、修理修配劳务，实行增值税免、抵、退税办法

B. 增值税纳税人向国内海关特殊监管区域及场所内单位提供的研发服务、设计服务，适用增值税零税率

C. 出口企业委托加工、修理修配货物，其加工、修理修配费用的退税率，为出口货物的退税率

D. 输入特殊区域的水电气增值税退（免）税的计税依据，为作为购买方的特殊区域内生产企业购进水（包括蒸汽）、电力、燃气的增值税专用发票注明的金额

答案： ACD

向国内海关特殊监管区域及场所内单位提供的研发服务、设计服务，不属于增值税零税率应税服务适用范围，选项B错误。

【例题2-38】 某自营出口的生产企业为增值税一般纳税人，出口货物适用的征税率为13%，退税率为13%。2019年8月购进原材料一批，取得的增值税专用发票上注明的价款为2 000万元，外购货物准予抵扣的进项税额为260万元。当月内销货物取得不含税销售额1 000万元，收款1 130万元存入银行；当月出口货物的销售额折合人民币2 000万元。上月留抵税款为30万元。计算该企业当期的免、抵、退税额。

解析：

（1）当期应纳税额为：

1 000×13%－260－30＝130－260－30＝－160（万元）

（2）出口货物免、抵、退税额为：

2 000×13%＝260（万元）

（3）按规定，若当期期末留抵税额≤当期免、抵、退税额时，有

当期应退税额＝当期期末留抵税额

即

该企业当期应退税额＝160（万元）

（4）当期免、抵税额＝当期免、抵、退税额－当期应退税额，即

当期免、抵税额＝260－160＝100（万元）

【例题2-39】 某自营出口的生产企业为增值税一般纳税人，适用的增值税税率为13%，退税率为13%。2019年7月外购原材料一批，取得的增值税专用发票上注明的价款为200万元，增值税税额26万元，原材料已验收入库。当月进口保税料件一批，到岸

价格折合人民币160万元，已按实耗法向税务机关办理了《生产企业进料加工贸易免税证明》。当月出口货物的离岸价格折合人民币480万元，内销货物的不含税销售额为80万元。该企业上期期末留抵税额5万元。假设该企业进料加工复出口业务符合相关规定，计划进口总值为1 800万元，计划出口总值为6 000万元。试计算该企业当期的免、抵、退税额。

解析：

计划分配率＝1 800÷6 000×100%＝30%

当期应纳税额＝80×13%－26－5＝－20.6(万元)

当期免、抵、退税额＝480×13%－480×30%×13%＝43.68(万元)

按规定，若当期期末留抵税额≤当期免、抵、退税额，则

当期应退税额＝当期期末留抵税额

即

该企业当期应退税额＝20.6(万元)

当期免、抵税额＝43.68－20.6＝23.08(万元)

【例题2-40】 某外贸企业（有进出口经营权）2019年8月收购一批货物并出口至美国，收购货物取得的增值税专用发票上注明的购货金额100 000元，增值税税额13 000元，款项以银行存款支付。该货物的出口退税率为13%，出口销售价格为15 000美元（汇率1∶6.12）。计算该外贸企业本月的增值税应退税额。

解析：

外贸企业出口货物实行免、退税办法，即

增值税应退税额＝增值税退(免)税计税依据×出口货物退税率

其中，增值税退（免）税计税依据为购进出口货物的增值税专用发票上注明的金额或海关进口增值税专用缴款书上注明的完税价格（委托加工、修理修配货物除外），故有

该外贸企业本月的增值税应退税额＝100 000×13%＝13 000(元)

2.7.3 出口货物、劳务及服务的增值税免税政策

2.7.3.1 适用增值税免税政策的范围

对符合下列条件的出口货物、劳务及服务，除适用增值税征税政策的货物、劳务及服务以外，实行增值税免税政策。

1. 出口企业或其他单位出口规定的货物

（1）增值税小规模纳税人出口的货物。

（2）避孕药品和用具，古旧图书。

（3）软件产品。其具体范围是指海关税则号前四位为“9803”的货物。动漫软件出口免征增值税。

（4）含黄金、铂金成分的货物，钻石及其饰品。

（5）国家计划内出口的卷烟。

（6）已使用过的设备。其具体范围是指购进时未取得增值税专用发票、海关进口增

值税专用缴款书，但其他相关单证齐全的已使用过的设备。

(7) 非出口企业委托出口的货物。

(8) 非列名生产企业出口的非视同自产货物。

(9) 农业生产者自产农产品［农产品的具体范围按照《农业产品征税范围注释》(财税［1995］52号) 的规定执行］。

(10) 油画、花生果仁、黑大豆等财政部和国家税务总局规定的出口免税货物。

(11) 外贸企业取得普通发票、废旧物资收购凭证、农产品收购发票、政府非税收入票据的货物。

(12) 来料加工复出口的货物。

(13) 特殊区域内的企业出口的特殊区域内的货物。

(14) 以人民币现金作为结算方式的边境地区出口企业从所在省（自治区）的边境口岸出口到接壤国家的一般贸易和边境小额贸易出口货物。

(15) 以旅游购物贸易方式报关出口的货物。

2. 出口企业或其他单位视同出口的下列货物、劳务

(1) 国家批准设立的免税店销售的免税货物［包括进口免税货物和已实现退（免）税的货物］。

(2) 特殊区域内的企业为境外的单位或个人提供加工、修理修配劳务。

(3) 同一特殊区域、不同特殊区域内的企业之间销售特殊区域内的货物。

3. 出口企业或其他单位未按规定申报或未补齐增值税退（免）税凭证的出口货物、劳务

(1) 未在国家税务总局规定的期限内申报增值税退（免）税的出口货物、劳务。

(2) 未在规定期限内申报开具《代理出口货物证明》的出口货物、劳务。

(3) 已申报增值税退（免）税，却未在国家税务总局规定的期限内向税务机关补齐增值税退（免）税凭证的出口货物、劳务

4. 纳税人提供的免征增值税的跨境应税服务

境内的单位和个人提供的下列服务及无形资产免征增值税，但财政部和国家税务总局规定适用增值税零税率的除外。

(1) 工程项目在境外的建筑服务。

工程总承包方和工程分包方为施工地点在境外的工程项目提供的建筑服务，均属于工程项目在境外的建筑服务。

(2) 工程项目在境外的工程监理服务。

(3) 工程、矿产资源在境外的工程勘察勘探服务。

(4) 会议、展览地点在境外的会展服务。

为客户参加在境外举办的会议、展览而提供的组织安排服务，属于会议、展览地点在境外的会展服务。

(5) 存储地点在境外的仓储服务。

(6) 标的物在境外使用的有形动产租赁服务。

(7) 在境外提供的广播影视节目（作品）的播映服务。

在境外提供的广播影视节目（作品）的播映服务，是指在境外的影院、剧院、录像

厅及其他场所播映广播影视节目（作品）。

通过境内的电台、电视台、卫星通信、互联网、有线电视等无线或者有线装置向境外播映广播影视节目（作品），不属于在境外提供的广播影视节目（作品）的播映服务。

（8）在境外提供的文化体育服务、教育医疗服务、旅游服务。

在境外提供的文化体育服务和教育医疗服务，是指纳税人在境外现场提供的文化体育服务和教育医疗服务。

为参加在境外举办的科技活动、文化活动、文化演出、文化比赛、体育比赛、体育表演、体育活动而提供的组织安排服务，属于在境外提供的文化体育服务。

通过境内的电台、电视台、卫星通信、互联网、有线电视等媒体向境外单位或个人提供的文化体育服务或教育医疗服务，不属于在境外提供的文化体育服务、教育医疗服务。

（9）为出口货物提供的邮政服务、收派服务、保险服务。

① 为出口货物提供的邮政服务，是指：

第一，寄递函件、包裹等邮件出境。

第二，向境外发行邮票。

第三，出口邮册等邮品。

② 为出口货物提供的收派服务，是指为出境的函件、包裹提供的收件、分拣、派送服务。

纳税人为出口货物提供收派服务，免税销售额为其向寄件人收取的全部价款和价外费用。

③ 为出口货物提供的保险服务，包括出口货物保险和出口信用保险。

（10）向境外单位销售的完全在境外消费的电信服务。

纳税人向境外单位或者个人提供的电信服务，通过境外电信单位结算费用的，服务接受方为境外电信单位，属于完全在境外消费的电信服务。

（11）向境外单位销售的完全在境外消费的知识产权服务。

服务实际接受方为境内单位或者个人的知识产权服务，不属于完全在境外消费的知识产权服务。

（12）向境外单位销售的完全在境外消费的物流辅助服务（仓储服务、收派服务除外）。

境外单位从事国际运输和港澳台运输业务经停我国机场、码头、车站、领空、内河、海域时，纳税人向其提供的航空地面服务、港口码头服务、货运客运场站服务、打捞救助服务、装卸搬运服务，属于完全在境外消费的物流辅助服务。

（13）向境外单位销售的完全在境外消费的鉴证咨询服务。

下列情形不属于完全在境外消费的鉴证咨询服务：

① 服务的实际接受方为境内单位或者个人。

② 对境内的货物或不动产进行的认证服务、鉴证服务和咨询服务。

（14）向境外单位销售的完全在境外消费的专业技术服务。

下列情形不属于完全在境外消费的专业技术服务：

① 服务的实际接受方为境内单位或者个人。

② 对境内的天气情况、地震情况、海洋情况、环境和生态情况进行的气象服务、地震服务、海洋服务、环境和生态监测服务。

③ 为境内的地形地貌、地质构造、水文、矿藏等进行的测绘服务。

④ 为境内的城、乡、镇提供的城市规划服务。

(15) 向境外单位销售的完全在境外消费的商务辅助服务。

① 纳税人向境外单位提供的代理报关服务和货物运输代理服务，属于完全在境外消费的代理报关服务和货物运输代理服务。

② 纳税人向境外单位提供的外派海员服务，属于完全在境外消费的人力资源服务。外派海员服务是指境内单位派出属于本单位员工的海员，为境外单位在境外提供的船舶驾驶和船舶管理等服务。

③ 纳税人以对外劳务合作方式，向境外单位提供的完全在境外发生的人力资源服务，属于完全在境外消费的人力资源服务。对外劳务合作是指境内单位与境外单位签订劳务合作合同，按照合同约定组织和协助中国公民赴境外工作的活动。

④ 下列情形不属于完全在境外消费的商务辅助服务：

第一，服务的实际接受方为境内单位或者个人。

第二，对境内不动产的投资与资产管理服务、物业管理服务、房地产中介服务。

第三，拍卖境内货物或不动产过程中提供的经纪代理服务。

第四，为境内货物或不动产的物权纠纷提供的法律代理服务。

第五，为境内货物或不动产提供的安全保护服务。

(16) 向境外单位销售的广告投放地在境外的广告服务。

广告投放地在境外的广告服务是指为在境外发布的广告提供的广告服务。

(17) 向境外单位销售的完全在境外消费的无形资产（技术除外）。

下列情形不属于向境外单位销售的完全在境外消费的无形资产：

① 无形资产未完全在境外使用。

② 所转让的自然资源使用权与境内自然资源相关。

③ 所转让的基础设施资产经营权、公共事业特许权与境内货物或不动产相关。

④ 向境外单位转让在境内销售货物、应税劳务、服务、无形资产或不动产的配额、经营权、经销权、分销权、代理权。

(18) 为境外单位之间的货币资金融通及其他金融业务提供的直接收费金融服务，且该服务与境内的货物、无形资产和不动产无关。

为境外单位之间、境外单位和个人之间的外币、人民币资金往来提供的资金清算、资金结算、金融支付、账户管理服务，属于为境外单位之间的货币资金融通及其他金融业务提供的直接收费金融服务。

(19) 属于以下情形的国际运输服务：

① 以无运输工具承运方式提供的国际运输服务。

② 以水路运输方式提供国际运输服务但未取得《国际船舶运输经营许可证》的。

③ 以公路运输方式提供国际运输服务但未取得《道路运输经营许可证》或者《国际汽车运输行车许可证》，或者《道路运输经营许可证》的经营范围未包括“国际运输”的。

④ 以航空运输方式提供国际运输服务但未取得《公共航空运输企业经营许可证》，或者其经营范围未包括“国际航空客货邮运输业务”的。

⑤ 以航空运输方式提供国际运输服务但未持有《通用航空经营许可证》，或者其经营范围未包括"公务飞行"的。

(20) 符合零税率政策但适用简易计税方法或声明放弃适用零税率选择免税的下列应税行为：

① 国际运输服务。

② 航天运输服务。

③ 向境外单位提供的完全在境外消费的下列服务：

第一，研发服务。

第二，合同能源管理服务。

第三，设计服务。

第四，广播影视节目（作品）的制作和发行服务。

第五，软件服务。

第六，电路设计及测试服务。

第七，信息系统服务。

第八，业务流程管理服务。

第九，离岸服务外包业务。

④ 向境外单位转让完全在境外消费的技术。需要注意的是，纳税人向国内海关特殊监管区域内的单位或者个人提供的应税服务，不属于跨境服务，应照章征收增值税。

(21) 出口企业或其他单位未按规定申报或未补齐增值税退（免）税凭证的出口货物、劳务。

对于适用增值税免税政策的出口货物、劳务及服务，出口企业或其他单位可以依照现行增值税有关规定放弃免税，并按规定缴纳增值税。

2.7.3.2 进项税额的计算处理

1. 适用增值税免税政策的出口货物和劳务进项税额处理

(1) 适用增值税免税政策的出口货物和劳务，其进项税额不得抵扣和退税，应当转入成本。

(2) 出口卷烟，依下列公式计算不得抵扣的进项税额：

$$\text{不得抵扣的进项税额}=\text{出口卷烟含消费税金额}\div\left(\text{出口卷烟含消费税金额}+\text{内销卷烟销售额}\right)\times\text{当期全部进项税额}$$

(3) 除出口卷烟外，适用增值税免税政策的其他出口货物和劳务的计算，按照增值税免税政策的统一规定执行。其中，如果涉及销售额，除来料加工复出口货物为其加工费收入外，其他均为出口离岸价或销售额。

2. 适用增值税免税政策的跨境应税服务进项税额处理

纳税人提供跨境服务免征增值税的，应单独核算跨境服务的销售额，准确计算不得抵扣的进项税额，其免税收入不得开具增值税专用发票。

【即学即用】 在下列各项中，适用增值税免税政策的有（　　）。

A. 增值税小规模纳税人出口的货物

B. 来料加工复出口的货物

C. 纳税人提供存储地点在境外的仓储服务

D. 纳税人向国内海关特殊监管区域内的单位或者个人提供的技术转让服务

答案：ABC

纳税人向国内海关特殊监管区域内的单位或者个人提供的应税服务，不属于跨境服务，应照章征收增值税，选项D错误。

2.7.4 出口货物和劳务的增值税征税政策

2.7.4.1 适用增值税征税政策的范围

下列出口货物和劳务不适用增值税退（免）税政策，实行增值税征税政策，即按规定征收增值税的政策。

（1）出口企业出口或视同出口财政部和国家税务总局根据国务院决定明确取消出口退（免）税的货物（不包括来料加工复出口货物、中标机电产品、列名原材料、输入特殊区域的水电气和海洋工程结构物）。

（2）出口企业或其他单位销售给特殊区域内的生活消费用品和交通运输工具。

（3）出口企业或其他单位因骗取出口退税被税务机关停止办理增值税退（免）税期间出口的货物。

（4）出口企业或其他单位提供虚假备案单证的货物。

（5）出口企业或其他单位增值税退（免）税凭证有伪造或内容不实的货物。

（6）出口企业或其他单位未在国家税务总局规定期限内申报免税核销以及经主管税务机关审核不予免税核销的出口卷烟。

（7）出口企业或其他单位具有以下情形之一的出口货物、劳务：

① 将空白的出口货物报关单、出口收汇核销单等退（免）税凭证交由除签有委托合同的货代公司、报关行，或由境外进口方指定的货代公司（提供合同约定或者其他相关证明）以外的其他单位或个人使用的。

② 以自营名义出口，其出口业务实质上是由本企业及其投资的企业以外的单位或个人借该出口企业名义操作完成的。

③ 以自营名义出口，其出口的同一批货物既签订购货合同，又签订代理出口合同（或协议）的。

④ 出口货物在海关验放后，自己或委托货代承运人对该批货物的海运提单或其他运输单据上的品名、规格等进行修改，造成出口货物报关单与海运提单或其他运输单据有关内容不符的。

⑤ 以自营名义出口，但不承担出口货物的质量、收款或退税风险之一的，即出口货物发生质量问题不承担购买方的索赔责任（合同中有约定质量责任承担者除外）；不承担未按期收款导致不能核销的责任（合同中有约定收款责任承担者除外）；不承担因申报出

口退（免）税的资料、单证等出现问题造成不退税责任的。

⑥ 未实质参与出口经营活动、接受并从事由中间人介绍的其他出口业务，但仍以自营名义出口的。

(8) 不适用跨境应税行为，适用增值税零税率和免税政策规定的出口服务及无形资产。

2.7.4.2 增值税应纳税额的计算处理

适用增值税征税政策的出口货物和劳务，其增值税应纳税额按下列办法计算：

1. 一般纳税人出口货物

$$销项税额=\left(\begin{matrix}出口货物\\离岸价\end{matrix}-\begin{matrix}出口货物耗用的进料\\加工保税进口料件金额\end{matrix}\right)\div\left(1+\begin{matrix}适用\\税率\end{matrix}\right)\times适用税率$$

若出口货物已按征、退税率之差计算了不得免征和抵扣税额并已转入成本的，相应的税额应转回进项税额。

2. 小规模纳税人出口货物

$$应纳税额=出口货物离岸价\div(1+征收率)\times征收率$$

【例题 2-41】 某自营出口的生产企业为增值税一般纳税人，出口货物适用增值税征税政策，税率为 13%。2019 年 8 月购进一批原材料，取得的增值税专用发票注明的价款为 1 000 万元，外购货物准予抵扣的进项税额为 130 万元。当月出口货物的销售额折合人民币 2 000 万元。上月留抵税款为 30 万元。计算该企业当月增值税应纳税额。

解析：

该企业当月增值税销项税额＝2 000÷(1＋13%)×13%＝230.09(万元)

应纳税额＝230.09－130－30＝70.09(万元)

2.8 税收优惠

2.8.1 法定免税项目

根据《增值税暂行条例》的规定，下列项目免征增值税：

(1) 农业生产者销售的自产农产品。

(2) 避孕药品和用具。

(3) 古旧图书。古旧图书是指向社会收购的古书和旧书。

(4) 直接用于科学研究、科学试验和教学的进口仪器、设备。

(5) 外国政府、国际组织无偿援助的进口物资和设备。

(6) 由残疾人的组织直接进口供残疾人专用的物品。

(7) 销售自己使用过的物品。自己使用过的物品是指其他个人自己使用过的物品。

(8) 财政部、国家税务总局规定的其他免税项目。

① 资源综合利用产品和劳务。

根据《财政部、国家税务总局关于印发〈资源综合利用产品和劳务增值税优惠目录〉的通知》(财税〔2015〕78号)的规定，纳税人销售自产的资源综合利用产品和提供资源综合利用劳务，可享受增值税即征即退政策。退税比例包括30%、50%、70%和100%四个档次。

② 免征蔬菜流通环节(包括批发、零售)增值税。

该免税项目包括经过切分、晾晒、冷藏、冷冻程序加工的蔬菜，但不包括蔬菜罐头。

③ 粕类产品。豆粕属征税饲料；其他粕类饲料免征增值税。

④ 制种行业。制种企业生产、销售种子，属于农业生产者销售自产农业产品，免征增值税。

⑤ 按债转股企业与金融资产管理公司签订的债转股协议，债转股原企业将货物资产作为投资提供给债转股新公司的，免征增值税。

⑥ 节能服务公司将项目中的货物转让给用能企业，免征增值税。

⑦ 图书销售免征增值税。

自2018年1月1日至2020年12月31日，对指定出版物在出版环节的增值税先征后退100%、50%；免征图书批发、零售增值税。

⑧ 对电影产业的电影发行收入免征增值税。

对电影制片企业销售电影拷贝(含数字拷贝)、转让版权取得的收入，电影发行企业取得的电影发行收入，电影放映企业在农村的电影放映收入，自2019年1月1日至2023年12月31日免征增值税。

⑨ 自2016年1月1日起至2018年供暖季结束，对供热企业向居民个人供热而取得的采暖费收入免征增值税。

⑩ 自2016年1月1日起至2018年12月31日，继续对国产抗艾滋病病毒药品免征生产环节和流通环节增值税。

⑪ 对内资研发机构和外资研发中心采购国产设备全额退还增值税。

⑫ 自2017年1月1日至2019年12月31日，对广播电视运营服务企业收取的有线数字电视基本收视维护费和农村有线电视基本收视费，免征增值税。

⑬ 原对城镇公共供水用水户在基本水价(自来水价格)外征收水资源费的试点省份，在水资源费改税试点期间，按照不增加城镇公共供水企业负担的原则，城镇公共供水企业缴纳的水资源税所对应的水费收入，不计征增值税，按"不征税自来水"项目开具增值税普通发票。

⑭ 自2018年1月1日至2019年12月31日，纳税人为农户、小型企业、微型企业及个体工商户借款、发行债券提供融资担保取得的担保费收入，以及为上述融资担保(以下简称"原担保")提供再担保取得的再担保费收入，免征增值税。再担保合同对应多个原担保合同的，原担保合同应全部适用免征增值税政策。否则，再担保合同应按规定缴纳增值税。

⑮ 自2016年5月1日起，纳税人采取转包、出租、互换、转让、入股等方式将承包地流转给农业生产者用于农业生产，免征增值税。在《财政部、国家税务总局关于租入

固定资产进项税额抵扣等增值税政策的通知》下发前已征的增值税，可抵减以后月份应缴纳的增值税或办理退税。

⑯ 自 2016 年 5 月 1 日起，社会团体收取的会费，免征增值税。在《财政部、国家税务总局关于租入固定资产进项税额抵扣等增值税政策的通知》下发前已征的增值税，可抵减以后月份应缴纳的增值税或办理退税。

社会团体是指依照国家有关法律法规设立或登记并取得《社会团体法人登记证书》的非营利法人。会费是指社会团体在国家法律法规、政策许可的范围内，依照社团章程的规定，收取的个人会员、单位会员和团体会员的会费。

社会团体开展经营服务性活动取得的其他收入，一律照章缴纳增值税。

除上述规定外，增值税的免税、减税项目由国务院规定，任何地区、部门均不得规定免税、减税项目。

2.8.2 “营改增”免税项目

根据《营业税改征增值税试点过渡政策的规定》，下列项目免予征收增值税：

（1）托儿所、幼儿园提供的保育和教育服务。

（2）养老机构提供的养老服务。

（3）残疾人福利机构提供的育养服务。

（4）婚姻介绍服务。

（5）殡葬服务。

（6）残疾人员本人为社会提供的服务。

（7）医疗机构提供的医疗服务。

（8）从事学历教育的学校提供的教育服务。

（9）学生勤工俭学提供的服务。

（10）农业机耕、排灌、病虫害防治、植物保护、农牧保险以及相关技术培训业务，家禽、牲畜、水生动物的配种和疾病防治。

（11）纪念馆、博物馆、文化馆、文物保护单位管理机构、美术馆、展览馆、书画院、图书馆在自己的场所提供文化体育服务取得的第一道门票收入。

（12）寺院、宫观、清真寺和教堂举办文化、宗教活动的门票收入。

（13）行政单位之外的其他单位收取的符合《营业税改征增值税试点实施办法》第十条规定条件的政府性基金和行政事业性收费。

（14）个人转让著作权。

（15）个人销售自建自用住房。

（16）在 2018 年 12 月 31 日前，公共租赁住房经营管理单位出租公共租赁住房。

（17）台湾航运公司、航空公司从事海峡两岸海上直航、空中直航业务在大陆取得的运输收入。

（18）纳税人提供的直接或者间接国际货物运输代理服务。

① 纳税人提供直接或者间接国际货物运输代理服务，向委托方收取的全部国际货物运输代理服务收入，以及向国际货物运输承运人支付的国际运输费用，必须通过金融机

构进行结算。

② 纳税人为内地（大陆）与香港、澳门、台湾地区之间的货物运输提供的货物运输代理服务，参照国际货物运输代理服务的有关规定执行。

③ 委托方索取发票的，纳税人应当就国际货物运输代理服务收入向委托方全额开具增值税普通发票。

（19）以下利息收入。

① 在2016年12月31日前，金融机构的农户小额贷款。

小额贷款是指单笔且该农户贷款余额在10万元（含本数）以下的贷款。

② 国家助学贷款。

③ 国债、地方政府债。

④ 中国人民银行对金融机构的贷款。

⑤ 住房公积金管理中心用住房公积金在指定的委托银行发放的个人住房贷款。

⑥ 外汇管理部门在从事国家外汇储备经营的过程中，委托金融机构发放的外汇贷款。

⑦ 在统借统还业务中，企业集团或企业集团中的核心企业以及集团所属财务公司按不高于支付给金融机构的借款利率水平或者支付的债券票面利率水平，向企业集团或者集团内下属单位收取的利息。

统借方向资金使用单位收取的利息，高于支付给金融机构的借款利率水平或者支付的债券票面利率水平的，应全额缴纳增值税。

（20）被撤销金融机构以货物、不动产、无形资产、有价证券、票据等财产清偿债务。

（21）保险公司开办的一年期以上人身保险产品取得的保费收入。

（22）下列金融商品转让收入。

① 合格境外机构投资者（QFII）委托境内公司在我国从事证券买卖业务。

② 香港市场投资者（包括单位和个人）通过沪港通买卖上海证券交易所上市A股。

③ 香港市场投资者（包括单位和个人）通过基金互认买卖内地基金份额。

④ 证券投资基金（封闭式证券投资基金、开放式证券投资基金）管理人运用基金买卖股票、债券。

⑤ 个人从事金融商品转让业务。

⑥ 全国社会保障基金理事会、全国社会保障基金投资管理人运用全国社会保障基金买卖证券投资基金、股票、债券取得的金融商品转让收入。

（23）金融同业往来利息收入。

① 金融机构与中国人民银行所发生的资金往来业务，包括中国人民银行对一般金融机构贷款以及中国人民银行对商业银行的再贴现等。

② 银行联行往来业务。同一银行系统内部不同行、处之间所发生的资金账务往来业务。

③ 金融机构间的资金往来业务，是指经中国人民银行批准，进入全国银行间同业拆借市场并通过全国统一的同业拆借网络进行的短期［一年以下（含一年）］无担保资金融通行为。

④ 金融机构之间的转贴现业务。

金融同业往来利息收入除上述情况外，还包括同业存款、同业借款、同业代付、买断式买入返售金融商品、持有金融债券、同业存单。

(24) 同时符合下列条件的担保机构从事中小企业信用担保或者再担保业务取得的收入（不含信用评级、咨询、培训等收入），3 年内免征增值税。

① 已取得监管部门颁发的融资性担保机构经营许可证，依法登记注册为企（事）业法人，实收资本超过 2 000 万元。

② 平均年担保费率不超过银行同期贷款基准利率的 50%。

$$\text{平均年担保费率}=\text{本期担保费收入}\div\left(\text{期初担保余额}+\text{本期增加的担保金额}\right)\times 100\%$$

③ 连续合规经营 2 年以上，资金主要用于担保业务，具备健全的内部管理制度和为中小企业提供担保的能力，经营业绩突出，对受保项目具有完善的事前评估、事中监控、事后追偿与处置机制。

④ 为中小企业提供的累计担保贷款额占其两年累计担保业务总额的 80%以上，单笔 800 万元以下的累计担保贷款额占其累计担保业务总额的 50%以上。

⑤ 对单个受保企业提供的担保余额不超过担保机构实收资本总额的 10%，且平均单笔担保责任金额最多不超过 3 000 万元人民币。

⑥ 担保责任余额不低于其净资产的 3 倍，且代偿率不超过 2%。

担保机构免征增值税政策采取备案管理方式。符合条件的担保机构应到所在地县（市）主管税务机关和同级中小企业管理部门履行规定的备案手续，自完成备案手续之日起，享受 3 年免征增值税政策。在 3 年免税期满后，符合条件的担保机构可按规定程序办理备案手续后继续享受该项政策。

(25) 国家商品储备管理单位及其直属企业承担商品储备任务，从中央或者地方财政取得的利息补贴收入和价差补贴收入。

(26) 纳税人提供技术转让、技术开发和与之相关的技术咨询、技术服务。

(27) 同时符合下列条件的合同能源管理服务：

① 节能服务公司实施合同能源管理项目的相关技术，应当符合国家质量监督检验检疫总局和国家标准化管理委员会发布的《合同能源管理技术通则》(GB/T 24915—2010) 规定的技术要求。

② 节能服务公司与用能企业签订节能效益分享型合同，其合同格式和内容符合《中华人民共和国合同法》和《合同能源管理技术通则》(GB/T 24915—2010) 等规定。

(28) 自 2018 年 1 月 1 日至 2020 年 12 月 31 日，科普单位的门票收入以及县级及以上党政部门和科协开展科普活动的门票收入。

(29) 政府举办的从事学历教育的高等、中等和初等学校（不含下属单位），举办进修班、培训班取得的全部归该学校所有的收入。

(30) 政府举办的职业学校设立的主要为在校学生提供实习场所，并由学校出资自办、由学校负责经营管理、经营收入归学校所有的企业，从事《销售服务、无形资产或者不动产注释》中“现代服务”（不含融资租赁服务、广告服务和其他现代服务）、“生活服务”（不含文化体育服务、其他生活服务和桑拿、氧吧）业务活动取得的收入。

(31) 家政服务企业由员工制家政服务员提供家政服务取得的收入。

(32) 福利彩票、体育彩票的发行收入。

(33) 军队空余房产租赁收入。

(34) 为了配合国家住房制度改革，企业、行政事业单位按房改成本价、标准价出售住房取得的收入。

(35) 将土地使用权转让给农业生产者用于农业生产。

(36) 涉及家庭财产分割的个人无偿转让不动产、土地使用权。

家庭财产分割包括下列情形：离婚财产分割；无偿赠予配偶、父母、子女、祖父母、外祖父母、孙子女、外孙子女、兄弟姐妹；无偿赠予对其承担直接抚养或者赡养义务的抚养人或者赡养人；房屋产权所有人死亡，法定继承人、遗嘱继承人或者受遗赠人依法取得房屋产权。

(37) 土地所有者出让土地使用权和土地使用者将土地使用权归还给土地所有者。

(38) 县级以上地方人民政府或自然资源行政主管部门出让、转让或收回自然资源使用权（不含土地使用权)。

(39) 随军家属就业。

① 为安置随军家属就业而新开办的企业，自领取税务登记证之日起，其提供的应税服务3年内免征增值税。

享受税收优惠政策的企业，随军家属必须占企业总人数的60%（含）以上，并有军（含）以上政治和后勤机关出具的证明。

② 从事个体经营的随军家属，自办理税务登记事项之日起，其提供的应税服务3年内免征增值税。

随军家属必须有师以上政治机关出具的可以表明其身份的证明。

按照上述规定，每一名随军家属可以享受一次免税政策。

(40) 军队转业干部就业。

① 从事个体经营的军队转业干部，自领取税务登记证之日起，其提供的应税服务3年内免征增值税。

② 为安置自主择业的军队转业干部就业而新开办的企业，凡安置自主择业的军队转业干部占企业总人数60%（含）以上的，自领取税务登记证之日起，其提供的应税服务3年内免征增值税。

享受上述优惠政策的自主择业的军队转业干部必须持有师以上部队颁发的转业证件。

(41) 各党派、共青团、工会、妇联、中科协、青联、台联、侨联收取党费、团费、会费以及政府间国际组织收取会费，属于非经营活动，不征收增值税。

(42) 中国邮政集团公司及其所属邮政企业提供的邮政普遍服务和邮政特殊服务，免征增值税。

(43) 中国邮政集团公司及其所属邮政企业为金融机构代办金融保险业务取得的代理收入，在“营改增”试点期间免征增值税。

纳税人兼营免税、减税项目的，应当分别核算免税、减税项目的销售额；未分别核算的，不得免税、减税。纳税人发生应税行为适用免税、减税规定的，可以放弃免税、减税，按规定缴纳增值税；放弃免税、减税后，36个月内不得再申请免税、减税。纳税人发生应税行为同时适用免税和零税率规定的，纳税人可以选择适用免税或者零税率。

【即学即用】 在下列各项中，正确的有（ ）。

A. 自然人销售自己使用过的物品所取得的收入，免征增值税

B. 外国企业无偿援助的进口物资和设备，免征增值税

C. 个人转让著作权，免征增值税

D. 纳税人兼营免税、减税项目的，应当分别核算免税、减税项目的销售额；未分别核算销售额的，不得免税、减税

答案：ACD

外国政府、国际组织无偿援助的进口物资和设备免征增值税，选项B错误。

【小思考】 纳税人在什么情况下会选择放弃免税权？

2.8.3 增值税起征点

纳税人销售货物、提供应税劳务或者发生应税行为的销售额未达到国务院财政、税务主管部门规定的增值税起征点的，免征增值税；达到起征点的，按规定全额计算缴纳增值税。增值税起征点的幅度规定如下：

（1）销售货物的，为月销售额5 000～20 000元。

（2）销售应税劳务的，为月销售额5 000～20 000元。

（3）按次纳税的，为每次（日）销售额300～500元。

（4）发生应税行为的起征点：

① 按期纳税的，为月销售额5 000～20 000元（含本数）。

② 按次纳税的，为每次（日）销售额300～500元（含本数）。

上面所称的销售额，是指《增值税暂行条例实施细则》中所称的小规模纳税人的销售额，即小规模纳税人的销售额不包括其应纳税额。增值税起征点的适用范围限于个人，不适用于一般纳税人中的个体工商户，即增值税起征点仅适用于按照小规模纳税人纳税的个体工商户和其他个人。

起征点的调整由财政部和国家税务总局规定。省、自治区、直辖市财政厅（局）和国家税务局应当在规定的幅度内，根据实际情况确定本地区适用的起征点，并报财政部和国家税务总局备案。

近年来，为了扶持小微企业的发展，国家不断加大税收支持力度，国务院财政、税务主管部门多次下发文件扩大税收优惠覆盖范围。2013年7月29日，财政部、国家税务总局联合下发《关于暂免征收部分小微企业增值税和营业税的通知》（财税［2013］52号），规定自2013年8月1日起，对增值税小规模纳税人中月销售额不超过2万元的企业或非企业性单位，暂免征收增值税。2014年10月9日，财政部、国家税务总局再次联合发布《关于进一步支持小微企业增值税和营业税政策的通知》（财税［2014］71号），进一步加大对小微企业的税收支持力度，规定自2014年10月1日起至2015年12月31日，对月销售额2万元（含本数）至3万元的增值税小规模纳税人，免征增值税。2014年10月11日，国家税务总局下发配套文件——《国家税务总局关于小微企业免征增值税和营业税有关问题的公告》（国家税务总局公告2014年第57号），该文件规定以1个季度为纳税期限的增值税小规模纳税人，季度销售额不超过9万元的，可按照财税［2013］52号

文、财税［2014］71号文的规定免征增值税。在2017年12月31日前，对月销售额2万元（含本数）至3万元的增值税小规模纳税人，免征增值税。《国家税务总局关于小微企业免征增值税有关问题的公告》（国家税务总局公告2017年第52号）延续了对增值税小规模纳税人的优惠力度。该政策规定，增值税小规模纳税人应分别核算销售货物或者加工、修理修配劳务的销售额和销售服务、无形资产的销售额。增值税小规模纳税人销售货物或者加工、修理修配劳务月销售额不超过3万元（按季纳税9万元），销售服务、无形资产月销售额不超过3万元（按季纳税9万元）的，自2018年1月1日起至2020年12月31日，可分别享受小微企业暂免征收增值税优惠政策。《关于实施小微企业普惠性税收减免政策的通知》（财税［2019］13号）规定，自2019年1月1日至2021年12月31日，对月销售额10万元以下（含本数）的增值税小规模纳税人，免征增值税。

2.8.4 增值税即征即退

（1）软件产品的税务处理。

① 增值税一般纳税人销售其自行开发生产的软件产品，在按13%的税率征收增值税后，对实际税负超过3%的部分实行即征即退。

② 增值税一般纳税人将进口软件产品进行本地化改造后对外销售，享受增值税即征即退政策。

本地化改造是指对进口软件产品进行重新设计、改进、转换等，单纯对进口软件产品进行汉化处理不包括在内。

（2）一般纳税人提供管道运输服务，对其增值税实际税负超过3%的部分实行增值税即征即退政策。

（3）经中国人民银行、银监会或者商务部批准从事融资租赁业务的试点纳税人中的一般纳税人，提供有形动产融资租赁服务和有形动产融资性售后回租服务，对其增值税实际税负超过3%的部分实行增值税即征即退政策。

（4）纳税人享受安置残疾人增值税即征即退优惠政策。

① 纳税人是指安置残疾人的单位和个体工商户。

② 纳税人本期应退增值税税额等于本期所含月份每月应退增值税税额之和。

$$\text{月应退增值税税额}=\frac{\text{纳税人本月安置}}{\text{残疾人员人数}}\times\frac{\text{本月月最低工资}}{\text{标准的4倍}}$$

2.9 征收管理

2.9.1 纳税义务发生时间

纳税义务发生时间是指纳税人发生应税销售行为应当承担纳税义务的起始时间。发生应税销售行为是指收讫销售款项或者取得索取销售款项的当天；先开具发票的，为开具发票的当天。

2.9.1.1 销售货物或者应税劳务的纳税义务发生时间

纳税人销售货物或者应税劳务，其纳税义务发生时间为收讫销售款项或者取得索取销售款项凭据的当天；先开具发票的，为开具发票的当天。其中，收讫销售款项或者取得索取销售款项凭据的当天按销售结算方式的不同，具体为：

(1) 采取直接收款方式销售货物，不论货物是否发出，均为收到销售款或者取得索取销售款项凭据的当天。

纳税人在生产经营活动中采取直接收款方式销售货物，已将货物移送对方并暂估销售收入入账，但未取得销售款项或者取得索取销售款项凭据也未开具销售发票的，其增值税纳税义务发生时间为取得销售款项或取得索取销售款项凭据的当天；先开具发票的，为开具发票的当天。

(2) 采取托收承付和委托银行收款方式销售货物，为发出货物并办妥托收手续的当天。

(3) 采取赊销和分期收款方式销售货物，为书面合同约定的收款日期的当天，无书面合同的或者书面合同没有约定收款日期的，为货物发出的当天。

(4) 采取预收货款方式销售货物，为货物发出的当天，但生产销售生产工期超过12个月的大型机械设备、船舶、飞机等货物，为收到预收款或者书面合同约定的收款日期的当天。

(5) 委托其他纳税人代销货物，为收到代销单位的代销清单或者收到全部或者部分货款的当天；未收到代销清单及货款的，为发出代销货物满180天的当天。

(6) 销售应税劳务，为提供劳务同时收讫销售款项或者取得索取销售款项凭据的当天。

(7) 纳税人发生除将货物交付其他单位或者个人代销和销售代销货物以外的视同销售货物行为，为货物移送的当天。

2.9.1.2 销售服务、无形资产或者不动产的纳税义务发生时间

(1) 纳税人发生应税行为，其纳税义务发生时间为收讫销售款项或者取得索取销售款项凭据的当天；先开具发票的，为开具发票的当天。

收讫销售款项是指纳税人销售服务、无形资产或者不动产过程中或者完成后收到款项。

取得索取销售款项凭据的当天是指书面合同确定的付款日期；未签订书面合同或者书面合同未确定付款日期的，为服务、无形资产转让完成的当天或者不动产权属变更的当天。

(2) 纳税人提供租赁服务采取预收款方式的，其纳税义务发生时间为收到预收款的当天。

(3) 纳税人从事金融商品转让，其纳税义务发生时间为金融商品所有权转移的当天。

(4) 纳税人发生《增值税暂行条例》视同销售服务、无形资产或者不动产情形的，其纳税义务发生时间为服务、无形资产转让完成的当天或者不动产权属变更的当天。

(5) 增值税扣缴义务发生时间为纳税人增值税纳税义务发生的当天。

前述销售货物或应税劳务纳税义务发生时间的确定，明确了企业在计算应纳税额时，对“当期销项税额”时间的限定，是增值税计税和征收管理中重要的规定。目前，一些企业没有按照前述规定的纳税义务发生时间将实现的销售收入及时入账并计算纳税，而是采取延迟入账或不计销售收入等做法，以拖延纳税或逃避纳税，这些做法都是错误的。企业必须按上述规定的时限及时、准确地记录销售额和计算当期销项税额。

【即学即用】 某电缆厂（增值税一般纳税人）当月发生电缆销售业务3笔，货款共计1 800万元（不含税价）。其中，第一笔800万元，货款两清；第二笔300万元，两年后一次付清；第三笔后付700万元，其中一年半后付500万元，余款200万元两年后结清。

企业若全部采取直接收款方式，则应于当月全部计算销售额，计提销项税额234万元（=1 800×13%）；若对未收到的300万元和700万元应收账款分别在货款结算中采用赊销和分期收款的结算方式，就可以延缓纳税时间。

2.9.1.3 进口货物的纳税义务发生时间

纳税人进口货物，其纳税义务发生时间为报关进口的当天。

2.9.2 纳税期限

增值税的纳税期限分别为1日、3日、5日、10日、15日、1个月或者1个季度。

纳税人的具体纳税期限，由主管税务机关根据纳税人应纳税额的大小分别核定；不能按照固定期限纳税的，可以按次纳税。以1个季度为纳税期限的规定仅适用于小规模纳税人、银行、财务公司、信托公司、信用社以及财政部和国家税务总局规定的其他纳税人。

目前，以1个季度为纳税期限的其他纳税人包括：

(1) 经财政部和国家税务总局批准，按照《总分机构试点纳税人增值税计算缴纳暂行办法》(财税［2013］74号）计算缴纳增值税的航空运输企业总机构。

(2) 经财政部、国家税务总局批准，汇总申报缴纳增值税的中国铁路总公司。

(3) 经省、自治区、直辖市或者计划单列市财政厅（局）和国家税务局批准，可以汇总申报缴纳增值税的邮政企业总机构。

(4) 经省、自治区、直辖市或者计划单列市财政厅（局）和国家税务局批准，可以汇总申报缴纳增值税的电信企业总机构。

纳税人以1个月或者1个季度为1个纳税期的，自期满之日起15日内申报纳税；以1日、3日、5日、10日或者15日为1个纳税期的，自期满之日起5日内预缴税款，于次月1日起15日内申报纳税并结清上月应纳税款。

扣缴义务人解缴税款的期限，依照前述规定执行。

纳税人进口货物，应当自海关填发进口增值税专用缴纳书之日起15日内缴纳税款。

纳税人出口货物适用退（免）税规定的，应当向海关办理出口手续，凭出口报关单等有关凭证，在规定的出口退（免）税申报期内按月向主管税务机关申报办理该项出口货物的退（免）税，具体办法由国务院财政、税务主管部门制定。出口货物办理退税后发生退货或者退关的，纳税人应当依法补缴已退的税款。

2.9.3 纳税地点

（1）固定业户应当向其机构所在地或者居住地的主管税务机关申报纳税。总机构和分支机构不在同一县（市）的，应当分别向各自所在地的主管税务机关申报纳税；经国务院财政、税务主管部门或者其授权的财政、税务机关批准，可以由总机构汇总后向总机构所在地的主管税务机关申报纳税。

固定业户的总机构和分支机构不在同一县（市），但在同一省（区、市）范围内的，经省级财政、税务部门审批同意，可以由总机构汇总后向总机构所在地的主管税务机关申报缴纳增值税。

【即学即用】 某公司在A省设立了总部，在B省建了一个分支机构，分支机构库存的材料用于销售，所有的核算均在总部。总部和分支机构应该分别向各自所在地的主管税务机关申报纳税。

（2）固定业户到外县（市）销售货物或者应税劳务，应当向其机构所在地的主管税务机关申请开具外出经营活动税收管理证明，并向其机构所在地的主管税务机关申报纳税；未开具证明的，应当向销售地或者劳务发生地的主管税务机关申报纳税；未向销售地或者劳务发生地的主管税务机关申报纳税的，由其机构所在地的主管税务机关补征税款。

（3）非固定业户销售货物、提供应税劳务或者发生应税行为，应当向销售地、应税劳务发生地或者应税行为发生地的主管税务机关申报纳税；未申报纳税的，由其机构所在地或者居住地的主管税务机关补征税款。

（4）进口货物，应当向报关地海关申报纳税。

（5）其他个人提供建筑服务，销售或者租赁不动产，转让自然资源使用权，应向建筑服务发生地、不动产所在地、自然资源所在地税务机关申报纳税。

（6）扣缴义务人应当向其机构所在地或者居住地的主管税务机关申报缴纳其扣缴的税款。

（7）预缴地点。纳税人跨县（市）提供建筑服务，应按照预征率在建筑服务发生地预缴税款，并且纳税人转让不动产也应向不动产所在地主管税务机关预缴税款。

【即学即用】 在下列关于增值税纳税地点的表述中，错误的有（ ）。

A. 固定业户总机构和分支机构不在同一县（市）的，应当汇总后向总机构所在地的主管税务机关申报纳税

B. 固定业户临时到外县（市）销售应税货物，既未持有外出经营活动税收管理证明，也未向销售地主管税务机关申报纳税的，由销售地主管税务机关补征税款

C. 非固定业户应当向销售地、劳务发生地或应税行为发生地主管税务机关申报纳税；未申报纳税的，由其机构所在地或者居住地主管税务机关补征税款

D. 进口货物的纳税人应当向进口地海关申报纳税

答案：ABD

解析：固定业户的总机构和分支机构不在同一县（市）的，应当分别向各自所在地的主管税务机关申报纳税，经国务院财政、税务主管部门或者其授权的财政、税务机关批准，可以由总机构汇总后向总机构所在地的主管税务机关申报纳税，选项A错误；固定业户临时到外县（市）销售应税货物，既未持有外出经营活动税收管理证明，也未向销售地主管税务机关申报纳税的，由其机构所在地的主管税务机关补征税款，选项B错误；进口货物的纳税人应当向报关地海关申报纳税，选项D错误。

2.9.4 纳税申报

2.9.4.1 一般纳税人纳税申报

1. 纳税申报资料

纳税申报资料包括纳税申报表及其附列资料和纳税申报其他资料。

（1）增值税一般纳税人（以下简称“一般纳税人”）纳税申报表及其附列资料包括：

①《增值税纳税申报表（适用于增值税一般纳税人）》。

②《增值税纳税申报表附列资料（一）》（本期销售情况明细）。

③《增值税纳税申报表附列资料（二）》（本期进项税额明细）。

④《增值税纳税申报表附列资料（三）》（服务、不动产和无形资产扣除项目明细）。

一般纳税人销售服务、不动产和无形资产，在确定服务、不动产和无形资产销售额时，按照有关规定可以从取得的全部价款和价外费用中扣除价款的，须填报《增值税纳税申报表附列资料（三）》。其他情况不填写该附列资料。

⑤《增值税纳税申报表附列资料（四）》（税额抵减情况表）。

⑥《增值税纳税申报表附列资料（五）》（不动产分期抵扣计算表）。

⑦《增值税减免税申报明细表》。

（2）纳税申报其他资料包括：

① 已开具的税控“机动车销售统一发票”和普通发票的存根联。

② 符合抵扣条件且在本期申报抵扣的防伪税控“增值税专用发票”（含税控“机动车销售统一发票”）的抵扣联。

③ 符合抵扣条件且在本期申报抵扣的海关进口增值税专用缴款书、购进农产品取得的普通发票以及按规定仍可以抵扣且在本期申报抵扣的其他运输费用结算单据的复印件。

④ 符合抵扣条件且在本期申报抵扣的中华人民共和国完税凭证及其清单，书面合同、付款证明和境外单位的对账单或者发票。

⑤ 已开具的农产品收购凭证的存根联或报查联。

⑥ 纳税人销售服务、不动产和无形资产，在确定服务、不动产和无形资产销售额时，按照有关规定从取得的全部价款和价外费用中扣除价款的合法凭证及其清单。

⑦ 主管税务机关规定的其他资料。纳税申报表及其附列资料为必报资料。纳税申报其他资料的报备要求由各省、自治区、直辖市和计划单列市主管税务机关确定。

(3) 增值税预缴税款表。纳税人跨县（市）提供建筑服务、房地产开发企业预售自行开发的房地产项目、纳税人出租与机构所在地不在同一县（市）的不动产，按规定需要在项目所在地或不动产所在地主管税务机关预缴税款的，须填写《增值税预缴税款表》。

2. 一般纳税人增值税纳税申报表的填制

《增值税纳税申报表（适用于增值税一般纳税人）》如表 2-4 所示，纳税人应当按税法规定如实填制纳税申报表并办理纳税申报。

【综合案例】 北京新华酒厂为增值税一般纳税人，法定代表人姓名：张华；纳税人识别号：6424905785232010 9×××；注册地址：北京市海淀区学院南路××号；生产经营地址：北京市海淀区学院南路××号；开户银行及账号：中国工商银行北京市某支行8450188066×××；企业登记注册类型：股份有限公司。1—11 月的应税货物不含税销售额为 10 000 000 元，销项税额为 1 300 000 元，进项税额为 1 200 000 元，进项税额转出额为 200 000 元，为某企业加工甲种粮食白酒的应税劳务金额为 100 000 元。12 月发生下列业务：

(1) 销售甲种粮食白酒 10 吨，每吨含税单价 22 600 元；销售乙种粮食白酒 5 吨，每吨含税单价 11 300 元；销售丙种粮食白酒 20 吨，每吨含税单价 33 900 元。款项全部存入银行。

(2) 销售散装粮食白酒 3 吨，每吨含税单价 4 520 元，收取包装物押金 2 260 元，款项全部存入银行。

(3) 销售以当月外购薯类白酒和自产糠麸白酒勾兑的散装白酒 6 吨，每吨含税单价 2 260 元。其中，外购薯类白酒 3 吨，每吨含税价 1 130 元，取得增值税专用发票，全部用于勾兑并销售，货款存入银行。

(4) 用自产甲种粮食白酒 10 吨，从农民手中换入玉米 10 吨，已经验收入库，开出收购专用发票。

(5) 该厂将换入的 1 吨玉米用于职工福利。

(6) 该厂委托某酒厂为其加工酒精 6 吨，粮食由委托方提供，发出粮食成本 51 000 元，支付加工费 6 000 元，增值税 780 元，用银行存款支付。收回的酒精全部用于连续生产套装礼品白酒 10 吨，每吨含税单位售价 33 900 元，当月全部销售。

(7) 该厂将自己生产的 10 吨甲种粮食白酒中的 3 吨用于馈赠、7 吨用于职工福利。

(本期缴纳上期应纳税额 200 000 元，上期留抵税额为 0 元。)

根据以上资料填制以下增值税纳税申报表（见表 2-4）。

解析：

该厂 12 月增值税销项税额 $=[22\,600\div(1+13\%)\times10+11\,300\div(1+13\%)\times5$

$+33\,900\div(1+13\%)\times20+4\,520\div(1+13\%)\times3$

$+2\ 260\div(1+13\%)+2\ 260\div(1+13\%)\times6$

$+22\ 600\div(1+13\%)\times10+33\ 900\div(1+13\%)\times10$

$+22\ 600\div(1+13\%)\times10]\times13\%$

$=1\ 576\ 000\times13\%$

$=204\ 880$(元)

该厂12月增值税进项税额$=1\ 130\div(1+13\%)\times3\times13\%+22\ 600\times10\times10\%+780$

$=23\ 770$(元)

该厂12月进项税额转出额$=22\ 600\times10\%=2\ 260$(元)

该厂当月增值税应纳税额=销项税额−(进项税额−进项税额转出额)

$=204\ 880-(23\ 770-2\ 260)$

$=183\ 370$(元)

表2-4 **增值税纳税申报表**

(适用于增值税一般纳税人)

根据国家税收法律法规及增值税相关规定制定本表。纳税人不论有无销售额，均应按主管税务机关核定的纳税期限按期填报本表，并向当地税务机关申报。

税款所属时间：自××年1月1日至××年12月31日

填表日期：××年1月8日　　　　金额单位：元（列至角分）

纳税人识别号	6	4	2	4	9	0	5	7	8	5	2	3	2	0	1	0	9	×	×	×	所属行业：	制造业

纳税人名称	北京新华酒厂（公章）	法定代表人姓名	张华	注册地址	北京市海淀区学院南路××号（营业地址）	生产经营地址	北京市海淀区学院南路××号
开户银行及账号	中国工商银行北京市某支行 8450188066×××	登记注册类型		股份有限公司		电话号码	010-7401××××

	项目	栏次	一般项目		即征即退项目	
			本月数	本年累计	本月数	本年累计
销售额	（一）按适用税率征税货物及劳务销售额	1	1 576 000	11 676 000		
	其中：应税货物销售额	2	1 576 000	11 576 000		
	应税劳务销售额	3		100 000		
	纳税检查调整的销售额	4				
	（二）按简易计税方法征税货物销售额	5				
	其中：纳税检查调整的销售额	6				
	（三）免、抵、退办法出口货物销售额	7			—	—
	（四）免税货物及劳务销售额	8			—	—
	其中：免税货物销售额	9			—	—
	免税劳务销售额	10			—	—
税款计算	销项税额	11	204 880	1 517 880		
	进项税额	12	23 770	1 223 770		
	上期留抵税额	13				—
	进项税额转出	14	2 260	202 660		

项目		栏次	一般项目本月数	一般项目本年累计	即征即退项目本月数	即征即退项目本年累计
税款计算	免、抵、退税货物应退税额	15			—	—
	按适用税率计算的纳税检查应补缴税额	16			—	—
	应抵扣税额合计	17＝12＋13－14－15＋16	21 510	1 201 510		—
	实际抵扣税额	18（如17＜11，则为17，否则为11）	21 510	1 021 510		
	应纳税额	19＝11－18	183 370	496 370		
	期末留抵税额	20＝17－18				—
	按简易计税方法计算的应纳税额	21				
	按简易计税方法计算的纳税检查应补缴税额	22			—	—
	应纳税额减征额	23				
	应纳税额合计	24＝19＋21－23	183 370	496 370		
税款缴纳	期初未缴税额（多缴为负数）	25	200 000			
	实收出口开具专用缴款书退税额	26			—	—
	本期已缴税额	27＝28＋29＋30＋31	200 000	313 000		
	①分次预缴税额	28		—		—
	②出口开具专用缴款书预缴税额	29		—	—	—
	③本期缴纳上期应纳税额	30	200 000	313 000		
	④本期缴纳欠缴税额	31				
	期末未缴税额（多缴为负数）	32＝24＋25＋26－27	183 370	183 370		
	其中：欠缴税额（≥0）	33＝25＋26－27		—		—
	本期应补（退）税额	34＝24－28－29	183 370	—		—
	即征即退实际退税额	35	—	—		
	期初未缴查补税额	36			—	—
	本期入库查补税额	37			—	—
	期末未缴查补税额	38＝16＋22＋36－37			—	—

授权声明	如果你已委托代理人申报，请填写下列资料： 为代理一切税务事宜，现授权________（地址）____________为本纳税人的代理申报人，任何与本申报表有关的往来文件，都可寄予此人。 授权人签字：	申报人声明	此纳税申报表是根据国家税收法律法规及相关规定填报的，我相信它是真实的、可靠的、完整的。 声明人签字：

以下由税务机关填写：

主管税务机关： 接收人： 接收日期：

2.9.4.2 小规模纳税人申报

1. 纳税申报资料

(1)《增值税纳税申报表（适用小规模纳税人）》。

(2)《增值税纳税申报表（适用小规模纳税人）附列资料》。

小规模纳税人销售服务，在确定服务销售额时，按照有关规定可以从取得的全部价款和价外费用中扣除价款的，须填报《增值税纳税申报表（适用小规模纳税人）附列资料》。其他情况不填写该附列资料。

(3)《增值税减免税申报明细表》。

(4)《增值税预缴税款表》。

2. 小规模纳税人增值税纳税申报表

《增值税纳税申报表（适用小规模纳税人）》如表 2－5 所示，纳税人应当按税法规定如实填制纳税申报表并办理纳税申报。

表 2－5　　增值税纳税申报表（适用小规模纳税人）

纳税人识别号：																				

纳税人名称（公章）：
金额单位：元（列至角分）
税款所属期：　年　月　日至　年　月　日
填表日期：　年　月　日

	项目	栏次	本月数		本年累计	
			货物及劳务	服务、不动产和无形资产	货物及劳务	服务、不动产和无形资产
一、计税依据	（一）应征增值税不含税销售额	1				
	税务机关代开的增值税专用发票不含税销售额	2				
	税控器具开具的普通发票不含税销售额	3				
	（二）销售、出租不动产不含税销售额	4				
	税务机关代开的增值税专用发票不含税销售额	5				
	税控器具开具的普通发票不含税销售额	6				
	（三）销售使用过的固定资产不含税销售额	7（7≥8）				
	其中：税控器具开具的普通发票不含税销售额	8				
	（四）免税销售额	9＝10＋11＋12				
	其中：小微企业免税销售额	10				
	未达起征点销售额	11				
	其他免税销售额	12				
	（五）出口免税销售额	13（13≥14）				
	其中：税控器具开具的普通发票销售额	14				

二、税款计算	本期应纳税额	15	*			
	本期应纳税额减征额	16	**			
	本期免税额	17				
	其中：小微企业免税额	18				
	未达起征点免税额	19				
	应纳税额合计	20 ＝15－16				
	本期预缴税额	21			—	—
	本期应补（退）税额	22 ＝20－21			—	—

纳税人或代理人声明：	如纳税人填报，由纳税人填写以下各栏：
此纳税申报表是根据国家税收法律的规定填报的，我确定它是真实的、可靠的、完整的。	办税人员（签章）：××× 财务负责人（签章）：××× 法定代表人（签章）：××× 联系电话：××××××
	如委托代理人填报，由代理人填写以下各栏：
	代理人名称（公章）： 经办人： 联系电话：

主管税务机关： 接收人： 接收日期：

2.9.5 增值税专用发票的使用和管理

2.9.5.1 增值税发票开具的基本规定

《中华人民共和国发票管理办法》规定：销售商品、提供服务以及从事其他经营活动的单位和个人，对外发生经营业务收取款项，收款方应当向付款方开具发票；在特殊情况下，由付款方向收款方开具发票。所有单位和从事生产经营活动的个人在购买商品、接受服务以及从事其他经营活动支付款项时，应当从收款方取得发票。在取得发票时，不得要求变更品名和金额。开具发票应当按照规定的时限、顺序、栏目，全部联次一次性如实开具，并加盖发票专用章。

任何单位和个人不得有下列虚开发票行为：为他人或自己开具与实际经营业务情况不符的发票；让他人为自己开具与实际经营业务情况不符的发票；介绍他人开具与实际经营业务情况不符的发票。

任何单位和个人应当按照发票管理规定使用发票，不得有下列行为：转借、转让、介绍他人转让发票、发票监制章和发票防伪专用品；知道或者应当知道是私自印制、伪造、变造、非法取得或者废止的发票而受让、开具、存放、携带、邮寄、运输；拆本使用发票；扩大发票使用范围；以其他凭证代替发票使用。

除国务院税务主管部门规定的特殊情形外，发票限于领购单位和个人在本省、自治区、直辖市内开具。省、自治区、直辖市税务机关可以规定跨市、县开具发票的办法。

除国务院税务主管部门规定的特殊情形外，任何单位和个人不得跨规定的使用区域携带、邮寄、运输空白发票。禁止携带、邮寄或者运输空白发票出入境。开具发票的单位和个人应当按照税务机关的规定存放和保管发票，不得擅自损毁。已经开具的发票存根联和发票登记簿，应当保存5年。保存期满，报经税务机关查验后销毁。

《增值税专用发票使用规定》明确，增值税一般纳税人有下列情形之一的，不得领购、开具专用发票：

(1) 会计核算不健全，不能向税务机关准确提供增值税销项税额、进项税额、应纳税额数据及其他有关增值税税务资料的。其他有关增值税税务资料的内容，由省、自治区、直辖市和计划单列市主管税务机关确定。

(2) 有《税收征管法》规定的税收违法行为，拒不接受税务机关处理的。

(3) 有下列行为之一，经税务机关责令限期改正而仍未改正的：

① 虚开增值税专用发票。

② 私自印制专用发票。

③ 向税务机关以外的单位和个人买取专用发票。

④ 借用他人专用发票。

⑤ 未按规定开具专用发票。

⑥ 未按规定保管专用发票和专用设备。

⑦ 未按规定申请办理防伪税控系统变更发行。

⑧ 未按规定接受税务机关检查。

专用发票应按下列要求开具：

(1) 项目齐全，与实际交易相符。

(2) 字迹清楚，不得压线、错格。

(3) 发票联和抵扣联加盖财务专用章或者发票专用章。

(4) 按照增值税纳税义务的发生时间开具。

对不符合上列要求的专用发票，购买方有权拒收。

【小思考】 对不按规定开具、使用增值税发票的纳税人，纳税机关可以给予哪些处罚？

2.9.5.2 增值税发票开具的有关问题

(1) 商品和服务的税收分类与编码。为了加快税收现代化建设，方便纳税人便捷、规范地开具增值税发票，同时有利于税务机关加强增值税征收管理，国家税务总局编写了《商品和服务税收分类与编码（试行）》，并在增值税发票管理新系统中增加了编码相关功能。自2018年1月1日起，在纳税人通过增值税发票管理新系统开具增值税发票（包括增值税专用发票、增值税普通发票、增值税电子普通发票）时，商品和服务税收分类编码对应的简称会自动显示并打印在发票票面“货物或应税劳务、服务名称”或“项目”栏次中。

编码由19位数字构成，分篇、类、章、节、条、款、项、目、子目、细目10层，共计4 140项。

① 5大类：按销售货物、劳务、服务、无形资产和不动产归类。

② 4 140项：3 487个明细开票项，653个汇总项。

③ 829个增值税优惠政策及特殊管理要求。

④ 76个消费税管理政策。

⑤ 对应统计局的2.8万种产品和劳务。

货物和劳务分类编码表由国家税务总局统一维护，未经同意，任何人不得变动。纳税人不得修改目前国家税务总局已有的编码，允许纳税人自行修改的编码，只能是在现有商品和服务分类再细分的情况下，在已有编码基础上增加下一层编码，纳税人自行增加的编码为系统自动赋码，在税务机关做后期开票量统计分析时，按照“纳税人识别号+总局编码+纳税人增加编码”为要素采集并统计数据。

除特殊纳税人可以按汇总项开票外，其他纳税人在开票时均不允许按上一级代码开具发票。

(2) 差额征税开票。《财政部、国家税务总局关于全面推开营业税改征增值税试点的通知》中的附件2《营业税改征增值税试点有关事项的规定》明确：试点纳税人提供有形动产融资性售后回租服务，向承租方收取的有形动产价款本金，不得开具增值税专用发票，可以开具普通发票。试点纳税人提供旅游服务，可以选择以取得的全部价款和价外费用，扣除向旅游服务购买方收取并支付给其他单位或者个人的住宿费、餐饮费、交通费、签证费、门票费和支付给其他接团旅游企业的旅游费用后的余额为销售额。选择上述办法计算销售额的试点纳税人，向旅游服务购买方收取并支付的上述费用，不得开具增值税专用发票，可以开具普通发票。

【即学即用】 某纳税人销售商品房适用差额征税。该纳税人如何开具发票？

解析： 按照现行政策规定，适用差额征税办法缴纳增值税且不得全额开具增值税发票的（财政部、国家税务总局另有规定的除外），在纳税人自行开具或者税务机关代开增值税发票时，通过新系统中差额征税开票功能，录入含税销售额（或含税评估额）和扣除额，系统自动计算税额和不含税金额，备注栏自动打印“差额征税”字样，发票开具不应与其他项目混开。

---

(3) 自2018年2月1日起，月销售额超过3万元（或季销售额超过9万元）的工业以及信息传输、软件和信息技术服务业增值税小规模纳税人（以下简称“试点纳税人”）发生增值税应税行为，需要开具增值税专用发票的，可以通过增值税发票管理新系统自行开具。

(4) 自2018年4月1日起，二手车交易市场、二手车经销企业、经纪机构和拍卖企业应当通过增值税发票管理新系统开具二手车销售统一发票。

(5) 自2018年1月1日起，纳税人在境内提供公路或内河货物运输服务，需要开具增值税专用发票的，可在税务登记地、货物起运地、货物到达地或运输业务承揽地（含互联网物流平台所在地）中任何一地，就近向税务机关申请代开增值税专用发票，也可以委托纳入试点范围的互联网物流平台企业按照规定代开专用发票。

2.9.5.3 红字增值税发票开具的基本规定

(1) 增值税一般纳税人开具增值税专用发票（以下简称“专用发票”）后，发生销货

退回、开票有误、应税服务中止等情形但不符合发票作废的条件，或者因销货部分退回及发生销售折让，需要开具红字专用发票的，按以下方法处理：

专用发票已交付购买方，购买方可在增值税专用发票新系统中填开并上传《开具红字增值税专用发票信息表》（以下简称《信息表》）。《信息表》所对应的蓝字专用发票应经税务机关认证（所购货物或服务等不属于增值税扣税项目范围的除外）。经认证，结果为“认证相符”并且已经抵扣增值税进项税额的，购买方在填开《信息表》时不填写相对应的蓝字专用发票信息，应暂依《信息表》所列增值税税额从当期进项税额中转出，未抵扣增值税进项税额的可列入当期进项税额，待取得销售方开具的红字专用发票后，与《信息表》一并作为记账凭证；经认证，结果为“无法认证”“纳税人识别号认证不符”“专用发票代码、号码认证不符”以及所购货物或服务不属于增值税扣税项目范围的，购买方不列入进项税额，不做进项税额转出，在填开《信息表》时应填写相对应的蓝字专用发票信息。

专用发票尚未交付购买方或者购买方拒收的，销售方应于专用发票认证期限内在增值税发票新系统中填开并上传《信息表》。

主管税务机关通过网络接收纳税人上传的《信息表》，在系统自动校验通过后，生成带有“红字发票信息表编号”的《信息表》，并将信息同步至纳税人端系统中。

销售方凭税务机关校验通过的《信息表》开具红字专用发票，在增值税发票系统升级版中以销项负数开具。红字专用发票应与《信息表》一一对应。

纳税人也可凭《信息表》电子信息或纸质资料到税务机关对《信息表》内容进行系统校验。

（2）对小规模纳税人销售服务、无形资产或者不动产并收取价款后，发生服务中止、折让或者退回而退还销售额给购买方，依照规定将所退的款项扣减当期销售额的，如果小规模纳税人已就该项业务委托税务机关为其代开了增值税专用发票的，应按规定申请开具红字专用发票。

（3）纳税人需要开具红字增值税普通发票的，可以在所对应的蓝字发票金额范围内开具多份红字发票。红字机动车销售统一发票需要与原蓝字机动车销售统一发票一一对应。

本章小结

增值税是以商品（含应税劳务和应税行为）在流转过程中产生的增值额作为计税依据而征收的一种流转税。增值税分为生产型增值税、收入型增值税、消费型增值税三种类型。凡在中华人民共和国境内销售或者进口货物、提供应税劳务以及销售服务、无形资产或者不动产的单位和个人，都是增值税的纳税人。增值税纳税人分为一般纳税人和小规模纳税人。增值税的征税范围包括销售或者进口的货物，提供的加工、修理修配劳务，销售服务、无形资产或者不动产。增值税税率包括13%、9%、6%以及零税率，对小规模纳税人和一些特殊情况适用征收率3%或5%。目前，对出口货物和部分应税服务实行退（免）税办法。

关键术语

增值税　征税范围　税率　进项税额　销项税额　税收优惠　征税管理

思考题

1. 增值税具有哪些特点？
2. 一般纳税人和小规模纳税人的划分标准是如何规定的？
3. 我国增值税的征税范围包括哪些内容？
4. 增值税包含哪几档税率？
5. 目前可以适用“营改增”差额征税政策的情况有哪些？
6. 在哪些情况下的增值税进项税额不能够抵扣？
7. 出口退（免）税有哪几种类型？分别适用哪些情况？
8. 增值税纳税义务发生时间是如何规定的？

第3章 消费税

【本章要点】

1. 消费税的纳税人、征税范围
2. 消费税的税目、税率
3. 消费税的纳税环节
4. 生产、委托加工、进口环节应纳消费税的计算
5. 外购、委托加工收回的应税消费品已纳税额的扣除

【导入案例】

王先生大学毕业后分配到一家外企工作，经过几年的努力，目前被提拔为公司业务主管，工资也涨了一倍。高兴之余，王先生打算购买一辆小轿车作为对自己的奖赏。来到汽车4S店后，他看到同样品牌的汽车，由于排气量不同，价格差异很大。听导购员说，形成价格差异的原因之一是由于汽车的消费税政策，排气量越大的汽车消费税税率越高。最后，王先生看中了一款排气量为2.0的汽车，总价为22.6万元。那么，这22.6万元的价格中包含了多少消费税？

3.1 消费税概述

3.1.1 消费税的概念

消费税是以特定消费品和特定消费行为为征税对象所征收的一种税。我国现行消费税法的基本规范是2008年11月5日经国务院第34次常务会议修订通过并颁布，自2009年1月1日起施行的《中华人民共和国消费税暂行条例》(以下简称《消费税暂行条例》)，以及2008年12月15日财政部、国家税务总局颁布的《中华人民共和国消费税暂行条例实施细则》(以下简称《消费税暂行条例实施细则》)。

消费税也是世界各国普遍征收的一个税种，按征税范围的大小，可以分为一般消费税和特别消费税。一般消费税是对所有消费品和消费行为的流转额普遍征税，特别消费税是对某些特定的消费品和消费行为的流转额进行征税。世界各国大多实行特别消费税，只将非必需品、奢侈品、高档消费品和不可再生的稀缺性资源产品等纳入征税范围。

3.1.2 消费税的基本特征

1. 征税范围具有选择性

世界各国在征收消费税时，出于国家经济、社会政策，甚至是道德、政治等方面的考虑，一般只对部分消费品和消费行为的流转额征税。因此，根据经济发展水平、社会风俗习惯、政府政治导向的不同，各国选择的消费税征收范围也有所差异。我国现行消费税也属于特别消费税，共设置了15个税目，有的税目进一步划分为若干子目，征税范围清晰明了，未列举的消费品和消费行为不征收消费税。

【小思考】 消费税与增值税的征税范围有何不同?

2. 征收环节具有单一性

不同于增值税的多环节征收，消费税大多实行单一环节征收（主要是在生产、委托加工和进口环节征收)。这样就可以集中征收，减少纳税人的数量，降低税收成本，防范税收流失，同时也避免了重复征税。

3. 平均税率较高且税负差异大

为了体现国家的消费政策和产业政策，消费税的平均税率一般较高，并且各税目或子目的税率差异较大，往往对需要限制或控制消费的消费品制定较高的税率。在我国，消费税是与发挥普遍调节作用的增值税相配合而设置的。

4. 征收方法具有灵活性

在征收方法上，消费税既可以依据消费品的数量，从量定额征收；也可以依据消费品的价格，从价定率征收；还可以将从价定率与从量定额征收相结合，如对卷烟、白酒的复合征收。在实际征收制度中，根据不同应税消费品和消费行为的具体情况，可以灵活选取、制定征收方法。

【小思考】 对于从价定率征收与从量定额征收来说，哪一种方式更能发挥对消费的调节作用?

5. 税收负担具有转嫁性

目前，各国开征的消费税均属于间接消费税，即对消费品而非个人消费支出征税。消费税的纳税人为经营和销售应税商品的人，但纳税人可以通过调整销售价格，将税收负担最终转嫁给消费者。因此，在税收负担上，消费税具有转嫁性。

3.1.3 消费税的作用

1. 保证国家财政收入

消费税保证财政收入的作用与其征税范围的选择和税率高低有直接关系。一方面，应税消费品的消费量会随着经济发展、人们收入水平的提高而不断增加，而且消费税的计税依据为销售额或销售量，与企业盈亏无关，使消费税的税源充足、稳定；另一方面，消费税的平均税率较高，有利于保证国家的财政收入。

2. 调节消费结构与产业结构

由于消费税征税范围的选择性和税负的差异性，并且税负最终由消费者承担，所以消费税的设计会对人们的消费行为产生很大影响，进而影响产业结构。例如，我国现行小汽车的消费税划分为乘用车和中轻型商用客车两个子目，并且乘用车按排气量大小分设了1%～40%的7档适用税率。其设计意图就是引导理性消费，倡导节能环保，并鼓励小排量车的研制、生产。

3. 有利于缓解社会分配不公

社会分配不公不仅体现在收入水平、财产多少上，还体现在消费水平和消费结构上，因而对奢侈品和高档消费品征收消费税，从调节个人支付能力的角度间接增加特定消费者的税收负担，可以体现高消费者多缴税的政策精神，从而配合累进型个人所得税、财产税等相关税种，缓解我国当前社会分配不公的矛盾。

3.2 纳税人及征税范围

3.2.1 纳税人

在中华人民共和国境内生产、委托加工和进口《消费税暂行条例》规定的消费品的单位和个人，以及国务院确定的销售《消费税暂行条例》规定的消费品的其他单位和个人，为消费税的纳税人，应当依照《消费税暂行条例》缴纳消费税。

单位是指企业、行政单位、事业单位、军事单位、社会团体及其他单位。个人是指个体工商户及其他个人。消费税纳税人所指的单位和个人也包括外商投资企业、外国企业和外国公民。在中华人民共和国境内是指生产、委托加工和进口属于应当缴纳消费税的消费品的起运地或者所在地在境内。

3.2.2 征税范围

为了方便征收管理、加强税源控制，我国消费税主要是在应税消费品生产经营的起始环节征税，具体包括：

1. 生产应税消费品

应税消费品的生产销售环节是征收消费税的主要环节，因为消费税大多实行单一环节征收，所以在生产销售环节征收以后，在流通环节无须再缴纳消费税。纳税人将生产的应税消费品换取生产资料、消费资料、投资入股、偿还债务以及用于继续生产非应税消费品的都应在移送使用环节缴纳消费税。

此外，工业企业以外的单位和个人的下列行为，视为应税消费品的生产行为，按规定征收消费税：

(1) 将外购的消费税非应税产品以消费税应税产品对外销售的。

(2) 将外购的消费税低税率应税产品以高税率应税产品对外销售的。

2. 委托加工应税消费品

委托加工应税消费品是指由委托方提供原材料和主要材料，受托方只收取加工费和代垫部分辅助材料加工的应税消费品。由受托方提供原材料或其他情形的一律不能视同委托加工应税消费品。委托加工的应税消费品收回后，继续用于生产应税消费品销售的，其加工环节缴纳的消费税税款可以扣除。

3. 进口应税消费品

单位和个人进口应税消费品，应于报关进口时在海关申报缴纳消费税。

4. 批发应税消费品

从 2009 年 5 月 1 日起，在卷烟的批发环节加征一道税率为 5%的从价税。从 2015 年 5 月 10 日起，将卷烟批发环节从价税税率由 5%提高至 11%，并按 0.005 元/支加征从量税。纳税人之间销售的卷烟不缴纳消费税，而且卷烟消费税在生产和批发两个环节征收后，批发企业在计算纳税时不得扣除已含的生产环节的消费税税额。

【知识要点提醒】 只有卷烟在商业批发环节缴纳消费税，雪茄烟、烟丝以及其他应税消费品在商业批发环节只缴纳增值税，不缴纳消费税。

5. 零售应税消费品

经国务院批准，自 1995 年 1 月 1 日起，金银首饰消费税由生产销售环节征收改为零售环节征收。改在零售环节征收消费税的金银首饰仅限于金基、银基合金首饰以及金、银和金基、银基合金的镶嵌首饰。然而，镀金（银）、包金（银）首饰以及镀金（银）、包金（银）的镶嵌首饰（即非金银首饰）仍在生产销售环节征收消费税，税率为 10%。自 2002 年 1 月 1 日起，对钻石及钻石饰品消费税的纳税环节由生产环节、进口环节移至零售环节。自 2003 年 5 月 1 日起，铂金首饰消费税改为零售环节征税。零售环节适用的消费税税率为 5%，在纳税人销售金银首饰、钻石及钻石饰品时征收。

对于既销售金银首饰，又销售非金银首饰的生产经营单位，应将两类饰品划分清楚，分别核算销售额。凡划分不清楚或不能分别核算，并且在生产环节销售的，一律从高适用税率征收消费税；在零售环节销售的，一律按金银首饰征收消费税。金银首饰与其他产品组成成套消费品销售的，应按销售额全额征收消费税。

金银首饰连同包装物销售的，无论包装是否单独计价，也无论会计上如何核算，均应并入金银首饰的销售额，计征消费税。

带料加工的金银首饰，应按受托方销售同类金银首饰的销售价格确定计税依据并征收消费税。没有同类金银首饰销售价格的，按照组成计税价格计算消费税。

纳税人采用以旧换新（含翻新改制）方式销售的金银首饰，应按实际收取的不含增值税的全部价款确定计税依据并征收消费税。

财税［2016］129号文规定，在“小汽车”税目下增设“超豪华小汽车”子税目。该子税目的征收范围为每辆零售价格130万元（不含增值税）及以上的乘用车和中轻型商用客车，即乘用车和中轻型商用客车子税目中的超豪华小汽车。对超豪华小汽车，在生产（进口）环节按现行税率征收消费税的基础上，在零售环节加征消费税，税率为10%。

【即学即用】 某饰品公司采用以旧换新方式销售金戒指一枚，商品标价2 000元，旧戒指折价1 000元，则计征消费税的销售额为（　　）。

解析：

计征消费税的销售额＝(2 000－1 000)÷(1＋13%)＝884.96(元)

---

6. 对移送使用应税消费品在移送使用环节征税

如果企业在生产经营的过程中，将应税消费品移送用于加工非应税消费品，则应对移送部分征收消费税。

3.2.3 税　目

消费税的征税范围主要是根据我国的经济形势、国家在某一时期的消费政策和产业政策、群众的消费水平和消费结构以及财政收支情况等因素确定的。

按照《消费税暂行条例》的规定，自2006年3月调整后，目前已确定征收消费税的只有烟、酒、化妆品等15个税目，有些税目还进一步划分了若干子目。

1. 烟

凡是以烟叶为原料加工生产的产品，不论使用何种辅料，均属于本税目的征收范围，包括卷烟（进口卷烟、白包卷烟、手工卷烟和未经国务院批准纳入计划的企业及个人生产的卷烟）、雪茄烟和烟丝。

“卷烟”又分“甲类卷烟”和“乙类卷烟”。甲类卷烟是指每标准条（200支，下同）调拨价格在70元（含70元，不含增值税）以上的卷烟；乙类卷烟是指每标准条调拨价格在70元（不含增值税）以下的卷烟。

自2009年5月1日起，在卷烟批发环节加征一道从价税，在中华人民共和国境内从事卷烟批发业务的单位和个人，批发销售的所有牌号、规格的卷烟，按其销售额（不含增值税）征收5%的消费税。自2015年5月10日起，将卷烟批发环节从价税税率由5%提高至11%，并按0.005元/支加征从量税。

2. 酒

酒是酒精度在1度以上的各种酒类饮料，包括粮食白酒、薯类白酒、黄酒、啤酒和其他酒。

以蒸馏酒或食用酒精为酒基，具有国家相关部门批准的国食健字或卫食健字文号且酒精度低于38度（含）的配制酒，按消费税税目税率表中“其他酒”10%的适用税率征收消费税。以发酵酒为酒基，酒精度低于20度（含）的配制酒，按消费税税目税率表中“其他酒”10%的适用税率征收消费税。其他配制酒，按消费税税目税率表中“白酒”的适用税率征收消费税。对饮食业、商业、娱乐业举办的啤酒屋（啤酒坊）利用啤酒生产设备生产的啤酒，应当征收消费税。

每吨啤酒出厂价格（含包装物及包装物押金）在3 000元（含3 000元，不含增值税）以上的为甲类啤酒。每吨啤酒出厂价格在3 000元（不含3 000元，不含增值税）以下的，为乙类啤酒。

【即学即用】 在下列项目中，应当征收消费税的是（ ）。

A. 药厂销售自产的医用酒精

B. 药厂外购酒精制成含酒精药膏后销售

C. 酒厂以外购的多品种白酒勾兑成白酒销售

D. 啤酒屋销售的自制扎啤

答案：CD

解析：

酒精、药膏不属于消费税的征收范围，因此答案为CD。

---

3. 高档化妆品

本税目的征税范围包括高档美容、修饰类化妆品，高档护肤类化妆品和成套化妆品。

高档美容、修饰类化妆品和高档护肤类化妆品是指生产（进口）环节销售（完税）价格（不含增值税）在10元/毫升（克）或15元/片（张）及以上的美容、修饰类化妆品和护肤类化妆品。

舞台、戏剧、影视演员化妆用的上妆油、卸妆油、油彩，不属于本税目征税范围。

【即学即用】 下列属于消费税征收范围的产品有（ ）。

A. 烟叶 B. 烟丝 C. 洗发水 D. 护发素

答案：B

解析：

凡是以烟叶为原料加工生产的产品，不论使用何种辅料，均属于烟税目的征税范围。也就是说，消费税的征税范围包括卷烟、雪茄烟和烟丝，但不包括烟叶。普通护肤护发品不属于消费税的征税范围。因此，答案为B。

---

4. 贵重首饰及珠宝玉石

贵重首饰及珠宝玉石包括凡以金、银、白金、宝石、珍珠、钻石、翡翠、珊瑚、玛瑙等高贵稀有物质以及其他金属、人造宝石等制作的各种纯金银首饰及镶嵌首饰和经采掘、打磨、加工的各种珠宝玉石。

5. 鞭炮和焰火

鞭炮和焰火包括各种鞭炮和焰火。体育上用的发令纸、鞭炮药引线，不按本税目征收。

【小思考】 对鞭炮和焰火征收消费税的目的是什么？

6. 成品油

本税目包括汽油、柴油、石脑油、溶剂油、航空煤油、润滑油、燃料油 7 个子目。

7. 小汽车

小汽车是指由动力驱动，具有四个或四个以上车轮的非轨道承载的车辆。

本税目的征税范围包括含驾驶员座位在内最多不超过 9 个座位（含）的、在设计和技术特性上用于载运乘客和货物的各类乘用车和含驾驶员座位在内的座位数在 10 座～23 座（含）的、在设计和技术特性上用于载运乘客和货物的各类中轻型商用客车。

电动汽车、沙滩车、雪地车、卡丁车、高尔夫球车不属于消费税的征收范围。车身长度大于 7 米（含），并且座位数在 10 座～23 座（含）的商用客车，不属于中轻型商用客车征税范围，不征收消费税。

8. 摩托车

摩托车包括轻便摩托车和摩托车两种。对最大设计车速不超过 50 千米/小时、发动机气缸总工作容量不超过 50 毫升的三轮摩托车，不征收消费税。对气缸容量在 250 毫升（不含）以下的小排量摩托车，不征收消费税。

9. 高尔夫球及球具

高尔夫球及球具是指从事高尔夫球运动所需的各种专用装备，包括高尔夫球、高尔夫球杆及高尔夫球包（袋）等。

10. 高档手表

高档手表是指销售价格（不含增值税）每只在 10 000 元（含）以上的各类手表。

11. 游　艇

本税目的征税范围包括艇身长度大于 8 米（含）小于 90 米（含），内置发动机，可以在水上移动的各类机动艇。

12. 木制一次性筷子

本税目的征税范围包括各种规格的木制一次性筷子。未经打磨、倒角的木制一次性筷子属于本税目的征税范围。

13. 实木地板

本税目的征税范围包括各类规格的实木地板、实木指接地板、实木复合地板及用于装饰墙壁、天棚的实木装饰板。

14. 电　池

电池包括原电池、蓄电池、燃料电池、太阳能电池和其他电池。对无汞原电池、金属氢化物镍蓄电池、锂原电池、锂离子蓄电池、太阳能电池、燃料电池和全钒液流电池，免征消费税。

15. 涂　料

涂料是指涂于物体表面，能形成具有保护、装饰或特殊性能的固态涂膜的一类液体或固体材料的总称。对施工状态下挥发性有机物含量低于 420 克/升（含）的涂料，免征消费税。

【小思考】 对实木地板征收消费税的主要目的是什么？

3.3 税 率

消费税税率的基本形式包括定额税率、比例税率、比例税率和定额税率复合计税三种，用以适应不同应税消费品的实际情况。

经过2009年的税制改革，消费税的税目和税率都进行了不同程度的调整，比例税率中的最高税率为56%，最低税率为1%；定额税率中的最高税额为单位税额250元。

消费税的税目税率见表3-1。

表3-1 消费税税目税率表

税目	税率
一、烟	
1. 卷烟	
(1) 甲类卷烟［每标准条调拨价格在70元(含)以上］	56%加0.003元/支(生产环节)
(2) 乙类卷烟(每标准条调拨价格在70元以下)	36%加0.003元/支(生产环节)
(3) 批发环节	11%加0.005元/支
2. 雪茄烟	36%
3. 烟丝	30%
二、酒	
1. 白酒	20%加0.5元/500克(或者500毫升)
2. 黄酒	240元/吨
3. 啤酒	
(1) 甲类啤酒	250元/吨
(2) 乙类啤酒	220元/吨
4. 其他酒	10%
三、高档化妆品	15%
四、贵重首饰及珠宝玉石	
1. 金银首饰、铂金首饰和钻石及钻石饰品	5%
2. 其他贵重首饰和珠宝玉石	10%
五、鞭炮和焰火	15%
六、成品油	
1. 汽油	1.52元/升
2. 柴油	1.2元/升
3. 航空煤油	1.2元/升
4. 石脑油	1.52元/升
5. 溶剂油	1.52元/升
6. 润滑油	1.52元/升
7. 燃料油	1.2元/升

续前表

税目	税率
七、摩托车 1. 气缸容量（排气量，下同）为250毫升的 2. 气缸容量在250毫升以上的	 3% 10%
八、小汽车 1. 乘用车 (1) 气缸容量在1.0升（含1.0升）以下的 (2) 气缸容量在1.0升以上至1.5升（含1.5升）的 (3) 气缸容量在1.5升以上至2.0升（含2.0升）的 (4) 气缸容量在2.0升以上至2.5升（含2.5升）的 (5) 气缸容量在2.5升以上至3.0升（含3.0升）的 (6) 气缸容量在3.0升以上至4.0升（含4.0升）的 (7) 气缸容量在4.0升以上的 2. 中轻型商用客车 3. 超豪华小汽车*	 1% 3% 5% 9% 12% 25% 40% 5% 生产（进口）环节按乘用车和中轻型商用客车的规定征收，零售环节的税率为10%
九、高尔夫球及球具	10%
十、高档手表	20%
十一、游艇	10%
十二、木制一次性筷子	5%
十三、实木地板	5%
十四、电池	4%
十五、涂料	4%

* 超豪华小汽车是指每辆零售价格为130万元（不含增值税）及以上的乘用车和中轻型商用客车。

【小思考】 小汽车的消费税税率按照气缸容量实行差别税率的主要目的是什么？

【即学即用】 在下列关于消费税税率的说法中，正确的有（　　）。

A. 每标准条卷烟对外调拨价格在70元以下的，从价定率税率为36%

B. 娱乐业、饮食业自制啤酒的消费税单位税额为250元/吨

C. 甲类卷烟的税率为56%

D. 纳税人之间批发销售的卷烟按5%缴纳消费税

答案： ABC

解析：

纳税人销售给纳税人以外的单位和个人的卷烟于销售时纳税，纳税人之间销售的卷烟不缴纳消费税，因此答案为ABC。

3.4 应纳税额的计算

3.4.1 计税依据

消费税应纳税额的计算分为从价计征、从量计征和从价从量复合计征三种方法。

1. 从价计征

实行从价定率办法计征消费税的消费品，其应纳税额的计算公式为：

应纳税额＝应税消费品的销售额×适用税率

因此，从价计征消费税的计税依据为应税销售额。

销售额为纳税人销售应税消费品向购买方收取的全部价款和价外费用。销售是指有偿转让应税消费品的所有权；有偿是指从购买方取得货币、货物或者其他经济利益；价外费用是指价外向购买方收取的手续费、补贴、基金、集资费、返还利润、奖励费、违约金、滞纳金、延期付款利息、赔偿金、代收款项、代垫款项、包装费、包装物租金、储备费、优质费、运输装卸费以及其他各种性质的价外收费。但是，下列项目不包括在内：

（1）同时符合下列条件的代垫费用：

① 承运部门的运输费用发票开具给购买方的。

② 纳税人将该项发票转交给购买方的。

（2）同时符合下列条件代为收取的政府性基金或者行政事业性收费：

① 由国务院或者财政部批准设立的政府性基金，由国务院或者省级人民政府及其财政、价格主管部门批准设立的行政事业性收费。

② 收取时开具省级以上财政部门印制的财政票据。

③ 所收款项全额上缴财政。

其他价外费用，无论是否属于纳税人的收入，均应并入销售额计算征税。

按照《消费税暂行条例实施细则》的规定，应税消费品的销售额不包括应向购货方收取的增值税税款。因此，如果纳税人应税消费品的销售额中未扣除增值税税款或者因不得开具增值税专用发票而发生价款和增值税税款合并收取的，应换算为不含增值税的销售额。换算公式为：

$$\text{应税消费品的销售额}=\text{含增值税的销售额（以及价外费用）}\div\left(1+\text{增值税的税率或征收率}\right)$$

如果消费税的纳税人是增值税一般纳税人，应适用13%的增值税税率；如果消费税的纳税人是增值税小规模纳税人，应适用3%的征收率。

【例题 3－1】 某摩托车生产企业全年生产两轮摩托车200 000辆，每辆两轮摩托车不含税销售价0.46万元，全年销售190 000辆，取得不含税销售收入87 400万元。全年生产三轮摩托车30 000辆，每辆三轮摩托车不含税销售价0.36万元，全年销售28 000辆，取得不含税销售收入10 080万元。由于部分摩托车由该生产企业直接送货，全年共取得送货的运输费收入452万元并开具普通发票。

计算该摩托车生产企业当年应纳消费税的销售额。

解析：

生产企业自己送货收取的运输费属于价外费用，应并入销售额计征消费税，故

全年应纳消费税销售额＝87 400＋10 080＋452÷(1＋13%)＝97 880(万元)

实行从价定率办法计算应纳税额的应税消费品连同包装物一起销售的，无论包装物是否单独计价，也不论在会计上如何核算，均应并入应税消费品的销售额中征收消费税。如果包装物不作价随同商品销售，而是收取押金，此项押金不应并入应税消费品的销售额中征税。但是，对逾期未收回的包装物不再退还押金的或者已收取12个月以上的押金，应并入应税消费品的销售额，按照应税消费品的适用税率征收消费税。对酒类产品生产企业销售啤酒、黄酒以外的酒类产品而收取的包装物押金，无论押金是否返还以及会计上如何核算，均应并入酒类产品销售额中征收消费税。

对于既作价随同应税消费品销售，又另行收取押金的包装物押金，凡纳税人在规定的期限内没有退还的，均应并入应税消费品的销售额，按照应税消费品的适用税率缴纳消费税。

【例题3-2】 某运动器材有限公司为增值税一般纳税人，某月销售高尔夫球杆100根，不含税单价600元/根；每根另收取包装费56.5元，包装费单独开具普通发票；高尔夫球杆开具增值税专用发票，款项已收到。计算当月该公司销售高尔夫球杆应纳消费税的销售额。

解析：

高尔夫球及球具实行从价定率办法计算应纳消费税，连同包装物一起销售的，包装费应并入销售额中征收消费税，故

应纳消费税的销售额＝600×100＋56.5×100÷(1＋13%)＝65 000(元)

【例题3-3】 北京一家商场零售一批金银首饰，取得含税销售收入11.3万元；零售一批铂金镶嵌钻石首饰，取得零售收入22.6万元。该商场为增值税一般纳税人，计算这两笔零售收入应纳消费税的销售额。

解析：

增值税一般纳税人适用13%的增值税税率，故

不含税零售收入＝(11.3＋22.6)÷(1＋13%)＝30(万元)

【知识要点提醒】 在一般情况下，从价计算消费税的销售额与计算增值税销项税额的销售额是相同的，但消费税、增值税与价格之间的关系是不同的。增值税是价外税，计算增值税的价格中不包括增值税税金；消费税是价内税，计算消费税的价格中包括消费税税金。我们通常所说的“不含税价”只是不含增值税，并不意味着不含消费税。

2. 从量计征

实行从量定额办法计征消费税的消费品，其应纳税额的计算公式为：

应纳税额＝应税消费品的销售数量×定额税率

因此，应纳税额的多少取决于应税消费品的销售数量和单位税额两个因素。

(1) 销售数量的确定。销售数量是指纳税人生产、加工和进口应税消费品的数量。具体规定为：销售应税消费品的，为应税消费品的销售数量。自产自用应税消费品的，为应税消费品的移送使用数量；委托加工应税消费品的，为纳税人收回的应税消费品数量；进口的应税消费品，为海关核定的应税消费品进口征税数量。

【例题 3-4】 甲啤酒厂为增值税一般纳税人，向乙厂销售 10 吨甲类啤酒，开具增值税专用发票，每吨不含税售价 800 元，货款已收。计算此项业务中甲厂应纳消费税的销售数量。

解析：

啤酒采用从量定额的方式计算消费税，故应纳消费税的销售数量为 10 吨。

(2) 计量单位的换算标准。《消费税暂行条例》规定，黄酒、啤酒以吨为税额单位，汽油、柴油以升为税额单位。吨与升的换算标准见表 3-2。

表 3-2　　吨、升换算表

序号	名称	计量单位的换算标准
1	黄酒	1 吨=962 升
2	啤酒	1 吨=988 升
3	汽油	1 吨=1 388 升
4	柴油	1 吨=1 176 升
5	航空煤油	1 吨=1 246 升
6	石脑油	1 吨=1 385 升
7	溶剂油	1 吨=1 282 升
8	润滑油	1 吨=1 126 升
9	燃料油	1 吨=1 015 升

3. 从价从量复合计征

在现行消费税的征税范围中，只有卷烟、白酒采用复合计税的方法。应纳税额等于应税销售数量乘以定额税率再加上应税销售额（不含增值税）乘以比例税率。

生产、销售卷烟和白酒的从量定额计税依据为实际销售数量。进口、委托加工、自产自用卷烟和白酒的从量定额计税依据分别为海关核定的进口征税数量、委托方收回数量、移送使用数量。

【例题 3-5】 某白酒生产企业生产统一规格的礼品白酒 5 000 瓶，每瓶 500 克，成本价 200 元/瓶，以不含税售价 350 元/瓶销售出去，款项已收并开具了增值税专用发票。计算该白酒生产企业应纳消费税的销售数量。

解析：

白酒采用复合计税的方法，

应税消费品的销售数量=5 000(瓶)

应税消费品的销售额为=350×5 000=1 750 000(元)

4. 计税依据的特殊规定

(1) 纳税人通过自设非独立核算门市部销售的自产应税消费品，应按独立门市部对外销售额或者销售数量征收消费税。

(2) 纳税人用于换取生产资料、消费资料、投资入股和抵偿债务等方面的应税消费品，应当以纳税人同类应税消费品的最高销售价格作为计税依据计算消费税。

【例题3-6】 甲汽车股份有限公司用100辆汽车向乙汽车销售有限公司投资入股。其中，A牌汽车60辆（排气量为1.5升，成本为52 000元/辆，公允价值为58 000元/辆，当月最高销售价格为62 000元/辆）；B牌汽车40辆（排气量为1.8升，成本为58 000元/辆，公允价值为63 000元/辆，当月最高销售价格为67 000元/辆）；上述价格均不含增值税。计算甲公司A牌汽车、B牌汽车应纳消费税的销售额。

解析：

纳税人用于投资入股的应税消费品，应以纳税人同类应税消费品的最高销售额作为计税依据计算消费税，故

A牌汽车应纳消费税的销售额＝62 000×60＝3 720 000(元)

B牌汽车应纳消费税的销售额＝67 000×40＝2 680 000(元)

【知识要点提醒】 在通常情况下，从价定率和复合计税中的从价部分用于计算消费税的销售额，与计算增值税销项税额的销售额是一致的，但两者有如下差异：纳税人用于换取生产资料、消费资料、投资入股和抵偿债务等方面的应税消费品，应以纳税人同类消费品的最高销售价格作为计税依据计算消费税。而增值税没有最高销售价格的规定，只有平均销售价格的规定。

(3) 纳税人将应税消费品用于非消费税应税项目，应视同销售，依法缴纳消费税。若为从价计征，计税价格为纳税人生产的同类消费品的销售价格；没有同类消费品销售价格的，按照组成计税价格计算纳税（参见后文有关自产自用应纳消费税的计算）。

【例题3-7】 某化妆品公司将自产的成套高档化妆品作为职工福利发给职工（生产车间75人，管理车间25人）。已知每套化妆品的成本为115元，对外不含税售价为345元。该化妆品公司发放职工福利是否应缴纳消费税？若缴纳，请计算应纳消费税的销售额。

解析：

纳税人将自产的应税消费品用于职工福利，应缴纳消费税，计税价格为纳税人生产的同类消费品的销售价格，故

应纳消费税的销售额＝345×100＝34 500(元)

(4) 白酒生产企业向商业销售单位收取的“品牌使用费”是随着应税白酒的销售而向购货方收取的，属于应税白酒销售价款的组成部分。因此，不论企业采取何种方式或以何种名义收取该价款，均应并入白酒的销售额中缴纳消费税。

(5) 纳税人兼营不同税率的应税消费品，应当分别核算不同税率应税消费品的销售额、销售数量。未分别核算销售额、销售数量，或者将不同税率的应税消费品组成成套消费品销售的，从高适用税率。

(6) 自2012年1月1日起，卷烟消费税最低计税价格核定范围为卷烟生产企业在生产环节销售的所有牌号、规格卷烟。

计税价格的核定公式为：

某牌号、规格卷烟计税价格＝批发环节销售价格×(1－适用批发毛利率)

卷烟批发环节的销售价格可按照税务机关采集的所有卷烟批发企业在价格采集期内

销售的该牌号、规格的卷烟数量、销售额进行加权平均计算。其计算公式如下：

$$批发环节销售价格=\frac{\sum 该牌号、规格卷烟各采集点的销售额}{\sum 该牌号、规格卷烟各采集点的销售数量}$$

已经国家税务总局核定计税价格的卷烟，生产企业实际销售价格高于计税价格的，按实际销售价格确定适用税率，计算应纳税款并申报纳税；实际销售价格低于计税价格的，按计税价格确定适用税率，计算应纳税款并申报纳税。

（7）白酒最低计税价格的核定。

① 白酒生产企业销售给销售单位的白酒，生产企业消费税计税价格高于销售单位对外销售价格70%（含70%）的，税务机关暂不核定消费税最低计税价格。

② 白酒生产企业销售给销售单位的白酒，生产企业消费税计税价格低于销售单位对外销售价格70%的，消费税最低计税价格由税务机关根据生产规模、白酒品牌、利润水平等情况在销售单位对外销售价格50%至70%的范围内自行核定。其中，对于生产规模较大、利润水平较高的企业生产的需要核定消费税最低计税价格的白酒，税务机关的核价幅度原则上应选择在销售单位对外销售价格60%至70%的范围内。

【例题3-8】 某日化厂为增值税一般纳税人，既生产高档化妆品又生产护发品。该日化厂现有两种销售方案：一是分别销售高档化妆品和护发品，并分别核算；二是将高档化妆品和护发品组成礼品盒销售。若分别销售，该日化厂可取得高档化妆品销售收入15万元，护发品销售收入5万元；假设以礼品盒销售，同样数量的高档化妆品和护肤品销售价格不变，为20万元。上述收入均为不含税收入。试问这两种销售方案所缴纳的消费税一样吗？

解析：

对于第一种方案，若分别销售、核算，销售高档化妆品应纳消费税，销售护发品不纳消费税。

对于第二种方案，若将应税消费品和非应税消费品组成礼品盒销售，应根据组成礼品盒的销售全额，按应税消费品中适用最高税率的消费品税率征税。

因此，这两种方案需要缴纳的消费税不一样，组成礼品盒销售需要多缴消费税。

3.4.2 生产销售环节应纳消费税的计算

1. 直接对外销售应纳消费税的计算

（1）从价定率计税方法。基本计算公式为：

应纳税额＝应税消费品的销售额×比例税率

【例题3-9】 某企业为高尔夫球及球具生产厂家，是增值税一般纳税人。9月销售一批高尔夫球杆，开具增值税专用发票，取得不含增值税销售额300万元，增值税税额39万元；当月，另销售一批高尔夫球，开具普通发票，取得含增值税销售额4.52万元。计算该企业应缴纳的消费税税额（高尔夫球及球具的消费税税率为10%）。

解析：

消费税的计税依据为不含增值税的销售额，如果是含税销售额，在计算消费税时应

首先将其换算为不含税销售额，即

应税消费品的销售额＝300＋4.52÷(1＋13％)＝304(万元)

应纳税额＝应税消费品的销售额×比例税率＝304×10％＝30.4(万元)

【例题3-10】 参见【导入案例】。

解析：

王先生看中的这款排气量为2.0的汽车，总价为22.6万元，包含了增值税税金，应换算为不含增值税的销售额，故

应税销售额＝22.6÷(1＋13％)＝20(万元)

排气量为2.0的小汽车适用的消费税税率为5％，因此王先生看中的这款汽车22.6万元的总价中包含了1万元的消费税，即

应纳消费税＝20×5％＝1(万元)

(2) 从量定额计税方法。基本计算公式为：

应纳税额＝应税消费品的销售数量×定额税率

【例题3-11】 某黄酒厂销售300吨黄酒，每吨成本4 000元，成本利润率为10％，每吨消费税税额240元。计算该企业应缴纳的消费税税额。

解析：

黄酒计算消费税实行从量定额征收，故

应纳税额＝应税消费品的销售数量×定额税率＝300×240＝72 000(元)

(3) 从价定率和从量定额复合计税方法。在现行消费税的征税范围中，只有卷烟、白酒、薯类白酒采用复合计算方法。基本计算公式为：

应纳税额＝应税消费品的销售数量×定额税率＋应税销售额×比例税率

【例题3-12】 某白酒生产企业为增值税一般纳税人，向某烟酒专卖店销售白酒25吨，开具普通发票，取得含税收入250万元，另收取品牌使用费50万元、包装物租金20万元。计算该酒厂向专卖店销售白酒应缴纳的消费税（白酒的消费税税率为20％加0.5元/500克）。

解析：

品牌使用费和包装物租金都属于销售额的组成部分，应先将其换算为不含税销售额，而后并入销售额计算消费税，故

应纳税额＝应税消费品的销售数量×定额税率＋应税销售额×比例税率
＝25×2 000×0.5÷10 000＋(250＋50＋20)÷(1＋13％)×20％
＝59.14(万元)

2. 自产自用应纳消费税的计算

自产自用是指纳税人生产应税消费品后，不是用于直接对外销售，而是用于自己连续生产应税消费品或用于其他方面。

(1) 用于连续生产应税消费品。纳税人自产自用的应税消费品用于连续生产应税消费品的，不纳税。“纳税人自产自用的应税消费品用于连续生产应税消费品的”是指作为生产最终应税消费品的直接材料并构成最终产品实体的应税消费品。例如，卷烟企业生产用于连续生产卷烟的烟丝，无须缴纳消费税，只对生产的卷烟征收消费税。但是，如果生产出的烟丝是直接销售的，则烟丝仍要缴纳消费税。税法规定对自产自用的应税消

费品用于连续生产应税消费品的不征税，体现了不重复征税且计税简便的原则。

(2) 用于其他方面的应税消费品。对于纳税人自产自用的应税消费品，除用于连续生产之外，凡用于其他方面，都应当纳税，并按照纳税人生产的同类消费品的销售价格计算纳税。"用于其他方面"是指纳税人将自产自用的应税消费品用于生产非应税消费品、在建工程、管理部门、非生产机构、提供劳务以及用于馈赠、赞助、集资、广告、样品、职工福利、奖励等方面。"用于生产非应税消费品"是指把自产的应税消费品用于生产《消费税暂行条例》中税目税率表所列15类产品以外的产品。例如，食品厂将自产葡萄酒用于连续生产酒心巧克力，巧克力就属于非应税消费品。"用于在建工程"是指把自产的应税消费品用于本单位的各项建设工程。例如，石化工厂把自己生产的柴油用于本厂建设工程的车辆、设备使用。"用于管理部门、非生产机构"是指把自产的应税消费品用于与本单位有隶属关系的管理部门或非生产机构。例如，汽车制造厂把生产的小汽车提供给本单位管理部门使用。"用于馈赠、赞助、集资、广告、样品、职工福利、奖励"是指把自产的应税消费品无偿赠送给他人，或投资于外单位，或作为商品广告、经销样品，或以福利、奖励的形式发给职工。例如，酒厂将自产的白酒赠送给协作单位，烟厂将自制卷烟发给职工作为福利等。总之，虽然企业自产的应税消费品没有用于销售或连续生产应税消费品，但只要用于税法所规定的范围，都要视同销售并依法缴纳消费税。

【例题3-13】 某高档化妆品生产商5月生产化妆品300套，将其中200套直接对外销售，取得不含税收入30 000元；另将其中100套无偿赠送给相关企业。计算5月份该化妆品生产商应缴纳的消费税（化妆品适用的消费税税率为15%）。

解析：

纳税人将化妆品用于馈赠的，应在移送环节缴纳消费税，并按纳税人生产的同类化妆品的销售价格计算纳税，故

同类化妆品销售价格＝30 000÷200＝150(元)

应纳消费税＝30 000×15%＋150×100×15%＝6 750(元)

(3) 组成计税价格及税额的计算。对于纳税人自产自用的应税消费品，凡用于其他方面且应当纳税的，按照纳税人生产的同类消费品的销售价格计算纳税。同类消费品的销售价格是指纳税人当月销售的同类消费品的销售价格，如果当月同类消费品各期销售价格高低不同，应按销售数量加权平均计算。但是，销售的应税消费品有下列情况之一的，不得列入加权平均计算：销售价格明显偏低又无正当理由的；无销售价格的。如果当月无销售价格或当月未完结，应按照同类消费品上月或最近月份的销售价格计算纳税。没有同类消费品销售价格的，按照组成计税价格计算纳税。

实行从价定率办法计算纳税的组成计税价格计算公式为：

组成计税价格＝(成本＋利润)÷(1－比例税率)

＝成本×(1＋成本利润率)÷(1－比例税率)

实行复合计税办法计算纳税的组成计税价格计算公式为：

组成计税价格＝(成本＋利润＋自产自用数量×定额税率)÷(1－比例税率)

＝[成本×(1＋成本利润率)＋自产自用数量×定额税率]÷(1－比例税率)

其中，成本为应税消费品的生产成本；利润为根据应税消费品的全国平均成本利润率计算的利润。应税消费品的全国平均成本利润率由国家税务总局确定。

国家税务总局颁发的《消费税若干具体问题的规定》明确了应税消费品的全国平均成本利润率，见表 3-3。

表 3-3　　平均成本利润率（%）

货物名称	平均成本利润率	货物名称	平均成本利润率
1. 甲类卷烟	10	11. 摩托车	6
2. 乙类卷烟	5	12. 高尔夫球及球具	10
3. 雪茄烟	5	13. 高档手表	20
4. 烟丝	5	14. 游艇	10
5. 粮食白酒	10	15. 木制一次性筷子	5
6. 薯类白酒	5	16. 实木地板	5
7. 其他酒	5	17. 乘用车	8
8. 化妆品	5	18. 中轻型商用客车	5
9. 鞭炮和焰火	5	19. 电池	4
10. 贵重首饰及珠宝玉石	6	20. 涂料	7

【例题 3-14】 甲酒厂将 1 000 瓶新研制的以粮食为原料的“特曲”白酒（每瓶 500 克），以 53 元/瓶的价格销售给乙关联企业。由于该白酒还未投放市场，所以没有对外售价。已知每 500 克白酒的成本为 50 元，粮食白酒的成本利润率为 10%，白酒的消费税税率为 20%加 0.5 元/500 克。计算甲酒厂对乙酒厂的销售业务应缴纳的消费税。

解析：

按照上述酒类关联企业间关联交易消费税处理原则，由于无同类产品的对外售价，从价定率的部分应按组成计税价格计征消费税，即

组成计税价格＝(成本＋利润＋自产自用数量×定额税率)÷(1－比例税率)
＝[成本×(1＋成本利润率)＋自产自用数量×定额税率]
÷(1－比例税率)
＝[50×(1＋10%)＋0.5]÷(1－20%)
＝69.375(元)

应纳消费税＝(69.375×20%＋0.5)×1 000＝14 375(元)

【例题 3-15】 某酒厂将自产白酒 2 吨发给职工作为福利，无同类白酒的销售价格，其成本为 2 000 元/吨，成本利润率为 5%。计算该酒厂发给职工的 2 吨白酒应缴纳的消费税（白酒的消费税税率为 20%加 0.5 元/500 克）。

解析：

对于纳税人自产自用的应税消费品，凡用于其他方面，应当纳税又无销售价格的，可按照组成计税价格计算纳税，故

组成计税价格＝[2×2 000×(1＋5%)＋2 000]÷(1－20%)＝7 750(元)

应纳消费税＝7 750×20%＋2×2 000×0.5＝3 550(元)

3.4.3 委托加工环节应税消费品应纳税额的计算

1. 委托加工应税消费品的确定

委托加工的应税消费品是指由委托方提供原材料和主要材料，受托方只收取加工费和代垫部分辅助材料加工的应税消费品；除此之外都不能称为委托加工。由受托方提供原材料，或受托方先将原材料卖给委托方然后再接受加工，以及由受托方以委托方名义购进原材料生产的应税消费品，不论纳税人在财务上是否做销售处理，都不得作为委托加工应税消费品，而应看作受托方销售自制消费品，此时消费税的纳税人为受托方。

【即学即用】 根据《消费税暂行条例》的规定，委托加工的特点是（　　）。

A. 委托方支付加工费，受托方提供原材料或主要材料

B. 委托方支付加工费，受托方先将原材料卖给委托方然后再接受加工

C. 委托方支付加工费，受托方以委托方名义购进原材料或主要材料

D. 委托方提供原材料和主要材料，受托方收取加工费，代垫部分辅助材料

答案： D

2. 代收代缴税款的规定

为了避免税款流失，对于委托加工的应税消费品的应纳消费税，我国采取了源泉控制的管理办法，即由受托方（受托方为个人的除外）向委托方交货时代收代缴消费税。纳税人委托个人（含个体工商户）加工应税消费品的，一律由委托方收回后在委托方所在地缴纳消费税。

对于受托方没有按规定代收代缴税款的，委托方必须补缴税款，对受托方则不再重复补税，但要按《税收征管法》的规定，对受托方处以应代收代缴税款50%以上3倍以下的罚款。

委托方将收回的应税消费品以不高于受托方的计税价格出售的，为直接出售，不再缴纳消费税；委托方以高于受托方的计税价格出售的，不属于直接出售，需要按照规定申报缴纳消费税，在计税时准予扣除受托方已代收代缴的消费税。委托方在收回应税消费品后，若用于连续生产应税消费品的，已纳的消费税税款准予按规定抵扣。

【知识要点提醒】 委托加工应税消费品的消费税纳税人是委托方，不是受托方，受托方承担的只是代收代缴义务。

3. 受托方代收代缴消费税的计算

对于委托加工的应税消费品，应按照受托方同类消费品的销售价格计算纳税；没有同类消费品销售价格的，应按照组成计税价格计算纳税。

实行从价定率办法计算纳税的组成计税价格计算公式为：

组成计税价格＝(材料成本＋加工费)÷(1－比例税率)

实行复合计税办法计算纳税的组成计税价格计算公式为：

组成计税价格＝(材料成本＋加工费＋委托加工数量×定额税率)÷(1－比例税率)

其中，“材料成本”是指委托方所提供加工材料的实际成本，委托加工应税消费品的纳税人必须在委托加工合同上如实注明（或以其他方式提供）材料成本。如果加工合同上未如实注明材料成本，受托方所在地主管税务机关有权核定其材料成本。委托方提供的“材料成本”不包括可以抵扣的增值税，但包含采购材料的运输费（也不含可以抵扣的增值税）、采购过程中的其他杂费和入库前的整理挑选费用等。“加工费”是指受托方加工应税消费品向委托方收取的全部费用（包括代垫辅助材料的实际成本），但不包括随加工费收取的销项税额。

【例题3-16】 某烟草公司为增值税一般纳税人，购进已税烟丝400万元（不含增值税），委托W企业加工甲类卷烟300箱（250条/箱，200支/条）。W企业按每箱0.1万元收取加工费（不含税），当月全部加工完成后交由烟草公司收回，烟草公司以4万元/箱的价格将全部300箱卷烟销售出去。计算W企业当月应代收代缴的消费税和烟草公司销售卷烟应缴纳的消费税（甲类卷烟生产环节的消费税税率为56%加0.003元/支）。

解析：

对于委托加工的应税消费品，应按照受托方同类消费品的销售价格计算纳税；没有同类消费品销售价格的，应按照组成计税价格计算纳税。

卷烟实行从价从量复合计税，故

组成计税价格＝(材料成本＋加工费＋委托加工数量×定额税率)÷(1－比例税率)
＝(400＋300×0.1＋300×150÷10 000)÷(1－56%)＝987.5(万元)

W企业当月应代收代缴的消费税＝987.5×56%＋300×150÷10 000
＝557.5(万元)

委托方以高于受托方的计税价格出售的，需要申报缴纳消费税，在计税时准予扣除受托方已代收代缴的消费税，因而

烟草公司销售卷烟应缴纳的消费税＝4×300×56%＋300×150÷10 000－557.5
＝119(万元)

3.4.4 进口环节应纳消费税的计算

进口应税消费品于报关进口时由海关代征进口环节的消费税。由进口人或其代理人向报关地海关申报纳税，自海关填发海关进口消费税专用缴款书之日起15日内缴纳税款。

1. 进口一般货物应纳消费税的计算

从价定率计征应纳税额的计算：

组成计税价格＝(关税完税价格＋关税)÷(1－消费税税率)

应纳税额＝组成计税价格×消费税税率

其中，关税完税价格为海关核定的关税计税价格。

从量定额计征应纳税额的计算公式为：

应纳税额＝应税消费品数量×消费税定额税率

实行从价定率和从量定额复合计税办法的应纳税额的计算公式为：

$$\text{组成计税价格}=\left(\text{关税完税价格}+\text{关税}+\text{进口数量}\times\text{消费税定额税率}\right)\div\left(1-\text{消费税比例税率}\right)$$

$$\text{应纳税额}=\text{应税消费品进口数量}\times\text{消费税定额税率}+\text{组成计税价格}\times\text{消费税税率}$$

进口的应税消费品的消费税由海关代征，除国务院另有规定者外，均不得给予减免税。

【例题 3－17】 某外贸公司进口一批小汽车，支付给国外的买价为 1 000 万元，支付到达我国海关以前的装卸费、运输费 50 万元，保险费 8 万元，从海关运往公司所在地支付运输费 4 万元；关税税率 25%，消费税税率 9%。计算该外贸公司进口小汽车环节应缴纳的消费税。

解析：

关税完税价格＝1 000＋50＋8＝1 058(万元)

消费税组成计税价格＝1 058×(1＋25%)÷(1－9%)＝1 453.30(万元)

进口环节应纳消费税＝1 453.30×9%＝130.80(万元)

2. 进口卷烟应纳消费税税额的计算

每标准条进口卷烟（200 支）确定消费税适用比例税率的价格，即

计税价格＝(关税完税价格＋关税＋消费税定额税率)÷(1－消费税税率)

式中，关税完税价格和关税为每标准条进口卷烟的关税完税价格及关税税额；消费税定额税率为每标准条进口卷烟（200 支）0.6 元（依据现行消费税定额税率折算而成)。

每标准条进口卷烟（200 支）确定消费税适用比例税率的价格≥70 元人民币的，适用的比例税率为56%；每标准条进口卷烟（200 支）确定消费税适用比例税率的价格<70 元人民币的，适用的比例税率为 36%。

依据上述确定的消费税适用比例税率，计算进口卷烟消费税组成计税价格和应纳消费税税额。

3.4.5 已纳消费税扣除的计算

为了避免重复征税，现行《消费税暂行条例》规定，将外购应税消费品和委托加工收回的应税消费品继续生产应税消费品销售的，可将外购应税消费品和委托加工收回应税消费品已纳的消费税予以扣除。

1. 外购应税消费品已纳税款的扣除

由于某些应税消费品是用外购已缴纳消费税的应税消费品连续生产出来的，在对这些连续生产出来的应税消费品计算征税时，税法规定应按当期生产领用数量计算准予扣除的外购应税消费品已纳的消费税税款。扣除范围包括：

(1) 外购已税烟丝生产的卷烟。

(2) 外购已税化妆品生产的高档应税化妆品。

(3) 外购已税珠宝玉石生产的贵重首饰及珠宝玉石。

(4) 外购已税鞭炮和焰火生产的鞭炮和焰火。

(5) 外购已税摩托车生产的摩托车（如用外购两轮摩托车改装三轮摩托车)。

(6) 外购已税杆头、杆身和握把为原料生产的高尔夫球杆。

(7) 外购已税木制一次性筷子为原料生产的木制一次性筷子。

(8) 外购已税实木地板为原料生产的实木地板。

(9) 外购已税汽油、柴油、石脑油、燃料油、润滑油为原料生产的应税成品油。

【即学即用】 在下列各项中，外购应税消费品已纳消费税不准许扣除的有（ ）。

A. 外购已税化妆品生产的应税高档化妆品

B. 外购已税珠宝玉石为原料生产的金银镶嵌首饰

C. 外购已税高档手表生产的高档手表

D. 外购已税汽车轮胎生产的小汽车

答案： BCD

解析：

允许抵扣的税目从大类上看，不包括酒类、小汽车、高档手表、游艇。

允许抵扣的只涉及同一大税目中的购入应税消费品的连续加工，不能跨税目抵扣。

在零售环节纳税的金银首饰、钻石、钻石饰品不得抵扣外购珠宝玉石的已纳税款。

因此，答案为BCD。

上述当期准予扣除外购应税消费品已纳消费税税款的计算公式为：

$$\text{当期准予扣除的外购应税消费品已纳税款}=\text{当期准予扣除的外购应税消费品（当期生产领用数量）买价}\times\text{外购应税消费品适用税率}$$

$$\text{当期准予扣除的外购应税消费品买价}=\text{期初库存的外购应税消费品买价}+\text{当期购进的应税消费品买价}-\text{期末库存的外购应税消费品买价}$$

“外购应税消费品买价”是指购货发票上注明的销售额，不包括增值税税额。

需要说明的是，纳税人用外购的已税珠宝玉石生产的改在零售环节征收消费税的金银首饰（镶嵌首饰），在计税时一律不得扣除外购珠宝玉石的已纳税款。

自2015年5月1日起，纳税人从葡萄酒生产企业购进、进口葡萄酒连续生产应税葡萄酒的，准予从葡萄酒消费税应纳税额中扣除所耗用应税葡萄酒已纳消费税税款。

外购应税消费品后销售的，对自己不生产应税消费品，而只是购进后再销售应税消费品的工业企业，其销售的化妆品、鞭炮和焰火以及珠宝玉石，凡不能构成最终消费品直接进入消费品市场，而需要进一步生产加工（如需进一步深加工）的，如包装、贴标、组合的珠宝玉石、化妆品、鞭炮和焰火等，应当征收消费税，同时允许扣除上述外购应税消费品的已纳税款。

2. 委托加工收回的应税消费品已纳税额的扣除

对于委托加工的应税消费品来说，委托方在提取货物时已由受托方代收代缴了消费税，因此委托方收回货物后直接销售（以不高于受托方的计税价格出售）的，不再缴纳消费税；如果委托方连续生产应税消费品或者以高于受托方计税价格出售的，其已纳税款准予按照规定从连续生产的应税消费品已纳消费税税额中扣除。

当期准予扣除委托加工收回的应税消费品已纳消费税税款的计算公式为：

$$\text{当期准予扣除的委托加工应税消费品已纳税款}=\text{期初库存的委托加工应税消费品已纳税款}+\text{当期收回的委托加工应税消费品已纳税款}-\text{期末库存的委托加工应税消费品已纳税款}$$

可抵税的项目与外购应税消费品的抵扣范围相同，而且都是按当期生产领用数量计算。同样，在零售环节缴纳消费税的金银首饰、铂金首饰、钻石及钻石饰品也不适用这一抵税政策。

【例题 3-18】 甲实木地板厂为增值税一般纳税人，6 月将成本为 26.224 万元的木板运往乙地板加工厂加工成未漆饰地板（素板），取得乙厂开具的增值税专用发票，注明支付加工费 6 万元，增值税 0.78 万元。7 月，甲厂收回素板时乙厂代收代缴了甲厂的消费税。同月，甲厂将委托加工收回的素板全部用于连续生产漆饰实木地板，并全部销售出去，取得不含税销售额 400 万元（实木地板的消费税税率为 5%）。

计算 7 月甲厂被代收代缴的消费税以及 7 月甲厂销售漆饰实木地板应缴纳的消费税。

解析：

因为乙厂没有同类素板销售价格，所以只能按组成计税价格计税。

收回素板的组成计税价格＝(26.224＋6)÷(1－5%)＝33.92(万元)

甲厂被代收代缴的消费税＝33.92×5%＝1.70(万元)

甲厂销售漆饰实木地板应缴纳的消费税＝400×5%－1.7＝18.30(万元)

3.5 出口消费品退（免）税

根据《消费税暂行条例》第十一条的规定，对纳税人出口应税消费品，免征消费税；国务院另有规定的除外。出口应税消费品的免税办法，由国务院财政、税务主管部门规定。

1. 出口退税率的规定

计算出口应税消费品应退消费税的税率或单位税额，依据《消费税暂行条例》所附消费税税目税率（税额）表执行。当出口的货物是应税消费品时，对该货物退还增值税要按规定的退税率计算，而对该货物退还消费税则按其适用的消费税税率计算。企业应将不同消费税税率的出口应税消费品分开核算和申报，凡划分不清适用税率的，一律从低适用税率计算应退消费税税额。

2. 出口应税消费品退（免）税政策

出口应税消费品退（免）消费税在政策上分为以下三种情况：

（1）出口免税并退税。适用于有出口经营权的外贸企业购进应税消费品直接出口，以及外贸企业委托代理出口应税消费品。这里需要重申的是，外贸企业只有受其他外贸企业委托，代理出口应税消费品才可以办理退税；外贸企业受其他企业（主要是非生产性的商贸企业）委托，代理出口应税消费品是不能退（免）税的。这个政策限定与出口货物退（免）增值税的政策规定是一致的。

（2）出口免税但不退税。适用于有出口经营权的生产性企业自营出口或生产企业委托外贸企业代理出口自产的应税消费品，依据其实际出口数量免征消费税，不予办理退还消费税。在此，免征消费税是指对生产性企业按其实际出口数量免征生产环节的消费税。不予办理退还消费税，是指因已免征生产环节的消费税，故该应税消费品在出口时已不含消费税，所以无须再办理退还消费税了。这项政策规定与前述生产性企业自营出口或委托代理出口自产货物退（免）增值税的规定是不一样的。其政策区别的原因是，消费税大多在生产企业的生产环节征收，生产环节免税了，出口的应税消费品就不含有消费税了；而增值税是在货物销售的各个环节征收，当生产企业出口货物时，已纳的增值税就需要退还。

（3）出口不免税也不退税。适用于除生产企业、外贸企业外的其他企业，具体是指一般商贸企业，这类企业委托外贸企业代理出口应税消费品一律不予退（免）税。

【即学即用】 消费税实行出口免税并退税政策的企业包括（　　）。

A. 外贸企业收购应税消费品直接出口

B. 外贸企业受其他外贸企业委托出口应税消费品

C. 外贸企业受生产企业委托出口应税消费品

D. 外贸企业受其他贸易公司委托出口应税消费品

答案： AB

解析：

适用消费税出口免税并退税政策的企业包括有出口经营权的外贸企业购进应税消费品直接出口以及外贸企业委托代理出口应税消费品。外贸企业只有受其他外贸企业委托，代理出口应税消费品才可以办理退税，受其他企业（主要是非生产性的商贸企业）委托，代理出口应税消费品是不能退（免）税的。因此，答案为AB。

---

3. 出口应税消费品退税额的计算

外贸企业从生产企业购进货物直接出口或受其他外贸企业委托代理出口应税消费品的应退消费税，分为三种情况计算退税额。

（1）从价征收方法退税额的计算。实行从价定率方法计征消费税的应税消费品，应以外贸企业从生产企业购进该应税消费品时征收消费税的价格作为退税依据，计算应退消费税税额。相应的计算公式为：

应退消费税税额＝出口货物的工厂销售额×税率

对于含增值税的购进金额应换算成不含增值税的金额，并将其作为计算退税额的依据。相应的计算公式为：

不含增值税的购进金额＝含增值税的购进金额÷(1＋增值税税率或征收率)

（2）从量征收方法退税额的计算。实行从量定额方法计征消费税的应税消费品，应以货物购进和报关出口的数量作为退税依据，计算应退消费税税额。相应的计算公式为：

应退消费税税额＝出口数量×单位税额

（3）复合征收方法退税额的计算。实行复合征收方法计征消费税的应税消费品，应以货物购进和报关出口的数量以及外贸企业从生产企业购进货物时征收消费税的价格计算应退消费税税额。相应的计算公式为：

应退消费税税额＝出口货物的工厂销售额×税率＋出口数量×单位税额

【例题 3-19】 某外贸企业 11 月收购高档化妆品，取得的增值税专用发票上注明化妆品外购金额 300 万元，增值税税额 39 万元。化妆品的国内运输、保险等费用 15 万元，出口离岸价格为 380 万元。化妆品的消费税税率为 15%。计算该外贸企业的应退消费税税额。

解析：

实行从价定率方法计征消费税的应税消费品，应以外贸企业从工厂购进该应税消费品时征收消费税的价格作为退税依据，计算应退消费税税额。因此，有

应退消费税税额=300×15%=45(万元)

3.6 征收管理

3.6.1 纳税义务发生时间

消费税的纳税义务发生时间以货款结算方式或行为发生时间分别确定。

(1) 纳税人销售应税消费品的，其纳税义务发生时间为：

① 纳税人采取赊销和分期收款结算方式的，为书面合同约定的收款日期的当天，书面合同没有约定收款日期或者无书面合同的，为发出应税消费品的当天。

② 采取预收货款结算方式的，为发出应税消费品的当天。

③ 采取托收承付和委托银行收款方式的，为发出应税消费品并办妥托收手续的当天。

④ 采取其他结算方式的，为收讫销售款项或者取得索取销售款项凭据的当天。

(2) 纳税人自产自用应税消费品的，为移送使用的当天。

(3) 纳税人委托加工应税消费品的，为纳税人提货的当天。

(4) 纳税人进口应税消费品的，为报关进口的当天。

【即学即用】 在下列各项中，关于消费税的纳税义务发生时间，说法正确的是（ ）。

A. 纳税人自产自用应税消费品的，其纳税义务发生时间为移送使用的当天

B. 纳税人采取预收货款方式销售应税消费品的，其纳税义务发生时间为收到预收货款的当天

C. 纳税人委托加工应税消费品的，其纳税义务发生时间为纳税人提货的当天

D. 纳税人进口应税消费品的，为报关进口的当天

答案： ACD

解析：

纳税人采取预收货款方式销售应税消费品的，其纳税义务发生时间为发出应税消费品的当天。因此，答案为 ACD。

3.6.2 纳税期限

按照《消费税暂行条例》的规定，消费税的纳税期限分为1日、3日、5日、10日、15日、1个月或者1个季度。纳税人的具体纳税期限由主管税务机关根据纳税人应纳税额的大小分别核定；不能按照固定期限纳税的，可以按次纳税。

纳税人以1个月或1个季度为一期纳税的，自期满之日起15日内申报纳税；以1日、3日、5日、10日或者15日为一期纳税的，自期满之日起5日内预缴税款，于次月1日起至15日内申报纳税并结清上月应纳税款。

纳税人进口应税消费品，应当自海关填发海关进口消费税专用缴款书之日起15日内缴纳税款。

如果纳税人不能按照规定的纳税期限依法纳税，将按《税收征管法》的有关规定处理。

【即学即用】 纳税人进口应税消费品，应于（ ）缴纳消费税。

A. 海关填发海关进口消费税专用缴款书之日起7日内

B. 海关填发海关进口消费税专用缴款书之日起15日内

C. 海关填发海关进口消费税专用缴款书之日起1个月内

D. 次月1日起至15日内

答案： B

解析：

按照海关对进口环节税收的管理规则，对于纳税人进口应税消费品，应当自海关填发海关进口消费税专用缴款书之日起15日内缴纳税款。因此，答案为B。

3.6.3 纳税地点

(1) 纳税人销售的应税消费品以及自产自用的应税消费品，除国务院另有规定外，应当向纳税人机构所在地或者居住地的主管税务机关申报纳税。

(2) 委托加工的应税消费品，除委托个人加工外，由受托方代收代缴消费税税款。委托个人加工的应税消费品，由委托方向其机构所在地或者居住地主管税务机关申报纳税。

(3) 进口的应税消费品，由进口人或者其代理人向报关地海关申报纳税。

(4) 纳税人到外县（市）销售或者委托外县（市）代销自产应税消费品的，于应税消费品销售后，向机构所在地或者居住地主管税务机关申报纳税。

(5) 纳税人的总机构与分支机构不在同一县（市）的，应当分别向各自机构所在地的主管税务机关申报纳税；经财政部、国家税务总局或者其授权的财政、税务机关批准，可以由总机构汇总后向总机构所在地的主管税务机关申报纳税。

(6) 纳税人销售的应税消费品，如因质量等原因由购买者退回，经机构所在地或者居住地主管税务机关审核批准后，可退还已缴纳的消费税税款，但不能自行直接抵减应纳税额。

【即学即用】 在下列各项中，关于消费税的纳税地点，说法正确的是（ ）。

A. 委托个人加工的应税消费品，由受托方向所在地主管税务机关代收代缴消费税税款

B. 进口的应税消费品，由进口人或者其代理人向报关地海关申报纳税

C. 纳税人的总机构与分支机构不在同一县（市）的，可以由总机构自行汇总后向总机构所在地的主管税务机关申报纳税

D. 纳税人销售的应税消费品，如因质量等原因由购买者退回，可以自行直接抵减应纳税额

答案： B

解析：

根据上述关于纳税地点的规定，正确答案为B。

3.6.4 纳税申报

消费税的报缴方法可由所在地主管税务机关根据具体情况，按下列办法核定出一种适宜方法，并将其作为纳税人报缴消费税税款的办法。

纳税人按期向税务机关填报纳税申报表，并填开纳税缴款书，向所在地代理金库的银行缴纳税款。

纳税人按期向税务机关填报纳税申报表，由税务机关审核后填发纳税缴款书，按期缴纳。

对会计核算不健全的小型业户，税务机关可根据其产销情况，按季或按年核定其纳税额，分月缴纳。

【综合案例】 甲卷烟厂为增值税一般纳税人，生产A、B两种卷烟。A种卷烟不含税调拨价格每标准条73元，最高不含税售价每标准条78元；B种卷烟不含税调拨价格每标准条58元，最高不含税售价每标准条62元。2019年5月发生以下经济业务：

(1) 月初库存外购应税烟丝金额为0，当月从乙卷烟厂购入一批已税烟丝，取得防伪税控系统开具的增值税专用发票，注明价款30万元、增值税税额3.9万元，已经验收入库。

(2) 领用购入烟丝的50%，生产A种卷烟200箱（250条/箱，200支/条）。其中，100箱销售给某商场，当月结清款项；另外100箱用于抵偿所欠外单位货款。

(3) 领用购入烟丝的40%，生产B种卷烟200箱，作为股本与甲企业合资成立一家烟草零售经销商——M公司。

(4) 领用购入烟丝的10%，委托W企业加工一种新型低焦油卷烟3箱，W企业按每箱0.2万元收取加工费（不含税)，当月加工完成后全部交给甲卷烟厂，W企业代扣代缴消费税。甲厂将这3箱新型卷烟销售给某商场，售价3.2万元/箱。

(烟丝的消费税税率为30%，A种卷烟和新型低焦油卷烟适用的消费税税率为56%加0.003元/支，B种卷烟适用的消费税税率为36%加0.003元/支。) W企业消费税纳税申报表见表3-4。

根据上述资料回答下列问题：

(1) 计算该卷烟厂销售A种卷烟应缴纳的消费税。

(2) 该卷烟厂用于抵债的A种卷烟是否需要缴纳消费税？如果需要，应纳消费税税额是多少？

(3) 计算该卷烟厂向M公司投资应缴纳的消费税。

(4) 计算W企业应代收代缴的消费税和甲卷烟厂销售新型低焦油卷烟应缴纳的消费税。

(5) 计算甲卷烟厂当月应纳消费税税额，并填写消费税纳税申报表。

解析：

(1) 从工业企业购入的烟丝可以按生产领用数量抵扣已纳的消费税。

销售A种卷烟应纳消费税税额 $=73\times250\times100\times56\%+100\times150-300\,000\times50\%\times30\%\div200\times100$

$=1\,014\,500$(元)

(2) 用于抵偿债务的应税消费品，应当按照纳税人同类消费品的最高售价作为计税依据，所以卷烟厂用于抵偿外债的A种卷烟需要缴纳消费税。

应纳消费税税额 $=78\times250\times100\times56\%+100\times150-300\,000\times50\%\times30\%\div200\times100$

$=1\,084\,500$(元)

(3) 用于投资的应税消费品，应当按照纳税人同类消费品的最高售价作为计税依据。

应纳消费税税额 $=62\times250\times200\times36\%+200\times150-300\,000\times40\%\times30\%$

$=1\,110\,000$(元)

(4) 企业应代收代缴的消费税应按照组成计税价格计算。

组成计税价格 $=(300\,000\times10\%+0.2\times10\,000\times3+150\times3)\div(1-56\%)$

$=82\,841$(元)

应纳消费税税额 $=82\,841\times56\%+150\times3=46\,841$(元)

W企业代收消费税时应扣除委托方外购已税烟丝中所含的消费税，因而

W企业应代收代缴的消费税 $=46\,841-300\,000\times10\%\times30\%=37\,841$(元)

甲卷烟厂应纳消费税税额 $=3.2\times10\,000\times3\times56\%+150\times3-37\,841$

$=16\,369$(元)

(5) 甲卷烟厂当月应纳消费税税额的计算如下：

甲卷烟厂当月应纳消费税税额 $=1\,014\,500+1\,084\,500+1\,110\,000+16\,369=3\,225\,369$(元)

表 3-4 **消费税纳税申报表**

填表日期：2019 年 6 月 3 日 单位：卷烟万支

纳税人识别号： 金额单位：元（列至角分）

应税消费品名称	适用税目	应税销售额		适用税率		当期准予扣除外购应税消费品买价				外购应税消费品适用税率
		销售数量	销售额	定额税率	比例税率	合计	期初库存外购应税消费品买价	当期购进外购应税消费品买价	期末库存外购应税消费品买价	
卷烟	甲类卷烟	1 015	3 871 000	30 元/万支	56%					
卷烟	乙类卷烟	1 000	3 100 000	30 元/万支	36%					
烟丝	烟丝					300 000（30 000 元用于委托加工）	0	300 000	0	30%
合计						300 000				

应纳消费税		当期准予扣除外购应税消费品已纳税款	当期准予扣除委托加工应税消费品已纳税款			
本期	累计		合计	期初库存委托加工应税消费品已纳税款	当期收回委托加工应税消费品已纳税款	期末库存委托加工应税消费品已纳税款
3 225 369		90 000（9 000 元用于委托加工）	37 841	0	37 841	0

已纳消费税		本期应补（退）税金额			
本期	累计	合计	上期结算税额	补交本年度欠税	补交以前年度欠税

截至上年底累计欠税额	本年度新增欠税额	
	本期	累计

如纳税人填报，由纳税人填写以下各栏		如委托代理人填报，由代理人填写以下各栏				备注
会计主管（签章）	纳税人（公章）	代理人名称		代理人（公章）		
		代理人地址				
		经办人		电话		

以下由税务机关填写			
收到申报表日期		接收人	

本章小结

消费税是以特定消费品和消费行为的流转额为征税对象，向其生产者或经营者征收的一种税。在中国境内生产、委托加工和进口应税消费品以及从事卷烟批发业务的单位和个人，从事金银首饰、钻石、钻石饰品以及豪华小汽车零售业务的单位和个人，为消费税的纳税人。消费税的征税范围包括生产应税消费品、委托加工应税消费品、进口应税消费品，以及属于特殊情形的批发应税消费品和零售应税消费品。按照《消费税暂行条例》的规定，具体划分为烟、酒等15个税目。消费税的征收方法灵活，采用从价定率、从量定额和从价从量复合计征三种方法。纳税人自产应税消费品用于连续生产应税消费品的不纳税，用于其他方面的在移送使用时纳税；委托加工的应税消费品，受托方在交货时代收代缴消费税，委托方收回后直接销售的，不再征收消费税；纳税人委托加工或者购买的应税消费品用于连续生产应税消费品的，在销售时缴纳消费税，但已纳的消费税税款准予按规定抵扣；进口的应税消费品，于报关进口时由海关代征消费税。

关键术语

从价征收　　从量征收　　复合计征　　自产自用应税消费品
委托加工应税消费品　　已纳消费税扣除　　组成计税价格

思考题

1. 消费税有哪些基本特征？
2. 我国现行消费税具体对哪些项目征税？
3. 消费税应纳税额的计算方法有哪几种？分别适用哪些应税消费品？
4. 对自产自用应税消费品应如何征税？
5. 对委托加工应税消费品应如何征税？
6. 委托加工收回的应税消费品已纳税额准许扣除的范围包括哪些？
7. 对出口应税消费品的退（免）税有哪些规定？

第4章 关 税

【本章要点】

1. 关税的征税对象与纳税人
2. 进出口关税税率
3. 一般进口货物、特殊进口货物、出口货物关税完税价格的确定
4. 关税应纳税额的计算

【导入案例】

某医院2013年以180万元（人民币，下同）的价格进口了一台医疗仪器，2018年2月因出现故障运往美国修理（出境时已向海关报明）。2018年7月，按海关规定的期限复运进境。此时，该仪器的国际市场价已为250万元。若经海关审定的修理费和料件费为50万元，进口运费1万元，进口关税税率为6%，则该仪器复运进境时，应缴纳进口关税多少万元？

4.1 关税概述

4.1.1 关税的概念

关税是海关依法对进出境货物、物品征收的一种税。“境”是指关境，是国家海关法

可以全面实施的领域。我国现行关税的基本法律规范是根据第六届全国人民代表大会常务委员会第十九次会议于 1987 年 1 月 22 日通过的，并于 2000 年 7 月 8 日和 2013 年 6 月 29 日修订的《中华人民共和国海关法》（以下简称《海关法》）为法律依据，以国务院于 2003 年 11 月发布的《中华人民共和国进出口关税条例》（以下简称《进出口关税条例》），以及由国务院关税税则委员会审定并报国务院批准，作为条例组成部分的《中华人民共和国海关进出口税则》和《中华人民共和国海关关于入境旅客行李物品和个人邮递物品征收进口税办法》为基本法规。

在一般情况下，一国的关境与国境是一致的，包括国家全部的领土、领空和领海，但两者并不完全相同。当某国在国境内设立了自由港、自由贸易区等，这些区域就进出口关税而言处在关境之外。此时，该国的关境小于国境。例如我国，根据《中华人民共和国香港特别行政区基本法》和《中华人民共和国澳门特别行政区基本法》，香港和澳门保持自由港地位，为我国单独的关税地区，即单独关境区。单独关境区是不完全适用该国海关法律、法规或实施单独海关管理制度的区域。当存在关税同盟时，几个国家组成一个共同的关境，实施统一的关税法令和海关进出口税则，成员之间的物品和商品进出国境时免征关税，而只对来自及运往非成员的物品和商品进出同盟国的共同关境时，才征收关税。此时，这些国家的关境大于国境。

关税与增值税、消费税一样，都属于对商品的征税，它们的不同点在于：增值税和消费税是对国内生产或销售的商品征税；关税是对进出关境的商品征税。从这个意义上说，增值税和消费税可称为国内商品税，关税可称为进出口商品税。

4.1.2 关税的特点

关税作为一个独特的税种，除了具有一般税收的特点之外，还具有以下几个特点：

1. 关税是单一环节的价外税

关税的完税价格中不包括关税，即在征收关税时，以实际成交价格为计税依据，关税不包括在内。

2. 征收的对象是进出境的货物和物品

关税是对进出境的货物和物品征税，在境外流通的货物，不征收关税。

3. 对进出口贸易影响较大

关税税则的制定、税率的高低会直接影响到国际贸易的开展。对货物征收关税，必然会提高纳税人的经营成本，进而对商品出入境后的销售利润产生影响。如果纳税人提高商品的售价并维持原来的盈利水平，将导致销售额的下降；如果维持商品的销售价格和销售额不变，又会导致盈利水平的下降。因此，关税税种的设置、税率的调整和征收方法的改变等，都会影响国际贸易往来和商品流通。

4.2 纳税人与征税对象

4.2.1 纳税人

关税的纳税人包括以下三种：进口货物的收货人、出口货物的发货人、进出境物品的所有人。其中，进出口货物的收、发货人是依法取得对外贸易经营权，并进口或者出口货物的法人或其他社会团体；进出境物品的所有人包括该物品的所有人和推定为所有人的人。

在通常情况下，对于携带进境的物品，推定其携带人为所有人；对分离运输的行李，推定相应的进出境旅客为所有人；对以邮递方式进境的物品，推定其收件人为所有人；对以邮递或其他运输方式出境的物品，推定其寄件人和托运人为所有人。

【知识要点提醒】 行李和邮递物品进口税（以下简称“行邮税”）是海关对入境旅客的行李物品和个人邮递物品征收的进口税。现行行邮税的税率为10%、20%、50%三个档次。进口税采用从价计征，完税价格由海关参照该项物品的境外正常零售平均价确定。完税价格乘以进口税税率，就是应缴纳的进口税税额。

4.2.2 征税对象

关税的征税对象是准许进出境的货物和物品。货物是指贸易性商品；物品是指入境旅客随身携带的行李物品、个人邮递物品、各种运输工具上的服务人员携带进口的自用物品、馈赠物品以及以其他方式进境的个人物品。

4.3 税 率

4.3.1 进口关税税率

1. 税率设置

我国进口税则设有最惠国税率、协定税率、特惠税率、普通税率共四种税率，其适用范围分别为：

（1）最惠国税率适用原产于与我国共同适用最惠国待遇条款的 WTO 成员或地区的进

口货物，或原产于与我国签订有相互给予最惠国待遇条款的双边贸易协定的国家或地区的进口货物，以及原产于我国境内的进口货物。

（2）协定税率适用原产于与我国签订了贸易或关税优惠协定的有关国家或地区的进口货物。

（3）特惠税率适用原产于与我国签订了特殊优惠关税协定的国家或地区的进口货物。

（4）普通税率适用原产于上述国家或地区以外的其他国家或地区的进口货物。按照普通税率征税的进口货物，经国务院关税税则委员会特别批准，可以适用最惠国税率。

这四种税率由高至低为普通税率、最惠国税率、协定税率、特惠税率。适用最惠国税率、协定税率、特惠税率的国家或者地区名单，由国务院关税税则委员会决定，报国务院批准后执行。

2. 税率的计征方法

我国对进口商品主要实行从价税，即以进口货物的完税价格作为计征依据，以应征税额占货物完税价格的百分比作为税率。从 1997 年 7 月 1 日起，我国对部分产品实行从量税、复合税和滑准税。

从量税是以进口商品的长度、重量、面积、容量等计量单位为计税依据，这种计税方法的特点是税额计算简便、通关手续快捷、不受商品价格的影响，能起到抑制质次价廉商品或故意低瞒价格商品的进口。

复合税是对某种进口货物混合使用从价税和从量税的计征标准。复合税既能发挥从量税抑制低价商品进口的特点，又能发挥从价税税负合理、稳定的特点。

滑准税是一种关税税率随进口商品价格由高到低，而由低到高设置计征关税的方法。也就是说，进口商品的价格越高，其进口关税税率越低；进口商品的价格越低，其进口关税税率越高。滑准税的主要特点是可保持征收滑准税商品的国内市场价格相对稳定，尽可能减少国际市场价格波动的影响。目前，我国对在关税配额外进口一定数量的棉花实行滑准税，具体方式如下：

（1）当进口棉花完税价格高于或等于 15.000 元/千克时，暂定从量税率为 0.570 元/千克。

（2）当进口棉花完税价格低于 15.000 元/千克时，暂定从价税率按下式计算：

$$R_i=9.337/P_i+2.77\%\times P_i-1 \quad R_i\leqslant 40\%$$

式中，R_i 为暂定从价税率，对上式计算结果经四舍五入后保留前 3 位；P_i 为关税完税价格，单位为元/千克。

【即学即用】 我国对数字照相机、放像机实行（　　）计征关税。

A. 从价税　　B. 从量税　　C. 复合税　　D. 滑准税

答案： C

---

3. 暂定税率与关税配额税率

我国对部分进口原材料、零部件、农药原药和中间体、乐器及生产设备、燃油等进口商品实行暂定税率。在暂定税率、优惠税率和最惠国税率同时存在的情况下，暂定税率优先适用。按普通税率征税的进口货物不适用暂定税率。与此同时，我国对部分进口农产品和化肥产品实行关税配额，即一定数量内的上述进口商品适用税率较低的配额内税率，超出该数量的进口商品适用税率较高的配额外税率。

《关于调整部分日用消费品进口关税的公告》（海关总署公告 2015 年第 21 号）规定：自 2015 年 6 月 1 日起，以暂定税率方式降低护肤品、西装、短筒靴、纸尿裤等日用消费品进口关税税率。这些消费品适用的关税税率由 2015 年的最惠国税率降为更低的暂定税率。

《国务院关税税则委员会关于 2018 年关税调整方案的通知》（税委会［2017］27 号）规定：自 2018 年 1 月 1 日起，继续对小麦等 8 类商品实施关税配额管理，税率不变。其中，对尿素、复合肥、磷酸氢铵 3 种化肥的配额税率继续实施 1%的暂定税率。我国继续对配额外进口的一定数量棉花实施滑准税。

4.3.2 出口关税税率

我国仅对少数资源性产品及易于竞相杀价、盲目进口、需要规范出口秩序的半制成品征收出口关税。现行税则对鳗鱼苗、部分有色金属矿砂等多种商品计征出口关税。此外，我国对多种商品征收暂定税率。

【小思考】 我国为什么只对少数产品征收出口关税？

4.3.3 特别关税

特别关税主要包括反倾销关税、反补贴关税、报复性关税和保障性关税。

（1）反倾销关税是指进口国海关对被认定构成出口倾销并对其国内相关工业构成损坏的进口产品所征收的一种临时进口附加税。

（2）反补贴关税是对于直接或间接接受任何津贴和补贴的外国商品在进口时所征收的附加关税。

（3）报复性关税是为报复他国对本国出口货物的关税歧视，而对相关国家的进口货物征收的一种进口附加税。

（4）保障性关税是指当某类商品进口量剧增，给国内相关产业带来巨大威胁或损害时，根据 WTO 有关规则，可以启动一般保障措施，即在与有实质利益关系的国家或地区进行磋商后，在一定时期内提高该项商品的进口关税或采取数量限制措施，以保护国内相关产业不受损害。

【即学即用】 我国特别关税的种类包括（　　）。

A. 报复性关税　　B. 进口附加税

C. 反倾销税及反补贴税　　D. 保障性关税

答案：ACD

4.3.4 税率的运用

我国《进出口关税条例》规定进出口货物应依照税则规定的归类原则归入合适的税号，并按照适用的税率征税。

(1) 进出口货物应依据纳税人申报进口或者出口之日实施的税率征税。

(2) 进口货物到达前，经海关核准先行申报的，应按照装载此货物的运输工具申报进境之日实施的税率征税。

(3) 进出口货物的补税和退税，适用该进出口货物原申报进口或者出口之日所实施的税率。

【小思考】 某公司进口一批货物，并按照当时核定的关税完税价格向海关缴纳了关税和增值税。3个月后，该公司发现之前少核定了关税完税价格，那么该公司应按什么税率向海关补缴关税？该公司缴纳的增值税是否变动？

4.3.5 原产地的规定

我国进口税则税率的适用根据货物的原产地确定，对产自不同国家或地区的进口货物，适用不同的关税税率。我国针对原产地的规定采用了两种国际上通用的原产地标准，即“全部产地生产标准”和“实质性加工标准”。

1. 全部产地生产标准

全部产地生产标准是指进口货物完全在一个国家内生产或制造，生产或制造国就是该货物的原产国。完全在一国内生产或制造的进口货物包括：在该国领土或领海内开采的矿产品；在该国领土上收获或采集的植物产品；在该国领土上出生，由该国饲养的活动物及其所得产品；在该国领土上狩猎或捕捞所得的产品；在该国的船只上卸下的海洋捕捞物，以及由该国船只在海上取得的其他产品；在该国加工船加工前一项所列物品所得的产品；在该国收集的只适用于做再加工制造的废碎料和废旧物品；在该国完全使用以上几项所列产品加工成的制成品。

2. 实质性加工标准

实质性加工标准是用于确定有两个或两个以上国家参与生产的产品的原产国标准，其基本含义是：经过几个国家加工、制造的进口货物，以最后一个对货物进行经济上可以视为实质性加工的国家作为有关货物的原产国。

3. 其 他

对机器、仪器、器材或车辆所用零件、部件、配件、备件及工具，如与主件同时进口且数量合理的，其原产地按主件的原产地确定，分别进口的则按各自的原产地确定。

【知识要点提醒】 “实质性加工”是指产品加工后，在进出口税则中四位数税号一级的税则归类已经有了改变，或者加工增值部分所占新产品总值的比例已超过30%及以上的。

4.4 关税完税价格

我国关税是以进出口货物的完税价格为计税依据来计算应纳税额的，因此要计算应纳关税税额，必须首先确定进出口货物的完税价格。我国《海关法》规定，进出口货物的完税价格由海关以该货物的成交价格为基础审查确定；成交价格无法确定时，完税价格由海关依法估定。

4.4.1 一般进口货物的完税价格

1. 以成交价格为基础的完税价格

根据《海关法》，进口货物以海关审定的成交价格为基础的到岸价格（CIF）为完税价格。到岸价格包括货物的货价、货物运抵我国境内输入地点起卸前的运输及其相关费用、保险费。进口货物的成交价格是指买方为购买该货物，按《中华人民共和国海关审定进出口货物完税价格办法》（以下简称《完税价格办法》）有关规定调整后的实付或应付价格。

如果以下费用或价值尚未包括在进口货物的实付或应付价格中，该费用或价值应当计入完税价格：由买方负担的除购货佣金以外的佣金和经纪费；由买方负担的与该货物视为一体的容器费用；由买方负担的包装材料和包装劳务费用；与该货物生产和向中华人民共和国境内销售有关的，由买方以免费或者以低于成本的方式提供并可以按适当比例分摊的料件、工具、模具、消耗材料及类似货物的价款，以及在境外开发、设计等相关服务的费用；与该货物相关并作为卖方向我国销售该货物的一项条件，应当由买方直接或间接支付的特许权使用费；卖方直接或间接从买方对该货物进口后转售、处置或使用所得中获得的收益。

如果能与该货物的实付或应付价格区分，则下列费用不得计入完税价格：厂房、机械、设备等货物进口后的基建、安装、装备、维修和技术服务的费用；货物运抵境内输入地点之后发生的运输费用；进口关税及其他的国内税收；为在境内复制进口货物而支付的费用；境内外技术培训及境外考察费用。

【例题 4-1】 上海某进出口公司从美国进口一批货物，货物以离岸价格成交，成交价折合人民币 2 000 万元（包括单独计价并经海关审查属实的向境外采购代理人支付的买方佣金 20 万元，但不包括使用该货物向境外支付的软件费 100 万元、向卖方支付的佣金 10 万元）。另外，该公司还支付货物运抵我国上海港的运费、保险费等 40 万元，支付货物从上海港运至公司的运费、保险费等 30 万元。计算该公司应纳关税（该货物适用的关税税率为 5%）。

解析：

进口货物的关税完税价格为离岸价格＋软件费＋卖方佣金－买方佣金＋运抵我国境

内的运输费、保险费。

关税完税价格＝2 000＋100＋10－20＋40＝2 130(万元)

进口环节关税＝2 130×5%＝106.5(万元)

【即学即用】 在下列各项中，应当计入进口货物关税完税价格的有（　　）。

A. 由买方负担的与进口货物视为一体的容器费用

B. 由买方负担的购货佣金

C. 由买方负担的境外包装劳务费用

D. 由买方负担的境外包装材料费用

E. 货物运抵境内输入地点之后发生的运输费用

答案：ACD

2. 进口货物海关估价方法

进口货物的成交价格不符合《完税价格办法》相关规定的，或者成交价格不能确定的，海关经了解有关情况并与纳税人进行价格磋商后，依次按照下列方法审查确定该货物的完税价格：相同货物成交价格估价方法；类似货物成交价格估价方法；倒扣价格估价方法；计算价格估价方法；其他合理方法。如果进口货物的收货人提出要求并提供相关资料，经海关同意，可以选择倒扣价格方法和计算价格方法的适用次序。

（1）相同货物成交价格估价方法。相同货物成交价格估价方法是指海关以与进口货物同时或大约同时（在海关接受申报进口之日的前后各 45 日以内）向中国境内销售的相同货物的成交价格为基础，审查确定进口货物完税价格的估价方法。

（2）类似货物成交价格估价方法。类似货物成交价格估价方法是指海关以与进口货物同时或大约同时（在海关接受申报进口之日的前后各 45 日以内）向中国境内销售的类似货物的成交价格为基础，审查确定进口货物完税价格的估价方法。

【知识要点提醒】 在没有相同或类似货物成交价格的情况下，可以使用不同商业水平或不同进口数量的相同或类似货物的成交价格。在使用上述价格时，应根据客观量化的数据资料，对因商业水平、进口数量、运输距离和运输方式不同而在价格、成本或其他费用方面产生的差异做出调整。

（3）倒扣价格估价方法。倒扣价格估价方法是指海关以相同或类似进口货物在境内的销售价格为基础，扣除在境内发生的相关费用后，审查确定进口货物完税价格的估价方法。

在按照倒扣价格估价方法审查确定进口货物的完税价格时，应当扣除下列各项：同等级或同种类货物在境内销售时的利润和一般费用（包括直接费用和间接费用）以及通常支付的租金；进口货物运抵境内输入地点之后的运费、保险费、装卸费及其他相关费用；进口关税、进口环节税及其他与进口或销售上述货物有关的国内税。

【即学即用】 A公司是增值税一般纳税人，2018 年 1 月从国外进口一批产品，这批产品的成交价格不符合《完税价格办法》的相关规定；经磋商后，海关按照倒扣价格估价方法估计这批产品的完税价格。A公司在国内销售这批产品取得了50 000元收入，发生的销售费用为2 000元，进口这批产品运抵境内输入地点起卸前的运输费、保险费总额为5 000元，运抵境内输入地点起卸后的运输费、保险费为3 000元。计算A公司进口这批产品的关税完税价格。

解析：

完税价格＝50 000－2 000－3 000＝45 000(元)

(4) 计算价格估价方法。计算价格估价方法是指海关以相关项目的价值或费用总和为基础，审查确定进口货物完税价格的估价方法。其中，相关项目包括：生产该货物所使用的原材料价值和进行装配或其他加工的费用；与向境内销售同等级或同种类货物的利润、一般费用相符的利润和一般费用（包括直接费用和间接费用）；货物运抵境内输入地点起卸前的运输及相关费用、保险费。

(5) 其他合理方法。其他合理方法是指当海关不能根据相同货物成交价格估价方法、类似货物成交价格估价方法、倒扣价格估价方法和计算价格估价方法确定进口货物的完税价格时，根据客观、公平、统一的原则，以客观量化的数据资料为基础确定进口货物完税价格的估价方法。但是，不得使用以下价格：境内生产的货物在境内的销售价格；可供选择的价格中较高的价格；货物在出口地市场的销售价格；根据计算价格估价方法规定的有关各项之外的价值或费用计算的价格；出口到第三国或者地区的货物的销售价格；最低限价或武断、虚构的价格。

4.4.2 特殊进口货物的完税价格

1. 加工贸易进口料件及其制成品

加工贸易进口料件及其制成品需要征税或内销补税的，海关按照一般进口货物的完税价格规定，审定完税价格。

(1) 进口时应当征税的进料加工进口料件，以该料件申报进口时的成交价格为基础审查确定完税价格。

(2) 进料加工进口料件或其制成品（包括残次品）内销时，海关以料件原进口成交价格为基础审查确定完税价格。

(3) 来料加工进口料件或其制成品（包括残次品）内销时，海关以接受内销申报的同时或者大约同时进口的与料件相同或者类似货物的进口成交价格为基础审查确定完税价格。

(4) 加工企业内销加工过程中产生的边角料或者副产品，以海关审查确定的内销价格作为完税价格。

【小思考】 加工贸易进口料件及其制成品需要征税或内销补税的，应如何确定其完税价格？

2. 出口加工区货物

出口加工区内的加工企业内销的制成品（包括残次品），海关以接受内销申报的同时或者大约同时进口的相同或者类似货物的进口成交价格为基础审查确定完税价格。

出口加工区内的加工企业内销加工过程中产生的边角料或者副产品，以海关审查确定的内销价格作为完税价格。

3. 保税区货物

保税区内的加工企业内销的进口料件或者其制成品（包括残次品），海关以接受内销申报的同时或者大约同时进口的相同或者类似货物的进口成交价格为基础审查确定。

保税区内的加工企业在内销的进料加工制成品中，如果含有从境内采购的料件，海关以制成品所含从境外购入的料件原进口成交价格为基础审查确定完税价格。料件原进口成交价格不能确定的，海关以接受内销申报的同时或者大约同时进口的与料件相同或者类似货物的进口成交价格为基础审查确定完税价格。

保税区内的加工企业在内销的来料加工制成品中，如果含有从境内采购的料件，海关以接受内销申报的同时或者大约同时进口的与制成品所含从境外购入的料件相同或者类似货物的进口成交价格为基础审查确定完税价格。

保税区内的加工企业内销加工过程中产生的边角料或者副产品，以海关审查确定的内销价格作为完税价格。

4. 从出口加工区、保税区等进入境内的货物

从保税区、出口加工区、保税物流园区、保税物流中心等区域、场所进入境内，需要征税的货物，海关应当以从上述区域、场所进入境内的相同或类似货物的销售价格为基础审查确定完税价格，加工贸易进口料件及其制成品除外。

如果前款所述的销售价格中未包括货物在上述区域、场所发生的仓储、运输及其他相关费用的，应当按照客观量化的数据资料予以计入。

5. 运往境外修理的货物

运往境外修理的机械器具、运输工具或其他货物，出境时已向海关报明，并在海关规定期限内复运进境的，应当以海关审定的境外修理费和料件费以及该货物复运进境的运输及其相关费用、保险费估定完税价格。

【例题 4-2】 参见【导入案例】。

解析：

按照税则规定，运往境外修理的设备，出境时已向海关报明，并按海关规定的期限复运进境的，应以海关审定的境外修理费和料件费以及该货物复运进境的运输及其相关费用、保险费估定完税价格。

$$应缴纳的进口关税=(50+1)\times 6\%=3.06(万元)$$

6. 运往境外加工的货物

运往境外加工的货物，出境时已向海关报明，并在海关规定期限内复运进境的，应当以海关审定的境外加工费和料件费，以及该货物复运进境的运输及其相关费用、保险费估定完税价格。

7. 暂时进境货物

对于经海关批准的暂时进境货物，应当按照一般进口货物估价办法的规定，估定完税价格。

8. 留购的进口货样等

对于境内留购的进口货样、展览品和广告陈列品，以海关审定的留购价格作为完税价格。

9. 租赁方式进口货物

在采用租赁方式进口的货物中，以租金方式对外支付的租赁货物，在租赁期间以海关审定的租金作为完税价格，利息应当予以计入；留购的租赁货物，以海关审定的留购价格作为完税价格；承租人申请一次性缴纳税款的，经海关同意，可按照一般进口货物估价办法的规定估定完税价格。

10. 予以补税的减免税货物

减税或免税进口的货物需要予以补税时，应当以海关审定的该货物原进口时的价格，扣除折旧部分价值作为完税价格。相应的计算公式如下：

$$\text{完税价格}=\text{海关审查确定的该货物原进口的价格}\times\left[1-\text{补税时已进口的时间(月)}\div(\text{监管年限}\times12)\right]$$

【例题4-3】 2017年7月1日，A公司经批准进口一台符合国家免征关税规定的科研设备用于研发项目，设备进口时经海关审定的完税价格折合人民币600万元，海关规定的监管年限为5年。2018年6月30日，A公司的研发项目完成后，将已计提折旧100万元的免税设备转售给国内另一家企业，计算该公司补缴关税的完税价格。

解析：

减税或免税进口的货物需要补税时，应当以海关审定的该货物原进口时的价格，扣除折旧部分价值作为完税价格。

完税价格＝600×［1－12÷(5×12)］＝480(万元)

11. 以其他方式进口的货物

以货易货贸易、寄售、捐赠、赠送等不存在成交价格的进口货物，应当按照一般进口货物估价办法的规定，估定完税价格。

4.4.3 出口货物的完税价格

1. 以成交价格为基础的完税价格

出口货物的完税价格由海关以该货物向境外销售的成交价格为基础审查确定，并应包括该货物运至中华人民共和国境内输出地点装载前的运输及其相关费用、保险费。出口货物的成交价格是指该货物出口时卖方为出口该货物应当向买方直接和间接收取的价款总额。出口关税不计入完税价格，相应的计算公式为：

完税价格＝离岸价格÷(1＋出口关税税率)

在计算出口货物的完税价格时，须遵循下列规定：

(1) 出口货物的离岸价格应以该货物运离关境前的最后一个口岸的离岸价格为实际离岸价格。如果该货物从内地起运，则从内地口岸至最后出境口岸所支付的国内段运输费用应予以扣除。

(2) 出口货物成交价格中含有支付给国外的佣金，如与货物的离岸价格分列，应予以扣除；未单独列明的，则不予以扣除。

(3) 如果出口货物成交价格为境外口岸的到岸价格或货价加运费价格时，应先扣除运费、保险费后，再按规定公式计算完税价格。

(4) 出口货物在离岸价格以外，买方还另行支付货物包装费，应将其计入完税价格中。

【即学即用】 在下列各项中，应计入出口货物完税价格的是（ ）。

A. 出口关税税额

B. 货物运至我国境内输出地点装载前的运输费、保险费

C. 货物在我国境内输出地点装载后的运输费用

D. 单独列明的支付给境外的佣金

答案：B

【例题 4-4】 某外贸企业从其他企业购进原料 500 吨，直接报关离境出口，离岸价格为每吨 1 万元。另外，买方还另行支付原料包装费 20 万元。假设出口关税税率为 40%。计算这批材料的完税价格。

解析：

出口货物的完税价格由海关以该货物向境外销售的成交价格为基础审查确定，并应包括该货物运至中华人民共和国境内输出地点装载前的运输及其相关费用、保险费。出口关税不计入完税价格，其计算公式为：

完税价格＝离岸价格÷(1＋出口关税税率)

出口货物在离岸价格以外，买方还另行支付货物包装费的，应将其计入完税价格中。

该批材料的完税价格＝(500×1)÷(1＋40%)＋20＝377.14(万元)

2. 出口货物海关估价方法

当出口货物的成交价格不能确定时，海关在了解有关情况并与纳税人进行价格磋商后，依次使用下列方法估定完税价格：

(1) 同时或大约同时向同一国家或地区出口的相同货物的成交价格。

(2) 同时或大约同时向同一国家或地区出口的类似货物的成交价格。

(3) 根据境内生产相同或类似货物的成本、利润和一般费用（包括直接费用和间接费用）、境内发生的运输及其相关费用、保险费计算所得的价格。

(4) 按照合理方法估定的价格。

4.4.4 进出口货物完税价格中的运输及相关费用、保险费的计算

1. 以一般陆运、空运、海运方式进口的货物

对于陆运、空运、海运进口货物的运费和保险费，应当按照实际支付的费用计算；如果进口货物的运费无法确定或未实际发生，海关应当按照该货物进口同期运输行业公布的运费率（额）计算运费；按照“货价加运费”两者总额的 3‰计算保险费，相应的计算公式为：

保险费＝(货价＋运费)×3‰

【即学即用】 H 公司以空运的方式进口一批货物，向销售方支付了 20 万元的货物价款，并支付了运抵我国境内输入地点起卸前发生的 2 万元运费，保险费无法确定。计算进口货物的关税完税价格。

解析：

保险费＝(20＋2)×3‰＝0.066(万元)

完税价格＝20＋2＋0.066＝22.066(万元)

2. 以其他方式进口的货物

对于邮运的进口货物，应当以邮费作为运输及其相关费用、保险费；以境外边境口岸价格条件成交的铁路或公路运输进口货物，海关应当按照货价的1%计算运输及其相关费用、保险费；作为进口货物的自驾进口的运输工具，海关在审定完税价格时，可以不另行计入运费。

3. 出口货物

如果出口货物的销售价格包括离境口岸至境外口岸之间的运费、保险费的，该运费、保险费应当扣除。

4.5 应纳税额的计算

4.5.1 从价税应纳税额的计算

从价税应纳税额的计算公式为：

关税应纳税额＝进(出)口应税货物数量×单位完税价格×适用税率

【例题4－5】 M公司进口一批货物，海关审定货价折合人民币4 000万元，运费和保险费折合人民币30万元，已知该批货物适用的关税税率为5%。计算该批货物应纳关税税额。

解析：

从价税应纳税额的计算公式为：

关税应纳税额＝进(出)口应税货物数量×单位完税价格×适用税率

＝进(出)口应税货物的完税价格×适用税率

该批货物应纳关税税额＝(4 000＋30)×5%＝201.5(万元)

【例题4－6】 有进出口经营权的某外贸公司7月经有关部门批准，从境外进口小轿车30辆，每辆小轿车的价格为20万元，运抵我国海关前发生的运输费用为9万元、保险费用为2万元。该外贸公司委托运输公司将小轿车从海关运回本单位，支付运输公司运输费用8万元，取得了运输公司开具的普通发票。计算小轿车在进口环节应缴纳的关税（小轿车的关税税率为15%）。

解析：

关税完税价格包括货物的货价，货物运抵我国境内输入地点起卸前的运输及其相关费用、保险费，但货物运抵境内输入地点之后发生的运输费用不计入完税价格。

(1) 进口小轿车的货价为：

30×20=600(万元)

(2) 关税的完税价格为：

600+9+2=611(万元)

(3) 进口小轿车应缴纳的关税为：

进口关税=611×15%=91.65(万元)

4.5.2 从量税应纳税额的计算

从量税应纳税额的计算公式为：

关税应纳税额=进(出)口应税货物数量×单位货物税额

【例题4-7】 某外贸公司进口某货物20 000升，假设该货物适用的关税税率为7.5元/升。计算该外贸公司进口这种货物应缴纳的关税。

解析：

对于该货物计征关税的方法是从量计征，以容积为单位计征从量税。相应的计算公式为：

关税应纳税额=进(出)口应税货物数量×单位货物税额

=20 000×7.5

=150 000(元)

4.5.3 复合税应纳税额的计算

复合税应纳税额的计算公式为：

关税应纳税额=进(出)口应税货物数量×单位货物税额

+进(出)口应税货物数量×单位完税价格×适用税率

【例题4-8】 A公司进口了10台设备，完税价格为2 500美元/台，假设完税价格高于2 000美元/台时，关税税率为6%，加20 600元/台的从量税。计算A公司进口这批设备应缴纳的关税（假定美元兑人民币汇率为1∶6.12）。

解析：

进口这批设备计征关税的方法是复合计征，即同时使用从价和从量计征。关税应纳税额的计算公式为：

$$关税应纳税额=\begin{matrix}进(出)口\\应税货物数量\end{matrix}\times\begin{matrix}单位\\货物税额\end{matrix}+\begin{matrix}进(出)口\\应税货物数量\end{matrix}\times\begin{matrix}单位\\完税价格\end{matrix}\times\begin{matrix}适用\\税率\end{matrix}$$

$$=10\times20\,600+10\times2\,500\times6.12\times6\%=215\,180(元)$$

4.5.4 滑准税应纳税额的计算

滑准税应纳税额的计算公式为：

关税应纳税额=应税进(出)口货物数量×单位完税价格×滑准税税率

4.6 关税减免

关税减免是贯彻国家关税政策的一项重要措施，具有很强的政策性，具体是指对某些纳税人和征税对象给予鼓励或照顾的一种特殊调节手段。关税减免分为法定减免税、特定减免税和临时减免税。

4.6.1 法定减免税

法定减免税是依照关税基本法规的规定，对明确列出的征税对象给予的免税。下列货物、物品予以减免关税：

（1）关税税额在人民币 50 元以下的一票货物，可免征关税。

（2）无商业价值的广告品和货样，可免征关税。

（3）外国政府、国际组织无偿赠送的物资，可免征关税。

（4）进出境运输工具转载的途中必需的燃料、物料和饮食用品，可予免税。

（5）为境外厂商加工、装配成品和为制造外销产品而进口的原材料、辅料、零部件、部件、配套件和包装物料，海关按照实际加工出口的成品数量免征进口关税；或者对进口料件先征进口关税，再按照实际加工出口的成品数量予以退税。

（6）经海关核准暂时进境或者暂时出境，并在 6 个月内复运出境或者复运进境的货样、展览品、施工机械、工程车辆、工程船舶、供安装设备时使用的仪器和工具、电视或电影摄制器械、盛装货物的容器以及剧团服装道具，在货物发货人向海关缴纳相当于税款的保证金或提供担保后，可予以暂时免税。

（7）因故退还的境外进口货物，经海关审查属实，可予以免征出口关税，但已征收的进口关税不予退还。

（8）因故退还的中国出口货物，经海关审查属实，可予以免征进口关税，但已征收的出口关税不予退还。

（9）如果进口货物发生以下情形，经海关查明属实，可酌情减免进口关税：

① 在境外运输途中或者在起卸时遭受损坏或损失的。

② 在起卸后海关放行前，因不可抗力遭受损坏或损失的。

③ 海关查验时已经破漏、损坏或者腐烂，经证明不是因为报关不慎造成的。

（10）因残损、短少、品质不良或者规格不符等原因，由进出口货物的发货人、承运人或者保险公司免费补偿或者更换的相同货物，进出口时不征收关税。被免费更换的原进口货物不退运出境或者原出口货物不退运进境的，海关应当对原进出口货物重新按照规定征收关税。

（11）我国缔结或者参加的国际条约规定减征、免征关税的货物、物品，按照规定减征、免征关税。

(12) 法律规定的减征或者免征关税的其他货物。

【即学即用】 在下列货物中可予以减免关税的有（ ）。

A. 外国政府、国际组织无偿赠送的物资

B. 经海关核准暂时进境或者暂时出境，并在6个月内复运出境或者复运进境的货样、展览品

C. 运往境外修理的货物

D. 运往境外加工的货物

E. 在起卸后海关放行前，因不可抗力遭受损坏或损失的货物

答案：ABE

4.6.2 特定减免税

特定减免税又称政策性减免税。在法定减免税之外，国家按照国际通行规则和我国实际情况，制定发布的有关进出口货物减免关税的政策，称为特定减免税。

下列货物、物品予以实行特定减免税：

(1) 科教用品。

(2) 残疾人专用品。

(3) 扶贫、慈善性捐赠物资。

(4) 加工贸易产品。

① 加工装配和补偿贸易。

② 进料加工。

【小思考】 我国对进料加工实行免税的意义是什么？

(5) 边境贸易进口物资。

(6) 保税区进出口货物。

(7) 出口加工区进出口货物。

(8) 进口设备。

(9) 特定行业或用途的减免税政策。

(10) 自2018年5月1日起，以暂定税率方式将包括抗癌药在内的所有普通药品、具有抗癌作用的生物碱类药品及有实际进口的中成药进口关税降为零。

【即学即用】 在下列各项中，符合关税特定减免税规定的有（ ）。

A. 扶贫、慈善性捐赠物资

B. 保税区进口货物

C. 边境贸易进口物资

D. 出口加工区进出口货物

答案：ABCD

4.6.3 临时减免税

《海关法》和《进出口关税条例》规定，可以按照国务院的有关规定进行临时减征或者免征关税。临时减免税是指法定减免税和特定减免税以外的其他减免税，是由国务院按照《海关法》的规定，对某个单位、某类商品、某个项目或某批进出口货物的特殊情况给予特别照顾，一案一批、专文下达的减免税。临时减免税一般有单位、品种、期限、金额或数量等限制，不能比照执行。

4.6.4 暂时免税

经海关批准暂时进境或者暂时出境的下列货物，在进境或者出境时纳税义务人向海关缴纳相当于应纳税款的保证金或者提供其他担保的，可以暂不缴纳关税，并应当自进境或者出境之日起 6 个月内复运出境或者复运进境；经纳税义务人申请，海关可以根据海关总署的规定延长复运出境或者复运进境的期限：

（1）在展览会、交易会、会议及类似活动中展示或者使用的货物。

（2）文化、体育交流活动中使用的表演、比赛用品。

（3）进行新闻报道或者摄制电影、电视节目使用的仪器、设备及用品。

（4）开展科研、教学、医疗活动使用的仪器、设备及用品。

（5）上述四项所列活动中使用的交通工具及特种车辆。

（6）货样。

（7）供安装、调试、检测设备时使用的仪器、工具。

（8）盛装货物的容器。

（9）其他用于非商业目的的货物。

4.7 征收管理

4.7.1 关税的缴纳

进口货物的纳税人应当自运输工具申报进境之日起 14 日内，出口货物的纳税人除海关特准的外，应当在货物运抵海关监管区后装货的 24 小时以前，向货物的进出境地海关申报。进出口货物转关运输的，按照海关总署的规定执行。进口货物到达前，纳税人经海关核准可以先行申报。纳税人应在海关填发税款缴款书之日起 15 天内，向指定银行缴纳税款。如果关税缴纳期限的最后 1 日是周末或法定节假日，则关税缴纳期限顺延至周末或法定节假日过后的第 1 个工作日。

关税纳税人因特殊情况不能按期缴纳税款的，经海关总署批准，可以延期缴纳税款，但最长不得超过6个月。

4.7.2 关税的强制执行

纳税人未在关税缴纳期限内缴纳税款，即构成关税滞纳。为保证海关征收关税决定的有效执行和国家财政收入的及时入库，《海关法》给予海关对滞纳关税的纳税人强制执行的权力。强制措施主要包括两类：

1. 征收关税滞纳金

关税滞纳金自关税缴纳期限届满的次日起，至纳税人缴纳关税之日止，按照滞纳税款万分之五的比例按日征收，周末和法定节假日不得扣除，关税滞纳金的计算公式为：

关税滞纳金＝滞纳关税税额×滞纳金征收比例×滞纳天数

【即学即用】 某公司进口一批货物，海关于2018年5月3日填发税款缴款书，但公司延迟至5月28日才缴纳300万元的关税。已知滞纳金征收比例为0.5‰，则海关应征收关税滞纳金（　　）。

A. 13 500元　　B. 16 000元　　C. 18 000元　　D. 15 000元

答案： A

---

2. 强制征收

如果纳税人自海关填发税款缴款书之日起3个月仍未缴纳税款，经海关关长批准，海关可以采取强制扣缴、变价抵缴等强制措施。强制扣缴是指海关从纳税人在开户银行或者其他金融机构的存款中直接扣缴税款。变价抵缴是指海关将应税货物依法变卖，以变卖所得抵缴税款。

4.7.3 关税退还

有下列情形之一的，进出口货物的纳税人可以自缴纳税款之日起1年内，书面声明理由，连同原纳税收据向海关申请退税并加算银行同期活期存款利息，逾期不予受理：因海关误征，多纳税款的；海关核准免验进口的货物，在完税后，发现有短卸情形，经海关审查认可的；已征出口关税的货物，因故未装运出口，申报退关，经海关查验属实的。

有下列情形之一的，纳税人自缴纳税款之日起1年内，可以申请退还关税，并应当以书面形式向海关说明理由，提供原缴款凭证及相关资料：已征进口关税的货物，因品质或规格原因，原状退货复运出境的；已征出口关税的货物，因品质或规格原因，原状退货复运进境，并已重新缴纳因出口而退还的国内环节有关税收的；已征出口关税的货物，因故未装运出口，申报退关的。海关应当自受理退税申请之日起30日内，做出书面答复并通知退税申请人。

4.7.4 关税补征和追征

进出口货物和物品放行后，海关发现少征或者漏征税款的，应当自缴纳税款或者货物、物品放行之日起1年内，向纳税人补征；因纳税人违反规定而造成的少征或者漏征的税款，自纳税人应缴纳税款之日起3年以内可以追征，并从缴纳税款之日起按日加收少征或者漏征税款万分之五的滞纳金。

本章小结

关税是海关依法对进出境货物、物品征收的一种税。进口货物的收货人、出口货物的发货人、进出境物品的所有人是关税的纳税人，关税的征税对象是准许进出境的货物和物品。关税的税率分为进口税率与出口税率。完税价格的确定是计算关税应纳税额的关键，完税价格分为进口货物完税价格和出口货物完税价格，均有各自的规定和估价方法。关税由海关负责征收。

关键术语

关税纳税人　滑准税　特别关税　关税完税价格　关税退还

思考题

1. 什么是关税？关税有哪些特点？
2. 关税的计征方式包括哪些？
3. 如何计算一般进口货物的完税价格？

第5章 企业所得税

【本章要点】

1. 企业所得税的纳税人
2. 企业所得税的征税对象
3. 收入总额的确定
4. 扣除项目的范围
5. 应纳税额的计算
6. 特别纳税调整
7. 税收优惠
8. 征收管理

【导入案例】

在我国设立的某集团公司，2018 年实际发生工资支出 500 万元，职工福利费支出 90 万元，职工教育经费 100 万元。其中，职工培训费用支出 40 万元。2018 年，该公司在计算应纳税所得额时，认为这些是合法而且合理的费用，因此将三项费用全部扣除。该公司的做法是否正确？

5.1 企业所得税概述

5.1.1 企业所得税的概念

企业所得税是对我国境内的企业和其他取得收入的组织的生产经营所得、其他所得和清算所得征收的一种税。我国现行企业所得税法的基本规范是2007年3月16日第十届全国人民代表大会第五次全体会议通过的《中华人民共和国企业所得税法》（以下简称《企业所得税法》）以及2007年11月28日国务院第197次常务会议通过的《中华人民共和国企业所得税法实施条例》（以下简称《企业所得税法实施条例》）。

5.1.2 企业所得税的特点

1. 纳税人分为居民企业和非居民企业两大类

在我国现行的企业所得税税制中，纳税人分为居民企业和非居民企业两类。居民企业对来源于我国境内外的所得负无限纳税义务，非居民企业仅以中国境内的所得缴纳企业所得税。

2. 征税以量能负税为原则，税负公平

企业所得税实行比例税率，征税对象是生产经营所得和其他所得，即所得多，多纳税；所得少，少纳税；而无所得的不纳税。充分贯彻量能负税，体现了税收公平的原则。

3. 计税依据为应纳税所得额

企业所得税的税基是应纳税所得额，即企业每个纳税年度的收入总额减去不征税收入、免税收入、各项扣除以及允许弥补的以前年度亏损后的余额。

4. 实行按年征收、分期预缴的征收管理方法

企业所得税以全年的应纳税所得额作为计税依据，分季或分月预缴，年终汇算清缴，多退少补。

【小思考】 所得税与货物劳务税的不同点表现在哪些方面？

5.1.3 企业所得税的作用

1. 广泛筹集财政资金

企业所得税的征收面比较广泛，只要是取得所得的企业，无论是内资企业还是外资企业，都要缴纳企业所得税。企业所得税组织收入的能力较强，特别是随着我国国民经济的快速发展以及企业经济效益的不断提高，企业所得税组织收入的作用会更加突出。

2. 促进企业改善经营管理活动，提升企业的盈利能力

企业所得税适用比例税率，也就是盈利能力越强，则税负承担能力越强，相对降低了企业的税负水平，也相对增加了企业的税后利润。另外，在征税过程中，税务机关将对企业的经营管理活动和财务管理活动展开监督，促使企业改善经营管理活动，提高盈利能力。

3. 调节产业结构，促进经济发展

企业所得税作为国家宏观调控的重要手段之一，在组织收入的同时，可以有效地贯彻国家的产业政策和社会政策。通过实施一系列的税收优惠政策，包括直接降低税率、减免税、加速折旧、加计折旧和投资抵免等，可以推动产业结构的调整，促进经济发展。

5.2 纳税人

企业所得税的纳税人是指在中华人民共和国境内的企业和其他取得收入的组织。《企业所得税法》第一条规定，除个人独资企业、合伙企业不适用企业所得税法外，凡在我国境内，企业和其他取得收入的组织（以下统称“企业”）为企业所得税的纳税人，依照该法的规定缴纳企业所得税。

企业所得税的纳税人分为居民企业和非居民企业。

5.2.1 居民企业

居民企业是指依法在中国境内成立，或者依照外国（地区）法律成立但实际管理机构在中国境内的企业。这里的企业包括国有企业、集体企业、私营企业、联营企业、股份制企业、外商投资企业、外国企业以及有生产经营所得和其他所得的其他组织。其中，有生产经营所得和其他所得的其他组织是指经国家有关部门批准，依法注册、登记的事业单位、社会团体等组织。由于我国的一些社会团体组织、事业单位在完成国家事业计划的过程中，开展了多种经营和有偿服务活动，取得了除财政部门各项拨款、财政部和国家物价部门批准的各项规费收入以外的经营收入，具有了经营的特点，应当视同企业纳入征税范围。

实际管理机构是指对企业的生产经营、人员、财务、财产等实施实质性全面管理和控制的机构，需要同时符合以下三个方面的要求：第一，对企业有实质性管理和控制的机构；第二，对企业实行全面的管理和控制的机构；第三，管理和控制的内容是企业的生产经营、人员、财务、财产等。

【即学即用】 依据《企业所得税法》的规定，判定居民企业的标准有（　　）。

A. 登记注册地标准

B. 所得来源地标准

C. 经营行为实际发生地标准

D. 实际管理机构所在地标准

答案： AD

5.2.2 非居民企业

非居民企业是指依照外国（地区）法律成立且实际管理机构不在中国境内，在中国境内设立机构、场所的，或者在中国境内未设立机构、场所，但有来源于中国境内所得的企业。

上述所称机构、场所是指在中国境内从事生产经营活动的机构、场所，包括：

（1）管理机构、营业机构、办事机构。

（2）工厂、农场、开采自然资源的场所。

（3）提供劳务的场所。

（4）从事建筑、安装、装配、修理、勘探等工程作业的场所。

（5）其他从事生产经营活动的机构、场所。

非居民企业委托营业代理人在中国境内从事生产经营活动的，包括委托单位或者个人经常代其签订合同，或者储存、交付货物等，该营业代理人视为非居民企业在中国境内设立的机构、场所。

【小思考】 在韩国注册成立的一家电子制造公司，在上海设立一条元件生产线为该公司生产某型号的元件。该公司属于我国的居民企业还是非居民企业？

5.2.3 扣缴义务人

对非居民企业取得来源于中国境内的股息、红利等权益性投资收益和利息、租金、特许权使用费所得、转让财产所得以及其他所得应当缴纳的企业所得税，实行源泉扣缴，以依照有关法律规定或者合同约定对非居民企业直接负有支付相关款项义务的单位或者个人为扣缴义务人。

上述非居民企业是指依照外国（地区）法律成立且实际管理机构不在中国境内，在中国境内未设立机构、场所但有来源于中国境内所得的企业，以及虽设立机构、场所但取得的所得与其所设机构、场所没有实际联系的企业。

5.3 征税对象和税率

5.3.1 征税对象

企业所得税的征税对象是指企业的生产经营所得、其他所得和清算所得。

1. 居民企业的征税对象

居民企业应就来源于中国境内外的所得缴纳企业所得税。在此，所得包括销售货物所得，提供劳务所得，转让财产所得，股息、红利等权益性投资所得，利息所得，租金所得，特许权使用费所得，接受捐赠所得和其他所得。

2. 非居民企业的征税对象

非居民企业在中国境内设立机构、场所的，应当就其所设机构、场所取得的来源于中国境内的所得，以及发生在中国境外但与其所设机构、场所有实际联系的所得，缴纳企业所得税。非居民企业在中国境内未设立机构、场所的，或者虽设立机构、场所但取得的所得与其所设机构、场所没有实际联系的，应当就其来源于中国境内的所得缴纳企业所得税。

上述所称实际联系是指非居民企业在中国境内设立的机构、场所拥有的据以取得所得的股权、债权，以及拥有、管理、控制据以取得所得的财产。

【即学即用】 下列关于非居民企业的征税对象，说法正确的有（ ）。

A. 非居民企业应将来源于中国境内外的所得作为征税对象

B. 非居民企业在中国境内设立机构、场所的，应当将其所设机构、场所取得的来源于中国境内的所得作为征税对象

C. 非居民企业应将发生在中国境外但与其所设机构、场所有实际联系的所得作为征税对象

D. 非居民企业在中国境内未设立机构、场所的，应将来源于中国境内的所得作为征税对象

答案： BCD

3. 所得来源地的判定

所得来源地的判定标准如下：

（1）销售货物所得，按照交易活动发生地确定。

（2）提供劳务所得，按照劳务发生地确定。

（3）转让财产所得。不动产转让所得按照不动产所在地确定；动产转让所得按照转让动产的企业或者机构、场所所在地确定；权益性投资资产转让所得按照被投资企业所在地确定。

（4）股息、红利等权益性投资所得，按照分配所得的企业所在地确定。

（5）利息所得、租金所得、特许权使用费所得，按照负担、支付所得的企业或者机构、场所所在地确定，或者按照负担、支付所得的个人的住所地确定。

（6）其他所得，由国务院财政、税务主管部门确定。

【即学即用】 依据《企业所得税法》的规定，下列所得来源地规定正确的有（ ）。

A. 销售货物所得按照交易活动发生地确定

B. 提供劳务所得按照提供劳务的企业或者机构、场所所在地确定

C. 不动产转让所得按照转让不动产的企业或者机构、场所所在地确定

D. 权益性投资资产转让所得按照被投资企业所在地确定

答案： AD

5.3.2 税 率

企业所得税实行比例税率。比例税率简便易行、透明度高，不会因征税而改变企业间的收入分配比例。

1. 基本税率

企业所得税的基本税率为25%，适用于居民企业和在中国境内设有机构、场所且取得的所得与其所设机构、场所有关联的非居民企业（认定为境内常设机构）。

2. 低税率

企业所得税的低税率为20%，适用于在中国境内未设立机构、场所的，或者虽设立机构、场所但取得的所得与其所设机构、场所没有实际联系的非居民企业。目前，非居民企业减按10%的税率征收企业所得税。

【即学即用】 以下适用25%企业所得税税率的企业有（　　）。

A. 在中国境内的居民企业

B. 在中国境内设有机构、场所且取得的所得与机构、场所有关联的非居民企业

C. 在中国境内设有机构、场所，但取得的所得与机构、场所没有实际联系的非居民企业

D. 在中国境内未设立机构、场所的非居民企业

答案： AB

5.4 应纳税所得额的计算

应纳税所得额是企业所得税的计税依据，按照《企业所得税法》的规定，应纳税所得额为企业每一个纳税年度的收入总额，减除不征税收入、免税收入、各项扣除以及允许弥补的以前年度亏损后的余额。相应的计算公式为：

应纳税所得额＝收入总额－不征税收入－免税收入－各项扣除－允许弥补的以前年度亏损

5.4.1 收入总额

企业的收入总额包括以货币形式和非货币形式从各种来源取得的收入，具体包括：销售货物收入，提供劳务收入，转让财产收入，股息、红利等权益性投资收益，利息收入，租金收入，特许权使用费收入，接受捐赠收入，其他收入。

企业取得收入的货币形式，包括现金、存款、应收账款、应收票据、准备持有至到期的债券投资以及债务的豁免等；纳税人以非货币形式取得的收入，包括固定资产、生物资产、无形资产、股权投资、存货、不准备持有至到期的债券投资、劳务以及有关权益等，这些非货币资产应当按照公允价值确定收入额。公允价值是指按照市场价格确定的价值。

【即学即用】 企业按照公允价值确定收入的收入形式包括（ ）。

A. 债务的豁免　　B. 股权投资

C. 劳务　　D. 不准备持有至到期的债券投资

答案：BCD

1. 一般收入的确认

（1）销售货物收入，是指企业销售商品、产品、原材料、包装物、低值易耗品以及其他存货取得的收入。

（2）劳务收入，是指企业从事建筑安装、修理修配、交通运输、仓储租赁、金融保险、邮电通信、咨询经纪、文化体育、科学研究、技术服务、教育培训、餐饮住宿、中介代理、卫生保健、社区服务、旅游、娱乐、加工以及其他劳务服务活动取得的收入。

（3）转让财产收入，是指企业转让固定资产、生物资产、无形资产、股权、债权等财产取得的收入。

【即学即用】 《企业所得税法》规定的转让财产收入包括转让（ ）。

A. 无形资产　B. 存货　C. 股权　D. 债权

答案：ACD

（4）股息、红利等权益性投资收益，是指企业因权益性投资从被投资方取得的收入。对于股息、红利等权益性投资收益，除国务院财政、税务主管部门另有规定外，按照被投资方做出利润分配决定的日期确认收入的实现。

被投资企业将股权（票）溢价所形成的资本公积转为股本的，不作为投资方企业的股息、红利收入，投资方企业也不得增加该项长期投资的计税基础。

对内地企业投资者通过沪港通、深港通投资香港联交所上市股票取得的股息、红利所得，计入其收入总额，依法计征企业所得税。其中，内地居民企业连续持有 H 股满 12 个月取得的股息、红利所得，依法免征企业所得税。

内地企业投资者自行申报缴纳企业所得税时，对香港联交所非 H 股上市公司已代扣代缴的股息、红利所得税，可依法申请税收抵免。

（5）利息收入，是指企业将资金提供给他人使用但不构成权益性投资，或者因他人占用本企业资金取得的收入，包括存款利息、贷款利息、债券利息、欠款利息等收入。利息收入按照合同约定的债务人应付利息的日期确认收入的实现。

（6）租金收入，是指企业提供固定资产、包装物或者其他有形资产的使用权取得的收入。租金收入应按照合同约定的承租人应付租金的日期确认收入的实现。

（7）特许权使用费收入，是指企业提供专利权、非专利技术、商标权、著作权以及其他特许权的使用权取得的收入。特许权使用费收入应按照合同约定的特许权使用人应付特许权使用费的日期确认收入的实现。

（8）接受捐赠收入，是指企业接受的来自其他企业、组织或者个人无偿给予的货币性资产、非货币性资产。接受捐赠收入应按照实际收到捐赠资产的日期确认收入的实现。

(9) 其他收入，是指企业取得的除以上收入外的其他收入，包括企业资产溢余收入、逾期未退包装物押金收入、确实无法偿付的应付款项、已作坏账损失处理后又收回的应收款项、债务重组收入、补贴收入、违约金收入、汇兑收益等。

【即学即用】 下列属于《企业所得税法》规定的“其他收入”的项目有（ ）。

A. 债务重组收入　　B. 补贴收入

C. 违约金收入　　D. 视同销售收入

答案： ABC

2. 特殊收入的确认

(1) 以分期收款方式销售货物的，按照合同约定的收款日期确认收入的实现。

(2) 企业受托加工制造大型机械设备、船舶、飞机，以及从事建筑、安装、装配工程业务或者提供其他劳务等，持续时间超过12个月的，按照纳税年度内的完工进度或者完成的工作量确认收入的实现。

(3) 采取产品分成方式取得收入的，按照企业分得产品的日期确认收入的实现，其收入额按照产品的公允价值确定。

(4) 企业发生非货币性资产交换，以及将货物、财产、劳务用于捐赠、偿债、赞助、集资、广告、样品、职工福利或者利润分配等用途的，应当视同销售货物、转让财产或者提供劳务，但国务院财政、税务主管部门另有规定的除外。

3. 处置资产收入的确认

(1) 企业发生下列情形的处置资产，除将资产转移至境外以外，由于资产所有权属在形式和实质上均不发生改变，可作为内部处置资产，不视同销售确认收入，相关资产的计税基础延续计算。

① 将资产用于生产、制造、加工另一产品。

② 改变资产形状、结构或性能。

③ 改变资产用途（如自建商品房转为自用或经营）。

④ 将资产在总机构及其分支机构之间转移。

⑤ 上述两种或两种以上情形的混合。

⑥ 其他不改变资产所有权属的用途。

(2) 企业将资产移送他人的下列情形，因资产所有权属已发生改变而不属于内部处置资产，应按规定视同销售确定收入。

① 用于市场推广或销售。

② 用于交际应酬。

③ 用于职工奖励或福利。

④ 用于股息分配。

⑤ 用于对外捐赠。

⑥ 其他改变资产所有权属的用途。

企业发生上述视同销售情形的，应按照被移送资产公允价值确定销售收入。

【小思考】 视同销售行为的收入确认时间是如何规定的？

5.4.2 不征税收入和免税收入

1. 不征税收入

(1) 财政拨款。财政拨款是指各级人民政府对纳入预算管理的事业单位、社会团体等组织拨付的财政资金，但国务院和国务院财政、税务主管部门另有规定的除外。

(2) 依法收取并纳入财政管理的行政事业性收费、政府性基金。行政事业性收费是指依照法律法规等有关规定，按照国务院规定程序批准，在实施社会公共管理以及在向公民、法人或者其他组织提供特定公共服务的过程中，向特定对象收取并纳入财政管理的费用。政府性基金是指企业依照法律、行政法规等有关规定，代政府收取的具有专项用途的财政资金。

(3) 国务院规定的其他不征税收入。国务院规定的其他不征税收入是指企业取得的，由国务院财政、税务主管部门规定专项用途并经国务院批准的财政性资金。

2. 免税收入

(1) 国债利息收入。为鼓励企业积极购买国债、支援国家建设，税法规定，企业因购买国债所得的利息收入，免征企业所得税。

(2) 符合条件的居民企业之间的股息、红利等权益性收益。该收益是指居民企业直接投资于其他居民企业取得的投资收益。

(3) 在中国境内设立机构、场所的非居民企业从居民企业取得的与该机构、场所有实际联系的股息、红利等权益性投资收益。该收益不包括连续持有居民企业公开发行并上市流通的股票不足12个月取得的投资收益。

(4) 符合条件的非营利组织的收入。非营利组织的下列收入为免税收入：

① 接受其他单位或者个人捐赠的收入。

② 除《企业所得税法》第七条规定的财政拨款以外的其他政府补助收入，但不包括因政府购买服务而取得的收入。

③ 按照省级以上民政、财政部门规定收取的会费。

④ 不征税收入和免税收入滋生的银行存款利息收入。

⑤ 财政部、国家税务总局规定的其他收入。

【即学即用】 企业取得的下列收入，属于企业所得税免税收入的有（ ）。

A. 国债利息收入

B. 金融债券的利息收入

C. 居民企业直接投资于其他居民企业取得的投资收益

D. 在中国境内设立机构、场所的非居民企业连续持有居民企业公开发行并上市流通的股票1年以上取得的投资收益

答案：ACD

【小思考】 不征税收入与免税收入有什么不同？

5.4.3 扣除原则和范围

1. 税前扣除项目的原则

企业申报的扣除项目和金额要真实、合法。真实是指能证明有关支出确属已实际发生；合法是指符合国家税法的规定，若其他法规的规定与税收法规的规定不一致，应以税收法规的规定为标准。除税收法规另有规定外，税前扣除一般应遵循以下原则：

（1）权责发生制原则，是指企业费用应在发生的所属期扣除，而不是在实际支付时确认扣除。

（2）配比原则，是指企业发生的费用应当与收入配比扣除。除特殊规定外，企业发生的费用不得提前或滞后申报扣除。

（3）相关性原则，企业可扣除的费用从性质和根源上必须与取得的应税收入直接相关。

（4）确定性原则，即企业可扣除的费用不论何时支付，其金额必须是确定的。

（5）合理性原则，符合生产经营活动常规，应当计入当期损益或者有关资产成本的必要和正常支出。

【即学即用】 以下不属于企业所得税税前扣除原则的是（ ）。

A. 合理性原则　　B. 相关性原则

C. 确定性原则　　D. 收付实现制原则

答案： D

---

2. 扣除项目的范围

《企业所得税法》规定，企业实际发生的与取得收入有关的、合理的支出，包括成本、费用、税金、损失和其他支出，准予在计算应纳税所得额时扣除。

（1）成本是指企业在生产经营活动中发生的销售成本、销货成本、业务支出以及其他耗费，即企业销售商品（产品、材料、下脚料、废料、废旧物资等），提供劳务，转让固定资产、无形资产（包括技术转让）的成本。

（2）费用是指企业每一个纳税年度为生产经营商品和提供劳务等所发生的销售（经营）费用、管理费用和财务费用，已经计入成本的有关费用除外。

销售费用是指应由企业负担的为销售商品而发生的费用，包括广告费、运输费、装卸费、包装费、展览费、保险费、销售佣金（能直接认定的进口佣金可调整商品的进价成本）、代销手续费、经营性租赁费及销售部门发生的差旅费、工资、福利费等费用。

管理费用是指企业的行政管理部门为管理组织的经营活动、提供各项支援性服务而发生的费用。

财务费用是指企业筹集经营性资金而发生的费用，包括利息净支出、汇兑净损失、金融机构手续费以及其他非资本化支出。

（3）税金是指企业发生的除企业所得税和允许抵扣的增值税以外的企业缴纳的各项税金及其附加，即企业按规定缴纳的消费税、城市维护建设税、关税、资源税、土地增值税、房产税、车船税、土地使用税、印花税、教育费附加等。

(4) 损失是指企业在生产经营活动中发生的固定资产和存货的盘亏、毁损、报废损失，转让财产损失，呆账损失，坏账损失，自然灾害等不可抗力因素造成的损失以及其他损失。

企业发生的损失，减除责任人赔偿和保险赔款后的余额，依照国务院财政、税务主管部门的规定扣除。

企业已经作为损失处理的资产，在以后纳税年度又全部收回或者部分收回时，应当计入当期收入。

(5) 其他支出，是指除成本、费用、税金、损失外，企业在生产经营活动中发生的与生产经营活动有关的、合理的支出。

3. 扣除项目及其标准

在计算应纳税所得额时，下列项目可按照实际发生额或规定的标准扣除。

(1) 工资、薪金支出。企业发生的合理的工资、薪金支出准予据实扣除。工资、薪金支出是企业每一纳税年度支付给本企业任职或与其有雇佣关系的员工的所有现金或非现金形式的劳动报酬，包括基本工资、奖金、津贴、补贴、年终加薪、加班工资以及与任职或者是受雇有关的其他支出。

合理的工资、薪金是指企业按照股东大会、董事会、薪酬委员会或相关管理机构制定的工资、薪金制度规定实际发放给员工的工资、薪金。税务机关在对工资、薪金进行合理性确认时，可按以下原则掌握：

① 企业制定了较为规范的员工工资、薪金制度。

② 企业所制定的工资、薪金制度符合行业及地区水平。

③ 企业在一定时期所发放的工资、薪金是相对固定的，工资、薪金的调整是有序进行的。

④ 企业对实际发放的工资、薪金，已依法履行了代扣代缴个人所得税义务。

⑤ 有关工资、薪金的安排，不以减少或逃避税款为目的。

(2) 职工福利费、工会经费、职工教育经费。企业发生的职工福利费、工会经费、职工教育经费按标准扣除，未超过标准的按实际数扣除，超过标准的只能按标准扣除。

① 企业发生的职工福利费支出，不超过工资、薪金总额14%的部分准予扣除。

② 企业拨缴的工会经费，不超过工资、薪金总额2%的部分准予扣除。

③ 除国务院财政、税务主管部门另有规定外，企业发生的职工教育经费支出，不超过工资、薪金总额2.5%的部分准予扣除，超过部分准予结转以后纳税年度扣除。自2018年1月1日起，一般企业的职工教育经费税前扣除限额与高新技术企业的限额统一，从2.5%提高到8%。

④ 集成电路设计企业和符合条件的软件企业的职工培训费用，应单独进行核算并按实际发生额在计算应纳税所得额时扣除。航空企业实际发生的飞行员养成费、飞行训练费、乘务训练费、空中保卫员训练费等空勤训练费用，可以作为航空企业运输成本在税前扣除。核力发电企业为培养核电厂操纵员发生的培养费用，可作为企业的发电成本在税前扣除。

以上所称的职工培训费用必须单独核算，与职工教育经费严格区分，据实税前扣除。

【例题 5-1】 参见【导入案例】。

解析：

公司的做法是错误的，因为职工福利费、工会经费、职工教育经费的扣除是有比例限制的。

职工福利费扣除限额＝500×14%＝70(万元)

应调增所得额＝90－70＝20(万元)

职工教育经费扣除限额＝500×8%＝40(万元)

应调增所得额＝100－40－40＝20(万元)

合计应调增应纳税所得额＝20＋20＝40(万元)

(3) 社会保险费。

① 企业依照国务院有关主管部门或者省级人民政府规定的范围和标准为职工缴纳的五险一金，即基本养老保险费、基本医疗保险费、失业保险费、工伤保险费、生育保险费和住房公积金，准予扣除。

② 企业为投资者或者职工支付的补充养老保险费、补充医疗保险费，不超过职工工资总额5%的部分，准予扣除。企业依照国家有关规定为特殊工种职工支付的人身安全保险费和符合国务院财政、税务主管部门规定可以扣除的商业保险费，准予扣除。

③ 企业参加财产保险，按照规定缴纳的保险费，准予扣除。企业为投资者或者职工支付的商业保险费，不得扣除。

(4) 利息费用。企业在生产经营活动中发生的利息费用，按下列规定扣除：

① 非金融企业向金融企业借款的利息支出、金融企业的各项存款利息支出和同业拆借利息支出、企业经批准发行债券的利息支出，可据实扣除。

② 非金融企业向非金融企业借款的利息支出，不超过按照金融企业同期同类贷款利率计算的数额部分可据实扣除，超过部分不许扣除。

③ 企业从其关联方接受的债权性投资与权益性投资的比例超过规定标准而发生的利息支出，不得在计算应纳税所得额时扣除。

④ 企业向自然人借款的利息支出。

第一，企业向股东或其他与企业有关联关系的自然人借款的利息支出，应根据《企业所得税法》第四十六条及《财政部、国家税务总局关于企业关联方利息支出税前扣除标准有关税收政策问题的通知》(财税［2008］121号)规定的条件，计算企业所得税扣除额。

第二，企业向除第一条规定以外的内部职工或其他人员借款的利息支出，其借款情况同时符合以下条件的，其利息支出不超过按照金融企业同期同类贷款利率计算的数额部分，根据《企业所得税法》第八条以及《企业所得税法实施条例》第二十七条的规定，准予扣除。

企业与个人之间的借贷是真实、合法、有效的，并且不具有非法集资目的或其他违反法律、法规的行为。

企业与个人之间签订了借款合同。

【例题 5-2】 某公司“财务费用”账户中的利息，既含有以年利率8%向银行借入的9个月期的生产用300万元贷款的借款利息，也包括向非金融企业借入的与银行同期的生产周转用100万元资金的借款利息10.5万元。该公司当年可在计算应纳税所得额时扣除的利息费用是多少？

解析：

可在计算应纳税所得额时扣除的银行利息费用＝300×8％÷12×9＝18(万元)

向非金融企业借入款项可扣除的利息费用限额＝100×8％÷12×9＝6(万元)

由于该企业支付的利息超过了按照同类同期银行贷款利率计算的利息，所以只能按照限额扣除。

该公司可在计算应纳税所得额时扣除的利息费用为24万元（＝18＋6）。

（5）借款费用。

① 企业在生产经营活动中发生的合理的不需要资本化的借款费用，准予扣除。

② 企业为购置、建造固定资产、无形资产和经过12个月以上的建造才能达到预定可销售状态的存货发生借款的，在有关资产购置、建造期间发生的合理的借款费用，应予以资本化，作为资本性支出计入有关资产的成本；有关资产交付使用后发生的借款利息，可在发生当期扣除。

③ 企业通过发行债券、取得贷款、吸收保户储金等方式融资而发生的合理费用支出，符合资本化条件的，应计入相关资产成本；不符合资本化条件的，应作为财务费用，准予在企业所得税前据实扣除。

（6）汇兑损失。企业在货币交易中以及纳税年度终了时将人民币以外的货币性资产、负债按照期末即期人民币汇率中间价折算为人民币时产生的汇兑损失，除已经计入有关资产成本以及与向所有者进行利润分配相关的部分外，准予扣除。

（7）业务招待费。企业发生的与生产经营活动有关的业务招待费支出，按照发生额的60％扣除，但最高不得超过当年销售（营业）收入的5‰。

对从事股权投资业务的企业（包括集团公司总部、创业投资企业等），其从被投资企业所分配的股息、红利以及股权转让收入，可以按规定的比例计算业务招待费扣除限额。

企业在筹建期间发生的与筹办活动有关的业务招待费支出，可按实际发生额的60％计入企业筹办费，并按有关规定在税前扣除。

【例题5-3】 某企业的年销售收入为3 000万元，固定资产处置收益40万元，业务招待费支出30万元。根据企业所得税法律制度的规定，该企业在计算应纳税所得额时，准予在税前扣除的业务招待费支出是多少？

解析：

在计算业务招待费的扣除限额时，销售（营业）收入包括主营业务收入、其他业务收入、视同销售收入，但不包括资产处置收益，因此固定资产处置收益40万元不应计入销售收入。

业务招待费×60％＝30×60％＝18(万元)

销售收入×5‰＝3 000×5‰＝15(万元)

因此，业务招待费的扣除限额为15万元。

该企业业务招待费的实际发生额为30万元，准予在税前扣除的业务招待费支出为15万元。

（8）广告费和业务宣传费。企业发生的符合条件的广告费和业务宣传费支出，除国务院财政、税务主管部门另有规定外，不超过当年销售（营业）收入15%的部分，准予扣除；超过部分，准予结转以后纳税年度扣除。

【例题5-4】 某居民企业实现商品销售收入2 000万元，发生现金折扣200万元，接受捐赠收入10万元，转让无形资产所有权收入10万元。该企业当年实际发生业务招待费30万元，广告费240万元，业务宣传费80万元。该企业可税前扣除的业务招待费、广告费、业务宣传费合计多少万元？

解析：

接受捐赠收入及转让无形资产所有权属于企业的营业外收入。

可扣除业务招待费＝2 000×5‰＝10(万元)≤30×60%

可扣除广告费、业务宣传费＝2 000×15%＝300(万元)＜240＋80

合计可扣除＝10＋300＝310(万元)

【知识要点提醒】 销售商品涉及现金折扣，应按照折扣前的金额确定销售收入。业务招待费按发生额的60%扣除，但不得超过当年销售收入的5‰；广告费和业务宣传费不得超过当年销售收入的15%。

(9) 环境保护专项资金。企业依照法律、行政法规有关规定提取的用于环境保护、生态恢复等方面的专项资金，准予扣除。上述专项资金提取后改变用途的，不得扣除。

(10) 保险费。企业参加财产保险，按照规定缴纳的保险费，准予扣除。

(11) 租赁费。企业根据生产经营活动的需要租入固定资产支付的租赁费，按照以下方法扣除：

① 以经营租赁方式租入固定资产发生的租赁费支出，按照租赁期限均匀扣除。经营性租赁是指所有权不转移的租赁。

② 以融资租赁方式租入固定资产发生的租赁费支出，按照规定构成融资租入固定资产价值的部分应当提取折旧费用，分期扣除。融资租赁是指在实质上转移与一项资产所有权有关的全部风险和报酬的一种租赁。

(12) 劳动保护费。企业发生的合理的劳动保护支出，准予扣除。自2011年7月1日起，企业根据其工作性质和特点，由企业统一制作并要求员工工作时统一着装所发生的工作服饰费用，可以作为企业合理的支出给予税前扣除。

(13) 公益性捐赠支出。公益性捐赠是指企业通过公益性社会团体或者县级（含县级）以上人民政府及其部门，用于《中华人民共和国公益事业捐赠法》规定的公益事业的捐赠。

企业发生的公益性捐赠支出，在年度利润总额12%以内的部分，准予在计算应纳税所得额时扣除；超过年度利润总额12%的部分，准予结转以后三年内在计算应纳税所得额时扣除。年度利润总额是指企业依照国家统一会计制度的规定计算的年度会计利润。

企业发生的公益性捐赠支出未在当年税前扣除的部分，准予向以后年度结转扣除，但结转年限自捐赠发生年度的次年起计算最长不得超过三年。企业在对公益性捐赠支出计算扣除时，应先扣除以前年度结转的捐赠支出，再扣除当年发生的捐赠支出。

【例题5-5】 某企业按照政府统一会计政策计算出利润总额300万元，当年直接给受灾灾民发放慰问金15万元，通过政府机关对受灾地区捐赠35万元，其当年捐赠的调整金额是多少?

解析:

直接给受灾灾民发放的15万元慰问金不能扣除。

该企业当年可在所得税前列支的公益救济性捐赠限额为36万元(=300×12%),所以它通过政府机关对受灾地区捐赠的35万元可以全部扣除。

因此,该企业当年捐赠超支额为15万元。

(14)有关资产的费用。企业转让各类固定资产发生的费用,允许扣除。企业按规定计算的固定资产折旧费、无形资产和递延资产的摊销费,准予扣除。

(15)总机构分摊的费用。非居民企业在中国境内设立的机构、场所,就其中国境外总机构发生的与该机构、场所生产经营有关的费用,能够提供总机构出具的费用汇集范围、定额、分配依据和方法等证明文件,并合理分摊的,准予扣除。

(16)资产损失。企业当期发生的固定资产和流动资产盘亏、毁损净损失,由其提供清查盘存资料,经主管税务机关审核后,准予扣除。

(17)企业发生与生产经营有关的手续费及佣金支出,不超过以下规定计算限额的部分,准予扣除;超过部分,不得扣除。

① 保险企业:财产保险企业按当年全部保费收入扣除退保金等后余额的15%(含本数,下同)计算限额;人身保险企业按当年全部保费收入扣除退保金等后余额的10%计算限额。

② 其他企业:按与具有合法经营资格的中介服务机构或个人(不含交易双方及其雇员、代理人和代表人等)所签订服务协议或合同确认的收入金额的5%计算限额。

企业应与具有合法经营资格的中介服务企业或个人签订代办协议或合同,并按国家有关规定支付手续费及佣金。除委托个人代理外,企业以现金等非转账方式支付的手续费及佣金不得在税前扣除。企业为发行权益性证券支付给有关证券承销机构的手续费及佣金不得在税前扣除。

企业不得将手续费及佣金支出计入回扣、业务提成、返利、进场费等费用。

企业已计入固定资产、无形资产等相关资产的手续费及佣金支出,应当通过折旧、摊销等方式分期扣除,不得在发生当期直接扣除。

(18)其他允许扣除的支出等。

5.4.4 不得扣除的项目

在计算应纳税所得额时,下列支出不得扣除:

(1)向投资者支付的股息、红利等权益性投资收益款项。

(2)企业所得税税款。

(3)税收滞纳金,是指纳税人违反税收法规被税务机关处以的滞纳金。

(4)罚金、罚款和被没收财物的损失,是指纳税人违反国家有关法律法规规定,被有关部门处以的罚款,以及被司法机关处以的罚金和被没收财物。

(5)超过规定标准的捐赠支出。

(6)赞助支出,是指企业发生的与生产经营活动无关的各种非广告性质支出。

(7) 未经核定的准备金支出，是指不符合国务院财政、税务主管部门规定的各项资产减值准备、风险准备等准备金支出。

(8) 企业之间支付的管理费、企业内营业机构之间支付的租金和特许权使用费，以及非银行企业内营业机构之间支付的利息，不得扣除。

(9) 与取得收入无关的其他支出。

【即学即用】 在计算应纳税所得额时不得扣除的项目是（ ）。

A. 为企业员工子女入托支付给幼儿园的赞助支出

B. 利润分红支出

C. 企业违反销售协议被采购方收取的罚款

D. 违反食品卫生法被政府处以的罚款

答案：ABD

5.4.5 亏损弥补

亏损是指企业依照《企业所得税法》及其实施条例的规定，将每一纳税年度的收入总额减除不征税收入、免税收入和各项扣除后小于零的数额。

税法规定，企业某一纳税年度发生的亏损可以用下一年度的所得弥补，下一年度的所得不足以弥补的，可以逐年延续弥补，但最长不得超过5年。此外，企业在汇总计算缴纳企业所得税时，其境外营业机构的亏损不得抵减境内营业机构的盈利。

(1) 企业筹办期间不计算为亏损年度，企业自开始生产经营的年度为开始计算企业损益的年度。企业从事生产经营之前进行筹办活动期间发生的筹办费用支出，不得计算为当期的亏损，企业可以在开始经营的当年一次性扣除，也可以按照税法中有关长期待摊费用的规定处理，但一经选定，不得改变。

(2) 税务机关对企业以前年度纳税情况进行检查时调增的应纳税所得额，凡企业以前年度发生亏损且该亏损属于《企业所得税法》规定允许弥补的，应允许调增的应纳税所得额弥补该亏损。弥补该亏损后仍有余额的，按照《企业所得税法》规定计算缴纳企业所得税。对检查调增的应纳税所得额应根据其情节，依照《税收征管法》的有关规定进行处理或处罚。

(3) 自2018年1月1日起，经认定的高新技术企业和科技型中小企业在纳税年度发生的亏损，准予向以后年度结转，用以后年度的所得弥补，但结转年限最长不得超过10年。

【小思考】《企业所得税法》中所指的亏损与利润表的亏损有什么不同？

【例题5-6】 某居民企业会计资料显示：2013年亏损50万元，2014年亏损30万元，2015年盈利10万元，2016年盈利12万元，2017年盈利15万元，2018年盈利10万元，2019年盈利33万元。2013—2019年该企业应缴纳多少企业所得税？（假定该企业适用25%的企业所得税税率）

解析：

由于企业在2013年和2014年亏损，因而不用缴纳企业所得税；2015年、2016年、

2017 年、2018 年也不用缴纳，应当抵减 2013 年的亏损，但 2013 年的亏损只能弥补 5 年，故只能弥补到 2018 年；2019 年的盈利可以弥补 2014 年的亏损 30 万元，应纳税所得额应为 3 万元（=33－30），纳税额为 0.75 万元（=3×25%）。

5.5 资产的税务处理

资产是由于资本投资而形成的财产，对于资本性支出以及无形资产受让、开办、开发费用，不允许作为成本、费用从纳税人的收入总额中做一次性扣除，只能采取分次计提折旧或分次摊销的方式予以扣除，即纳税人经营活动中使用的固定资产的折旧费用、无形资产和长期待摊费用的摊销费用可以扣除。税法规定，属于纳税人税务处理范围的资产形式主要有固定资产、生物资产、无形资产、长期待摊费用、投资资产、存货等，均以历史成本为计税基础。历史成本是指企业取得该项资产时实际发生的支出。企业持有各项资产期间的资产增值或者减值，除国务院财政、税务主管部门规定可以确认损益外，不得调整该资产的计税基础。

【即学即用】《企业所得税法》规定，下列固定资产不得计算折旧扣除（　　）。

A. 企业购置的尚未投入使用的机器设备

B. 以融资租赁方式租入的固定资产

C. 已足额提取折旧仍继续使用的固定资产

D. 以经营租赁方式租入的固定资产

答案：ACD

5.5.1 固定资产的税务处理

固定资产是指企业为生产产品、提供劳务、出租或者经营管理而持有的，使用时间超过 12 个月的非货币性资产，包括房屋、建筑物、机器、机械、运输工具以及其他与生产经营活动有关的设备、器具、工具等。

1. 固定资产的计税基础

（1）外购的固定资产，以购买价款和支付的相关税费以及直接归属于使该资产达到预定用途而发生的其他支出为计税基础。

（2）自行建造的固定资产，以竣工结算前发生的支出为计税基础。

（3）融资租入的固定资产，以租赁合同约定的付款总额和承租人在签订租赁合同过程中发生的相关费用为计税基础；租赁合同未约定付款总额的，以该资产的公允价值和承租人在签订租赁合同过程中发生的相关费用为计税基础。

（4）盘盈的固定资产，以同类固定资产的重置完全价值为计税基础。

（5）通过捐赠、投资、非货币性资产交换、债务重组等方式取得的固定资产，以该资产的公允价值和支付的相关税费为计税基础。

（6）改建的固定资产，除已足额提取折旧的固定资产和租入的固定资产以外的其他固定资产，以改建过程中发生的改建支出增加计税基础。

2. 固定资产折旧的范围

在计算应纳税所得额时，企业按照规定计算的固定资产折旧准予扣除。下列固定资产不得计算折旧扣除：

（1）房屋、建筑物以外未投入使用的固定资产。

（2）以经营租赁方式租入的固定资产。

（3）以融资租赁方式租出的固定资产。

（4）足额提取折旧仍继续使用的固定资产。

（5）与经营活动无关的固定资产。

（6）单独估价作为固定资产入账的土地。

（7）其他不得计算折旧扣除的固定资产。

3. 固定资产折旧的计提方法

（1）企业应当自固定资产投入使用月份的次月起计算折旧；停止使用的固定资产，应当自停止使用月份的次月起停止计算折旧。

（2）企业应当根据固定资产的性质和使用情况，合理确定固定资产的预计净残值。固定资产的预计净残值一经确定，不得变更。

（3）固定资产按照直线法计算的折旧，准予扣除。

4. 固定资产折旧的计提年限

除国务院财政、税务主管部门另有规定外，固定资产计算折旧的最低年限如下：

（1）房屋、建筑物为 20 年。

（2）飞机、火车、轮船、机器、机械和其他生产设备为 10 年。

（3）与生产经营活动有关的器具、工具、家具等为 5 年。

（4）飞机、火车、轮船以外的运输工具为 4 年。

（5）电子设备为 3 年。

从事开采石油、天然气等矿产资源的企业，在开始商业性生产前发生的费用和有关固定资产的折耗、折旧方法，由国务院财政、税务主管部门另行规定。

5. 固定资产折旧的企业所得税处理

（1）企业固定资产会计折旧年限如果短于税法规定的最低折旧年限，其按会计折旧年限计提的折旧高于按税法规定的最低折旧年限计提的折旧部分，应调增当期应纳税所得额。

（2）企业固定资产会计折旧年限如果长于税法规定的最低折旧年限，其折旧应按会计折旧年限计算扣除，税法另有规定除外。

（3）企业按会计规定提取的固定资产减值准备，不得税前扣除，其折旧仍按税法确定的固定资产计税基础计算扣除。

（4）企业按税法规定实行加速折旧的，其按加速折旧办法计算的折旧额可全额在税前扣除。

（5）石油天然气开采企业在计提油气资产折耗（折旧）时，由于会计与税法规定计算不同导致的折耗（折旧）差异，应按税法规定进行纳税调整。

企业在2018年1月1日至2020年12月31日期间新购进的设备、器具（指房屋、建筑物以外的固定资产），单位价值不超过500万元的，允许一次性计入当期成本、费用在计算应纳税所得额时扣除，不再分年度计算折旧；单位价值超过500万元的，仍按《企业所得税法实施条例》、《财政部、国家税务总局关于完善固定资产加速折旧企业所得税政策的通知》（财税［2014］75号）、《财政部、国家税务总局关于进一步完善固定资产加速折旧企业所得税政策的通知》（财税［2015］106号）等相关规定执行。

6. 固定资产改扩建的税务处理

自2011年7月1日起，企业对房屋、建筑物固定资产在未足额提取折旧前进行改扩建的，如果属于推倒重置的，该资产原值减除提取折旧后的净值，应并入重置后的固定资产计税成本，并在该固定资产投入使用后的次月起，按照税法规定的折旧年限，一并计提折旧；如果属于提升功能、增加面积的，该固定资产的改扩建支出并入该固定资产的计税基础，从改扩建完工投入使用后的次月起，重新按税法规定的该固定资产折旧年限计提折旧，若改扩建后固定资产尚可使用的年限低于税法规定的最低年限，可以按尚可使用的年限计提折旧。

【即学即用】 根据《企业所得税法》的规定，下列固定资产中不得计算折旧扣除的有（　　）。

A. 以经营租赁方式租出的固定资产

B. 以经营租赁方式租入的固定资产

C. 以融资租赁方式租出的固定资产

D. 单独估价作为固定资产入账的土地

答案：BCD

【知识要点提醒】 第一，以经营租赁方式租出的固定资产，应当计提折旧；第二，以经营租赁方式租入的固定资产，不能计提折旧，但租赁费可以分期扣除。

5.5.2 生物资产的税务处理

生物资产是指有生命的动物和植物。生物资产分为消耗性生物资产、生产性生物资产和公益性生物资产。消耗性生物资产是指为出售而持有的或在将来可作为农产品收获的生物资产，包括生长中的农田作物、蔬菜、用材林以及存栏待售的牲畜等。生产性生物资产是指为产出农产品、提供劳务或出租等目的而持有的生物资产，包括经济林、薪炭林、产畜和役畜等。公益性生物资产是指以防护、环境保护为主要目的的生物资产，包括防风固沙林、水土保持林和水源涵养林等。

1. 生物资产的计税基础

生产性生物资产按照以下方法确定计税基础：

(1) 外购的生产性生物资产，以购买价款和支付的相关税费为计税基础。

(2) 通过捐赠、投资、非货币性资产交换、债务重组等方式取得的生产性生物资产，以该资产的公允价值和支付的相关税费为计税基础。

2. 生物资产的折旧方法和折旧年限

生产性生物资产按照直线法计算的折旧，准予扣除。企业应当自生产性生物资产投入使用月份的次月起计算折旧；停止使用的生产性生物资产，应当自停止使用月份的次月起停止计算折旧。

企业应当根据生产性生物资产的性质和使用情况，合理确定生产性生物资产的预计净残值。生产性生物资产的预计净残值一经确定，不得变更。

生产性生物资产计算折旧的最低年限如下：

(1) 林木类生产性生物资产为10年。

(2) 畜类生产性生物资产为3年。

【即学即用】 在下列各项中，可以计提折旧的生物资产是（ ）。

A. 防风固沙林 B. 用材林 C. 经济林 D. 产畜

答案：CD

5.5.3 无形资产的税务处理

无形资产是指企业长期使用但没有实物形态的资产，包括专利权、商标权、著作权、土地使用权、非专利技术、商誉等。

1. 无形资产的计税基础

无形资产按照以下方法确定计税基础：

(1) 外购的无形资产，以购买价款和支付的相关税费以及直接归属于使该资产达到预定用途而发生的其他支出为计税基础。

(2) 自行开发的无形资产，以开发过程中该资产符合资本化条件后至达到预定用途前发生的支出为计税基础。

(3) 通过捐赠、投资、非货币性资产交换、债务重组等方式取得的无形资产，以该资产的公允价值和支付的相关税费为计税基础。

2. 无形资产摊销的范围

在计算应纳税所得额时，企业按照规定计算的无形资产摊销费用，准予扣除。

下列无形资产不得计算摊销费用扣除：

(1) 自行开发的支出已在计算应纳税所得额时扣除的无形资产。

(2) 自创商誉。

(3) 与经营活动无关的无形资产。

(4) 其他不得计算摊销费用扣除的无形资产。

3. 无形资产的摊销方法及年限

无形资产的摊销采取直线法计算。无形资产的摊销年限不得低于10年。作为投资或

者受让的无形资产，有关法律规定或者合同约定了使用年限的，可以按照规定或者约定的使用年限分期摊销。外购商誉的支出，在企业整体转让或者清算时，准予扣除。

【即学即用】 在下列各项中，可以在企业所得税税前扣除的有（　　）。

A. 自创商誉

B. 外购商誉

C. 自行开发的支出已在计算应纳税所得额时扣除的无形资产

D. 与经营活动无关的无形资产

答案：B

5.5.4 长期待摊费用的税务处理

长期待摊费用是指企业发生的应在1个年度以上进行摊销的费用。在计算应纳税所得额时，企业发生的下列支出作为长期待摊费用，按照规定摊销的，准予扣除。

（1）已足额提取折旧的固定资产的改建支出。

（2）租入固定资产的改建支出。

（3）固定资产的大修理支出。

（4）其他应当作为长期待摊费用的支出。

企业的固定资产修理支出可在发生当期直接扣除。对于企业的固定资产改建支出，如果有关固定资产尚未提足折旧，可增加固定资产价值；如果有关固定资产已提足折旧，可作为长期待摊费用，在规定的期间内平均摊销。

固定资产的改建支出是指改变房屋或者建筑物结构、延长使用年限等发生的支出。已足额提取折旧的固定资产的改建支出，按照固定资产预计尚可使用的年限分期摊销；租入固定资产的改建支出，按照合同约定的剩余租赁期限分期摊销；改建的固定资产延长使用年限的，除已足额提取折旧的固定资产、租入固定资产的改建支出外，其他的固定资产发生改建支出，应当适当延长折旧年限。

大修理支出应按照固定资产尚可使用的年限分期摊销。

《企业所得税法》所指固定资产的大修理支出，是指同时符合下列条件的支出：

（1）修理支出达到取得固定资产时计税基础的50%以上。

（2）修理后固定资产的使用年限延长2年以上。

其他应当作为长期待摊费用的支出，自支出发生月份的次月起，分期摊销，摊销年限不得低于3年。

【即学即用】 依据《企业所得税法》的相关规定，固定资产大修理支出需要同时符合的条件有（　　）。

A. 修理后固定资产的使用年限延长2年以上

B. 修理后固定资产被用于新的或不同的用途

C. 修理后固定资产的使用年限延长1年以上

D. 修理支出达到取得固定资产时计税基础的50%以上

答案：AD

5.5.5 存货的税务处理

存货是指企业持有以备出售的产品或者商品、处在生产过程中的在产品、在生产或者提供劳务过程中耗用的材料和物料等。

1. 存货的计税基础

存货按照以下方法确定成本：

（1）通过支付现金方式取得的存货，以购买价款和支付的相关税费为成本。

（2）通过支付现金以外的方式取得的存货，以该存货的公允价值和支付的相关税费为成本。

（3）生产性生物资产收获的农产品，以产出或者采收过程中发生的材料费、人工费和分摊的间接费用等必要支出为成本。

2. 存货的成本计算方法

企业使用或者销售存货的成本计算方法，可以在先进先出法、加权平均法、个别计价法中选用一种。计价方法一经选用，不得随意变更。

企业转让以上资产，在计算企业应纳税所得额时，资产的净值允许扣除。其中，资产的净值是指有关资产、财产的计税基础减除已经按照规定扣除的折旧、折耗、摊销、准备金等后的余额。

除国务院财政、税务主管部门另有规定外，企业在重组过程中，应当在交易发生时确认有关资产的转让所得或者损失，相关资产应当按照交易价格重新确定计税基础。

5.5.6 投资资产的税务处理

投资资产是指企业对外进行权益性投资和债权性投资而形成的资产。

1. 投资资产的成本

投资资产按以下方法确定投资成本：

（1）通过支付现金方式取得的投资资产，以购买价款为成本。

（2）通过支付现金以外的方式取得的投资资产，以该资产的公允价值和支付的相关税费为成本。

2. 投资资产的成本扣除方法

企业对外投资期间，投资资产的成本在计算应纳税所得额时不得扣除，企业在转让或者处置投资资产时，投资资产的成本准予扣除。

3. 投资企业撤回或减少投资的税务处理

自2011年7月1日起，投资企业从被投资企业撤回或减少投资，其取得的资产中，相当于初始出资的部分，应确认为投资收回；相当于被投资企业累计未分配利润和累计盈余公积按减少实收资本比例计算的部分，应确认为股息所得；其余部分确认为投资资产转让所得。

被投资企业发生的经营亏损，由被投资企业按规定结转弥补；投资企业不得调整减低其投资成本，也不得将其确认为投资损失。

【例题5-7】 A公司4月以1 200万元投资B公司，取得B公司40%的股权。10月，经股东会批准，A公司将其拥有的40%股份撤资。当时，B公司累计未分配利润为3 000万元，A公司撤资获得转让收入2 500万元。计算A公司应就多少股权转让所得缴纳企业所得税?

解析：

股息所得=3 000×40%=1 200(万元)

股权转让所得=2 500-1 200-1 200=100(万元)

因此，A公司应当就100万元的股权转让所得缴纳企业所得税。

5.5.7 非货币性资产投资的税务处理

非货币性资产是指现金、银行存款、应收账款、应收票据以及准备持有至到期的债权投资等货币性资产以外的资产。以下规定限于以非货币性资产出资设立新的居民企业，或将非货币性资产注入现存的居民企业。

(1) 居民企业（以下简称“企业”）以非货币性资产对外投资确认的非货币性资产转让所得，可在不超过5年的期限内，分期均匀计入相应年度的应纳税所得额，按规定计算缴纳企业所得税。

(2) 企业以非货币性资产对外投资，应对非货币性资产进行评估并按评估后的公允价值扣除计税基础后的余额，计算确认非货币性资产转让所得。

企业以非货币性资产对外投资，应于投资协议生效并办理股权登记手续时，确认非货币性资产转让收入的实现。

(3) 企业以非货币性资产对外投资而取得被投资企业的股权，应以非货币性资产的原计税成本为计税基础，加上每年确认的非货币性资产转让所得，逐年进行调整。

被投资企业取得非货币性资产的计税基础，应按非货币性资产的公允价值确定。

(4) 企业在对外投资5年内转让上述股权或投资收回的，应停止执行递延纳税政策，并就递延期内尚未确认的非货币性资产转让所得，在转让股权或投资收回当年的企业所得税年度汇算清缴时，一次性计算缴纳企业所得税；企业在计算股权转让所得时，可按《财政部、国家税务总局关于中国（上海）自由贸易试验区内企业以非货币性资产对外投资等资产重组行为有关企业所得税政策问题的通知》（财税［2013］91号）第三条第一款的规定，将股权的计税基础一次调整到位。

企业在对外投资5年内注销的，应停止执行递延纳税政策，并就递延期内尚未确认的非货币性资产转让所得，在注销当年的企业所得税年度汇算清缴时，一次性计算缴纳企业所得税。

(5) 企业发生非货币性资产投资，符合《财政部、国家税务总局关于企业重组业务企业所得税处理若干问题的通知》（财税［2009］59号）等文件规定的特殊性税务处理条件的，也可选择按特殊性税务处理规定执行。

【即学即用】 2019 年，A 公司用一批库存商品对 B 公司进行投资。这批库存商品的生产成本为 80 万元，不含税公允价值为 100 万元。针对该笔业务，A 公司应如何进行纳税调整？

解析：

由于 A 公司该项非货币性资产交换符合确认损益的条件，所以 A 公司用库存商品换入股权，应以换出资产的公允价值与换出资产账面价值的差额计入当期损益，即会计上确认当期的损益为 20 万元（＝100－80）。根据财税［2014］116 号文的规定，A 公司用库存商品换入股权，税法上确认的长期股权投资的计税基础为：以非货币性资产的原计税成本为计税基础，加上每年确认的非货币性资产转让所得，逐年进行调整。非货币性资产转让所得，可在不超过 5 年的期限内，分期均匀计入相应年度的应纳税所得额。

因此，2019—2023 年长期股权投资的计税基础分别为 84 万元（＝80＋4）、88 万元（＝80＋4＋4）、92 万元（＝80＋4＋4＋4）、96 万元（＝80＋4＋4＋4＋4）和 100 万元（＝80＋4＋4＋4＋4＋4）。与此同时，2019 年应调减应纳税所得额 16 万元［＝(100－80)－(100－80)÷5］。另外，A 公司 2020—2023 年应分别调增应纳税所得额 4 万元［＝(100－80)÷5］。

5.5.8 税法规定与会计规定差异的处理

税法规定与会计规定差异的处理，是指企业在财务会计核算中与税法规定不一致的，应当依照税法规定予以调整。也就是说，企业在进行会计核算时，可以按会计制度的有关规定进行账务处理，但在申报纳税时，对税法规定和会计制度规定有差异的，要按税法规定进行纳税调整。

(1) 企业不能提供完整、准确的收入及成本、费用凭证，不能正确计算应纳税所得额的，由税务机关核定其应纳税所得额。

(2) 企业依法清算时，以其清算终了后的清算所得为应纳税所得额，按规定缴纳企业所得税。清算所得是指企业的全部资产可变现价值或者交易价格减除资产净值、清算费用以及相关税费等后的余额。

投资企业从被清算企业分得的剩余资产，其中相当于从被清算企业累计未分配利润和累计盈余公积中应当分得的部分，应当确认为股息所得；剩余资产减去上述股息所得后的余额，超过或者低于投资成本的部分，应当确认为投资资产转让所得或者损失。

【例题 5-8】 甲企业作为乙企业的投资方，对乙企业投资了 160 万元。2018 年 1 月乙企业进行清算，甲企业分得剩余资产 204 万元。其中，含累计未分配利润和累计盈余公积 14 万元。在这项业务中，甲企业应缴纳多少企业所得税？

解析：

应纳企业所得税＝(204－14－160)×25％＝7.5(万元)

(3) 企业的应纳税所得额是根据税收法规计算出来的，在数额上与依据财务会计制度计算的利润总额往往不一致。因此，税法规定：对企业按照有关财务会计规定计算的利润总额，要按照税法的规定进行必要调整后，才能作为应纳税所得额计算缴纳所得税。

(4) 自2011年7月1日起，企业当年度实际发生的相关成本、费用，由于各种原因未能及时取得该成本、费用的有效凭证，企业在预缴季度所得税时，可暂按账面发生金额进行核算；但在汇算清缴时，应补充提供该成本、费用的有效凭证。

5.6 应纳税额的计算

5.6.1 居民企业应纳税额的计算

居民企业应纳税额的计算公式为：

应纳税额＝应纳税所得额×适用税率－减免税额－抵免税额

根据计算公式可以看出，应纳税额的多少取决于应纳税所得额和适用税率两个因素。在实践中，应纳税所得额的计算一般有两种方法。

1. 直接计算法

在直接计算法下，企业每一纳税年度的收入总额减除不征税收入、免税收入、各项扣除以及允许弥补的以前年度亏损后的余额为应纳税所得额。相应的计算公式为：

应纳税所得额＝收入总额－不征税收入－免税收入－各项扣除金额－允许弥补的以前年度亏损

2. 间接计算法

在间接计算法下，企业在会计利润总额的基础上加或减按照税法规定调整的项目金额后，即为应纳税所得额。相应的计算公式为：

应纳税所得额＝会计利润总额±纳税调整项目金额

纳税调整项目金额包括两方面的内容：一是企业的财务会计处理和税法规定不一致的应予以调整的金额；二是企业按税法规定准予扣除的税收金额。

【例题5-9】 某企业为居民企业，2019年发生的经营业务如下：

(1) 取得产品销售收入4 000万元。

(2) 发生产品销售成本2 600万元。

(3) 发生销售费用770万元（其中，广告费660万元）；管理费用480万元（其中，业务招待费25万元）；财务费用60万元。

(4) 税金及附加40万元。

(5) 营业外收入80万元，营业外支出50万元（含通过公益性社会团体向贫困山区捐款40万元，支付税收滞纳金6万元）。

(6) 计入成本、费用中的实发工资总额200万元，拨缴职工工会经费5万元，发生职工福利费31万元，发生职工教育经费7万元。

计算该企业2019年度实际应缴纳的企业所得税。

解析：

(1) 会计利润总额：

4 000＋80－2 600－770－480－60－40－50＝80(万元)

(2) 广告费和业务宣传费扣除限额：

4 000×15%＝600(万元)

广告费和业务宣传费调增所得额：

660－600＝60(万元)

(3) 业务招待费扣除限额：

4 000×5‰＝20(万元)＞25×60%＝15(万元)

因此，业务招待费扣除限额为15万元。

业务招待费调增所得额：

25－15＝10(万元)

(4) 公益性捐赠扣除限额：

80×12%＝9.6(万元)

公益性捐赠调增所得额：

40－9.6＝30.4(万元)

超过限额部分可向后结转三年进行扣除。

(5) 工会经费应调增所得额：

5－200×2%＝1(万元)

职工福利费应调增所得额：

31－200×14%＝3(万元)

职工教育经费扣除限额：

200×8%＝16 (万元)＞7万元，可以据实扣除。

(6) 应纳税所得额：

80＋60＋10＋30.4＋6＋1＋3＝190.4(万元)

(7) 2019年应缴企业所得税：

190.4×25%＝47.6(万元)

5.6.2 境外所得抵扣税额的计算

企业取得的下列所得已在境外缴纳的所得税税额，可以从其当期应纳税额中抵免，抵免限额为该项所得依照《企业所得税法》规定计算的应纳税额；超过抵免限额的部分，可在以后5个年度内，用每年度抵免限额抵免当年应抵税额后的余额进行抵补。

(1) 居民企业来源于中国境外的应税所得。

(2) 非居民企业在中国境内设立机构、场所，取得发生在中国境外但与该机构、场所有实际联系的应税所得。

(3) 居民企业从其直接或者间接控制的外国企业分得的来源于中国境外的股息、红利等权益性投资收益，外国企业在境外实际缴纳的所得税税额中属于该项所得负担的部分，可以作为该居民企业的可抵免境外所得税税额，在《企业所得税法》规定的抵免限额内抵免。

上述所称直接控制，是指居民企业直接持有外国企业20%以上股份。

上述所称间接控制，是指居民企业以间接持股方式持有外国企业20%以上股份，具体认定办法由国务院财政、税务主管部门另行制定。

已在境外缴纳的所得税税额，是指企业来源于中国境外的所得依照中国境外税收法律以及相关规定应当缴纳并已经实际缴纳的企业所得税性质的税款。企业依照《企业所得税法》的规定抵免企业所得税税额时，应当提供中国境外税务机关出具的税款所属年度的有关纳税凭证。

抵免限额是指企业来源于中国境外的所得，依照《企业所得税法》和实施条例的规定计算的应纳税额。除国务院财政、税务主管部门另有规定外，该抵免限额应当分国（地区）不分项计算。相应的计算公式为：

$$\text{抵免限额}=\begin{matrix}\text{中国境内外所得依照企业所得税法}\\\text{和条例规定计算的应纳税总额}\end{matrix}\times\begin{matrix}\text{来源于某国(地区)}\\\text{的应纳税所得额}\end{matrix}\div\begin{matrix}\text{中国境内外}\\\text{应纳税所得总额}\end{matrix}$$

前述5个年度是指从企业取得来源于中国境外的所得，并且在中国境外缴纳的企业所得税性质的税额超过抵免限额的次年起连续5个纳税年度。

自2017年1月1日起，企业可以选择按国（地区）别分别计算［即“分国（地区）不分项”］，或者不按国（地区）别汇总计算［即“不分国（地区）不分项”］其来源于境外的应纳税所得额，分别计算其可抵免境外所得税税额和抵免限额。上述方式一经选择，5年内不得改变。

企业在境外取得的股息所得，在按规定计算该企业境外股息所得的可抵免所得税税额和抵免限额时，由该企业直接或者间接持有20%以上股份的外国企业，限于按照财税［2009］125号文第六条规定的持股方式确定的五层外国企业。

【例题5-10】 某企业2019年度境内应纳税所得额为100万元，适用25%的企业所得税税率。另外，该企业分别在A、B两国设有分支机构（我国与A、B两国已经缔结避免双重征税协定），在A国分支机构的应纳税所得额为50万元，A国税率为20%；在B国分支机构的应纳税所得额为30万元，B国税率为30%。假设该企业在A、B两国的所得按我国税法计算的应纳税所得额和按A、B两国税法计算的应纳税所得额一致，两个分支机构在A、B两国分别缴纳了10万元和9万元的企业所得税。

计算该企业选择汇总计算其来源于境外的应纳税所得额的情况下，在我国应缴纳的企业所得税税额。

解析：

该企业按我国税法计算的境内外所得的应纳税额：

应纳税额＝(100＋50＋30)×25%＝45(万元)

A、B两国的扣除限额：

A国扣除限额＝45×50÷(100＋50＋30)＝12.5(万元)

B国扣除限额＝45×30÷(100＋50＋30)＝7.5(万元)

汇总扣除限额＝12.5＋7.5＝20(万元)

在A国缴纳的所得税为10万元，在B国缴纳的所得税为9万元，合计已纳税额19

万元，低于汇总抵免限额 20 万元，因此境外已纳税款可以全额扣除。

在我国应缴纳的所得税＝45－19＝26(万元)

5.6.3 非居民企业应纳税额的计算

对于在中国境内未设立机构、场所的，或者虽设立机构、场所但取得的所得与其所设机构、场所没有实际联系的非居民企业的所得，按照下列方法计算应纳税所得额：

(1) 股息、红利等权益性投资收益和利息、租金、特许权使用费所得，以收入全额为应纳税所得额。对境外投资者将从中国境内居民企业分配的利润直接投资于鼓励类投资项目，凡符合规定条件的，实行递延纳税政策，暂不征收预提所得税。

(2) 转让财产所得，以收入全额减除财产净值后的余额为应纳税所得额。

(3) 其他所得，参照前两项规定的方法计算应纳税所得额。

财产净值是指财产的计税基础减除已按照规定扣除的折旧、折耗、摊销、准备金等后的余额。

5.6.4 房地产开发企业所得税预缴税款的处理

房地产开发企业按当年实际利润据实分季（或月）预缴企业所得税的，对开发、建造的住宅、商业用房以及其他建筑物、附着物、配套设施等开发产品，在未完工前采取预售方式销售取得的预售收入，按照规定的预计利润率分季（或月）计算出预计利润额，计入利润总额预缴；开发产品完工、结算计税成本后，按照实际利润再行调整。

非经济适用房开发项目预计利润率：

(1) 位于省、自治区、直辖市和计划单列市人民政府所在地城区和郊区的，不得低于 20%。

(2) 位于地级市、地区、盟、州城区及郊区的，不得低于 15%。

(3) 位于其他地区的，不得低于 10%。

经济适用房开发项目预计利润率：经济适用房开发项目预计利润率不得低于 3%。

房地产开发企业对经济适用房项目的预售收入进行初始纳税申报时，必须附送有关部门批准经济适用房项目开发、销售的文件以及其他相关证明材料。凡不符合规定或未附送有关部门的批准文件以及其他相关证明材料的，一律按销售非经济适用房的规定执行。

【即学即用】 某房地产开发企业采取预售方式销售位于地级市城区的未完工的非经济适用房开发项目，预计利润率不得低于（　　）。

A. 15%　　B. 10%　　C. 5%　　D. 3%

答案：A

5.7 税收优惠

税收优惠是指国家对某一部分特定企业和征税对象给予减轻或免除税收负担的一种措施。税法规定的企业所得税的税收优惠方式包括免税、减税、加计扣除、加速折旧、减计收入、税额抵免等。

5.7.1 免征与减征优惠

企业的下列所得可以免征、减征企业所得税。如果企业从事国家限制和禁止发展的项目，不得享受企业所得税优惠。

1. 从事农、林、牧、渔业项目的所得

企业从事农、林、牧、渔业项目的所得，包括免征和减征两部分。

（1）企业从事下列项目的所得，免征企业所得税：

① 蔬菜、谷物、薯类、油料、豆类、棉花、麻类、糖料、水果、坚果的种植。

② 农作物新品种的选育。

③ 中药材的种植。

④ 林木的培育和种植。

⑤ 牲畜、家禽的饲养。

⑥ 林产品的采集。

⑦ 灌溉、农产品初加工、兽医、农技推广、农机作业和维修等农、林、牧、渔服务业项目。

⑧ 远洋捕捞。

（2）企业从事下列项目的所得，减半征收企业所得税：

① 花卉、茶以及其他饮料作物和香料作物的种植。

② 海水养殖，内陆养殖。

【即学即用】 根据企业所得税法律制度的规定，在下列所得中，免征企业所得税的是（　）。

A. 海水养殖　　B. 内陆养殖　　C. 花卉养殖　　D. 家禽饲养

答案：D

---

2. 从事国家重点扶持的公共基础设施项目投资经营的所得

《企业所得税法》所称国家重点扶持的公共基础设施项目，是指《公共基础设施项目企业所得税优惠目录》规定的港口、码头、机场、铁路、公路、电力、水利等项目。

企业从事国家重点扶持的公共基础设施项目的投资经营所得，自项目取得第一笔生产经营收入所属的纳税年度起，第 1 年至第 3 年免征企业所得税，第 4 年至第 6 年减半征收企业所得税。

企业承包经营、承包建设和内部自建自用本条规定的项目，不得享受本条规定的企业所得税优惠。

3. 从事符合条件的环境保护、节能节水项目的所得

环境保护、节能节水项目的所得，自项目取得第一笔生产经营收入所属的纳税年度起，第 1 年至第 3 年免征企业所得税，第 4 年至第 6 年减半征收企业所得税。

符合条件的环境保护、节能节水项目，包括公共污水处理、公共垃圾处理、沼气综合开发利用、节能减排技术改造、海水淡化等。项目的具体条件和范围由国务院财政、税务主管部门会同国务院有关部门制定，报国务院批准后公布施行。

但是，以上规定享受减免税优惠的项目，在减免税期限内转让的，受让方自受让之日起，可以在剩余期限内享受规定的减免税优惠；减免税期限届满后转让的，受让方不得就该项目重复享受减免税优惠。

4. 符合条件的技术转让所得

《企业所得税法》所称符合条件的技术转让所得免征、减征企业所得税，是指在一个纳税年度内，居民企业转让技术所有权所得不超过 500 万元的部分，免征企业所得税；超过 500 万元的部分，减半征收企业所得税。

如果居民企业被认定为高新技术企业，同时企业发生可以享受优惠的技术转让所得，该部分转让所得超过 500 万元的部分应按照 25%的税率减半征收，而不能按 15%的优惠税率减半征收。

【例题 5-11】 某企业取得应纳税所得额 2 000 万元，其中技术转让所得 800 万元，符合技术转让优惠的条件，企业所得税税率为 15%。请问该企业当年需要缴纳多少企业所得税？

解析：

该企业应缴纳的企业所得税税额 =(2 000－800)×15%＋(800－500)×12.5%

=217.5(万元)

5.7.2 高新技术企业优惠

1. 国家需要重点扶持的高新技术企业减按 15%的税率征收企业所得税

国家需要重点扶持的高新技术企业是指拥有核心自主知识产权，同时符合下列条件的企业：

(1) 企业申请认定时须注册成立一年以上。

(2) 企业通过自主研发、受让、受赠、并购等方式，获得对其主要产品（服务）在技术上发挥核心支持作用的知识产权的所有权。

(3) 对企业主要产品（服务）发挥核心支持作用的技术属于《国家重点支持的高新技术领域》规定的范围。

(4) 企业从事研发和相关技术创新活动的科技人员占企业当年职工总数的比例不低

于10%。

(5) 企业近三个会计年度（实际经营期不满三年的按实际经营时间计算）的研究与开发费用总额占同期销售收入总额的比例符合如下要求：最近一年销售收入小于5 000万元（含）的企业，比例不低于5%；最近一年销售收入在5 000万元至2亿元（含）的企业，比例不低于4%；最近一年销售收入在2亿元以上的企业，比例不低于3%。其中，企业在中国境内发生的研究与开发费用总额占全部研究与开发费用总额的比例不低于60%。

(6) 近一年高新技术产品（服务）收入占企业同期总收入的比例不低于60%。

(7) 企业创新能力评价应达到相应要求。

(8) 企业申请认定前一年内未发生重大安全事故、重大质量事故或严重环境违法行为。

2. 经济特区和上海浦东新区新设立高新技术企业过渡性税收优惠

对经济特区和上海浦东新区内在2008年1月1日（含）之后完成登记注册的国家需要重点扶持的高新技术企业（以下简称“新设高新技术企业”），在经济特区和上海浦东新区内取得的所得，自取得第一笔生产经营收入所属的纳税年度起，第1年至第2年免征企业所得税，第3年至第5年按照25%的法定税率减半征收企业所得税。

3. 对经认定的技术先进型服务企业减按15%的税率征收企业所得税

自2017年1月1日起，在全国范围内对经认定的技术先进型服务企业，减按15%的税率征收企业所得税。

技术先进型服务企业必须同时符合以下条件：

(1) 在中国境内（不包括港、澳、台地区）注册的法人企业。

(2) 从事《技术先进型服务业务认定范围（试行）》中的一种或多种技术先进型服务业务，采用先进技术或具备较强的研发能力。

(3) 具有大专以上学历的员工占企业职工总数的50%以上。

(4) 从事《技术先进型服务业务认定范围（试行）》中的技术先进型服务业务取得的收入占企业当年总收入的50%以上。

(5) 从事离岸服务外包业务取得的收入不低于企业当年总收入的35%。

从事离岸服务外包业务取得的收入是指企业根据境外单位与其签订的委托合同，由本企业或其直接转包的企业为境外单位提供《技术先进型服务业务认定范围（试行）》中所规定的信息技术外包服务（ITO）、技术性业务流程外包服务（BPO）和技术性知识流程外包服务（KPO），而从上述境外单位取得的收入。

5.7.3 小型微利企业优惠

(1) 小型微利企业减按20%的税率征收企业所得税。小型微利企业的条件如下：

① 工业企业，年度应纳税所得额不超过30万元，从业人数不超过100人，资产总额不超过3 000万元。

② 其他企业，年度应纳税所得额不超过30万元，从业人数不超过80人，资产总额不超过1 000万元。

《财政部、税务总局关于实施小微企业普惠性税收减免政策的通知》（财税［2019］13号）进一步放宽了小型微利企业的标准，扩大了小型微利企业的覆盖面。小型微利企业是指从事国家非限制和禁止行业，同时符合年度应纳税所得额不超过300万元、从业人数不超过300人、资产总额不超过5 000万元三个条件的企业。

从业人数包括与企业建立劳动关系的职工人数和企业接受的劳务派遣用工人数。

从业人数和资产总额指标应按企业全年的季度平均值确定。具体计算公式如下：

季度平均值＝(季初值＋季末值)÷2

全年季度平均值＝全年各季度平均值之和÷4

年度中间开业或者终止经营活动的，以其实际经营期作为一个纳税年度确定上述相关指标。

小型微利企业是指企业的全部生产经营活动产生的所得均负有我国企业所得税纳税义务的企业。仅就来源于我国所得负有我国纳税义务的非居民企业，不适用上述规定。

（2）财税［2019］13号文规定，从2019年1月1日至2021年12月31日，对小型微利企业引入超额累进计算方法，年应纳税所得额不超过100万元的部分，减按25%计入应纳税所得额，按20%的税率缴纳企业所得税；对年应纳税所得额超过100万元但不超过300万元的部分，减按50%计入应纳税所得额，按20%的税率缴纳企业所得税。

【例题5-12】 某工业企业实施查账征收的方式，年均从业人数80人、年均资产总额1 100万元，应纳税所得额为14万元。该企业应该缴纳多少企业所得税？

解析：

应缴企业所得税＝140 000×25%×20%＝7 000(元)

5.7.4 加计扣除优惠

1. 研究开发费

研究开发费是指企业在开展研发活动中实际发生的研究与开发费用，未形成无形资产计入当期损益的，在按照规定据实扣除的基础上，按照研究与开发费用的50%加计扣除；形成无形资产的，按照无形资产成本的150%摊销。

企业开展研发活动中实际发生的研发费用，未形成无形资产计入当期损益的，在按规定据实扣除的基础上，在2018年1月1日至2020年12月31日期间，再按照实际发生额的75%在税前加计扣除；形成无形资产的，在上述期间按照无形资产成本的175%在税前摊销。

企业委托外部机构或个人开展研发活动发生的费用，可按规定税前扣除；加计扣除时按照研发活动发生费用的80%作为加计扣除基数。委托个人研发的，应凭个人出具的发票等合法有效凭证在税前加计扣除。自2018年1月1日起，取消委托境外研发所发生的费用不得加计扣除的限制。

【例题5-13】 某企业的研究与开发费用3 000万元，其中未形成无形资产的支出1 000万元，形成无形资产的支出2 000万元，请问无形资产可以税前扣除多少金额？

解析：

未形成无形资产计入当期损益的，可以税前扣除1 750万元（＝1 000＋1 000×

75%)；形成无形资产的，可以分 10 年摊销，每年摊销 350 万元（=2 000×175%÷10)。

2. 企业安置残疾人员所支付的工资

企业安置残疾人员所支付工资费用的加计扣除，是指企业安置残疾人员的，在按照支付给残疾职工工资据实扣除的基础上，依照支付给残疾职工工资的 100%加计扣除。残疾人员的范围适用《中华人民共和国残疾人保障法》的有关规定。企业安置国家鼓励安置的其他就业人员所支付工资的加计扣除办法，由国务院另行规定。

【例题 5-14】 某企业安置录用残疾人，每年每人发放工资 2 万元，录用 10 人，每年发放工资总额 20 万元，年度会计利润 1 000 万元，适用的企业所得税税率为 25%。计算年度应纳企业所得税。

解析：

企业安置残疾人员所支付的工资在计算企业所得税时可以加计扣除 100%，即税法上允许扣除 40 万元，因而调减 20 万元。

应纳税所得额=1 000−20=980(万元)

应纳企业所得税=980×25%=245(万元)

5.7.5 创业投资企业优惠

创业投资企业从事国家需要重点扶持和鼓励的创业投资，可以按投资额的一定比例抵扣应纳税所得额。

创业投资企业优惠是指创业投资企业采取股权投资方式投资于未上市的中小高新技术企业 2 年以上的，可以按照其投资额的 70%在股权持有满 2 年的当年抵扣该创业投资企业的应纳税所得额；当年不足抵扣的，可以在以后纳税年度结转抵扣。

在京津冀、上海、广东、安徽、四川、武汉、西安、沈阳 8 个全面创新改革试验地区和苏州工业园区开展试点，从 2017 年 1 月 1 日起，对创投企业投资种子期、初创期科技型企业的，可享受按投资额 70%抵扣应纳税所得额的优惠政策；自 2017 年 7 月 1 日起，将享受这一优惠政策的投资主体由公司制和合伙制创投企业的法人合伙人扩大到个人投资者。政策生效前 2 年内发生的投资也可享受前述优惠。自 2018 年 5 月 1 日起，该项试点政策推广至全国。

【例题 5-15】 某企业为创业投资企业。2016 年 8 月 1 日，该企业向境内某未上市的中小高新技术企业投资 200 万元。2018 年度该企业利润总额 890 万元；未经财税部门核准，提取风险准备金 10 万元。企业所得税税率为 25%。假定不考虑其他纳税调整事项，2018 年该企业应纳企业所得税税额为多少？

解析：

2018 年该企业应纳企业所得税税额为：

[(890+10)−200×70%]×25%=190(万元)

5.7.6 加速折旧优惠

(1) 企业的固定资产由于技术进步等原因，确需加速折旧的，可以缩短折旧年限或者采取加速折旧的方法。可采用以上折旧方法的固定资产包括：

① 由于技术进步，产品更新换代较快的固定资产。

② 常年处于强震动、高腐蚀状态的固定资产。

采取缩短折旧年限方法的，最低折旧年限不得低于规定折旧年限的 60%；采取加速折旧方法的，可以采取双倍余额递减法或者年数总和法。

（2）根据《国家税务总局关于完善固定资产加速折旧企业所得税政策的通知》（财税［2014］75 号）的规定，对生物药品制造业，专用设备制造业，铁路、船舶、航空航天和其他运输设备制造业，计算机、通信和其他电子设备制造业，仪器仪表制造业，信息传输、软件和信息技术服务业 6 个行业的企业在 2014 年 1 月 1 日后新购进的固定资产，可缩短折旧年限或采取加速折旧的方法。

对上述 6 个行业的小型微利企业 2014 年 1 月 1 日后新购进的研发和生产经营共用的仪器、设备，单位价值不超过 100 万元的，允许一次性计入当期成本费用在计算应纳税所得额时扣除，不再分年度计算折旧；单位价值超过 100 万元的，可缩短折旧年限或采取加速折旧的方法。

对所有行业企业 2014 年 1 月 1 日后新购进的专用于研发的仪器、设备，单位价值不超过 100 万元的，允许一次性计入当期成本费用在计算应纳税所得额时扣除，不再分年度计算折旧；单位价值超过 100 万元的，可缩短折旧年限或采取加速折旧的方法。

对所有行业企业持有的单位价值不超过 5 000 元的固定资产，允许一次性计入当期成本费用在计算应纳税所得额时扣除，不再分年度计算折旧。

（3）根据《财政部、国家税务总局关于进一步完善资产加速折旧企业所得税政策的通知》（财税［2015］106 号）的规定，对轻工、纺织、机械、汽车四个领域重点行业的企业 2015 年 1 月 1 日后新购进的固定资产，可由企业选择缩短折旧年限或采取加速折旧的办法。

对于缩短折旧年限的，对其购置的新固定资产，最低折旧年限不得低于《企业所得税法实施条例》第六十条规定的折旧年限的 60%；企业购置已使用过的固定资产，其最低折旧年限不得低于《企业所得税法实施条例》规定的最低折旧年限减去已使用年限后剩余年限的 60%。最低折旧年限一经确定，一般不得变更。

（4）根据《财政部、税务总局关于设备、器具扣除有关企业所得税政策的通知》（财税［2018］54 号），企业在 2018 年 1 月 1 日至 2020 年 12 月 31 日期间新购进的设备、器具，单位价值不超过 500 万元的，允许一次性计入当期成本、费用在计算应纳税所得额时扣除，不再分年度计算折旧；单位价值超过 500 万元的仍按《企业所得税法实施条例》、《财政部、国家税务总局关于完善固定资产加速折旧企业所得税政策的通知》（财税［2014］75 号）、《财政部、国家税务总局关于进一步完善固定资产加速折旧企业所得税政策的通知》（财税［2015］106 号）等相关规定执行。设备、器具是指除房屋、建筑物以外的固定资产。

（5）企业外购的软件，凡符合固定资产或无形资产确认条件的，可以按照固定资产或无形资产进行核算，其折旧或摊销年限可以适当缩短，最短可为 2 年（含）。

5.7.7 减计收入优惠

企业综合利用资源，生产符合国家产业政策规定的产品所取得的收入，可以在计算

应纳税所得额时减计收入。

综合利用资源是指企业以《资源综合利用企业所得税优惠目录》规定的资源作为主要原材料，生产国家非限制和禁止并符合国家及行业相关标准的产品取得的收入，减按90%计入收入总额。

上述所称原材料占生产产品材料的比例不得低于《资源综合利用企业所得税优惠目录》规定的标准。

5.7.8 税额抵免优惠

税额抵免是指企业购置并实际使用《环境保护专用设备企业所得税优惠目录》、《节能节水专用设备企业所得税优惠目录》和《安全生产专用设备企业所得税优惠目录》规定的环境保护、节能节水、安全生产等专用设备的，该专用设备投资额的10%可从企业当年的应纳税额中抵免；当年不足抵免的，可在以后5个纳税年度结转抵免。

享受前款规定的企业所得税优惠的企业，应当实际购置并实际投入使用前款规定的专用设备；企业购置上述专用设备在5年内转让、出租的，应当停止享受企业所得税优惠，并补缴已经抵免的企业所得税税款。转让的受让方可以按照该专用设备投资额的10%抵免当年企业所得税应纳税额；当年应纳税额不足抵免的，可以在以后5个纳税年度结转抵免。

企业所得税优惠目录由国务院财政、税务主管部门商国务院有关部门制定，报国务院批准后公布施行。

自2009年1月1日起，增值税一般纳税人购进固定资产发生的进项税额可从其销项税额中抵扣。如果增值税进项税额允许抵扣，其专用设备投资额不再包括增值税进项税额；如果增值税进项税额不允许抵扣，其专用设备投资额应为增值税专用发票上注明的价税合计金额。企业购买专用设备取得普通发票的，其专用设备投资额为普通发票上注明的金额。

【即学即用】 根据《企业所得税法》，企业购买专用设备的投资额可按一定比例实行税额抵免，该设备应符合（　　）。

A. 用于创业投资　　　　B. 用于开发新产品

C. 用于环境保护　　　　D. 用于生产产品

答案：C

【例题5-16】 某企业2019年12月购进一台安全生产设备，价值100万元，增值税13万元，总价值113万元，已经取得增值税专用发票。该企业当年按税法规定计算的应纳税所得额为400万元，则应纳税额为多少？

解析：

应纳税额＝400×25%－100×10%＝90(万元)

5.7.9 民族自治地方的优惠

民族自治地方的自治机关对本民族自治地方的企业应缴纳的企业所得税中属于地方分享的部分，可以决定减征或者免征。自治州、自治县决定减征或者免征的，须报省、自治区、直辖市人民政府批准。

5.7.10 非居民企业优惠

非居民企业减按10%的税率征收企业所得税。非居民企业是指在中国境内未设立机构、场所的，或者虽设立机构、场所但取得的所得与其所设机构、场所没有实际联系的企业。该类非居民企业取得的下列所得免征企业所得税：

(1) 外国政府向中国政府提供贷款取得的利息所得。

(2) 国际金融组织向中国政府和居民企业提供优惠贷款取得的利息所得。

(3) 经国务院批准的其他所得。

【即学即用】 在下列各项中，免征企业所得税的有（ ）。

A. 外国政府向中国政府提供贷款取得的利息所得

B. 国际金融组织向中国政府提供优惠贷款取得的利息所得

C. 国际金融组织向中国居民企业提供贷款取得的利息所得

D. 外国政府向中国居民企业提供贷款取得的利息所得

答案： AB

5.7.11 其他优惠政策

1. 集成电路产业有关优惠

(1) 2018年1月1日后投资新设的集成电路线宽小于130纳米，且经营期在10年以上的集成电路生产企业或项目，第一年至第二年免征企业所得税，第三年至第五年按照25%的法定税率减半征收企业所得税，并享受至期满为止。

(2) 2018年1月1日后投资新设的集成电路线宽小于65纳米或投资额超过150亿元，且经营期在15年以上的集成电路生产企业或项目，第一年至第五年免征企业所得税，第六年至第十年按照25%的法定税率减半征收企业所得税，并享受至期满为止。

(3) 对于按照集成电路生产企业享受《关于集成电路生产企业有关企业所得税政策的通知》第一条、第二条税收优惠政策的企业，优惠期自企业获利年度起计算；对于按照集成电路生产项目享受上述优惠的项目，优惠期自项目取得第一笔生产经营收入所属纳税年度起计算。

(4) 2017年12月31日前设立但未获利的集成电路线宽小于0.25微米或投资额超过80亿元，且经营期在15年以上的集成电路生产企业，自获利年度起第一年至第五年免征企业所得税，第六年至第十年按照25%的法定税率减半征收企业所得税，并享受至期满为止。

(5) 2017年12月31日前设立但未获利的集成电路线宽小于0.8微米（含）的集成电路生产企业，自获利年度起第一年至第二年免征企业所得税，第三年至第五年按照25%的法定税率减半征收企业所得税，并享受至期满为止。

2. 软件产业税收优惠

(1) 我国境内符合条件的软件企业，经认定后，在2017年12月31日前自获利年度起计算优惠期，第一年至第二年免征企业所得税，第三年至第五年按照25%的法定税率减半征收企业所得税，并享受至期满为止。

(2) 国家规划布局内的重点软件企业，如当年未享受免税优惠的，可减按10%的税率征收企业所得税。

(3) 符合条件的软件企业按照《财政部、国家税务总局关于软件产品增值税政策的通知》（财税［2011］100号）规定取得的即征即退增值税税款，由企业专项用于软件产品研发和扩大再生产并单独进行核算，可以作为不征税收入，在计算应纳税所得额时从收入总额中减除。

(4) 符合条件的软件企业发生的职工培训费用，如果单独进行核算，可以按实际发生额在计算应纳税所得额时扣除。

3. 证券投资基金优惠政策

对证券投资基金从证券市场中取得的收入，包括买卖股票、债券的差价收入，股权的股息、红利收入，债券的利息收入及其他收入，暂不征收企业所得税。对投资者从证券投资基金分配中取得的收入，暂不征收企业所得税。对证券投资基金管理人运用基金买卖股票、债券的差价收入，暂不征收企业所得税。

4. 节能服务公司优惠政策

对实施节能效益分享型合同能源管理项目（以下简称“项目”）的节能服务企业，凡实行查账征收所得税的居民企业并符合《企业所得税法》和《国家税务总局、国家发展改革委关于落实节能服务企业合同能源管理项目企业所得税优惠政策有关征收管理问题的公告》（国家税务总局、国家发展改革委公告2013年第77号）有关规定的，该项目可享受财税［2010］110号文规定的企业所得税“三免三减半”优惠政策。若节能服务企业的分享型合同约定的效益分享期短于6年的，按实际分享期享受优惠。

5. 西部大开发税收优惠

(1) 自2011年1月1日至2020年12月31日，对设在西部地区以《西部地区鼓励类产业目录》中规定的产业项目为主营业务，且其当年度主营业务收入占企业收入总额70%以上的企业，经企业申请、主管税务机关审核确认后，可减按15%的税率缴纳企业所得税。

(2) 对西部地区2010年12月31日前新办的，根据《财政部、国家税务总局、海关总署关于西部大开发税收优惠政策问题的通知》（财税［2001］202号）第二条第三款规定可以享受企业所得税“两免三减半”优惠的交通、电力、水利、邮政、广播电视企业，其享受的企业所得税“两免三减半”优惠可以继续享受到期满为止。

(3) 企业既符合西部大开发15%优惠税率的条件，又符合《企业所得税法》及其实施条例和国务院规定的各项税收优惠条件的，可以同时享受。在涉及定期减免税的减半期内，可以按照企业适用税率计算的应纳税额减半征税。

(4) 西部地区包括重庆市、四川省、贵州省、云南省、西藏自治区、陕西省、甘肃省、宁夏回族自治区、青海省、新疆维吾尔自治区、新疆生产建设兵团、内蒙古自治区和广西壮族自治区。湖南省湘西土家族苗族自治州、湖北省恩施土家族苗族自治州、吉林省延边朝鲜族自治州，可以比照西部地区的税收政策执行。

6. 地方政府债券利息所得优惠

对企业取得的2009年及以后年度发行的地方政府债券利息收入，免征企业所得税。地方政府债券是指经国务院批准同意，以省、自治区、直辖市和计划单列市政府为发行和偿还主体的债券。

5.8 企业重组的所得税处理

5.8.1 企业重组概述

企业重组是指企业在日常经营活动以外发生的法律结构或经济结构重大改变的交易，包括企业法律形式改变、债务重组、股权收购、资产收购、合并、分立等。

1. 企业法律形式改变

企业法律形式改变是指企业注册名称、住所以及企业组织形式等的简单改变，但符合有些规定的其他重组类型除外。

2. 债务重组

债务重组是指在债务人发生财务困难的情况下，债权人按照其与债务人达成的书面协议或者法院裁定书，就债务人的债务做出让步的事项。

3. 股权收购

股权收购是指一家企业（以下简称“收购企业”）购买另一家企业（以下简称“被收购企业”）的股权，以实现对被收购企业控制的交易。收购企业支付对价的形式包括股权支付、非股权支付或两者的组合。

4. 资产收购

资产收购是指一家企业（以下简称“受让企业”）购买另一家企业（以下简称“转让企业”）实质经营性资产的交易。受让企业支付对价的形式包括股权支付、非股权支付或两者的组合。

5. 合 并

合并是指一家或多家企业（以下简称“被合并企业”）将其全部资产和负债转让给另一家现存或新设企业（以下简称“合并企业”），被合并企业股东换取合并企业的股权或非股权支付，实现两个或两个以上企业的依法合并。

6. 分 立

分立是指一家企业（以下简称“被分立企业”）将部分或全部资产分离转让给现存或

新设的企业（以下简称“分立企业”），被分立企业股东换取分立企业的股权或非股权支付，实现企业的依法分立。

股权支付是指企业重组中购买、换取资产的一方支付的对价中，以本企业或其控股企业的股权、股份作为支付的形式。

非股权支付是指以本企业的现金、银行存款、应收款项、本企业或其控股企业股权和股份以外的有价证券、存货、固定资产、其他资产以及承担债务等作为支付的形式。

企业重组税务处理分为一般性税务处理方法和特殊性税务处理方法两种。

5.8.2 企业重组的一般性税务处理方法

(1) 企业由法人转变为个人独资企业、合伙企业等非法人组织，或将登记注册地转移至中华人民共和国境外（包括港、澳、台地区），应视同企业进行清算、分配，股东重新投资成立新企业。企业的全部资产以及股东投资的计税基础均应以公允价值为基础确定。

企业发生其他法律形式简单改变的，可直接变更税务登记，除另有规定外，有关企业所得税纳税事项（包括亏损结转、税收优惠等权益和义务）由变更后的企业承继，但因住所发生变化而不符合税收优惠条件的除外。

(2) 企业债务重组，相关交易应按以下规定处理：

① 以非货币资产清偿债务，应当分解为转让相关非货币性资产、按非货币性资产公允价值清偿债务两项业务，确认相关资产的所得或损失。

② 发生债权转股权的，应当分解为债务清偿和股权投资两项业务，确认有关债务清偿所得或损失。

③ 债务人应当按照支付的债务清偿额低于债务计税基础的差额，确认债务重组所得；债权人应当按照收到的债务清偿额低于债权计税基础的差额，确认债务重组损失。

④ 债务人的相关所得税纳税事项原则上保持不变。

(3) 企业股权收购、资产收购重组交易，相关交易应按以下规定处理：

① 被收购方应确认股权、资产转让所得或损失。

② 收购方取得股权或资产的计税基础应以公允价值为基础确定。

③ 被收购企业的相关所得税事项原则上保持不变。

【例题5-17】 甲公司以400万元的银行存款购买乙公司的部分经营性资产，甲公司购买乙公司该部分经营性资产的计税基础为360万元，公允价值为400万元。试问甲公司和乙公司如何进行税务处理？

解析：

甲公司的税务处理：甲公司购买该经营性资产后，应以该资产的公允价值400万元为基础确定计税基础。

乙公司的税务处理：

乙公司应确认的资产转让所得＝400－360＝40(万元)

【例题5-18】 甲企业与乙公司达成债务重组协议，甲以一批库存商品抵偿所欠乙公司一年前发生的债务180.8万元，该批库存商品的账面成本为130万元，市场不含税销售价为 140 万元。请问甲公司该项重组过程中的所得是多少?

解析:

财产转让所得=140-130=10(万元)

债务重组收入=180.8-140=40.8(万元)

(4) 企业合并，当事各方应按下列规定处理:

① 合并企业应按公允价值确定被合并企业各项资产和负债的计税基础。

② 被合并企业及其股东都应按清算进行所得税处理。

③ 被合并企业的亏损不得在合并企业结转弥补。

(5) 企业分立，当事各方应按下列规定处理:

① 被分立企业对分立出去的资产应按公允价值确认资产转让所得或损失。

② 分立企业应按公允价值确认接受资产的计税基础。

③ 被分立企业继续存在时，其股东取得的对价应视同被分立企业分配进行处理。

④ 被分立企业不再继续存在时，被分立企业及其股东都应按清算进行所得税处理。

⑤ 企业分立相关企业的亏损不得相互结转弥补。

5.8.3 企业重组的特殊性税务处理方法

(1) 适用特殊性税务处理的条件:

① 具有合理的商业目的，并且不以减少、免除或者推迟缴纳税款为主要目的。

② 被收购、合并或分立部分的资产或股权比例符合规定。

③ 企业重组后的连续 12 个月内不改变重组资产原来的实质性经营活动。

④ 重组交易对价中涉及的股权支付金额符合规定比例。

⑤ 企业重组中取得股权支付的原主要股东，在重组后连续 12 个月内，不得转让所取得的股权。

(2) 企业重组符合上述 5 条规定的，交易各方对其交易中的股权支付部分，可以按以下规定进行特殊性税务处理:

① 企业债务重组确认的应纳税所得额占该企业当年应纳税所得额 50%以上，可以在 5 个纳税年度的期间内，均匀计入各年度的应纳税所得额。

企业发生债权转股权业务，对债务清偿和股权投资两项业务暂不确认有关债务清偿所得或损失，股权投资的计税基础以原债权的计税基础确定。企业的其他相关所得税事项保持不变。

② 股权收购，收购企业购买的股权不低于被收购企业全部股权的 50%，且收购企业在该股权收购发生时的股权支付金额不低于其交易支付总额的 85%，可以选择按以下规定处理:

第一，被收购企业的股东取得收购企业股权的计税基础，以被收购股权的原有计税基础确定。

第二，收购企业取得被收购企业股权的计税基础，以被收购股权的原有计税基础确定。

第三，收购企业、被收购企业的原有各项资产和负债的计税基础及其他相关所得税

事项保持不变。

③ 资产收购，受让企业收购的资产不低于转让企业全部资产的50%，且受让企业在该资产收购发生时的股权支付金额不低于其交易支付总额的85%，可以选择按以下规定处理：

第一，转让企业取得受让企业股权的计税基础，以被转让资产的原有计税基础确定。

第二，受让企业取得转让企业资产的计税基础，以被转让资产的原有计税基础确定。

④ 企业合并，企业股东在该企业合并发生时取得的股权支付金额不低于其交易支付总额的85%，以及同一控制下且不需要支付对价的企业合并，可以选择按以下规定处理：

第一，合并企业接受被合并企业资产和负债的计税基础，以被合并企业的原有计税基础确定。

第二，被合并企业合并前的相关所得税事项由合并企业承继。

第三，可由合并企业弥补的被合并企业亏损的限额＝被合并企业净资产公允价值×截至合并业务发生当年年末国家发行的最长期限的国债利率（合并企业的亏损加部分被合并企业的亏损）。

上述可由合并企业弥补的被合并企业亏损的限额，是指按《企业所得税法》规定的剩余结转年限内，每年可由合并企业弥补的被合并企业亏损的限额。

第四，被合并企业股东取得合并企业股权的计税基础，以其原持有的被合并企业股权的计税基础确定。

【例题 5-19】 某汽车生产企业合并了一家小型股份公司，股份公司全部资产的公允价值为3 500万元，全部负债为2 000万元，未超过弥补年限的亏损额为400万元。合并时，汽车生产企业给股份公司股权支付额1 300万元，银行存款200万元。该合并业务符合企业重组特殊性税务处理的条件。计算可弥补合并企业的亏损是多少（假定当年国家发行的最长期限的国债年利率为6%）？

解析：

在企业合并的特殊性税务处理中，可由合并企业弥补的被合并企业亏损的限额＝被合并企业净资产公允价值×截至合并业务发生当年年末国家发行的最长期限的国债利率，即

(3 500－2 000)×6%＝90(万元)

⑤ 企业分立，被分立企业所有股东按原持股比例取得分立企业的股权，分立企业和被分立企业均不改变原来的实质经营活动，且被分立企业股东在该企业分立发生时取得的股权支付金额不低于其交易支付总额的85%，可以选择按以下规定处理：

第一，分立企业接受被分立企业资产和负债的计税基础，以被分立企业的原有计税基础确定。

第二，被分立企业已分立出去资产相应的所得税事项由分立企业承继。

相关所得税事项包括尚未确认的资产损失、分期确认收入的处理以及尚未享受期满的税收优惠政策承继处理问题等。

第三，被分立企业未超过法定弥补期限的亏损额可按分立资产占全部资产的比例进行分配，由分立企业继续弥补。

第四，被分立企业的股东取得分立企业的股权（以下简称“新股”），如果需要部分

或全部放弃原持有的被分立企业的股权（以下简称“旧股”），“新股”的计税基础应以放弃“旧股”的计税基础确定。如果不需要放弃“旧股”，则其取得“新股”的计税基础可从以下两种方法中选择确定：直接将“新股”的计税基础确定为零；或者以被分立企业分立出去的净资产占被分立企业全部净资产的比例先调减原持有的“旧股”的计税基础，再将调减的计税基础平均分配到“新股”上。

⑥ 对100%直接控制的居民企业之间，以及受同一或相同多家居民企业100%直接控制的居民企业之间按账面净值划转股权或资产，凡具有合理商业目的，不以减少、免除或者推迟缴纳税款为主要目的，股权或资产划转后连续12个月内不改变被划转股权或资产原来实质性经营活动，且划出方企业和划入方企业均未在会计上确认损益的，可以选择按以下规定进行特殊性税务处理：

第一，划出方企业和划入方企业不确认所得。

第二，划入方企业取得被划转股权或资产的计税基础，以被划转股权或资产的原账面净值确定。

第三，划入方企业取得的被划转资产，应按其原账面价值计算折旧扣除。

⑦ 重组交易各方按①至⑤项规定对交易中股权支付暂不确认有关资产的转让所得或损失的，其非股权支付仍应在交易当期确认相应的资产转让所得或损失，并调整相应资产的计税基础。

$$\begin{array}{c}\text{非股权支付对应的}\\\text{资产转让所得或损失}\end{array}=\left(\begin{array}{c}\text{被转让资产}\\\text{的公允价值}\end{array}-\begin{array}{c}\text{被转让资产}\\\text{的计税基础}\end{array}\right)\times\begin{array}{c}\text{非股权}\\\text{支付金额}\end{array}\div\begin{array}{c}\text{被转让资产}\\\text{的公允价值}\end{array}$$

【例题 5-20】 甲公司共有股权10 000万股，为了将来有更好的发展，甲公司将80%的股权让乙公司收购，然后成为乙公司的子公司。假定收购日甲公司每股资产的计税基础为7元，每股资产的公允价值为9元。在收购对价中，乙公司以股权形式支付64 800万元，以银行存款支付7 200万元。甲公司此项业务的应纳税所得额为多少？

解析：

(1) 股权收购比重为80%，大于规定的50%，故

股权支付金额占交易额比重＝64 800÷(64 800＋7 200)＝90%＞85%

因此，甲公司可以适用企业重组的特殊性税务处理方法。

(2) 甲公司取得非股权支付额对应的资产转让所得为：

(10 000×80%×9－10 000×80%×7)×7 200÷72 000

＝16 000×0.1

＝1 600(万元)

【例题 5-21】 甲公司将100%持股的子公司（以下简称“乙公司”）股权全部转让，取得股权对价238.5万元，取得现金对价26.5万元。该笔股权的历史成本为180万元，转让时的公允价值为265万元。此项重组业务已办理了特殊重组备案手续。计算甲公司此项业务的应纳税所得额。

解析：

此项重组符合特殊性税务重组的条件，只对非股权支付部分确认股权转让所得。

非股权支付对应的资产转让所得＝(265－180)×26.5÷265

＝8.5(万元)

(3) 企业发生涉及中国境内与境外之间（包括港、澳、台地区）的股权和资产收购交易，除应符合上述规定条件外，还应同时符合下列条件，才可选择适用特殊性税务处理规定：

① 非居民企业向其100%直接控股的另一非居民企业转让其拥有的居民企业股权，没有因此造成以后该项股权转让所得预提税负担变化，且转让方非居民企业向主管税务机关书面承诺在3年（含3年）内不转让其拥有的受让方非居民企业的股权。

② 非居民企业向与其具有100%直接控股关系的居民企业转让其拥有的另一居民企业股权。

③ 居民企业以其拥有的资产或股权向其100%直接控股的非居民企业进行投资。

④ 财政部、国家税务总局核准的其他情形。

上述第③条所指的居民企业以其拥有的资产或股权向其100%直接控股的非居民企业进行投资，如果其资产或股权转让收益选择特殊性税务处理，可以在10个纳税年度内均匀计入各年度应纳税所得额。

(4) 在企业吸收合并中，合并后存续企业的性质及适用税收优惠的条件未发生改变的，可以继续享受合并前该企业剩余期限的税收优惠，其优惠金额按存续企业合并前一年的应纳税所得额（亏损计为零）计算。

在企业存续分立中，分立后存续企业的性质及适用税收优惠的条件未发生改变的，可以继续享受分立前该企业剩余期限的税收优惠，其优惠金额按该企业分立前一年的应纳税所得额（亏损计为零）乘以分立后存续企业资产占分立前该企业全部资产的比例计算。

(5) 企业在重组发生前后连续12个月内分步对其资产、股权进行交易，应根据实质重于形式原则将上述交易作为一项企业重组交易进行处理。

(6) 企业发生符合规定的特殊性重组条件并选择特殊性税务处理的，当事各方应在该重组业务完成当年企业所得税年度申报时，向主管税务机关提交书面备案资料，证明其符合各类特殊性重组规定的条件。企业未按规定书面备案的，一律不得按特殊性重组业务进行税务处理。

5.9 特别纳税调整

5.9.1 特别纳税调整概述

企业与其关联方之间的业务往来，不符合独立交易原则而减少企业或者其关联方应纳税收入或者所得额的，税务机关有权按照合理方法调整。企业与其关联方共同开发、受让无形资产，或者共同提供、接受劳务发生的成本，在计算应纳税所得额时应当按照独立交易原则进行分摊。

关联方是指与企业有下列关联关系之一的企业、其他组织或者个人：

（1）在资金、经营、购销等方面存在直接或者间接的控制关系。

（2）直接或者间接地同为第三者控制。

（3）在利益上具有相关联的其他关系。

独立交易原则是指没有关联关系的交易各方，按照公平成交价格和营业常规进行业务往来所遵循的原则。

特别纳税调整适用于税务机关对企业的转让定价、预约定价安排、成本分摊协议、受控外国企业、资本弱化以及一般反避税等特别纳税调整事项的管理。

5.9.2 转让定价管理

企业发生关联交易以及税务机关审核、评估关联交易均应遵循独立交易原则，选用合理的转让定价方法。

转让定价方法包括：

（1）可比非受控价格法，是指以非关联方之间进行的与关联交易相同或类似业务活动所收取的价格作为关联交易的公平成交价格的方法。

【即学即用】 A国的N汽车制造公司在B国设立了一个子公司（A国的企业所得税税率为30%，B国的企业所得税税率为15%），N汽车制造公司将其生产的汽车以每辆10万美元的价格销售给B国子公司。A国税务当局检查发现，当地市场上同样规格汽车的成交价格是13万美元。A国税务当局应怎样调整？

解析：

A国税务当局可以按照可比非受控价格法进行调整，向A国母公司就调整后增加的3万美元（=13−10）的所得补征企业所得税0.9万美元（=3×30%）。

（2）再销售价格法，是指以关联方购进商品再销售给非关联方的价格减去可比非关联交易毛利后的金额作为关联方购进商品的公平成交价格的方法。相应的计算公式为：

公平成交价格=再销售给非关联方的价格×(1−可比非关联交易毛利率)

可比非关联交易毛利率=可比非关联交易毛利÷可比非关联交易收入净额×100%

【即学即用】 A国的N汽车制造公司在B国设立了一个子公司（A国的企业所得税税率为30%，B国的企业所得税税率为15%），N汽车制造公司的汽车制造成本为每辆8万美元，在A国市场上还没有销售过，现以每辆10万美元的价格销售给B国子公司一批汽车，B国子公司最后以15万美元的价格在当地售出这批汽车。根据A国税务当局调查证明，当地无关联企业同类汽车的销售毛利率为20%。A国税务局应做出怎样的调整？

解析：

按照再销售价格法，这个企业集团内部A国N公司向其B国子公司销售每辆汽车的价格应调整为：

15×(1−20%)=12(万美元)

A国税务局按照再销售价格法，可以认定A国N公司这批汽车的销售收入，即每辆

汽车应按 12 万美元进行调整。

(3) 成本加成法，是指以关联交易发生的合理成本加上可比非关联交易毛利作为关联交易的公平成交价格的方法。相应的计算公式为：

公平成交价格＝关联交易的合理成本×(1＋可比非关联交易成本加成率)

可比非关联交易成本加成率＝可比非关联交易毛利÷可比非关联交易成本×100%

【即学即用】 在既无可比非受控价格，又无再销售价格的情况下，A 国 N 汽车制造公司将汽车以成本价格（每辆 8 万美元）销售给 B 国子公司，B 国子公司以每辆汽车 15 万美元的价格在当地出售。但是，A 国税务当局认为，根据 A 国的市场资料，A 国 N 公司这批汽车的一般生产费用率为 60%。A 国税务局应怎样调整？

解析：

按照成本加成法，对 A 国 N 公司销售这批汽车的收入（价格）每辆调整为：

8÷60%＝13.33(万美元)

A 国税务局按照成本加成法可以认定 A 国 N 公司这批汽车的销售收入，即每辆汽车应按 13.33 万美元进行调整。

(4) 交易净利润法，是指以可比非关联交易的利润率指标确定关联交易净利润的方法。利润率指标包括资产收益率、销售利润率、完全成本加成率、贝里比率等。

(5) 利润分割法，是指根据企业与其关联方对关联交易合并利润的贡献计算各自应该分配的利润额的方法。利润分割法分为一般利润分割法和剩余利润分割法。

(6) 其他符合独立交易原则的方法。

5.9.3 预约定价安排管理

企业可以向税务机关提出与其关联方之间业务往来的定价原则和计算方法，税务机关与企业协商、确认后，达成预约定价安排。

预约定价安排是指企业就其未来年度关联交易的定价原则和计算方法，向税务机关提出申请，与税务机关按照独立交易原则协商、确认后达成的协议。

预约定价安排的谈签与执行通常要经过预备会谈、正式申请、审核评估、磋商、签订安排和监控执行 6 个阶段。预约定价安排包括单边、双边和多边三种类型。

5.9.4 成本分摊协议管理

企业与其关联方共同开发、受让无形资产，或者共同提供、接受劳务发生的成本，在计算应纳税所得额时应当按照独立交易原则进行分摊。

企业可以依照上述规定，按照独立交易原则与其关联方分摊共同发生的成本，达成成本分摊协议。企业与其关联方分摊成本时，应当按照成本与预期收益相配比的原则进行分摊，并在税务机关规定的期限内，按照税务机关的要求报送有关资料。企业与其关联方分摊成本时违反此规定的，其自行分摊的成本不得在计算应纳税所得额时扣除。

【即学即用】 假设集团的总公司A和子公司B、C共同接受服务，服务支付总价款为100万元。假设接受这项服务后，A企业能增加预期收益50万元，B企业能增加预期收益10万元，C企业能增加预期收益40万元，则A企业、B企业、C企业应分摊多少成本？

解析：

按照成本分摊协议管理，A企业应分摊的成本为50万元（$=100\times\frac{50}{100}$），B企业应分摊的成本为10万元（$=100\times\frac{10}{100}$），C企业应分摊的成本为40万元（$=100\times\frac{40}{100}$），也就是成本的分摊比例要与受益比例一致。

5.9.5 受控外国企业管理

受控外国企业是指根据《企业所得税法》第四十五条的规定，由居民企业，或者由居民企业和居民个人（以下统称“中国居民股东”，包括中国居民企业股东和中国居民个人股东）控制的设立在实际税负低于《企业所得税法》第四条第一款规定税率水平的国家（地区），并非出于合理经营需要对利润不做分配或减少分配的外国企业。

控制是指在股份、资金、经营、购销等方面构成实质控制。其中，股份控制是指由中国居民股东在纳税年度任何一天单层直接或多层间接持有外国企业10%以上有表决权股份，且共同持有该外国企业50%以上股份。

中国居民股东多层间接持有股份按各层持股比例相乘计算，中间层持有股份超过50%的，按100%计算。

5.9.6 资本弱化管理

(1) 利息支出的计算。在计算应纳税所得额时，企业实际支付给关联方的利息支出，不超过以下规定的比例和《企业所得税法》及其实施条例有关规定计算的部分，准予扣除，超过的部分不得在发生当期和以后年度扣除。

企业实际支付给关联方的利息支出，除符合《财政部、国家税务总局关于企业关联方利息支出税前扣除标准有关税收政策问题的通知》（财税［2008］121号，以下简称《通知》）第三条规定外，其接受关联方债权性投资与其权益性投资的比例为：

① 金融企业为5：1。

② 其他企业为2：1。

(2) 不得在计算应纳税所得额时扣除的利息支出应按以下公式计算：

$$不得扣除利息支出=\begin{matrix}年度实际支付的\\全部关联方利息\end{matrix}\times(1-标准比例\div关联债资比例)$$

关联债资比例是指企业从其全部关联方接受的债权性投资（以下简称“关联债权投资”）占企业接受的权益性投资（以下简称“权益投资”）的比例。关联债权投资包括关联方以各种形式提供担保的债权性投资。

关联债资比例的具体计算方法如下：

关联债资比例＝年度各月平均关联债权投资之和÷年度各月平均权益投资之和

其中，

各月平均关联债权投资＝（关联债权投资月初账面余额＋关联债权投资月末账面余额）÷2

各月平均权益投资＝（权益投资月初账面余额＋权益投资月末账面余额）÷2

权益投资为企业资产负债表所列示的所有者权益金额。如果所有者权益小于实收资本（股本）与资本公积之和，则权益投资为实收资本（股本）与资本公积之和；如果实收资本（股本）与资本公积之和小于实收资本（股本）金额，则权益投资为实收资本（股本）金额。

（3）如果企业能够按照《企业所得税法》及其实施条例的有关规定提供相关资料，并证明相关交易活动符合独立交易原则的；或者该企业的实际税负不高于境内关联方的，其实际支付给境内关联方的利息支出，在计算应纳税所得额时准予扣除。

（4）企业同时从事金融业务和非金融业务，其实际支付给关联方的利息支出，应按照合理方法分开计算；没有按照合理方法分开计算的，一律按《通知》第一条有关其他企业的比例计算准予税前扣除的利息支出。

（5）企业自关联方取得的不符合规定的利息收入应按照有关规定缴纳企业所得税。

【即学即用】 甲公司投资乙公司2 000万元，占其注册资本的30%。乙公司2018年度向甲公司借款5 000万元，支付1年期利息280万元。甲、乙公司均为非金融企业，银行同期同类贷款利率为5%，计算乙公司当年计算应纳税所得额时应调整的利息为（　）万元。

A. 30　　B. 40　　C. 60　　D. 80

答案： D

解析：

应调整的利息＝280－2 000×2×5%＝80（万元）

5.9.7 法律责任

（1）企业不提供与其关联方之间业务往来资料，或者提供虚假、不完整资料，未能真实反映其关联业务往来情况的，税务机关有权依法核定其应纳税所得额。核定方法包括：

① 参照同类或者类似企业的利润率水平核定。

② 按照企业成本加合理的费用和利润的方法核定。

③ 按照关联企业集团整体利润的合理比例核定。

④ 按照其他合理方法核定。

企业对税务机关按照前款规定方法核定的应纳税所得额有异议的，应当提供相关证据，经税务机关认定后，调整核定的应纳税所得额。

（2）税务机关根据《企业所得税法》及其实施条例的规定，对企业做出特别纳税调整的，应对 2008 年 1 月 1 日以后发生交易补征的企业所得税税款，按日加收利息。

① 计息期间自税款所属纳税年度的次年 6 月 1 日起至补缴（预缴）税款入库之日止。

② 利率按照税款所属纳税年度 12 月 31 日实行的与补税期间同期的中国人民银行人民币贷款基准利率加 5 个百分点计算，并按一年 365 天计算日利率。

③ 企业按照规定提供同期资料和其他相关资料的，或者企业符合免予准备同期资料规定但根据税务机关要求提供其他相关资料的，可以只按基准利率计算加收利息。

企业按照规定免予准备同期资料，但经税务机关调查，其实际关联交易额达到必须准备同期资料标准的，税务机关对补征税款加收利息，适用本条第②项规定。

④ 按照本条规定加收的利息，不得在计算应纳税所得额时扣除。

【即学即用】 根据企业所得税法律制度的规定，税务机关依照规定进行特别纳税调整后，除了应当补征税款外，还应按照国务院规定加收利息。在下面对加收利息适用利率的表述中，正确的是（ ）。

A. 按照中国人民银行公布的与补税期间同期的人民币存款基准利率

B. 按照中国人民银行公布的与补税期间同期的人民币贷款基准利率

C. 按照中国人民银行公布的与补税期间同期的人民币贷款基准利率加 4 个百分点

D. 按照中国人民银行公布的与补税期间同期的人民币贷款基准利率加 5 个百分点

答案：D

5.10 征收管理

5.10.1 纳税地点

（1）除税收法律、行政法规另有规定外，居民企业以企业登记注册地为纳税地点；但登记注册地在境外的，以实际管理机构所在地为纳税地点。企业登记注册地是指企业依照国家有关规定登记注册的住所地。

（2）居民企业在中国境内设立不具有法人资格的营业机构的，应当汇总计算并缴纳企业所得税。企业汇总计算并缴纳企业所得税时，应当统一核算应纳税所得额，具体办法由国务院财政、税务主管部门另行制定。

（3）非居民企业在中国境内设立机构、场所的，应当就其所设机构、场所取得的来

源于中国境内的所得，以及发生在中国境外但与其所设机构、场所有实际联系的所得，以机构、场所所在地为纳税地点。非居民企业在中国境内设立两个或者两个以上机构、场所的，经税务机关审核批准，可以选择由其主要机构、场所汇总缴纳企业所得税。

（4）非居民企业在中国境内未设立机构、场所的，或者虽设立机构、场所但取得的所得与其所设机构、场所没有实际联系的所得，以扣缴义务人所在地为纳税地点。

（5）除国务院另有规定外，企业之间不得合并缴纳企业所得税。

5.10.2 纳税期限

企业所得税按年计征，分月或者分季预缴，年终汇算清缴，多退少补。

企业所得税的纳税年度，自公历1月1日起至12月31日止。企业在一个纳税年度的中间开业，或者由于合并、关闭等原因终止经营活动，使该纳税年度的实际经营期不足12个月的，应当以其实际经营期为1个纳税年度。企业清算时，应当以清算期间作为1个纳税年度。

自年度终了之日起5个月内，向税务机关报送年度企业所得税纳税申报表，并汇算清缴，结清应缴应退税款。

企业在年度中间终止经营活动的，应当自实际经营终止之日起60日内，向税务机关办理当期企业所得税汇算清缴。

扣缴义务人每次代扣的税款，应当自代扣之日起7日内缴入国库，并向所在地的税务机关报送扣缴企业所得税报告表。

5.10.3 跨地区经营汇总纳税

1. 汇总纳税政策规定

为加强跨地区经营汇总纳税企业所得税的征收管理，居民企业在中国境内跨地区（指跨省、自治区、直辖市和计划单列市）设立不具有法人资格分支机构的，该居民企业为跨地区经营汇总纳税企业。

汇总纳税企业实行“统一计算、分级管理、就地预缴、汇总清算、财政调库”的企业所得税征收管理办法：

统一计算是指总机构统一计算包括汇总纳税企业所属各个不具有法人资格分支机构在内的全部应纳税所得额、应纳税额。

分级管理是指总机构、分支机构所在地的主管税务机关都有对当地机构进行企业所得税管理的责任，总机构和分支机构应分别接受机构所在地主管税务机关的管理。

就地预缴是指总机构、分支机构应按《跨省市总分机构企业所得税分配及预算管理暂行办法》的规定，分月或分季分别向所在地主管税务机关申报预缴企业所得税。

汇总清算是指在年度终了后，总机构统一计算汇总纳税企业的年度应纳税所得额、应纳所得税税额，抵减总机构、分支机构当年已就地分期预缴的企业所得税税款后，多退少补。

财政调库是指财政部定期将缴入中央国库的汇总纳税企业所得税待分配收入，按照核定的系数调整至地方国库。

总机构和具有主体生产经营职能的二级分支机构，就地分摊缴纳企业所得税。二级分支机构是指汇总纳税企业依法设立并领取非法人营业执照（登记证书），且总机构对其财务、业务、人员等直接进行统一核算和管理的分支机构。

以下二级分支机构不就地分摊缴纳企业所得税：

（1）不具有主体生产经营职能，且在当地不缴纳增值税的产品售后服务、内部研发、仓储等汇总纳税企业内部辅助性的二级分支机构，不就地分摊缴纳企业所得税。

（2）上年度认定为小型微利企业的，其二级分支机构不就地分摊缴纳企业所得税。

（3）新设立的二级分支机构，设立当年不就地分摊缴纳企业所得税。

（4）当年撤销的二级分支机构，自办理注销税务登记之日所属企业所得税预缴期间起，不就地分摊缴纳企业所得税。

（5）汇总纳税企业在中国境外设立的不具有法人资格的二级分支机构，不就地分摊缴纳企业所得税。

2. 税款预缴的计算

汇总纳税企业按照《企业所得税法》规定汇总计算的企业所得税，包括预缴税款和汇算清缴应缴应退税款，50%在各分支机构间分摊，各分支机构根据分摊税款就地办理缴库或退库；50%由总机构分摊缴纳，其中25%就地办理缴库或退库，25%就地全额缴入中央国库或退库。具体的税款缴库或退库程序按照《财政部、国家税务总局、中国人民银行关于印发〈跨省市总分机构企业所得税分配及预算管理办法〉的通知》（财预［2012］40号）第五条等相关规定执行。

企业所得税分月或者分季预缴，由总机构所在地主管税务机关具体核定。

汇总纳税企业应根据当期实际利润额，按照规定的预缴分摊方法计算总机构和分支机构的企业所得税预缴额，分别由总机构和分支机构就地预缴；在规定期限内按实际利润额预缴有困难的，也可以按照上一年度应纳税所得额的1/12或1/4，按照财预［2012］40号文规定的预缴分摊方法计算总机构和分支机构的企业所得税预缴额，分别由总机构和分支机构就地预缴。预缴方法一经确定，当年度不得变更。

总机构应将本期企业应纳所得税税额的50%部分，在每月或季度终了后15日内就地申报预缴。总机构应将本期企业应纳所得税税额的另外50%部分，按照各分支机构应分摊的比例，在各分支机构之间进行分摊，并及时通知到各分支机构；各分支机构应在每月或季度终了之日起15日内，就其分摊的所得税税额就地申报预缴。

总机构按以下公式计算分摊税款：

总机构分摊税款＝汇总纳税企业当期应纳所得税税额×50%

分支机构按以下公式计算分摊税款：

所有分支机构分摊税款总额＝汇总纳税企业当期应纳所得税税额×50%

某分支机构分摊税款＝所有分支机构分摊税款总额×该分支机构分摊比例

总机构应按照上年度分支机构的营业收入、职工薪酬和资产总额三个因素计算各分支机构分摊所得税税款的比例；三级及以下分支机构，其营业收入、职工薪酬和资产总额统一计入二级分支机构；三因素的权重依次为0.35、0.35、0.30。

计算公式如下：

某分支机构分摊比例＝(该分支机构营业收入/各分支机构营业收入之和)×0.35
＋(该分支机构职工薪酬/各分支机构职工薪酬之和)×0.35
＋(该分支机构资产总额/各分支机构资产总额之和)×0.30

【例题5-22】 A企业下设三家独立核算的分支机构，分别位于A1、A2、A3地区。2018年，A企业总部销售收入1 500万元、职工100人、总资产2 000万元；A1地区的分支机构销售收入450万元、职工30人、总资产800万元；A2地区的分支机构销售收入360万元、职工20人、总资产500万元；A3地区的分支机构销售收入130万元、职工5人、总资产200万元。

那么A企业2018年的销售收入为2 440万元（＝1 500＋450＋360＋130）。假定2018年该企业的企业所得税应纳税所得额为1 000万元。计算各分支机构的应纳税所得额。

解析：

A1地区的应纳税所得额
＝1 000×50%×(0.35×450/2 440＋0.35×30/155＋0.3×800/3 500)
＝100.43(万元)

A2地区的应纳税所得额
＝1 000×50%×(0.35×360/2 440＋0.35×20/155＋0.3×500/3 500)
＝69.83(万元)

A3地区的应纳税所得额
＝1 000×50%×(0.35×130/2 440＋0.35×5/155＋0.3×200/3 500)
＝23.54(万元)

5.10.4 纳税申报

按月或按季预缴的，应当自月份或者季度终了之日起15日内，向税务机关报送预缴企业所得税纳税申报表，预缴税款。

企业在报送企业所得税纳税申报表时，应当按照规定附送财务会计报告和其他有关资料。

企业应当在办理注销登记前，就其清算所得向税务机关申报并依法缴纳企业所得税。

依照《企业所得税法》缴纳的企业所得税以人民币计算，所得以人民币以外的货币计算的，应当折合成人民币计算并缴纳税款。

企业在纳税年度内无论盈利或者亏损，都应当依照《企业所得税法》第五十四条规定的期限，向税务机关报送预缴企业所得税纳税申报表、年度企业所得税纳税申报表、财务会计报告和税务机关规定应当报送的其他有关资料。

2017年12月29日，国家税务总局发布的《关于发布〈中华人民共和国企业所得税年度纳税申报表（A类，2017年版）〉的公告》（以下简称《公告》），适用于纳税人2017年度及以后年度汇算清缴。以前年度企业所得税年度纳税申报表的相关规则与《公告》不一致的，不追溯调整。纳税人调整以前年度涉税事项的，应按相应年度的企业所得税年度纳税申报表的相关规则调整。

修订后的《年度纳税申报表（A类，2017年版）》由37张表单组成，其中必填表2

张，选填表 35 张。

从填报内容看，全套申报表由反映纳税人整体情况（2 张）以及反映会计核算（6 张）、纳税调整（13 张）、弥补亏损（1 张）、税收优惠（9 张）、境外税收（4 张）、汇总纳税（2 张）等明细情况的“1+6”表单体系组成。

从表单结构看，全套申报表分为基础信息表（1 张）、主表（1 张）、一级明细表（6 张）、二级明细表（25 张）和三级明细表（4 张）。

(1)《企业基础信息表》为必填表，主要反映纳税人的基本信息，包括纳税人基本信息、重组事项、企业主要股东及分红情况等。纳税人在填报申报表时，首先需要填报此表，为后续申报提供指引。

(2)《中华人民共和国企业所得税年度纳税申报表（A 类）》为必填表，是纳税人计算、申报、缴纳企业所得税的主表。

(3)《一般企业收入明细表》适用于除金融企业、事业单位和民间非营利组织外的纳税人填报，反映一般企业按照国家统一会计制度规定取得的收入情况。

(4)《金融企业收入明细表》仅适用于金融企业（包括银行、信用社、保险公司、证券公司等金融企业）填报，反映金融企业按照企业会计准则规定取得的收入情况。

(5)《一般企业成本支出明细表》适用于除金融企业、事业单位和民间非营利组织外的纳税人填报，反映一般企业按照国家统一会计制度规定发生的成本、支出情况。

(6)《金融企业支出明细表》适用于金融企业（包括银行、信用社、保险公司、证券公司等金融企业）填报，反映金融企业按照企业会计准则规定发生的支出情况。

(7)《事业单位、民间非营利组织收入、支出明细表》适用于事业单位和民间非营利组织填报，反映事业单位、社会团体、民办非企业单位、非营利组织等按照有关会计制度规定取得收入以及发生的支出、费用情况。

(8)《期间费用明细表》适用于除事业单位和民间非营利组织外的纳税人填报。纳税人根据国家统一会计制度规定，填报期间费用明细项目。

(9)《纳税调整项目明细表》填报纳税人财务、会计处理办法（以下简称“会计处理”）与税收法律、行政法规的规定（以下简称“税收规定”）不一致，需要进行纳税调整的项目和金额。

(10)《视同销售和房地产开发企业特定业务纳税调整明细表》填报纳税人发生视同销售行为、房地产开发企业销售未完工产品、未完工产品转完工产品，由于其会计处理与税收规定不一致，需要进行纳税调整的项目和金额。

(11)《未按权责发生制确认收入纳税调整明细表》填报纳税人的会计处理按照权责发生制确认收入，而税收规定不按照权责发生制确认收入，需要进行纳税调整的项目和金额。

(12)《投资收益纳税调整明细表》填报纳税人获得投资收益，由于其会计处理与税收规定不一致，需要进行纳税调整的项目和金额。

(13)《专项用途财政性资金纳税调整明细表》填报纳税人取得符合不征税收入条件的专项用途财政性资金，由于其会计处理与税收规定不一致，需要进行纳税调整的金额。

(14)《职工薪酬支出及纳税调整明细表》填报纳税人发生的职工薪酬（包括工资薪

金、职工福利费、职工教育经费、工会经费、各类基本社会保障性缴款、住房公积金、补充养老保险、补充医疗保险等支出）情况，以及由于其会计处理与税收规定不一致，需要进行纳税调整的项目和金额。纳税人只要发生职工薪酬支出，均需填报本表。

(15)《广告费和业务宣传费跨年度纳税调整明细表》填报纳税人发生的广告费和业务宣传费支出，以及由于其会计处理与税收规定不一致，需要进行纳税调整的金额。纳税人发生以前年度广告费和业务宣传费未扣除完毕的，也应填报以前年度的累计结转情况。

(16)《捐赠支出及纳税调整明细表》填报纳税人发生捐赠支出的情况，以及由于其会计处理与税收规定不一致，需要进行纳税调整的项目和金额。纳税人发生以前年度捐赠支出未扣除完毕的，也应填报以前年度的累计结转情况。

(17)《资产折旧、摊销及纳税调整明细表》填报纳税人资产折旧、摊销的情况，以及由于其会计处理与税收规定不一致，需要进行纳税调整的项目和金额。

(18)《资产损失税前扣除及纳税调整明细表》填报纳税人发生的资产损失的项目及金额，以及由于其会计处理与税收规定不一致，需要进行纳税调整的项目和金额。

(19)《企业重组及递延纳税事项纳税调整明细表》填报纳税人发生企业重组、非货币性资产对外投资、技术入股等业务所涉及的所得或损失情况，以及由于其会计处理与税收规定不一致，需要进行纳税调整的项目和金额。

(20)《政策性搬迁纳税调整明细表》填报纳税人发生政策性搬迁所涉及的所得或损失，以及由于其会计处理与税收规定不一致，需要进行纳税调整的项目和金额。

(21)《特殊行业准备金及纳税调整明细表》填报保险、证券、期货、金融、担保、小额贷款公司等特殊行业纳税人发生的特殊行业准备金情况，以及由于其会计处理与税收规定不一致，需要进行纳税调整的项目和金额。

(22)《企业所得税弥补亏损明细表》填报纳税人以前年度发生的亏损需要在本年度结转弥补的金额、本年度可弥补的金额以及可继续结转以后年度弥补的亏损额。

(23)《免税、减计收入及加计扣除优惠明细表》填报纳税人本年度所享受免税收入、减计收入、加计扣除等优惠的项目和金额。

(24)《符合条件的居民企业之间的股息、红利等权益性投资收益优惠明细表》填报纳税人本年度享受居民企业之间的股息、红利等权益性投资收益免税优惠的项目和金额。

(25)《研发费用加计扣除优惠明细表》填报纳税人享受研发费用加计扣除优惠的情况和金额。纳税人以前年度有销售研发活动直接形成产品（包括组成部分）对应材料部分未扣减完毕的，也应填报以前年度未扣减情况。

(26)《所得减免优惠明细表》填报纳税人本年度享受减免所得额（包括农、林、牧、渔项目和国家重点扶持的公共基础设施项目、环境保护、节能节水项目以及符合条件的技术转让项目等）优惠的项目和金额。

(27)《抵扣应纳税所得额明细表》填报纳税人本年度享受创业投资企业抵扣应纳税所得额优惠的情况和金额。纳税人有以前年度结转的尚未抵扣的股权投资余额的，也应填报以前年度累计结转情况。

(28)《减免所得税优惠明细表》填报纳税人本年度享受减免所得税（包括小型微利企业、高新技术企业、民族自治地方企业、其他专项优惠等）的项目和金额。

(29)《高新技术企业优惠情况及明细表》为高新技术企业的资格在有效期内纳税人的必填表，填报高新技术企业本年度的有关情况和优惠金额。

(30)《软件、集成电路企业优惠情况及明细表》填报纳税人本年度享受软件、集成电路企业优惠的有关情况和优惠金额。

(31)《税额抵免优惠明细表》填报纳税人享受购买专用设备投资额抵免税额的情况和金额。纳税人有以前年度结转的尚未抵免的专用设备投资额的，也应填报以前年度已抵免情况。

(32)《境外所得税收抵免明细表》填报纳税人本年度来源于或发生于不同国家、地区的所得，按照我国税收规定计算应缴纳和应抵免的企业所得税税额。

(33)《境外所得纳税调整后所得明细表》填报纳税人本年度来源于或发生于不同国家、地区的所得，按照我国税收规定计算调整后的所得。

(34)《境外分支机构弥补亏损明细表》填报纳税人境外分支机构本年度及以前年度发生的税前尚未弥补的非实际亏损额和实际亏损额、结转以后年度弥补的非实际亏损额和实际亏损额。

(35)《跨年度结转抵免境外所得税明细表》填报纳税人本年度发生的来源于不同国家或地区的境外所得，按照我国税收法律、法规的规定可以抵免的所得税税额。

(36)《跨地区经营汇总纳税企业年度分摊企业所得税明细表》由跨地区经营汇总纳税企业的总机构按照规定计算的总机构、分支机构本年度应缴的企业所得税，以及总机构、分支机构应分摊的企业所得税。

(37)《企业所得税汇总纳税分支机构所得税分配表》填报总机构本年度实际应纳所得税税额以及所属分支机构本年度应分摊的所得税税额。

【综合案例】 某小汽车生产企业为增值税一般纳税人，2019 年的相关财务数据为：

(1) 全年取得产品销售收入总额 68 000 万元，产品销售成本 45 800 万元，税金及附加 9 250 万元。

(2) 销售费用 3 600 万元。

(3) 管理费用 2 900 万元，其中含业务招待费 280 万元、新技术研究开发费用 100 万元。

(4) 财务费用 870 万元。

(5) 营业外收入 320 万元以及直接投资其他居民企业分回的股息收入 550 万元。

(6) 营业外支出 1 050 万元，其中含该企业通过省教育厅向某山区中小学捐款 800 万元。

(7) 成本费用中含 2019 年度实际发生的工资费用 3 000 万元、职工福利费 480 万元、职工工会经费 90 万元、职工教育经费 70 万元。

(8) 7 月 10 日购入一台符合有关目录要求的安全生产专用设备，不含税金额 234 万元，当月投入使用。

(9) 假定企业实行分季预缴方式，并假定前三季度的预缴金额为 990 万元。

要求：

(1) 计算 2019 年度应缴纳的企业所得税。

(2) 填报企业所得税纳税申报表。

解析：

(1) 应纳所得税税额的计算。

营业利润＝68 000－45 800－9 250－3 600－2 900－870＋550＝6 130(万元)

利润总额＝6 130＋320－1 050＝5 400(万元)

业务招待费发生额的60%＝280×60%＝168(万元)<68 000×5‰

应调增应纳税所得额＝280－168＝112(万元)

公益性捐赠限额＝5 400×12%＝648(万元)

应调增应纳税所得额＝800－648＝152(万元)

职工福利费列支限额＝3 000×14%＝420(万元)

应调增应纳税所得额＝480－420＝60(万元)

职工教育经费列支限额＝3 000×8%＝240(万元)(企业实际发生70万元，未超过列支限额，可据实扣除)

工会经费列支限额＝3 000×2%＝60(万元)

应调增应纳税所得额＝90－60＝30(万元)

应调增应纳税所得额合计金额＝112＋152＋60＋30＝354(万元)

免税、减计收入及加计扣除＝550＋100×75%＝625(万元)

应纳税所得额＝5 400＋354－625＝5 129(万元)

应纳所得税税额＝5 129×25%＝1 282.25(万元)

抵免所得税税额＝234×10%＝23.40(万元)

实际应纳税税额＝1 282.25－23.40＝1 258.85(万元)

(2) 所得税申报表的填制（见表5-1)。

表5-1　　中华人民共和国企业所得税年度纳税申报表（A类）

行次	类别	项目	金额
1	利润总额计算	一、营业收入（填写A101010\101020\103000)	680 000 000
2		减：营业成本（填写A102010\102020\103000)	458 000 000
3		减：税金及附加	92 500 000
4		减：销售费用（填写A104000)	36 000 000
5		减：管理费用（填写A104000)	29 000 000
6		减：财务费用（填写A104000)	8 700 000
7		减：资产减值损失	
8		加：公允价值变动收益	
9		加：投资收益	5 500 000
10		二、营业利润（1－2－3－4－5－6－7＋8＋9)	61 300 000
11		加：营业外收入（填写A101010\101020\103000)	3 200 000
12		减：营业外支出（填写A102010\102020\103000)	10 500 000
13		三、利润总额（10＋11－12)	54 000 000

续前表

行次	类别	项目	金额
14	应纳税所得额计算	减：境外所得（填写 A108010）	
15		加：纳税调整增加额（填写 A105000）	3 540 000
16		减：纳税调整减少额（填写 A105000）	
17		减：免税、减计收入及加计扣除（填写 A107010）	625 000
18		加：境外应税所得抵减境内亏损（填写 A108000）	
19		四、纳税调整后所得（13－14＋15－16－17＋18）	51 290 000
20		减：所得减免（填写 A107020）	
21		减：弥补以前年度亏损（填写 A106000）	
22		减：抵扣应纳税所得额（填写 A107030）	
23		五、应纳税所得额（19－20－21－22）	51 290 000
24	应纳税额计算	税率（25%）	
25		六、应纳所得税额（23×24）	12 822 500
26		减：减免所得税额（填写 A107040）	
27		减：抵免所得税额（填写 A107050）	234 000
28		七、应纳税额（25－26－27）	12 588 500
29		加：境外所得应纳所得税额（填写 A108000）	
30		减：境外所得抵免所得税额（填写 A108000）	
31		八、实际应纳所得税额（28＋29－30）	12 588 500
32		减：本年累计实际已缴纳的所得税额	9 900 000
33		九、本年应补（退）所得税额（31－32）	2 688 500
34		其中：总机构分摊本年应补（退）所得税额（填写 A109000）	2 688 500
35		财政集中分配本年应补（退）所得税额（填写 A109000）	
36		总机构主体生产经营部门分摊本年应补（退）所得税额（填写 A109000）	

本章小结

企业所得税是对我国境内的企业和其他取得收入的组织的生产经营所得、其他所得和清算所得征收的一种税。在我国境内的企业和其他取得收入的组织为企业所得税的纳税人，企业所得税以企业的生产经营所得、其他所得和清算所得等为征税对象。企业所得税实行比例税率。企业所得税实行境外所得已纳税额抵免制度。企业所得税税收优惠包括免税、减税、加计扣除、加速折旧、减计收入及税额抵免等。企业所得税按年计征，分月或分季预缴，年终汇算清缴，多退少补。

关键术语

企业所得税　纳税人　征税对象　收入总额　扣除项目
应纳税额　特别纳税调整　税收优惠　征收管理

思考题

1. 企业所得税纳税人的划分标准是什么？
2. 企业所得税的征税对象是什么？

3. 企业所得税一般收入是如何确定的?
4. 企业所得税确定税前扣除项目的原则是什么?
5. 企业所得税税前扣除项目的范围是什么?
6. 境外所得已缴纳税款如何抵免?
7. 企业如何办理所得税的纳税申报?

第6章 个人所得税

【本章要点】

1. 个人所得税的纳税人、征税范围
2. 个人所得税的税率与应纳税所得额的确定
3. 个人所得税的税收优惠
4. 个人所得税的征收管理

【导入案例】

中国公民小张在北京某公司工作，2019年2月在商场购物时，参加商场购物抽奖活动并获得苹果手机一部，价值5 000元。小张抽奖所得应该缴纳多少个人所得税？

6.1 个人所得税概述

6.1.1 个人所得税的概念

个人所得税是以个人（自然人）取得的各项应税所得为征税对象所征收的一种所得税。1980年9月10日第五届全国人民代表大会第三次会议审议通过并公布实施了《中华人民共和国个人所得税法》。1993年10月31日第八届全国人民代表大会常务委员会第四次会议公布了修改后的《中华人民共和国个人所得税法》（以下简称《个人所得税法》），并自1994年1月1日起施行。多年来，《个人所得税法》经过了多次修订，目前适用的《个人所得税法》是2018年8月31日第十三届全国人民代表大会常务委员会第五次会议修订通过并公布的，自2019年1月1日起施行。

6.1.2 个人所得税的特点

1. 分类与综合相结合

我国个人所得税采取分类与综合相结合的课征模式，主要是将我国个人取得的各种所得划分为9种类型，适用不同的费用扣除标准、税率和计税方法。综合课征可以实现公平税负、调节收入差距的目的；分类课征计算简便，可以达到简化纳税手续、方便征纳双方、减轻纳税成本的目的。

2. 累进税率与比例税率并用

分类所得税制一般采用比例税率，综合所得税制通常采用累进税率。比例税率的计算简便，便于实行源泉扣缴；累进税率可以合理调节收入分配，体现公平。我国现行个人所得税根据各类个人所得的不同性质和特点，将这两种形式的税率综合运用于个人所得税制。其中，综合所得（工资、薪金所得，劳务报酬所得，稿酬所得和特许权使用费所得）、经营所得采用超额累进税率；对利息、股息、红利所得，财产租赁所得，财产转让所得和偶然所得等采用比例税率，从而在促进公平的同时兼顾了效率。

3. 费用扣除方式多样

我国现行的个人所得税遵循费用扣除从宽、从简的原则，对于应税所得，根据情况不同在费用扣除上分别采用定额扣除、定率扣除和会计计算等费用扣除方法。例如，对于工资、薪金所得，适用的减除费用标准为每月5 000元；对于财产租赁所得，在每次收入不超过4 000元时的费用扣除标准为800元，每次收入在4 000元以上时的费用扣除标准为20%；对于生产经营所得，目前采用会计利润的方法进行计算。

4. 源泉扣缴和自行申报并行

源泉扣缴方式主要是由支付人代扣代缴，从而可以降低征管成本。对于无法进行源泉扣缴的所得以及综合所得，由纳税人自行申报，从而最大限度地保障了个人所得税的及时、足额入库。

【小思考】 个人所得税和企业所得税有何异同？如何相互影响？

6.1.3 个人所得税的作用

1. 缓解社会分配不均

城乡居民间、地区间、行业间、不同所有制单位的职工间、高低收入群体间的收入差距扩大等问题，不仅影响社会稳定，而且阻碍经济发展。个人所得税以其累进性，被认为是可以对社会初次分配的不公平做出普遍矫正的有效手段。

2. 增加财政收入

个人所得税是市场经济发展的产物，个人所得税的税收收入随着一国经济的市场化、工业化、城市化程度和人均GDP水平的提高而不断增长。目前，一些主要的西方发达国家都实行以所得税为主体的税制，个人所得税的规模和比重均比较大。就我国目前的情况看，由于个人的总体收入水平不高，所以个人所得税的收入规模还十分有限。但是，个人所得税仍不失为一个收入弹性和增长潜力较大的税种，是国家财政收入的一个重要来源。随着社会主义市场经济体制的建立和我国经济的进一步发展，我国居民的收入水平将逐步提高，个人所得税的税源将不断扩大，个人所得税收入占国家税收总额的比重将逐年增加，最终将发展成为具有活力的一个主体税种。

6.1.4 个人所得税的类型

1. 分类所得税制

分类所得税制是针对各种不同性质的所得分别规定不同的税基和税率，分别计算应纳税额的一类所得税。分类所得税在个人所得税中使用较多，其计税依据是法律确定的各项所得，而不是个人的总所得。这类所得税的税率多为比例税率或较低的超额累进税率。

2. 综合所得税制

综合所得税制是指归属于同一纳税人的各项所得（如工资、薪金、利息、股息、财产所得等），无论其来源如何，都作为一个所得总体来对待，并按一个税率计算纳税的税制模式。这种税制模式多采用累进税率，其优点是能够量能课税、公平税负。但是，这种税制需要纳税人较高的纳税意识与税收遵从程度以及征收机关的先进征管手段与高效的工作效率。

3. 分类综合所得税制

分类综合所得税制又称混合所得税制，是将分类所得税和综合所得税的优点综合在一起，实行分项课征和综合计税相结合的一种所得税制度。它的主要特点是既坚持了按支付能力课税的原则，对纳税人不同来源的收入实行综合计算征收，又坚持了对不同性质的收入实行区别对待的原则，对所列举的特定收入项目按特定办法和税率课征。

【小思考】 思考我国所得税类型与我国国情是否相符？为什么？

6.2 纳税人

个人所得税的纳税人包括中国公民、个体工商业户、个人独资企业、合伙企业投资者、在中国有所得的外籍人员（包括无国籍人员）和香港、澳门、台湾同胞等。上述纳税人依据住所和居住时间两个标准，区分为居民个人和非居民个人，分别负有不同的纳税义务。

6.2.1 居民个人

居民个人负有无限纳税义务，其所取得的应纳税所得，无论是来源于中国境内还是中国境外任何地方，都要在中国缴纳个人所得税。根据《个人所得税法》的规定，居民个人是指在中国境内有住所或者是无住所而在一个纳税年度内在中国境内居住累计满183天的个人。

在中国境内有住所的个人，是指因户籍、家庭、经济利益关系而在中国境内习惯性居住的个人。这里所说的习惯性居住是判定纳税人属于居民个人还是非居民个人的一个重要依据。“户籍、家庭、经济利益关系”是判定有住所的原因条件，“习惯性居住”是判定有住所的结果条件。在实践中，一般是根据纳税人的“户籍、家庭、经济利益关系”等具体情况，综合判定是否属于“习惯性居住”这一状态。“习惯性居住”相当于定居的概念，是指个人在较长时间内相对稳定地在一地居住。它是指个人因学习、工作、探亲等原因消除之后，没有理由在其他地方继续居留时所要回到的地方，而不是指实际居住或在某一个特定时期内的居住地。一个纳税人因学习、工作、探亲、旅游等原因，原来是在中国境外居住，但在这些原因消除之后，如果必须回到中国境内居住的，则中国为此人的习惯性居住地。尽管该纳税人在一个纳税年度内，甚至连续几个纳税年度都未在中国境内居住，但他仍是中国居民个人，应就其来自全球的应纳税所得向中国缴纳个人所得税。相反，对于因学习、工作、探亲、旅游等原因在境内居住，但这些原因消除后仍然准备回境外居住的，不属于在境内习惯性居住。从这一点可以看出，“有住所”并不等于“有房产”。

我国规定的时间标准是在一个纳税年度内在中国境内居住累计满183天的个人。在中国境内居住满183天是指在一个纳税年度（自公历1月1日起至12月31日止）中在中国境内居住183天。例如，一个外籍人员从2019年1月起到中国境内的公司任职，2019年3月7—12日离境回国向总公司述职，12月23日离境回国。由于该纳税人在2019纳税年度在中国境内居住满183天，所以该纳税人应为中国的居民个人。

现行税法中关于“中国境内”的概念，是指中国大陆地区，目前还不包括香港、澳门和台湾地区。

【即学即用】 依据《个人所得税法》的相关规定，下列在中国境内无住所的人员中，属于中国居民个人的有（　　）。

A. 外籍个人甲2019年9月1日入境，2020年1月1日离境

B. 外籍个人乙2019年4月1日入境，2019年5月1日离境

C. 外籍个人丙2019年1月1日入境，2019年6月1日离境

D. 外籍个人丁2019年1月1日入境，2019年12月1日离境，其间两次临时离境各25天

E. 外籍个人戊2019年1月1日入境，2019年10月1日离境

答案：DE

6.2.2 非居民个人

非居民个人是指不符合居民个人判定标准（条件）的纳税人。非居民个人承担有限纳税义务，即仅就其来源于中国境内的所得向中国缴纳个人所得税。《个人所得税法》规定，非居民个人是在中国境内无住所又不居住，或者无住所而一个纳税年度内在中国境内居住累计不满 183 天的个人。也就是说，非居民个人是指习惯性居住地不在中国境内，而且不在中国居住，或者一个纳税年度内在中国境内居住不满 183 天的个人。在现实生活中，习惯性居住地不在中国境内的个人，只有外籍人员、华侨或香港、澳门和台湾同胞。因此，实际上非居民个人只能是在一个纳税年度中没有在中国境内居住，或者在中国境内居住不满 183 天的外籍人员、华侨或香港、澳门、台湾同胞。

（1）在中国境内无住所的个人，在一个纳税年度内在中国境内居住累计不超过 90 天的，其来源于中国境内的所得，由境外雇主支付且不由该雇主在中国境内的机构、场所负担的部分，免予缴纳个人所得税。

（2）在中国境内无住所的个人，在中国境内居住累计满 183 天的年度连续不满 6 年的，经向主管税务机关备案，其来源于中国境外且由境外单位或者个人支付的所得，免予缴纳个人所得税；在中国境内居住累计满 183 天的任一年度中有一次离境超过 30 天的，重新起算上述“居住满 6 年”的连续年限。

【知识要点提醒】 计算上述“居住满 6 年”时，对于在中国境内居住累计满 183 天的任一年度中有一次离境超过 30 天的，重新起算上述“居住满 6 年”的连续年限。

【即学即用】 在下列各项中，属于个人所得税非居民个人的有（　）。

A. 在中国境内无住所，但一个纳税年度中在中国境内居住满 183 天的个人

B. 在中国境内无住所且不居住的个人

C. 在中国境内无住所，而在境内居住超过 90 天不满 183 天的个人

D. 在中国境内有住所的个人

E. 在中国境内有住所，并在境内居住不满 183 天的个人

答案：BC

6.3 征税范围

6.3.1 工资、薪金所得

工资、薪金所得是指个人因任职或者受雇而取得的工资、薪金、奖金、年终加薪、

劳动分红、津贴、补贴以及与任职或者受雇有关的其他所得。

一般来说，工资、薪金所得属于非独立个人劳动所得。非独立个人劳动是指个人所从事的是由他人指定、安排并接受管理的劳动，工作或服务于公司、工厂、行政事业单位的人员（私营企业主除外）均为非独立劳动者。他们从上述单位取得的劳动报酬，是以工资、薪金的形式体现的。在这类报酬中，工资和薪金的收入主体略有差异。在通常情况下，把直接从事生产、经营或服务的劳动者（工人）的收入称为工资，即“蓝领阶层”所得；而将从事社会公职或管理活动的劳动者（公职人员）的收入称为薪金，即“白领阶层”所得。但是，在实际立法过程中，各国都从简便易行的角度考虑，将工资、薪金合并为一个项目计征个人所得税。

除工资、薪金以外，奖金、年终加薪、劳动分红、津贴、补贴也被确定为工资、薪金范畴。其中，年终加薪、劳动分红不分种类和取得情况，一律按工资、薪金所得课税，津贴、补贴等则有例外。根据我国目前个人收入的构成情况，规定对于一些不属于工资、薪金性质的补贴、津贴或者不属于纳税人本人工资、薪金所得项目的收入，不予征税。这些项目包括：

（1）独生子女补贴。

（2）执行公务员工资制度，未纳入基本工资总额的补贴、津贴差额和家属成员的副食品补贴。

（3）托儿补助费。

（4）差旅费津贴、误餐补助。其中，误餐补助是指按照财政部规定，个人因公在城区、郊区工作，不能在工作单位或返回就餐的，根据实际误餐顿数，按规定的标准领取的误餐费。单位以误餐补助名义发给职工的补助、津贴不能包括在内。

【即学即用】 王先生所在单位派其到外地出差5天，每天补助200元。王先生需要就其所得缴纳个人所得税吗？

解析：

公司补助没有特殊说明的也要计入工资、薪金所得，故王先生获得的公司补助1 000元也需要缴纳个人所得税。

奖金是指所有具有工资性质的奖金，免税奖金的范围在税法中另有规定。

公司职工取得的用于购买企业国有股权的劳动分红，按“工资、薪金所得”项目计征个人所得税。

出租汽车经营单位对出租车驾驶员采取单车承包或承租方式运营，出租车驾驶员从事客货营运取得的收入，按工资、薪金所得征税。

【即学即用】 出租汽车经营单位对出租车驾驶员采取单车承包或承租方式运营，出租车驾驶员从事客货营运取得的收入，按（　　）税目缴纳个人所得税。

A. 个体工商户的生产、经营所得

B. 工资、薪金所得

C. 劳务报酬所得

D. 对企事业单位的承包经营、承租经营所得

答案：B

6.3.2 劳务报酬所得

劳务报酬所得是指个人从事劳务取得的所得，包括从事设计、装潢、安装、制图、化验、测试、医疗、法律、会计、咨询、讲学、翻译、审稿、书画、雕刻、影视、录音、录像、演出、表演、广告、展览、技术服务、介绍服务、经纪服务、代办服务以及其他劳务取得的所得。

是否存在雇用与被雇用关系是判断一种收入属于劳务报酬所得，还是属于工资、薪金所得的重要标准。劳务报酬所得是个人独立从事某种技艺或独立提供某种劳务而取得的所得。工资、薪金所得是个人从事非独立劳动而从单位领取的报酬。后者存在雇用与被雇用的关系，而前者不存在这种关系。

个人担任董事、监事且不在公司任职、受雇的情形，属于劳务报酬性质，按劳务报酬所得征税。在商品营销活动中，企业和单位对营销业绩突出的非雇员以培训班、研讨会、工作考察等名义组织旅游活动，通过免收差旅费、旅游费对个人实行营销业绩奖励（包括实物、有价证券等），应根据所发生费用的全额作为该营销人员当期的劳务收入，按照“劳务报酬所得”项目征收个人所得税，并由提供上述费用的企业和单位预扣预缴。个人兼职取得的收入，应按照“劳务报酬所得”项目缴纳个人所得税。

6.3.3 稿酬所得

稿酬所得是指个人因其作品以图书、报刊等形式出版、发表而取得的所得。这里所说的“作品”，是指包括中外文字、图片、乐谱等能以图书或报刊方式出版及发表的作品，具体包括本人的著作、翻译的作品等。

个人取得遗作稿酬，应按“稿酬所得”项目计税。

6.3.4 特许权使用费所得

特许权使用费所得是指个人提供专利权、商标权、著作权、非专利技术以及其他特许权的使用权取得的所得。提供著作权的使用权取得的所得，不包括稿酬所得。

专利权是由国家专利主管机关依法授予专利申请人或其权利继承人在一定期间内实施其发明创造的专有权。

商标权是指商标注册人享有的商标专用权。

著作权（即版权）是作者依法对文学、艺术和科学作品享有的专有权。

6.3.5 经营所得

经营所得是指：

(1) 个体工商户从事生产经营活动取得的所得，个人独资企业投资人、合伙企业的个人合伙人来源于境内注册的个人独资企业、合伙企业生产经营的所得。

(2) 个人依法从事办学、医疗、咨询以及其他有偿服务活动取得的所得。

(3) 个人对企业、事业单位承包经营、承租经营以及转包、转租取得的所得。

(4) 个人从事其他生产经营活动取得的所得。

【知识要点提醒】 个体工商户以业主为个人所得税的纳税义务人。

个人取得与生产经营活动无关的其他各项应税所得，应分别按照其他应税项目的有关规定计算征收个人所得税。例如，取得银行存款的利息所得、对外投资取得的股息所得，应按“利息、股息、红利所得”税目的规定单独计征个人所得税。

6.3.6 利息、股息、红利所得

利息、股息、红利所得是指个人因拥有债权、股权而取得的利息、股息、红利所得。利息是指个人拥有债权而取得的利息，包括存款利息、贷款利息和各种债券的利息。按税法规定，个人取得的利息所得，除国债和国家发行的金融债券利息外，应当依法缴纳个人所得税。股息、红利是指个人因拥有股权而取得的股息、红利。按照一定的比率对每股股票发放的息金称为股息；公司、企业应分配的利润，按股份分配的称为红利。对于股息、红利所得，除另有规定外，都应当缴纳个人所得税。

个人在个人银行结算账户的存款自 2008 年 10 月 9 日起，暂免征收储蓄存款利息的个人所得税。

【即学即用】 王先生所持有的股票得到年终分红 10 万元，王先生需要按照（　　）项目征收个人所得税。

A. 工资、薪金所得　　　　B. 经营所得

C. 劳务报酬所得　　　　D. 利息、股息、红利所得

答案：D

6.3.7 财产租赁所得

财产租赁所得是指个人出租不动产、机器设备、车船以及其他财产取得的所得。

个人取得的财产转租收入属于“财产租赁所得”的征税范围，由财产转租人缴纳个人所得税。在确认纳税人时，应以产权凭证为依据；对无产权凭证的，由主管税务机关根据实际情况确定。产权所有人死亡，在未办理产权继承手续期间，该财产出租而有租金收入的，以领取租金的个人为纳税人。

【小思考】 个人出租住房是否需要缴纳个人所得税？

6.3.8 财产转让所得

财产转让所得是指个人转让有价证券、股权、合伙企业中的财产份额、不动产、机器设备、车船以及其他财产取得的所得。

1. 股票转让所得

根据《中华人民共和国个人所得税法实施条例》（以下简称《个人所得税法实施条例》）的规定，对股票转让所得征收个人所得税的办法，由财政部另行制定，报国务院批准施行。鉴于我国证券市场的发育还不成熟，股份制还处于试点阶段，国务院决定对股票转让所得暂不征收个人所得税。

2. 量化资产股份转让

集体所有制企业在改制为股份合作制企业时，对职工个人以股份形式取得的拥有所有权的企业量化资产，暂缓征收个人所得税；待个人将股份转让时，就其转让收入额减除个人取得该股份时实际支付的费用支出和合理转让费用后的余额，按"财产转让所得"项目计征个人所得税。

3. 限售股转让所得

自2010年1月1日起，对个人转让限售股取得的所得，按照"财产转让所得"项目征收个人所得税。限售股包括：上市公司股权分置改革完成后股票复牌日之前股东所持原非流通股股份，以及股票复牌日至解禁日期间由上述股份滋生的送、转股（即股改限售股）；2006年股权分置改革新老划断后，首次公开发行股票并上市的公司形成的限售股，以及上市首日至解禁日期间由上述股份滋生的送、转股（即新股限售股）；个人从机构或其他个人受让的未解禁限售股；个人因依法继承或家庭财产依法分割取得的限售股；个人持有的从代办股份转让系统转到主板市场（或中小板、创业板市场）的限售股；上市公司吸收合并中，个人持有的原被合并方公司限售股所转换的合并方公司股份；上市公司分立中，个人持有的被分立方公司限售股所转换的分立后公司股份以及其他限售股。

根据《个人所得税法实施条例》第八条、第十条的规定，个人转让限售股或发生具有转让限售股实质的其他交易，取得现金、实物、有价证券和其他形式的经济利益均应缴纳个人所得税。限售股在解禁前被多次转让的，转让方对每一次转让所得均应按规定缴纳个人所得税。对具有下列情形的，应按规定征收个人所得税：

（1）个人通过证券交易所集中交易系统或大宗交易系统转让限售股。

（2）个人用限售股认购或申购交易型开放式指数基金（ETF）份额。

（3）个人用限售股接受要约收购。

（4）个人行使现金选择权将限售股转让给提供现金选择权的第三方。

（5）个人协议转让限售股。

（6）个人持有的限售股被司法扣划。

（7）个人因依法继承或家庭财产分割让渡限售股所有权。

（8）个人用限售股偿还上市公司股权分置改革中由大股东代其向流通股股东支付的对价。

（9）其他具有转让实质的情形。

【即学即用】 在下列关于个人转让限售股计缴个人所得税的表述中，正确的有（　　）。

A. 个人转让限售股取得的所得，按照“财产转让所得”缴纳个人所得税

B. 限售股在解禁前被多次转让的，转让方对每一次转让所得均应按规定缴纳个人所得税

C. 纳税人同时持有限售股及该股流通股的，其股票转让所得视同先转让限售股，按规定计算缴纳个人所得税

D. 个人转让限售股，以每次限售股转让收入减除股票原值和合理税费后的余额作为应纳税所得额，缴纳个人所得税

答案：ABCD

6.3.9 偶然所得

偶然所得是指个人得奖、中奖、中彩以及其他偶然性质的所得。

得奖是指参加各种有奖竞赛活动，通过取得名次得到的奖金；中奖、中彩是指参加各种有奖活动，如有奖销售、有奖储蓄或者购买彩票，经过规定程序，抽中、摇中号码而取得的奖金。

偶然所得应缴纳的个人所得税税款，一律由发奖单位或机构代扣代缴。

个人取得的所得，难以界定应纳税所得项目的，由主管税务机关确定。

【即学即用】 任职、受雇于报纸、杂志等单位的记者、编辑等专业人员，因在本单位的报纸、杂志上发表作品取得的所得，属于任职、受雇而取得的所得，按（　　）项目征收个人所得税。

A. 工资、薪金所得　　B. 稿酬所得

C. 劳务报酬所得　　D. 偶然所得

答案：A

6.4 税率和应纳税所得额的确定

6.4.1 税　率

个人所得税区分不同所得项目，规定了超额累进税率和比例税率两种形式。

1. 综合所得（包括工资、薪金所得，劳务报酬所得，稿酬所得和特许权使用费所得）的适用税率

综合所得适用七级超额累进税率，税率为3%～45%，见表6-1。

表6-1　　个人所得税税率表一（综合所得适用）

级数	全年应纳税所得额	税率（%）	速算扣除数
1	不超过36 000元的	3	0
2	超过36 000元至144 000元的部分	10	2 520
3	超过144 000元至300 000元的部分	20	16 920
4	超过300 000元至420 000元的部分	25	31 920
5	超过420 000元至660 000元的部分	30	52 920
6	超过660 000元至960 000元的部分	35	85 920
7	超过960 000元的部分	45	181 920

2. 经营所得的适用税率

经营所得适用5%～35%的五级超额累进税率，见表6-2。

表6-2　　个人所得税税率表二（经营所得适用）

级数	全年应纳税所得额	税率（%）	速算扣除数
1	不超过30 000元的	5	0
2	超过30 000元至90 000元的部分	10	1 500
3	超过90 000元至300 000元的部分	20	10 500
4	超过300 000元至500 000元的部分	30	40 500
5	超过500 000元的部分	35	65 500

3. 其他所得的适用税率

利息、股息、红利所得，财产租赁所得，财产转让所得，偶然所得适用20%的比例税率。

为了有效地调控居民收入分配，我国的个人所得税制度对有关项目做了减征的规定。

（1）稿酬所得的收入额减按70%计算。

（2）对个人出租房屋取得的所得暂减按10%的税率征收个人所得税。

【即学即用】 王先生所在的合伙制企业年经营所得为13 000元，请问王先生适用的所得税税率应为（　　）。

A. 5%　　B. 10%　　C. 20%　　D. 30%

答案： A

6.4.2 应纳税所得额的规定

由于个人所得税的应税项目不同，并且取得某项所得所需的费用也不相同，因此计算个人应纳税所得额应按不同应税项目分项计算。以某应税项目的收入额减去税法规定的费用减除标准后的余额，为该项所得的应纳税所得额。

个人所得税的应纳税所得额是指个人取得的各项收入减除税法规定的扣除项目或者扣除金额后的余额，它是正确计算个人所得税应纳税额的基础和前提。

1. 收入的形式

个人所得的形式包括现金、实物、有价证券和其他形式的经济利益。所得为实物的，应当按照取得的凭证上所注明的价格计算应纳税所得额，无凭证的实物或者凭证上所注明的价格明显偏低的，参照市场价格核定应纳税所得额。所得为有价证券的，根据票面价格和市场价格核定应纳税所得额。所得为其他形式经济利益的，参照市场价格核定应纳税所得额。

居民个人取得工资、薪金所得，劳务报酬所得，稿酬所得与特许权使用费所得（以下简称“综合所得”），按纳税年度合并计算个人所得税；非居民个人取得工资、薪金所得，劳务报酬所得，稿酬所得与特许权使用费所得，按月或者按次分项计算个人所得税。纳税人取得其他形式的所得（包括经营所得，利息、股息、红利所得，财产租赁所得，财产转让所得，偶然所得），分别计算个人所得税。

2. 费用扣除

在计算个人所得税的应纳税所得额时，除利息、股息、红利所得，偶然所得以及其他所得外，一般允许纳税人从收入总额中减除一定的费用。

3. 专项扣除

专项扣除包括居民个人按照国家规定的范围和标准缴纳的基本养老保险、基本医疗保险、失业保险等社会保险费和住房公积金等。

4. 专项附加扣除

（1）专项附加扣除的范围及扣除起止时间。专项附加扣除包括子女教育、继续教育、大病医疗、住房贷款利息或者住房租金、赡养老人等支出。个人所得税专项附加扣除在纳税人本年度综合所得应纳税所得额中扣除，本年度扣除不完的，不得结转以后年度扣除。

① 子女教育。纳税人的子女接受全日制学历教育的相关支出，按照每个子女每月1 000元的标准定额扣除。

学历教育包括义务教育（小学教育和初中教育）、高中阶段教育（普通高中教育、中等职业教育、技工教育）、高等教育（大学专科教育、大学本科教育、硕士研究生教育、博士研究生教育）。

年满3岁至小学入学前处于学前教育阶段的子女，按上述规定执行。

学前教育阶段为子女年满3周岁当月至小学入学前一月。学历教育为子女接受全日制学历教育入学的当月至全日制学历教育结束的当月。学历教育期间包含因病或其他非主观原因休学但学籍继续保留的休学期间，以及施教机构按规定组织实施的寒暑假等假期。

父母可以选择由其中一方按扣除标准的100%扣除，也可以选择由双方分别按扣除标准的50%扣除，具体扣除方式在一个纳税年度内不得变更。

【知识要点提醒】 子女处于满3周岁至小学入学前的学前教育阶段，但确实未接受幼儿园教育的，仍可享受子女教育扣除。

【例题6-1】 某员工2018年入职，2019年3月向单位首次报送其正在上幼儿园的4岁女儿的相关信息，请问2019年3月该员工可在本单位发工资时扣除的子女教育支出是多少？如果该员工的女儿在2019年3月刚满3周岁，则可以扣除的子女教育支出是多少？

解析：

如果该员工的女儿在2019年3月已满4周岁，则3月该员工可在本单位发工资时扣除的子女教育支出为3 000元（=1 000×3）。

如果该员工的女儿在2019年3月刚满3周岁，则可以扣除的子女教育支出仅为1 000元（=1 000×1）。

【即学即用】 对于存在离异重组等情况的家庭子女而言，应该如何享受此政策？

解析：

由其父母协商决定。一个孩子的扣除总额不能超过1 000元/月，而且扣除人不能超过2个。

【例题6-2】 2019年3月，某员工新入职某单位开始领工资，并于5月首次向该单位报送其正在上幼儿园的4岁女儿的相关信息。请问5月该员工可在此单位发工资时扣除的子女教育支出是多少？

解析：

2019年5月，该员工可在此单位发工资时扣除的子女教育支出为3 000元（=1 000×3）。

② 继续教育。纳税人在中国境内接受学历（学位）继续教育的支出，在学历（学位）教育期间按照每月400元定额扣除。同一学历（学位）继续教育的扣除期限不能超过48个月。纳税人接受技能人员职业资格继续教育、专业技术人员职业资格继续教育支出，在取得相关证书的当年，按照3 600元定额扣除。

个人接受本科及以下学历（学位）继续教育，符合上述规定扣除条件的，可以选择由其父母扣除，也可以选择由本人扣除。

学历（学位）继续教育的扣除期限为在中国境内接受学历（学位）继续教育入学的当月至学历（学位）继续教育结束的当月，同一学历（学位）继续教育的扣除期限最长不得超过48个月。技能人员职业资格继续教育、专业技术人员职业资格继续教育的扣除期限为取得相关证书的当年。学历（学位）继续教育的期间包含因病或其他非主观原因休学但学籍继续保留的休学期间，以及施教机构按规定组织实施的寒暑假等假期。

纳税人接受技能人员职业资格继续教育、专业技术人员职业资格继续教育的，应当留存相关证书等资料备查。同时接受多个学历继续教育或者取得多个专业技术人员职业资格证书的，多个学历（学位）继续教育不可同时享受，多个职业资格继续教育也不可同时享受，但学历（学位）继续教育与职业资格继续教育可以同时享受。学历（学位）教育凭学籍信息扣除，不考察最终是否取得证书，最长扣除48个月。在48个月后，纳税人换一个专业就读（属于第二次继续教育）的，可以重新按第二次参加学历（学位）继续教育扣除，还可以继续扣48个月。

【例题6-3】 纳税人已就业子女的学历继续教育支出可以由父母扣除吗？

解析：

如果子女已就业且正在接受本科以下学历继续教育，可以由父母选择按照子女教育扣除，也可以由子女本人选择按照继续教育扣除。

③ 大病医疗。在一个纳税年度内，纳税人发生的与基本医保相关的医药费用支出，

扣除医保报销后个人负担（指医保目录范围内的自付部分）累计超过 15 000 元的部分，由纳税人在办理年度汇算清缴时，在 80 000 元的限额内据实扣除。

纳税人发生的医药费用可以选择由本人或者其配偶扣除。未成年子女发生的医药费用支出可以选择由其父母一方扣除。

纳税人及其配偶、未成年子女发生的医药费用支出，按上述规定分别计算扣除额。

大病医疗专项附加扣除的时间为医疗保障信息系统记录的医药费用实际支出的当年。

纳税人应当留存医疗服务收费及医保报销相关票据原件（或者复印件）等资料备查。医疗保障部门应当向患者提供在医疗保障信息系统中记录的该患者年度医药费用信息查询服务。

④ 住房贷款利息。纳税人本人或配偶单独或者共同使用商业银行或者住房公积金个人住房贷款为本人或者其配偶购买中国境内住房，发生的首套住房贷款利息支出，在实际发生贷款利息的年度，按照每月 1 000 元的标准定额扣除，扣除期限最长不超过 240 个月。纳税人只能享受一次首套住房贷款的利息扣除。

经夫妻双方约定，可以选择由其中一方扣除，具体扣除方式在一个纳税年度内不得变更。

夫妻双方在婚前分别购买住房发生的首套住房贷款，对于相关的贷款利息支出，在婚后可以选择其中的一套住房，由购买方按扣除标准的 100%扣除，也可以由夫妻双方对各自购买的住房分别按扣除标准的 50%扣除，具体扣除方式在一个纳税年度内不能变更。

住房贷款利息专项附加扣除的时间为贷款合同约定开始还款的当月至贷款全部归还或贷款合同终止的当月，扣除期限最长不得超过 240 个月。

纳税人应当留存住房贷款合同、贷款还款支出凭证备查。

【即学即用】 住房贷款利息支出需要符合什么条件？

解析：

第一，本人或者配偶购买的中国境内住房；第二，属于首套住房贷款，且扣除年度仍在还贷；第三，住房贷款利息支出和住房租金支出未同时扣除。

---

⑤ 住房租金。纳税人在主要工作城市没有住房而发生的住房租金支出，可以按照以下标准定额扣除：直辖市、省会（首府）城市、计划单列市以及国务院确定的其他城市，扣除标准为每月 1 500 元；除上述城市以外，市辖区户籍人口超过 100 万的，扣除标准为每月 1 100 元；市辖区户籍人口不超过 100 万的，扣除标准为每月 800 元。

【即学即用】 员工宿舍可以扣除吗？

解析：

如果个人不付费，不得扣除。如果本人付费，可以扣除。

纳税人的配偶在纳税人的主要工作城市有自有住房的，视同纳税人在主要工作城市有自有住房。

主要工作城市是指纳税人任职受雇的直辖市、计划单列市、副省级城市、地级市

（地区、州、盟）全部行政区域范围；纳税人无任职受雇单位的，为受理其综合所得汇算清缴的税务机关所在城市。

夫妻双方主要工作城市相同的，只能由一方扣除住房租金支出。

住房租金支出由签订租赁住房合同的承租人扣除。

纳税人及其配偶在一个纳税年度内不能同时分别享受住房贷款利息和住房租金专项附加扣除。

住房租金专项附加扣除的时间为租赁合同（协议）约定的房屋租赁期开始的当月至租赁期结束的当月。提前终止合同（协议）的，以实际租赁期限为准。

纳税人应当留存住房租赁合同、协议等有关资料备查。

【即学即用】 填报住房租金支出需要符合什么条件？

解析：

第一，本人及配偶在主要工作城市无自有住房；第二，本人及配偶在扣除年度未扣除住房贷款利息支出；第三，本人及配偶主要工作城市相同的，该扣除年度配偶未享受过住房租金支出扣除。

【例题 6-4】 某纳税人在某省会城市工作，2019 年度每月首套房贷利息支出 2 200 元，由于房子距离工作地点较远，他又在单位附近租了一套住房，每月发生住房租金支出 1 000 元。请问该纳税人每月可以税前扣除的住房贷款利息支出金额和住房租金支出金额是多少？

解析：

纳税人在一个纳税年度内不能同时享受住房贷款利息和住房租金专项附加扣除。纳税人既可以选择每月扣除住房贷款利息支出，扣除金额为 1 000 元；也可以选择每月扣除住房租金支出，扣除金额为 1 500 元。但是，纳税人只能选择其中一项扣除。

⑥ 赡养老人。纳税人赡养一位及以上被赡养人的赡养支出，统一按照以下标准定额扣除。

60 岁（含）以上父母以及其他法定赡养人的赡养支出，可以按照以下标准定额扣除：

第一，纳税人为独生子女的，按照每月 2 000 元的标准定额扣除。

第二，纳税人为非独生子女的，由其与兄弟姐妹分摊每月 2 000 元的扣除额度，每人分摊的扣除额不能超过每月 1 000 元。赡养支出既可以由赡养人均摊或者约定分摊，也可以由被赡养人指定分摊。采用约定分摊或者指定分摊方式的，各赡养人需要签订书面分摊协议，而且指定分摊优先于约定公摊。具体分摊方式和额度在一个纳税年度内不能变更。

被赡养人是指年满 60 岁的父母以及子女均去世的年满 60 岁的祖父母、外祖父母。

赡养老人的专项附加扣除时间为被赡养人年满 60 周岁的当月至赡养义务终止的年末。

（2）享受专项附加扣除的途径及时间。

① 享受子女教育、继续教育、住房贷款利息或者住房租金、赡养老人专项附加扣除的纳税人，自符合条件开始，既可以向支付工资、薪金所得的扣缴义务人提供上述专项附加扣除的有关信息，由扣缴义务人在预扣预缴税款时，按其在本单位本年可享受的累

计扣除额办理扣除；也可以在次年3月1日至6月30日内，向汇缴地主管税务机关办理汇算清缴申报时扣除。

② 纳税人同时从两处以上取得工资、薪金所得，并由扣缴义务人办理上述专项附加扣除的，对同一专项附加扣除项目，在一个纳税年度内，纳税人只能选择从其中一处扣除。

③ 享受大病医疗专项附加扣除的纳税人，由其在次年3月1日至6月30日内，自行向汇缴地主管税务机关办理汇算清缴申报时扣除。

④ 纳税人在年度中间更换工作单位的，在原单位任职、受雇期间已享受的专项附加扣除金额，不得在新任职、受雇单位扣除。原扣缴义务人应当自纳税人离职不再发放工资、薪金所得的当月起，停止为其办理专项附加扣除。

⑤ 纳税人未取得工资、薪金所得，仅取得劳务报酬所得、稿酬所得、特许权使用费所得需要享受专项附加扣除的，应当在次年3月1日至6月30日内，自行向汇缴地主管税务机关报送扣除信息表，并在办理汇算清缴申报时扣除。

⑥ 在一个纳税年度内，纳税人在扣缴义务人预扣预缴税款环节未享受或未足额享受专项附加扣除的，既可以在当年内向支付工资、薪金所得的扣缴义务人申请在剩余月份发放工资、薪金所得时补充扣除，也可以在次年3月1日至6月30日内，向汇缴地主管税务机关办理汇算清缴时申报扣除。

（3）专项附加扣除信息报送及留存备查资料。纳税人首次享受专项附加扣除，应当将专项附加扣除的相关信息提交扣缴义务人或者税务机关，扣缴义务人应当及时将相关信息报送税务机关，纳税人对所提交信息的真实性、准确性、完整性负责。专项附加扣除信息发生变化的，纳税人应当及时向扣缴义务人或者税务机关提供相关信息。

① 纳税人选择在扣缴义务人发放工资、薪金所得时享受专项附加扣除的，在首次享受时应当填写并向扣缴义务人报送扣除信息表；纳税年度中间相关信息发生变化的，纳税人应当更新扣除信息表的相应栏次，并及时报送给扣缴义务人。

若更换工作单位的纳税人需要由新任职、受雇扣缴义务人办理专项附加扣除的，应当在入职的当月填写并向扣缴义务人报送扣除信息表。

② 若纳税人在次年需要由扣缴义务人继续办理专项附加扣除的，应当于每年12月份对次年享受专项附加扣除的内容进行确认，并报送至扣缴义务人。纳税人未及时确认的，扣缴义务人于次年1月起暂停扣除，待纳税人确认后再行办理专项附加扣除。

扣缴义务人应当将纳税人报送的专项附加扣除信息，在次月办理扣缴申报时一并报送至主管税务机关。

③ 纳税人选择在汇算清缴申报时享受专项附加扣除的，应当填写并向汇缴地主管税务机关报送扣除信息表。

④ 纳税人将需要享受的专项附加扣除项目信息填至扣除信息表的相应栏次。填报要素完整的，扣缴义务人或者主管税务机关应当受理；填报要素不完整的，扣缴义务人或者主管税务机关应当及时告知纳税人补正或重新填报。纳税人未补正或重新填报的，暂不办理相关专项附加扣除，待纳税人补正或重新填报后再行办理。

⑤ 纳税人享受子女教育专项附加扣除，应当填报配偶及子女的姓名、身份证件类型及号码，子女当前的受教育阶段及起止时间，子女就读的学校以及本人与配偶之间的扣

除分配比例等信息。

纳税人需要留存备查的资料为：子女在境外接受教育的，应当留存境外学校录取通知书、留学签证等境外教育佐证资料。

⑥ 纳税人享受继续教育专项附加扣除或接受学历（学位）继续教育的，应当填报教育起止时间、教育阶段等信息；接受技能人员或者专业技术人员职业资格继续教育的，应当填报证书名称、证书编号、发证机关、发证（批准）时间等信息。

纳税人需要留存备查的资料为：纳税人接受技能人员职业资格继续教育、专业技术人员职业资格继续教育的，应当留存职业资格相关证书等资料。

⑦ 纳税人享受住房贷款利息专项附加扣除的，应当填报住房权属信息、住房坐落地址、贷款方式、贷款银行、贷款合同编号、贷款期限、首次还款日期等信息；纳税人有配偶的，应当填写配偶姓名、身份证件类型及号码。

纳税人需要留存备查的资料为住房贷款合同、贷款还款支出凭证等。

⑧ 纳税人享受住房租金专项附加扣除的，应当填报主要工作城市、租赁住房坐落地址、出租人姓名及身份证件类型和号码或者出租方单位名称及纳税人识别号（社会统一信用代码）、租赁起止时间等信息；纳税人有配偶的，填写配偶姓名、身份证件类型及号码。

纳税人需要留存备查的资料为住房租赁合同或协议等资料。

⑨ 纳税人享受赡养老人专项附加扣除的，应当填报纳税人是否为独生子女、月扣除金额、被赡养人的姓名及身份证件类型和号码、与纳税人的关系；有共同赡养人的，需要填报分摊方式、共同赡养人的姓名及身份证件类型和号码等信息。

纳税人需要留存备查的资料为约定分摊或指定分摊的书面分摊协议等。

⑩ 纳税人享受大病医疗专项附加扣除的，应当填报患者的姓名、身份证件类型及号码、与纳税人的关系、与基本医保相关的医药费用总金额、医保目录范围内个人负担的自付金额等信息。

纳税人需要留存备查的资料为：大病患者医药服务收费及医保报销相关票据原件或复印件，或者医疗保障部门出具的纳税年度医药费用清单等资料。

(4) 专项附加扣除的信息报送方式。纳税人可以通过远程办税端、电子或者纸质报表等方式，向扣缴义务人或者主管税务机关报送个人专项附加扣除信息。

① 纳税人选择纳税年度内由扣缴义务人办理专项附加扣除的，按下列规定办理：

第一，纳税人通过远程办税端选择扣缴义务人并报送专项附加扣除信息的，扣缴义务人根据接收的扣除信息办理扣除。

第二，纳税人通过填写电子或者纸质扣除信息表直接报送扣缴义务人的，扣缴义务人将相关信息导入或者录入扣缴端软件，并在次月办理扣缴申报时提交给主管税务机关。扣除信息表应当一式两份，纳税人和扣缴义务人签字（章）后分别留存备查。

② 纳税人选择年度终了后办理汇算清缴申报时享受专项附加扣除的，既可以通过远程办税端报送专项附加扣除信息，也可以将电子或者纸质扣除信息表（一式两份）报送给汇缴地主管税务机关。

③ 报送电子扣除信息表的，在主管税务机关受理打印并交由纳税人签字后，一份由纳税人留存备查，一份由税务机关留存；报送纸质扣除信息表的，在纳税人签字确认、

主管税务机关受理签章后，一份退还纳税人留存备查，一份由税务机关留存。

④ 扣缴义务人和税务机关应当告知纳税人办理专项附加扣除的方式及渠道，鼓励并引导纳税人采用远程办税端报送信息。

(5) 专项附加扣除的后续管理。纳税人应当对报送的专项附加扣除信息的真实性、准确性、完整性负责。

① 纳税人应当将扣除信息表及相关留存备查资料，自法定汇算清缴期结束后保存5年。对于纳税人报送给扣缴义务人的扣除信息表，扣缴义务人应当自预扣预缴年度的次年起留存5年。

② 纳税人向扣缴义务人提供专项附加扣除信息的，扣缴义务人应当按照规定予以扣除，不得拒绝。扣缴义务人应当为纳税人报送的专项附加扣除信息保密。

③ 扣缴义务人应当及时按照纳税人提供的信息计算办理扣缴申报，不得擅自更改纳税人提供的相关信息。

④ 扣缴义务人发现纳税人提供的信息与实际情况不符，可以要求纳税人修改。纳税人拒绝修改的，扣缴义务人应当向主管税务机关报告，税务机关应当及时处理。

⑤ 除纳税人另有要求外，扣缴义务人应当于年度终了后两个月内，向纳税人提供已办理的专项附加扣除项目及金额等信息。

⑥ 税务机关定期对纳税人提供的专项附加扣除信息开展抽查。如果在税务机关核查时，纳税人无法提供留存备查的资料，或者留存备查的资料不能支持相关情况的，税务机关可以要求纳税人提供其他佐证；不能提供其他佐证材料或者佐证材料仍不足以支持的，不得享受相关专项附加扣除。税务机关在核查专项附加扣除情况时，可以提请有关单位和个人协助核查，相关单位和个人应当协助。

⑦ 纳税人有下列情形之一的，主管税务机关应当责令其改正；情形严重的，应当纳入有关信用信息系统，并按照国家有关规定实施联合惩戒；涉及违反《税收征管法》等法律法规的，税务机关应依法进行处理。

第一，报送虚假专项附加扣除信息。

第二，重复享受专项附加扣除。

第三，超范围或标准享受专项附加扣除。

第四，拒不提供留存备查的资料。

第五，税务总局规定的其他情形。

⑧ 纳税人在任职、受雇单位报送虚假扣除信息的，税务机关在责令其改正的同时，应通知扣缴义务人。

【例题6-5】 纳税人的专项附加扣除的办理途径有哪些？如果纳税人上月未享受扣除，有什么补扣措施吗？

解析：

纳税人的专项附加扣除的办理途径有：

第一，由单位按月预扣税款时办理。除大病医疗以外，对于子女教育、赡养老人、住房贷款利息、住房租金和继续教育，纳税人可以选择在单位发放工资、薪金时，按月享受专项附加扣除政策。

第二，自行申报办理。一般有以下情形之一的，可选择在次年3月1日至6月30日内，自行向汇缴地主管税务机关办理汇算清缴申报时扣除：

● 不愿意将相关专项附加扣除信息报送给任职受雇单位的。

● 没有工资、薪金所得，但有劳务报酬、稿酬、特许权使用费所得的。

● 有大病医疗支出项目的。

● 纳税年度内未足额享受专项附加扣除的其他情形。

补扣措施：在一个纳税年度内，如果没有及时将扣除信息报送任职、受雇单位，以致在单位预扣预缴工资、薪金所得税时未享受扣除或未足额享受扣除的，既可以在当年剩余月份内向单位申请补充扣除，也可以在次年3月1日至6月30日内，向汇缴地主管税务机关进行汇算清缴申报时办理扣除。

【知识要点提醒】 个人可以在年底前向扣缴义务人提供次年办理专项附加扣除的相关信息，也可以在扣除年度中的任意时点向扣缴义务人提供专项附加扣除的相关信息。扣缴义务人在扣缴个人工资、薪金所得的个人所得税时，可以按照截至当前月份的专项附加扣除累计可扣除额计算应扣个人所得税，也就是在扣除年度内可以追溯扣除，使个人充分享受专项附加扣除。

例如，张先生的小孩在2018年11月已年满3周岁，他在2019年3月1日将子女教育扣除信息报送扣缴单位，由于子女教育每月可扣除的金额为1 000元，因而其扣缴单位在3月8日发放工资时计算的张先生的子女教育累计可扣除金额为3 000元，这笔费用可以在当前月份个人所得税税前扣除。

5. 依法确定的其他扣除

（1）捐赠扣除。个人将其所得对教育、扶贫、济困等公益慈善事业进行捐赠，捐赠额未超过纳税人申报的应纳税所得额30%的部分，可以从其应纳税所得额中扣除。

个人将其所得对教育、扶贫、济困等公益慈善事业进行捐赠，是指个人将其所得通过中国境内的公益性社会组织、国家机关向教育、扶贫、济困等公益慈善事业的捐赠；应纳税所得额是指计算扣除捐赠额之前的应纳税所得额。

个人通过非营利性的社会团体和国家机关向红十字事业，福利性、非营利性老年服务机构，公益性青少年活动场所，农村义务教育（含高中）等的公益性捐赠可以从其应纳税所得额中全额扣除。

【知识要点提醒】 个人向受赠对象的直接捐赠支出，不得税前扣除。

【例题6-6】 2018年9月，公民李某通过县政府教育局向贫困村捐款500元，其本月应纳税所得额为1 500元，请问李某本月可以抵扣的应纳税所得额是多少？

解析：

2018年9月，公民李某可以抵扣的最高数额为450元（=1 500×30%），其捐款数额为500元，超过了上限，所以公民李某本月可以抵扣的数额为450元。

（2）其他扣除。其他扣除包括个人缴付符合国家规定的企业年金、职业年金，个人购买符合国家规定的商业健康保险、税收递延型商业养老保险的支出，以及国务院规定可以扣除的其他项目等。

【知识要点提醒】 自2018年5月1日起，在上海市、福建省（含厦门市）和苏州工业园区实施个人税收递延型商业养老保险试点，试点期限暂定一年。对试点地区个人通过个人商业养老资金账户购买符合规定的商业养老保险产品的支出，允许在一定标准内税前扣除；计入个人商业养老资金账户的投资收益，暂不征收个人所得税；个人领取商业养老金时再征收个人所得税。

6.5 应纳税额的计算

6.5.1 综合所得应纳税额的计算

居民个人的综合所得以每一纳税年度的收入额减除费用6万元以及专项扣除、专项附加扣除和依法确定的其他扣除后的余额，为应纳税所得额。

居民个人从中国境内和境外取得的综合所得、经营所得，应当分别合并计算应纳税额；从中国境内和境外取得的其他所得，应当分别单独计算应纳税额。

居民个人取得的综合所得，按年计算个人所得税；有扣缴义务人的，由扣缴义务人按月或者按次预扣预缴税款；需要办理汇算清缴的，应当在取得所得的次年3月1日至6月30日内办理汇算清缴。

非居民个人取得工资、薪金所得，劳务报酬所得，稿酬所得和特许权使用费所得，有扣缴义务人的，由扣缴义务人按月或者按次代扣代缴税款，不办理汇算清缴。

6.5.1.1 居民个人预扣预缴

扣缴义务人在向居民个人支付工资、薪金所得，劳务报酬所得，稿酬所得，特许权使用费所得时，应按以下方法预扣预缴个人所得税，并向主管税务机关报送个人所得税扣缴申报表。年度预扣预缴税额与年度应纳税额不一致的，由居民个人于次年3月1日至6月30日向主管税务机关办理综合所得年度汇算清缴，税款多退少补。

1. 工资、薪金所得预扣预缴税款的计算

（1）应纳税所得额的确定。

① 费用扣除。居民个人的工资、薪金所得实行按月预扣的方法，每月可以减除费用5 000元。

② 专项扣除和专项附加扣除。在按月计算居民个人工资、薪金所得的应纳税所得额时，可以扣除居民个人按照国家规定的范围和标准缴纳的基本养老保险、基本医疗保险、失业保险等社会保险费和住房公积金等。

在按月计算居民个人工资、薪金所得的应纳税所得额时，可以扣除居民个人的子女教育、继续教育、住房贷款利息、住房租金以及赡养老人等专项附加扣除。居民个人向扣缴义务人提供专项附加扣除信息的，扣缴义务人在按月预扣预缴税款时应当按照规定予以扣除，不得拒绝。

③ 依法确定的其他扣除。依法确定的其他扣除包括个人缴付符合国家规定的企业年金、职业年金，个人购买符合国家规定的商业健康保险、税收递延型商业养老保险的支出，以及国务院规定可以扣除的其他项目。

（2）预扣预缴税款的计算。扣缴义务人在向居民个人支付工资、薪金所得时，应当按照累计预扣法计算预扣税款，并按月办理全员全额扣缴申报。

累计预扣法是指扣缴义务人在一个纳税年度内预扣预缴税款时，以纳税人在本单位截至当前月份工资、薪金所得累计收入减除累计免税收入、累计减除费用、累计专项扣除、累计专项附加扣除和累计依法确定的其他扣除后的余额为累计预扣预缴应纳税所得额，适用个人所得税预扣率表一（见表6-3），计算累计应预扣预缴税额，再减除累计减免税额和累计已预扣预缴税额，其余额为本期应预扣预缴税额。当余额为负值时，暂不退税。当纳税年度终了后余额仍为负值时，由纳税人办理综合所得年度汇算清缴，其税款多退少补。具体计算公式如下：

$$\text{本期应预扣预缴税额}=\left(\text{累计预扣预缴应纳税所得额}\times\text{预扣率}-\text{速算扣除数}\right)-\text{累计减免税额}-\text{累计已预扣预缴税额}$$

$$\text{累计预扣预缴应纳税所得额}=\text{累计收入}-\text{累计免税收入}-\text{累计减除费用}-\text{累计专项扣除}-\text{累计专项附加扣除}-\text{累计依法确定的其他扣除}$$

其中，累计减除费用按照5 000元/月乘以纳税人当年截至本月在本单位的任职受雇月份数计算。也就是说，如果纳税人是5月份入职的，则扣缴义务人在进行其5月份工资扣缴税款时，减除费用按5 000元计算；扣缴义务人在进行其6月份工资扣缴税款时，减除费用按10 000元计算，依此类推。

表6-3 个人所得税预扣率表一

（居民个人工资、薪金所得预扣预缴适用）

级数	累计预扣预缴应纳税所得额	预扣率（%）	速算扣除数
1	不超过36 000元的部分	3	0
2	超过36 000元至144 000元的部分	10	2 520
3	超过144 000元至300 000元的部分	20	16 920
4	超过300 000元至420 000元的部分	25	31 920
5	超过420 000元至660 000元的部分	30	52 920
6	超过660 000元至960 000元的部分	35	85 920
7	超过960 000元的部分	45	181 920

【例题6-7】 某职员2015年入职，2019年每月应发工资均为10 000元，每月减除费用5 000元，“三险一金”等专项扣除为1 500元，从1月起享受子女教育专项附加扣除1 000元，没有减免收入及减免税额等情况。计算2019年1—3月该职员每月预扣预缴的个人所得税税额。

解析：

1月应预扣预缴的个人所得税税额＝(10 000－5 000－1 500－1 000)×3%＝75(元)

2 月应预扣预缴的个人所得税税额＝(10 000×2－5 000×2－1 500×2
－1 000×2)×3%－75＝75(元)

3 月应预扣预缴的个人所得税税额＝(10 000×3－5 000×3－1 500×3
－1 000×3)×3%－75－75＝75(元)

2019 年 1—3 月该职员各月预扣预缴的个人所得税见表 6－4。

表 6－4　　每月预扣预缴的个人所得税

月份	累计工资、薪金税前收入（元）	累计“三险一金”（元）	累计专项附加扣除（元）	累计预扣预缴应纳税所得额（元）	预扣率（%）	累计应预扣预缴税额（元）	累计已预扣预缴税额（元）	本期应预扣预缴税额（元）
1	10 000	1 500	1 000	2 500	3	75	0	75
2	20 000	3 000	2 000	5 000	3	150	75	75
3	30 000	4 500	3 000	7 500	3	225	150	75

【例题 6－8】 某职员 2015 年入职，2019 年每月应发工资均为 30 000 元，每月减除费用 5 000 元，“三险一金”等专项扣除为 4 500 元，享受子女教育、赡养老人两项专项附加扣除共计 2 000 元，没有减免收入及减免税额等情况。计算 2019 年 1—3 月该职员各月应预扣预缴的个人所得税税额。

解析：

1 月应预扣预缴的个人所得税税额＝(30 000－5 000－4 500－2 000)×3%＝555(元)

2 月应预扣预缴的个人所得税税额＝(30 000×2－5 000×2－4 500×2
－2 000×2)×10%－2 520－555＝625(元)

3 月应预扣预缴的个人所得税税额＝(30 000×3－5 000×3－4 500×3
－2 000×3)×10%－2 520－555－625
＝1 850(元)

2019 年 1—3 月该职工应预扣预缴的个人所得税见表 6－5。

表 6－5　　每月预扣预缴的个人所得税

月份	累计工资、薪金税前收入（元）	累计“三险一金”（元）	累计专项附加扣除（元）	累计预扣预缴应纳税所得额（元）	预扣率（%）	累计应预扣预缴税额（元）	累计已预扣预缴税额（元）	本期应预扣预缴税额（元）
1	30 000	4 500	2 000	18 500	3	555	0	555
2	90 000	9 000	4 000	37 000	10	1 180	555	625
3	120 000	13 500	6 000	55 500	10	3 030	1 180	1 850

【知识要点提醒】 累计预扣法仅适用于中国居民个人取得的工资、薪金所得的日常预扣预缴，由该人的任职单位作为扣缴义务人，按月为其办理全额扣缴申报。扣缴义务人向居民个人支付的劳务报酬所得、稿酬所得和特许权使用费所得，或者向非居民个人支付的 4 项综合所得，不采用累计预扣法计算应缴纳的个人所得税税额。

2. 劳务报酬所得、稿酬所得、特许权使用费所得预扣预缴税款的计算

扣缴义务人向居民个人支付劳务报酬所得、稿酬所得、特许权使用费所得，按次或者按月预扣预缴个人所得税。具体的预扣预缴方法如下：

（1）收入额。劳务报酬所得、稿酬所得、特许权使用费所得以收入减除费用后的余额为收入额。其中，稿酬所得的收入额减按70%计算。

（2）减除费用。劳务报酬所得、稿酬所得、特许权使用费所得每次收入不超过4 000元的，减除费用按800元计算；每次收入超过4 000元的，减除费用按20%计算。

（3）应纳税所得额。劳务报酬所得、稿酬所得、特许权使用费所得以每次收入额为预扣预缴应纳税所得额。劳务报酬所得适用20%～40%的超额累进预扣率（见表6-6），稿酬所得、特许权使用费所得适用20%的比例预扣率。

劳务报酬所得应预扣预缴税额＝预扣预缴应纳税所得额×预扣率－速算扣除数

稿酬所得、特许权使用费所得应预扣预缴税额＝预扣预缴应纳税所得额×20%

劳务报酬所得、稿酬所得、特许权使用费所得属于一次性收入的，以取得该项收入为一次；属于同一项目连续性收入的，以一个月内取得的收入为一次。

表6-6　个人所得税预扣率表二
（居民个人劳务报酬所得预扣预缴适用）

级数	预扣预缴应纳税所得额	预扣率（%）	速算扣除数
1	不超过20 000元的	20	0
2	超过20 000元至50 000元的部分	30	2 000
3	超过50 000元的部分	40	7 000

【例题6-9】 假如某居民个人取得劳务报酬所得2 000元，计算这笔劳务报酬所得应预扣预缴的个人所得税税额。

解析：

收入额＝2 000－800＝1 200(元)

应预扣预缴个人所得税税额＝1 200×20%＝240(元)

【例题6-10】 假如某居民个人取得稿酬所得40 000元。计算这笔稿酬所得应预扣预缴的个人所得税税额。

解析：

收入额＝(40 000－40 000×20%)×70%＝22 400(元)

应预扣预缴个人所得税税额＝22 400×20%＝4 480(元)

【例题6-11】 假定某居民个人于2019年3月在某歌厅做了一个月的签约歌手，他每天演唱5首歌曲，每天的报酬为500元。3月，该歌手共取得演唱收入15 000元。请问该歌手的3月份收入额是按每天500元为一次，还是以一个月内取得的收入15 000元为一次？

解析：

凡属于一次性收入的，以取得该项收入为一次，按次确定应纳税所得额；凡属于同一项目连续性收入的，以一个月内取得的收入为一次，据以确定应纳税所得额。

因此，该歌手应按连续一个月的收入15 000元为一次。

【例题6-12】 假定某居民个人于2019年3月取得以下劳务报酬收入：

（1）从A单位取得设计劳务报酬收入3 000元。

(2) 从B单位取得摄影劳务报酬收入5 000元。

(3) 从C单位取得绘画劳务报酬收入30 000元。

计算上述劳务报酬收入应预扣预缴的个人所得税税额。

解析：

不同项目的劳务报酬所得应由不同单位在支付所得时预扣预缴个人所得税。

设计劳务报酬收入额＝3 000－800＝2 200(元)

应预扣预缴的个人所得税税额＝2 200×20%＝440(元)

摄影劳务报酬收入额＝5 000×(1－20%)＝4 000(元)

应预扣预缴的个人所得税税额＝4 000×20%＝800(元)

绘画劳务报酬收入额＝30 000×(1－20%)＝24 000(元)

应预扣预缴的个人所得税税额＝24 000×30%－2 000＝5 200(元)

【例题6-13】 某工程师于2019年1月将其一项专利的使用权转让给某公司使用，并取得转让收入60 000元。计算该特许权使用费所得应预扣预缴的个人所得税税额。

解析：

特许权使用费的费用扣除标准为：每次收入不超过4 000元的，费用扣除标准为800元；每次收入超过4 000元的，费用扣除标准为每次收入额的20%。

该特许权使用费所得应预扣预缴的个人所得税税额为：

特许权使用费的收入额＝60 000×(1－20%)＝48 000(元)

应预扣预缴的个人所得税税额＝48 000×20%＝9 600(元)

6.5.1.2 综合所得应纳税额的计算及汇算清缴

居民个人的综合所得以每一纳税年度的收入额减除费用6万元以及专项扣除、专项附加扣除和依法确定的其他扣除后的余额，为应纳税所得额。

劳务报酬所得、稿酬所得、特许权使用费所得以收入额减除20%的费用后的余额为收入额。稿酬所得的收入额减按70%计算。

个人将其所得对教育、扶贫、济困等公益慈善事业进行捐赠，捐赠额未超过纳税人申报的应纳税所得额30%的部分，可以从其应纳税所得额中扣除；国务院规定对公益慈善事业捐赠实行全额税前扣除的，从其规定。

专项扣除包括居民个人按照国家规定的范围和标准缴纳的基本养老保险、基本医疗保险、失业保险等社会保险费和住房公积金等；专项附加扣除包括子女教育、继续教育、大病医疗、住房贷款利息或者住房租金、赡养老人等支出，具体范围、标准和实施步骤由国务院确定，并报全国人民代表大会常务委员会备案。

专项扣除、专项附加扣除和依法确定的其他扣除，以居民个人一个纳税年度的应纳税所得额为限额；一个纳税年度扣除不完的，不结转以后年度扣除。

【例题6-14】 假定某居民个人于2019年取得如下所得：

(1) 每月应发工资均为10 000元，每月减除费用5 000元，“三险一金”等专项扣除为1 500元，从2019年1月起享受子女教育专项附加扣除1 000元，没有其他减免收入及减免税额等情况。

(2) 5月取得劳务报酬所得5 000元。

(3) 8月取得稿酬所得20 000元。

(4) 申报2019年度大病医疗支出20 000元。

计算应预扣预缴的个人所得税税额及在汇算清缴时应缴纳的个人所得税税额。

解析：

(1) 工资、薪金所得应预扣预缴的个人所得税税额的计算：

1月工资、薪金所得应预扣预缴的个人所得税税额

=(10 000−5 000−1 500−1 000)×3%=75(元)

2月工资、薪金所得应预扣预缴的个人所得税税额

=(10 000×2−5 000×2−1 500×2−1 000×2)×3%−75=75(元)

3月工资、薪金所得应预扣预缴的个人所得税税额

=(10 000×3−5 000×3−1 500×3−1 000×3)×3%−75×2=75(元)

4月工资、薪金所得应预扣预缴的个人所得税税额

=(10 000×4−5 000×4−1 500×4−1 000×4)×3%−75×3=75(元)

5月工资、薪金所得应预扣预缴的个人所得税税额

=(10 000×5−5 000×5−1 500×5−1 000×5)×3%−75×4=75(元)

6月工资、薪金所得应预扣预缴的个人所得税税额

=(10 000×6−5 000×6−1 500×6−1 000×6)×3%−75×5=75(元)

7月工资、薪金所得应预扣预缴的个人所得税税额

=(10 000×7−5 000×7−1 500×7−1 000×7)×3%−75×6=75(元)

8月工资、薪金所得应预扣预缴的个人所得税税额

=(10 000×8−5 000×8−1 500×8−1 000×8)×3%−75×7=75(元)

9月工资、薪金所得应预扣预缴的个人所得税税额

=(10 000×9−5 000×9−1 500×9−1 000×9)×3%−75×8=75(元)

10月工资、薪金所得应预扣预缴的个人所得税税额

=(10 000×10−5 000×10−1 500×10−1 000×10)×3%−75×9=75(元)

11月工资、薪金所得应预扣预缴的个人所得税税额

=(10 000×11−5 000×11−1 500×11−1 000×11)×3%−75×10=75(元)

12月工资、薪金所得应预扣预缴的个人所得税税额

=(10 000×12−5 000×12−1 500×12−1 000×12)×3%−75×11=75(元)

2019年度合计应预扣预缴的个人所得税税额=75×12=900(元)

2019年每月预扣预缴的个人所得税见表6-7。

表6-7　　每月预扣预缴的个人所得税

月份	累计工资、薪金税前收入（元）	累计“三险一金”（元）	累计专项附加扣除（元）	累计预扣预缴应纳税所得额（元）	预扣率（%）	累计应预扣预缴税额（元）	累计已预扣预缴税额（元）	本期应预扣预缴税额（元）
1	10 000	1 500	1 000	2 500	3	75	0	75
2	20 000	3 000	2 000	5 000	3	150	75	75

续前表

月份	累计工资、薪金税前收入（元）	累计“三险一金”（元）	累计专项附加扣除（元）	累计预扣预缴应纳税所得额（元）	预扣率（%）	累计应预扣预缴税额（元）	累计已预扣预缴税额（元）	本期应预扣预缴税额（元）
3	30 000	4 500	3 000	7 500	3	225	150	75
4	40 000	6 000	4 000	10 000	3	300	225	75
5	50 000	7 500	5 000	125 000	3	375	300	75
6	60 000	9 000	6 000	150 000	3	450	375	75
7	70 000	10 500	7 000	175 000	3	525	450	75
8	80 000	12 000	8 000	200 000	3	600	525	75
9	90 000	13 500	9 000	225 000	3	675	600	75
10	100 000	15 000	10 000	250 000	3	750	675	75
11	110 000	16 500	11 000	275 000	3	825	750	75
12	120 000	18 000	12 000	300 000	3	900	825	75

（2）劳务报酬所得应预扣预缴的个人所得税税额的计算：

收入额＝5 000×(1－20%)＝4 000(元)

应预扣预缴个人所得税税额＝4 000×20%＝800(元)

（3）稿酬所得应预扣预缴的个人所得税税额的计算：

收入额＝(20 000－20 000×20%)×70%＝11 200(元)

应预扣预缴的个人所得税税额＝11 200×20%＝2 240(元)

（4）汇算清缴应缴纳的个人所得税税额的计算：

全年综合所得的应纳税所得额＝10 000×12＋4 000＋11 200－60 000－1 500×12－1 000×12－20 000＝25 200(元)

综合所得应缴纳的个人所得税税额＝25 200×3%＝756(元)

2019年度合计预扣预缴的税款＝900＋800＋2 240＝3 940(元)

汇算清缴应退还的个人所得税税额＝3 940－756＝3 184(元)

6.5.1.3 非居民个人应纳税额的计算

扣缴义务人在向非居民个人支付工资、薪金所得，劳务报酬所得，稿酬所得和特许权使用费所得时，应当按以下方法按月或者按次代扣代缴个人所得税：

非居民个人的工资、薪金所得以每月收入额减除费用5 000元后的余额为应纳税所得额；劳务报酬所得、稿酬所得、特许权使用费所得以每次收入额为应纳税所得额，适用按月换算后的非居民个人月度税率表（见表6-8）计算应纳税额。其中，劳务报酬所得、稿酬所得、特许权使用费所得以收入减除20%费用后的余额为收入额。稿酬所得的收入额减按70%计算。

非居民个人的工资、薪金所得，劳务报酬所得，稿酬所得，特许权使用费所得的应纳税额为：

应纳税额＝应纳税所得额×税率－速算扣除数

非居民个人的工资、薪金所得实行按月计征的方法，其应纳税所得额为月收入减除费用5 000元后的余额。相应的计算公式为：

应纳税所得额＝月工资、薪金所得－5 000

非居民个人取得工资、薪金所得，劳务报酬所得，稿酬所得和特许权使用费所得，有扣缴义务人的，由扣缴义务人按月或者按次代扣代缴税款，不办理汇算清缴。

表6-8　　　　个人所得税税率表三

（非居民个人工资、薪金所得，劳务报酬所得，稿酬所得，特许权使用费所得适用）

级数	应纳税所得额	税率（%）	速算扣除数
1	不超过3 000元的	3	0
2	超过3 000元至12 000元的部分	10	210
3	超过12 000元至25 000元的部分	20	1 410
4	超过25 000元至35 000元的部分	25	2 660
5	超过35 000元至55 000元的部分	30	4 410
6	超过55 000元至80 000元的部分	35	7 160
7	超过80 000元的部分	45	15 160

【例题6-15】 假定某非居民个人取得劳务报酬所得20 000元。计算这笔所得的应扣缴税额。

解析：

应扣缴税额＝(20 000－20 000×20%)×20%－1 410＝1 790(元)

【例题6-16】 假定某非居民个人取得稿酬所得10 000元。计算这笔所得的应扣缴税额。

解析：

应扣缴税额＝(10 000－10 000×20%)×70%×10%－210＝350(元)

【例题6-17】 美国人汤姆任职于中国A公司，为中国非居民个人。2019年2月，汤姆从A公司取得了工资收入65 000元人民币。计算汤姆的工资收入应缴纳的个人所得税税额。

解析：

美国人汤姆在中国境内企业任职，其费用扣除标准为5 000元。

应纳税所得额＝65 000－5 000＝60 000(元)

应纳税额＝60 000×35%－7 160＝13 840(元)

6.5.2 经营所得应纳税额的计算

1. 应纳税所得额的确定

经营所得以每一纳税年度的收入总额减除成本、费用以及损失后的余额为应纳税所得额。

(1) 收入总额。收入总额是指纳税人从事生产经营以及与生产经营有关的活动（以下简称“生产经营”）取得的货币形式和非货币形式的各项收入，包括销售货物收入、提供劳务收入、转让财产收入、利息收入、租金收入、接受捐赠收入、其他收入。其中，

其他收入包括个体工商户资产溢余收入、逾期一年以上的未退包装物押金收入、确实无法偿付的应付款项、已作坏账损失处理后又收回的应收款项、债务重组收入、补贴收入、违约金收入、汇兑收益等。

【例题6-18】 李先生为一家小型超市的业主并办理了个体工商户的注册登记。2019年，该超市销售商品的收入为120 000元，送货上门收入10 000元。计算该超市的全年收入总额。

解析：

该超市的全年收入总额包括销售商品收入和送货收入，由此可知，该超市的全年收入总额为130 000元。

（2）准予扣除项目。成本、费用是指生产经营活动中发生的各项直接支出和分配计入成本的间接费用以及销售费用、管理费用、财务费用。损失是指生产经营活动中发生的固定资产和存货的盘亏、毁损、报废损失，转让财产损失，坏账损失，自然灾害等不可抗力因素造成的损失以及其他损失。取得经营所得的个人，若没有综合所得，在计算其每一纳税年度的应纳税所得额时，应当减除费用（6万元）、专项扣除、专项附加扣除以及依法确定的其他扣除。专项附加扣除在办理汇算清缴时减除。

从事生产经营活动，未提供完整、准确的纳税资料，不能正确计算应纳税所得额的，由主管税务机关核定应纳税所得额或者应纳税额。

（3）其他扣除项目及列支标准。

① 工资、薪金支出。纳税人实际支付给从业人员的、合理的工资、薪金支出，准予扣除。

业主的工资、薪金支出不得税前扣除。个体工商户业主的费用扣除标准依照相关法律、法规和政策规定执行。

② 保险支出。纳税人按照国务院有关主管部门或者省级人民政府规定的范围和标准为其业主及从业人员缴纳的基本养老保险费、基本医疗保险费、失业保险费、生育保险费、工伤保险费和住房公积金，准予扣除。

纳税人为从业人员缴纳的补充养老保险费、补充医疗保险费，分别在不超过从业人员工资总额5%标准内的部分据实扣除；超过部分，不得扣除。

业主本人缴纳的补充养老保险费、补充医疗保险费，以当地（地级市）上年度社会平均工资的3倍为计算基数，分别在不超过该计算基数5%标准内的部分据实扣除；超过部分，不得扣除。

除纳税人依照国家有关规定为特殊工种从业人员支付的人身安全保险费和财政部、国家税务总局规定可以扣除的其他商业保险费外，业主本人或者其为从业人员支付的商业保险费，不得扣除。

纳税人参加财产保险，按照规定缴纳的保险费，准予扣除。

③ 费用支出。纳税人向当地工会组织拨缴的工会经费、实际发生的职工福利费支出、职工教育经费支出分别在工资、薪金总额2%、14%、8%的标准内据实扣除。

纳税人发生的与生产经营活动有关的业务招待费，按照实际发生额的60%扣除，但最高不得超过当年销售（营业）收入的5‰。

纳税人每一纳税年度发生的与其生产经营活动直接相关的广告费和业务宣传费不超

过当年销售（营业）收入 15%的部分，可以据实扣除；超过部分，准予在以后纳税年度结转扣除。

纳税人在生产经营活动中向金融企业借款发生的利息支出，准予税前扣除；向非金融企业和个人借款发生的利息支出，不超过按照金融企业同期同类贷款利率计算的数额部分，准予税前扣除。

④ 公益性捐赠。纳税人通过公益性社会团体或者县级以上人民政府及其部门，将捐款用于《中华人民共和国公益事业捐赠法》规定的公益事业，捐赠额不超过其应纳税所得额 30%的部分，可以据实扣除。

财政部、国家税务总局规定可以全额在税前扣除的捐赠支出项目，按有关规定执行。

直接对受益人的捐赠不得扣除。

⑤ 其他规定。纳税人取得与生产经营活动无关的各项应税所得，应按照各应税项目的规定来计算征收个人所得税。

因在纳税年度中间开业、合并、注销及其他原因，导致该纳税年度的实际经营期不足1年的，在对个体工商户业主、个人独资企业投资者和合伙企业自然人合伙人的生产经营所得计算个人所得税时，以其实际经营期为1个纳税年度。

(4) 不得在税前列支的项目。

纳税人的下列支出不得扣除：

① 个人所得税税款。

② 税收滞纳金。

③ 罚金、罚款和被没收财物的损失。

④ 不符合扣除规定的捐赠支出。

⑤ 赞助支出。

⑥ 用于个人和家庭的支出。

⑦ 与取得生产经营收入无关的其他支出。

⑧ 国家税务总局规定不准扣除的支出。

纳税人在生产经营活动中应分别核算生产经营费用和个人、家庭费用。对于那些既用于生产经营活动，又用于个人、家庭生活且难以分清的费用，其中的40%视为与生产经营活动有关的费用，准予扣除。

【例题 6-19】 承例题 6-18，2019 年李先生的超市发生以下费用：购货成本为20 000 元，业务招待费为 2 000 元，职工工资支出 20 000 元，为职工及个人缴纳“三险一金”等专项扣除为 6 000 元，为孩子购买电脑一台 5 000 元，因商品不合格被工商局罚款 1 000 元。李先生没有综合所得，但他从 2019 年 1 月起享受子女教育专项附加扣除1 000 元。计算 2019 年李先生可以在税前扣除的项目金额。

解析：

(1) 业务招待费的扣除限额为：

$$2\,000\times60\%=1\,200(\text{元})>130\,000\times5‰=650(\text{元})$$

因此，税前扣除额为 650 元。

(2) 为孩子购买电脑支出的 5 000 元和工商局的罚款 1 000 元在税前不允许扣除。

(3) 取得经营所得的个人，若没有综合所得，在计算其每一纳税年度的应纳税所得额时，应当减除费用（6 万元）、专项扣除、专项附加扣除以及依法确定的其他扣除。专项附加扣除在办理汇算清缴时减除，可以扣除费用 60 000 元、缴纳的“三险一金”6 000 元以及子女教育专项附加扣除 12 000 元。

（4）该超市的上述支出项目可以在税前扣除的金额为：

20 000＋650＋20 000＋60 000＋6 000＋1 000×12＝118 650(元)

2. 应纳税额的计算

经营所得以其应纳税所得额确定适用税率和速算扣除数（见表 6－2），然后计算应纳税额。相应的计算公式为：

应纳税额＝应纳税所得额×适用税率－速算扣除数

纳税人取得经营所得，按年计算个人所得税，由纳税人在月度或者季度终了后 15 日内向税务机关报送纳税申报表，并预缴税款；在取得所得的次年 3 月 31 日前办理汇算清缴。

由于经营所得的应纳税额实行按年计算、分月（季）预激、年终汇算清缴、多退少补的方法，因此需要分别按月（季）预缴税款。相应的计算公式为：

本月(季)应预缴税额＝本月(季)累计应纳税所得额×适用税率－速算扣除数
－上月(季)累计已预缴税额

全年应纳税额＝全年应纳税所得额×适用税率－速算扣除数

汇算清缴税额＝全年应纳税额－全年累计已预缴税额

合伙企业个人所得税的缴纳是“先分后税”，也就是合伙企业计算出应纳税所得额后，先分配给每个合伙人，由每个合伙人再按照五级超额累进税率计税。合伙企业的具体分配一般按照合伙协议进行分配，没有合伙协议的先协商，协商不成的可按照出资比例。如果上述方法不可行则平均分配，但不允许约定将利润分配给一个合伙人。

【例题 6－20】 承例题 6－18 和例题 6－19，假定 2019 年李先生已预缴个人所得税税额 500 元。计算李先生在汇算清缴时需要补（退）的个人所得税税额。

解析：

2019 年应缴纳税所得额＝130 000－118 650＝11 350(元)

因此，适用的税率为 5%。

2019 年应缴纳的个人所得税税额＝11 350×5%＝567.5(元)

应补缴的个人所得税税额＝567.5－500＝67.5(元)

【例题 6－21】 承例题 6－20，假定李先生将该超市注册为个人独资企业。计算 2019 年李先生的经营所得应缴纳的个人所得税税额。

解析：

个人独资企业与个体工商户的计税方法完全相同，因而李先生应缴纳的个人所得税税额的计算与例 6－20 相同。

【例题 6－22】 中国公民张某从 2019 年 1 月 1 日起承包某酒店西餐厅，经营期限 12 个月。2019 年，张某共取得承包收入 600 000 元，张某需要从承包收入中上交承包费等相关费用 300 000 元，张某没有综合所得。计算 2019 年张某的承包所得应缴纳的个人所得税税额。

解析：

在计算张某的承包所得时，应扣除上交的承包费用和 60 000 元的费用扣除额。

应纳税所得额＝600 000－300 000－60 000＝240 000(元)

应纳个人所得税税额＝240 000×20％－10 500＝37 500(元)

6.5.3 财产租赁所得应纳税额的计算

1. 应纳税所得额的确定

财产租赁所得的费用扣除计算方法与劳务报酬所得、稿酬所得、特许权使用费所得相同。财产租赁所得以一个月内取得的收入为一次。

对于财产租赁所得，每次收入不超过 4 000 元的，减除费用 800 元；4 000 元以上的，减除 20％的费用，其余额为应纳税所得额。在确定财产租赁所得的应纳税所得额时，纳税人在出租财产过程中缴纳的税金和教育费附加，可持完税（缴款）凭证，从其财产租赁所得中扣除。此外，财产租赁所得准予扣除的项目除了规定的费用和有关税费外，还准予扣除能够提供有效、准确凭证，证明由纳税人负担的该出租财产实际开支的修缮费用。允许扣除的修缮费用以每次 800 元为限，一次扣除不完的，准予在下一次继续扣除，直到扣完为止。财产租赁所得应纳税所得额的计算分为以下两种情况。

（1）每次（月）收入不超过 4 000 元的：

应纳税所得额＝每次(月)收入额－准予扣除项目－修缮费用(以 800 元为限)－800

（2）每次（月）收入超过 4 000 元的：

应纳税所得额＝[每次(月)收入额－准予扣除项目－修缮费用(以 800 元为限)]×(1－20％)

2. 应纳税额的计算

财产租赁所得适用 20％的比例税率，但对个人出租的居民住房取得的所得，暂按 10％的税率征税。财产租赁所得应纳税额的计算公式为：

应纳税额＝应纳税所得额×适用税率

【即学即用】 刘某于 2019 年 1 月将其自有的面积为 150 平方米的 4 间房屋按市场价出租给张某居住。刘某每月取得租金收入 2 500 元，全年租金收入 30 000 元。计算刘某全年的租金收入应缴纳多少个人所得税（租金收入为不含增值税收入，暂不考虑其他税费）？

解析：

财产租赁收入以每月取得的收入为一次，按市场价出租给个人居住适用 10％的税率。因此，刘某每月及全年的应纳税额为：

每月应纳税额＝(2 500－800)×10％＝170(元)

全年应纳税额＝170×12＝2 040(元)

【知识要点提醒】 在计算个人所得税时未考虑其他税、费。如果对租金收入计征城市维护建设税、房产税和教育费附加等，还应将它们从税前收入中先扣除，而后再计算应缴纳的个人所得税。

【例题 6-23】 李某于 2019 年 1 月将其自有住房租赁给王某居住。李某每月取得租金收入 2 000 元，全年共取得租金收入 24 000 元。计算李某全年的租赁所得应缴纳的个人所得税税额。

解析：

在计算租金收入应缴纳的个人所得税时，应以一个月取得的收入为一次。

每月应纳税所得额＝2 000－800＝1 200(元)

每月应纳税额＝1 200×10%＝120(元)

全年应纳税额＝120×12＝1 440(元)

【例题 6-24】 小王于 2019 年 1 月将其拥有的商铺租赁给某超市，每月取得租金收入 20 000 元，2019 年 2 月小王对商铺进行维修，维修费为 1 000 元。计算小王 2019 年 2 月和 3 月的财产租赁所得应缴纳的个人所得税税额。

解析：

小王 2019 年 2 月税前扣除的维修费为 800 元，剩余的 200 元可在 3 月计税时扣除。

2 月份应缴纳的个人所得税税额＝(20 000－800)×(1－20%)×20%＝3 072(元)

3 月份应缴纳的个人所得税税额＝(20 000－200)×(1－20%)×20%＝3 168(元)

6.5.4 财产转让所得应纳税额的计算

1. 应纳税所得额的确定

财产转让所得以转让财产的收入额减除财产原值和合理费用后的余额为应纳税所得额。相应的计算公式为：

应纳税所得额＝每次收入额－财产原值－合理费用

合理费用是指卖出财产时按照规定支付的有关税费。

“每次”是指以一件财产的所有权一次转让取得的收入为一次。

财产转让所得按照一次转让财产的收入额减除财产原值和合理费用后的余额计算纳税。财产原值按照下列方法确定：

(1) 有价证券，为买入价以及买入时按照规定交纳的有关费用。

(2) 建筑物，为建造费或者购进价格以及其他有关费用。

(3) 土地使用权，为取得土地使用权所支付的金额、开发土地的费用以及其他有关费用。

(4) 机器设备、车船，为购进价格、运输费、安装费以及其他有关费用。

(5) 其他财产，参照前款规定的方法确定财产原值。

纳税人未提供完整、准确的财产原值凭证，不能按照上面规定的方法确定财产原值的，由主管税务机关核定财产原值。

2. 应纳税额的计算

财产转让所得适用 20%的比例税率，相应的计算公式为：

应纳税额＝应纳税所得额×适用税率

【知识要点提醒】 个人转让房屋的个人所得税应税收入不含增值税，其取得房屋时所支付价款中包含的增值税计入财产原值，在计算转让所得时可扣除的税费不包括本次转让缴纳的增值税。

个人转让股权以股权转让收入减除股权原值和合理费用后的余额为应纳税所得额，按“财产转让所得”税目缴纳个人所得税。其中，合理费用是指在股权转让时按照规定支付的有关税费。个人转让股权以股权转让方为纳税人，以受让方为扣缴义务人。

个人转让限售股以每次限售股转让收入减除股票原值和合理税费后的余额为应纳税所得额，即

应纳税所得额＝限售股转让收入－(限售股原值＋合理税费)

应纳税额＝[限售股转让收入－(限售股原值＋合理税费)]×20%

限售股转让收入是指转让限售股实际取得的收入。限售股原值是指买入限售股时的买入价及按照规定缴纳的有关费用。合理税费是指转让限售股过程中发生的印花税、佣金、过户费等与交易相关的税费。如果纳税人未能提供完整、真实的限售股原值凭证，不能准确计算限售股原值，主管税务机关一律按限售股转让收入的15%核定限售股原值及合理税费。

【即学即用】 陈某持有某上市公司限售股100万股，限售股的原始取得成本为462万元(结算系统取得成本)。2017年12月，陈某持有的限售股全部解禁，可以上市流通。2018年1月11日，陈某将所持的限售股全部卖出，取得转让收入1 000万元，发生合理税费1万元。请问陈某转让限售股应缴纳的个人所得税是多少？

解析：

应纳税所得额＝限售股转让收入－(限售股原值＋合理费用)
＝限售股实际转让收入－(限售股成本原值＋转让合理费用)
＝1 000－(462＋1)
＝537(万元)

应纳税额＝应纳税所得额×税率
＝537×20%
＝107.4(万元)

【例题6-25】 刘某于2019年3月将其在2013年2月购买的一套住房卖掉，取得转让收入560 000。该套住房购入时的价格为400 000元，支付的相关税费为9 080元。计算刘某转让房产所得应缴纳的个人所得税税额。

解析：

财产转让所得以一次转让财产的收入减除财产原值和合理费用后的余额为应纳税所得额，故有

应纳税所得额＝560 000－400 000－9 080＝150 920(元)

应纳税额＝150 920×20%＝30 184(元)

6.5.5 利息、股息、红利所得应纳税额的计算

1. 应纳税所得额的确定

利息、股息、红利所得以个人每次取得的收入额为应纳税所得额，不得从收入额中扣除任何费用。其中，每次收入是指支付单位或者个人在每次支付利息、股息、红利时个人所取得的收入。对于个人从股份公司获得的以股票形式发放的股息红利（以下简称“红股”），以派发红股的股票票面金额为收入额，计算征收个人所得税。利息、股息、红利所得以支付利息、股息、红利时取得的收入为一次。

个人从公开发行和转让市场取得的上市公司股票，持股期限在1个月以内（含1个月）的，其股息、红利所得全额计入应纳税所得额；持股期限在1个月以上至1年（含1年）的，暂减按50%计入应纳税所得额；持股期限超过1年的，其股息、红利所得暂免征收个人所得税。上述所得统一适用20%的税率计征个人所得税。

2. 应纳税额的计算

利息、股息、红利所得适用20%的比例税率，应纳税额的计算公式为：

应纳税额＝应纳税所得额(每次收入额)×适用税率

【例题6-26】 3月，小张从非上市公司分红5 000元，从持股超过1年的上市公司取得股息2 000元，计算小张的上述所得应缴纳的个人所得税税额。

解析：

小张获得的上述股息、红利所得属于两次所得，其中，非上市公司分红适用的税率为20%，持股超过1年的上市公司股息免征个人所得税。

应缴纳的个人所得税税额＝5 000×20%＝1 000(元)

小张应在规定的申报期内向主管税务机关申报缴纳。

6.5.6 财产转让所得应纳税额的计算

一般财产转让所得应纳税额的计算公式为：

应纳税额＝应纳税所得额×适用税率＝(收入总额－财产原值－合理税费)×20%

6.5.7 偶然所得应纳税额的计算

1. 应纳税所得额的确定

偶然所得以个人的每次收入额为应纳税所得额，不扣除任何费用。偶然所得以每次取得的该项收入为一次。除有特殊规定外，每次收入就是应纳税所得额。

2. 应纳税额的计算

偶然所得适用20%的比例税率，应纳税额的计算公式为：

应纳税额＝应纳税所得额(每次收入额)×适用税率

【即学即用】 2019年3月，陶先生获得彩票中奖收入100 000元。计算陶先生该彩票

中奖所得应缴纳的个人所得税税额。

解析：

彩票中奖所得属于偶然所得，没有费用扣除，适用税率为20%，故有

应纳税额＝100 000×20%＝20 000(元)

【例题6-27】 参见［导入案例］

解析：

按照我国的个人所得税制度，小张抽奖获得的手机属于偶然所得。

偶然所得的应纳税所得额＝5 000(元)

因此，适用税率为20%，

应缴纳的个人所得税税额＝5 000×20%＝1 000(元)

6.5.8 个人所得税计算的特殊问题

1. 公益性捐赠的计税方法

个人将其所得对教育、扶贫、济困等公益慈善事业进行捐赠，捐赠额未超过纳税人申报的应纳税所得额30%的部分，可以从其应纳税所得额中扣除；国务院规定对公益慈善事业捐赠实行全额税前扣除的，从其规定。

公益性捐赠额的扣除以不超过纳税人申报的应纳税所得额的30%为限。相应的计算公式为：

公益性捐赠的扣除限额＝应纳税所得额×30%

当实际捐赠额小于捐赠扣除限额时，允许扣除的捐赠额＝实际捐赠额；当实际捐赠额大于捐赠扣除限额时，只能按捐赠限额扣除。

【即学即用】 陈某在参加商场的有奖销售过程中，中奖20 000元。陈某领奖时从中奖收入中拿出4 000元通过教育部门捐赠给某希望小学。计算商场代扣代缴的个人所得税金额。

解析：

根据税法的有关规定，陈某的捐赠额可以全部从应纳税所得额中扣除（因为4 000÷20 000＝20%，小于捐赠扣除比例30%），故

应纳税所得额＝偶然所得－捐赠额
＝20 000－4 000
＝16 000(元)

应纳税额(即商场代扣代缴的税款)＝应纳税所得额×适用税率
＝16 000×20%
＝3 200(元)

【例题6-28】 王某为中国居民个人纳税人，于2019年1月取得财产租赁收入60 000元，并将其中的10 000元通过县民政局捐赠给贫困山区。计算王某应缴纳的个人所得税

税额。

解析：

王某的捐赠属于公益性捐赠，可以税前扣除的捐赠额不得超过应纳税所得额的30%，故

应纳税所得额＝60 000×(1－20%)＝48 000(元)

捐赠扣除限额＝48 000×30%＝14 400(元)

由于王某的实际捐赠额小于扣除限额，因而税前可按照捐赠额扣除。

应缴纳的个人所得税税额＝(48 000－10 000)×30%－2 000＝9 400(元)

2. 境外缴纳税额抵免的计税方法

居民个人从中国境外取得的所得，可以从其应纳税额中抵免已在境外缴纳的个人所得税税额，但抵免额不得超过该纳税人境外所得依照《个人所得税法》规定计算的应纳税额。

(1) 已在境外缴纳的个人所得税税额，是指居民个人来源于中国境外的所得，依照该所得来源国家（地区）的法律应当缴纳并且实际已经缴纳的所得税税额。

(2) 纳税人的境外所得依照《个人所得税法》规定计算的应纳税额，是居民个人抵免已在境外缴纳的综合所得、经营所得以及其他所得的所得税税额的限额（以下简称“抵免限额”）。除国务院财政、税务主管部门另有规定外，来源于中国境外一个国家（地区）的综合所得抵免限额、经营所得抵免限额以及其他所得抵免限额之和，为来源于该国（地区）所得的抵免限额。

(3) 居民个人在中国境外一个国家（地区）实际已缴纳的个人所得税税额，低于依照前款规定计算出的来源于该国家（地区）所得的抵免限额的，应当在中国缴纳差额部分的税款；超过来源于该国家（地区）所得的抵免限额的，其超过部分不得在本纳税年度的应纳税额中抵免，但可以在以后纳税年度来源于该国家（地区）所得的抵免限额的余额中补扣。补扣期限最长不得超过五年。

(4) 居民个人申请抵免已在境外缴纳的个人所得税税额，应当提供境外税务机关出具的税款所属年度的有关纳税凭证。

【例题 6-29】 中国居民个人纳税人李某取得A国房屋租赁所得折合人民币40 000元，按A国的税法缴纳了个人所得税4 000元。计算李某的该笔所得在我国应补缴的个人所得税税额。

解析：

在计算李某的个人所得税时，其境外已纳税款可以进行抵免，但抵免额不得超过税法规定的抵免限额。

(1) 抵免限额的计算：

抵免限额＝40 000×(1－20%)×20%＝6 400(元)

该抵免限额大于在A国缴纳的税款4 000元，因此这笔已纳税款可以全额抵免，并需要补缴税款。

(2) 应补缴的个人所得税税额为：

应补缴的个人所得税税额＝6 400－4 000＝2 400(元)

3. 两人以上共同取得同一项目收入的计税方法

两个以上的居民个人共同取得同一项目收入的，应当对每个人取得的收入分别按照

《个人所得税法》的规定计算纳税，即实行“先分、后扣、再税”的办法。

【例题 6-30】 小张和小王为中国居民个人纳税人，他们都为一家公司设计图纸，共取得报酬 33 000 元。小张负责主设计，分得报酬 30 000 元；小王负责辅助设计，分得报酬 3 000 元。计算小张、小王的该笔所得应预扣预缴的个人所得税税额。

解析：

由于共同收入是“先分、后扣、再税”，即小张和小王分得的收入应先分别扣除费用，然后各自计算其应缴纳的个人所得税。

小张的该笔所得应预扣预缴的个人所得税税额 $=30\ 000\times(1-20\%)\times30\%-2\ 000=5\ 200$（元）

小王的该笔所得应预扣预缴的个人所得税税额 $=(3\ 000-800)\times20\%=440$（元）

4. 个人无偿受赠房屋产权的计税问题

为了加强个人所得税的征管，财税［2009］78 号文就无偿受赠房产的个人所得税问题做了相关规定，以下情况免征个人所得税：

（1）房屋产权所有人将房屋产权无偿赠予配偶、父母、子女、祖父母、外祖父母、孙子女、外孙子女、兄弟姐妹。

（2）房屋产权所有人将房屋产权无偿赠予对其承担直接抚养或赡养义务的抚养人或赡养人。

（3）房屋产权所有人死亡，依法取得房屋产权的法定继承人、遗嘱继承人或受遗赠人。

【例题 6-31】 2019 年，小张、小王和小李分别无偿获得了一处房子。其中，小张的房子是爷爷赠送的；小王的房子是他父亲去世后留下的遗产；由于小李是明星，房地产开发公司赠送他一套房子。

请问 2019 年小张、小王和小李获得房产后是否需要缴纳个人所得税？

解析：

按照《个人所得税法》的相关规定，小张和小王的房子免征个人所得税，而小李获得的房子需要缴纳个人所得税。

5. 企业年金、职业年金个人所得税的处理

企业年金是指根据《企业年金试行办法》（原劳动和社会保障部令第 20 号）的规定，企业及其职工在依法参加基本养老保险的基础上，自愿建立的补充养老保险制度。职业年金是指根据《事业单位职业年金试行办法》（国办发［2011］37 号）的规定，事业单位及其工作人员在依法参加基本养老保险的基础上建立的补充养老保险制度。

（1）企业年金和职业年金缴费的个人所得税处理。

① 企业和事业单位（以下统称“单位”）根据国家有关政策规定的办法和标准，为在本单位任职或者受雇的全体职工缴付的企业年金或职业年金（以下统称“年金”）单位缴费部分，在计入个人账户时，个人暂不缴纳个人所得税。

② 个人根据国家有关政策规定缴付的年金个人缴费部分，在不超过本人缴费工资计税基数 4%标准内的部分，暂从个人当期的应纳税所得额中扣除。

③ 超过上述规定的标准缴付的年金单位缴费和个人缴费部分，应并入个人当期的工资、薪金所得，依法计征个人所得税。税款由建立年金的单位代扣代缴，并向主管税务

机关申报解缴。

④ 企业年金个人缴费工资计税基数为本人的上一年度月平均工资。月平均工资按国家统计局规定列入工资总额统计的项目计算。月平均工资超过职工工作地所在设区城市上一年度职工月平均工资300%以上的部分，不计入个人缴费工资计税基数。

职业年金个人缴费工资计税基数为职工岗位工资和薪级工资之和。职工岗位工资和薪级工资之和超过职工工作地所在设区城市上一年度职工月平均工资300%以上的部分，不计入个人缴费工资计税基数。

(2) 年金基金投资运营收益的个人所得税处理。

在年金基金投资运营收益分配计入个人账户时，个人暂不缴纳个人所得税。

(3) 领取年金的个人所得税处理。

① 个人达到国家规定的退休年龄，在2014年1月1日后按月领取的年金，全额按照"综合所得"项目适用的税率计征个人所得税。

② 对单位和个人在2014年1月1日前开始缴付年金缴费，个人在2014年1月1日后领取年金的，允许其从领取的年金中减除在2014年1月1日前缴付的年金单位缴费和个人缴费且已经缴纳个人所得税的部分，而后就其余额按照上述规定征税。在个人分期领取年金的情况下，可按2014年1月1日前缴付的年金缴费金额占全部缴费金额的百分比减计当期的应纳税所得额，而后就其余额按照上述规定计算缴纳个人所得税。

③ 对个人因出境定居而一次性领取的年金个人账户资金，或个人死亡后，其指定的受益人或法定继承人一次性领取的年金个人账户余额，允许领取人将一次性领取的年金个人账户资金或余额计算缴纳个人所得税。

④ 个人在领取年金时，其应纳税款由受托人代表委托人委托托管人代扣代缴。年金账户的管理人应及时向托管人提供个人年金缴费及对应的个人所得税纳税明细。托管人根据受托人的指令及账户管理人提供的资料，按照规定计算扣缴个人当期领取年金待遇的应纳税款，并向托管人所在地主管税务机关申报解缴。

⑤ 建立年金计划的单位及年金托管人应按照《个人所得税法》和《税收征管法》的有关规定，实行全员全额扣缴明细申报。受托人有责任协调相关管理人依法向税务机关办理扣缴申报及提供相关资料。

(4) 年金计划的资料备案和报送。建立年金计划的单位应于建立年金计划的次月15日内，向其所在地主管税务机关报送年金方案、人力资源和社会保障部门出具的方案备案函、计划确认函以及主管税务机关要求报送的其他相关资料。年金方案、受托人、托管人发生变化的，应于发生变化的次月15日内重新向其主管税务机关报送上述资料。

6. 个人税收递延型商业养老保险试点的税收处理

(1) 试点地区。自2018年5月1日起，在上海市、福建省（含厦门市）和苏州工业园区实施个人税收递延型商业养老保险试点。该试点期限暂定一年。

(2) 试点政策。对于试点地区的个人通过个人商业养老资金账户购买符合规定的商业养老保险产品的支出，允许在一定标准内税前扣除；计入个人商业养老资金账户的投资收益，暂不征收个人所得税，当个人领取商业养老金时再征收个人所得税。具体规定如下：

① 个人缴费税前扣除标准。取得工资、薪金所得及连续性劳务报酬所得的个人，其

缴纳的保费准予在申报扣除当月计算应纳税所得额时予以限额据实扣除，扣除限额按照当月工资、薪金所得及连续性劳务报酬所得的6%和1 000元孰低确定。取得个体工商户生产、经营所得以及对企事业单位承包（承租）经营所得的个体工商户业主、个人独资企业投资者、合伙企业自然人合伙人和承包（承租）经营者，其缴纳的保费准予在申报扣除当年计算应纳税所得额时予以限额据实扣除，扣除限额按照不超过当年应税收入的6%和12 000元孰低确定。

取得连续性劳务报酬所得是指纳税人连续6个月以上（含6个月）为同一单位提供劳务而取得的所得。

② 账户资金收益暂不征税。计入个人商业养老资金账户的投资收益，在缴费期间暂不征收个人所得税。

③ 个人领取的商业养老金需要缴税。在个人达到国家规定的退休年龄时，可按月或按年领取商业养老金，领取期限原则上为终身或不少于15年。个人身故、发生保险合同约定的全残或罹患重大疾病的，可以一次性领取商业养老金。

对于个人在达到规定条件时领取的商业养老金收入，其中25%的部分予以免税，其余75%的部分按照10%的比例税率计算缴纳个人所得税。

（3）试点期间的税收征管。

① 关于缴费的税前扣除。当个人购买符合规定的商业养老保险产品、享受递延纳税优惠时，应以中保信平台出具的税延养老扣除凭证为扣税凭据。取得工资、薪金所得和连续性劳务报酬所得的个人，应及时将相关凭证提供给扣缴单位。扣缴单位应按照有关要求，认真落实个人税收递延型商业养老保险试点政策，为纳税人办理税前扣除的有关事项。

个人在试点范围内从两处或者两处以上取得所得的，只能选择在其中一处享受试点政策。

② 关于领取商业养老金的税款征收。个人在按规定领取商业养老金时，应由保险公司代扣代缴其应缴的个人所得税。

7. 无住所个人有关个人所得税的政策

无住所个人是指非居民个人和无住所的居民个人，以下简称“无住所个人”。

（1）无住所个人居住时间的判定标准。无住所个人一个纳税年度内在中国境内累计居住满183天的，如果此前六年在中国境内每年累计居住天数都满183天且没有任何一年单次离境超过30天，该纳税年度来源于中国境内外的所得均应缴纳个人所得税；如果此前六年的任一年在中国境内累计居住天数不满183天或者单次离境超过30天，该纳税年度来源于中国境外且由境外单位或者个人支付的所得，免予缴纳个人所得税。

此前六年是指该纳税年度的前一年至前六年的连续六个年度，此前六年的起始年度自2019年（含）以后年度开始计算。

无住所个人一个纳税年度内在中国境内的累计居住天数，按照个人在中国境内累计停留的天数计算。在中国境内停留的当天满24小时的，计入中国境内居住天数，在中国境内停留的当天不足24小时的，不计入中国境内居住天数。

【即学即用】 李先生为香港居民，在深圳工作，每周一早上来深圳上班，周五晚上回香港。请问李先生是否构成居民个人？

解析：

李先生周一和周五当天在深圳停留都不足24小时，因此不计入境内居住天数，再加上周六、周日两天也不计入，这样，每周可计入的天数仅为3天，按全年52周计算，李先生全年在境内居住天数为156天，未超过183天，故不构成居民个人，因而李先生取得的全部境外所得可以免缴个人所得税。

【知识要点提醒】 在境内居住累计满183天的年度连续"满六年"的起点，是自2019年（含）以后年度开始计算，2018年（含）之前已经居住的年度一律"清零"，不计算在内。按此规定，在2024年（含）之前，所有无住所个人在境内居住年限都不满六年，其取得境外支付的境外所得都能享受免税优惠。此外，自2019年起的任一年度，如果有单次离境超过30天的情形，此前的连续年限"清零"，重新计算。

【即学即用】 张先生为香港居民，2013年1月1日来深圳工作，2026年8月30日回到香港工作。在此期间，除2025年2月1日至3月15日临时回香港处理公务外，其余时间一直停留在深圳。如何判定张先生的纳税义务？

解析：

张先生在境内居住累计满183天的年度，如果从2013年开始计算，实际上已经满六年，但由于2018年之前的年限一律"清零"，重新自2019年开始计算，因此2019年至2024年期间，张先生在境内居住累计满183天的年度连续不满六年，其取得的境外支付的境外所得，就可免缴个人所得税。

2025年，张先生在境内居住满183天，且从2019年开始计算，他在境内居住累计满183天的年度已经连续满六年（2019年至2024年），且没有单次离境超过30天的情形，因而2025年张先生应就在境内和境外取得的所得缴纳个人所得税。

2026年，由于张先生2025年有单次离境超过30天的情形（2025年2月1日至3月15日），其在内地居住累计满183天的连续年限清零，重新起算，因而2026年张先生取得的境外支付的境外所得，可以免缴个人所得税。

（2）关于所得来源地。

① 关于工资、薪金所得来源地的规定。

个人取得归属于中国境内（以下简称"境内"）工作期间的工资、薪金所得为来源于境内的工资、薪金所得。境内工作期间按照个人在境内工作的天数计算，包括其在境内的实际工作日以及境内工作期间在境内外享受的公休假、个人休假、接受培训的天数。在境内和境外单位同时担任职务或者仅在境外单位任职的个人，在境内停留的当天不足24小时的，按照半天计算境内工作天数。

无住所个人在境内和境外单位同时担任职务或者仅在境外单位任职，且当期同时在境内和境外工作的，按照工资、薪金所属境内和境外工作天数占当期公历天数的比例计算确定来源于境内和境外工资、薪金所得的收入额。境外工作天数按照当期公历天数减去当期境内工作天数计算。

② 关于数月奖金以及股权激励所得来源地的规定。无住所个人取得的数月奖金或者股权激励所得按照前述规定确定所得来源地的，无住所个人在境内履职或者执行职务时收到的数月奖金或者股权激励所得，归属于境外工作期间的部分，为来源于境外的工资、薪金所得；无住所个人停止在境内履约或者执行职务离境后收到的数月奖金或者股权激励所得，对属于境内工作期间的部分，为来源于境内的工资、薪金所得。具体计算方法为：数月奖金或者股权激励乘以数月奖金或者股权激励所属工作期间境内工作天数与所属工作期间公历天数之比。

无住所个人一个月内取得的境内外数月奖金或者股权激励包含归属于不同期间的多笔所得的，应当先分别按照规定计算不同归属期间来源于境内的所得，然后再加总计算当月来源于境内的数月奖金或者股权激励收入额。

数月奖金是指一次取得归属于数月的奖金、年终加薪、分红等工资、薪金所得，不包括每月固定发放的奖金及一次性发放的数月工资。股权激励包括股票期权、股权期权、限制性股票、股票增值权、股权奖励以及其他因认购股票等有价证券而从雇主那里取得的折扣或者补贴。

③ 关于董事、监事及高层管理人员取得报酬所得来源地的规定。对于担任境内居民企业的董事、监事及高层管理职务的个人（以下统称“高管人员”），无论是否在境内履行职务，取得由境内居民企业支付或者负担的董事费、监事费、工资、薪金或者其他类似报酬（以下统称“高管人员报酬”，包含数月奖金和股权激励），属于来源于境内的所得。

高层管理职务包括企业正、副（总）经理，各职能总师，总监及其他类似公司管理层的职务。

④ 关于稿酬所得来源地的规定。由境内企业、事业单位、其他组织支付或者负担的稿酬所得，为来源于境内的所得。

(3) 关于无住所个人工资、薪金所得收入额的计算。无住所个人取得工资、薪金所得，按以下规定计算在境内应纳税的工资、薪金所得的收入额（以下简称“工资、薪金收入额”）。

① 无住所个人为非居民个人的情形。非居民个人（不包括高层管理人员）取得工资、薪金所得，当月工资、薪金收入额分别按照以下两种情形计算：

第一，非居民个人境内居住时间累计不超过 90 天的情形。在一个纳税年度内，在境内累计居住不超过 90 天的非居民个人，仅就归属于境内工作期间并由境内雇主支付或者负担的工资、薪金所得计算缴纳个人所得税。当月工资、薪金收入额的计算公式如下：

$$\text{当月工资、薪金收入额}=\text{当月境内外工资、薪金总额}\times\frac{\text{当月境内支付工资、薪金数额}}{\text{当月境内外工资、薪金总额}}\times\frac{\text{当月工资、薪金所属工作期间境内工作天数}}{\text{当月工资、薪金所属工作期间公历天数}} \quad (6-1)$$

境内雇主包括雇用员工的境内单位和个人以及境外单位或者个人在境内的机构、场所。凡境内雇主采取核定征收所得税或者无营业收入未征收所得税的，无住所个人为其工作取得工资、薪金所得，不论是否在该境内雇主会计账簿中记载，均视为由该境内雇主支付或者负担。工资、薪金所属工作期间的公历天数，是指无住所个人取得工资、薪金所属工作期间按公历计算的天数。

公式中的当月境内外工资、薪金总额包含归属于不同期间的多笔工资、薪金的，应当先分别按照规定计算不同归属期间的工资、薪金收入额，再加总计算当月工资、薪金收入额。

【例题6-32】 A国居民麦克先生2019年6月1日被派到广州从事技术指导，6月21日返回A国。6月，麦克先生的工资总额为30 000元（折合人民币），其中A国公司支付20 000元，广州公司支付10 000元。计算麦克先生6月份工资应纳的个人所得税税额。

解析：

麦克先生为非居民个人，在境内工作天数为20天（在境内和境外单位同时担任职务或者仅在境外单位任职的个人，在境内停留的当天不足24小时的，按照半天计算境内工作天数），仅就归属于境内工作期间并由境内雇主支付或者负担的工资、薪金所得计算缴纳个人所得税。

当月工资、薪金收入额＝30 000×10 000/30 000×20/30＝6 666.67(元)

当月工资、薪金所得应纳个人所得税税额＝(6 666.67－5 000)×3%＝50(元)

第二，非居民个人境内居住时间累计超过90天不满183天的情形。在一个纳税年度内，在境内累计居住超过90天但不满183天的非居民个人，取得归属于境内工作期间的工资、薪金所得，均应当计算缴纳个人所得税；其取得归属于境外工作期间的工资、薪金所得，不征收个人所得税。当月工资、薪金收入额的计算公式如下：

$$\text{当月工资、薪金收入额}=\text{当月境内外工资、薪金总额}\times\frac{\text{当月工资、薪金所属工作期间境内工作天数}}{\text{当月工资、薪金所属工作期间公历天数}} \quad (6-2)$$

【例题6-33】 A国居民麦克先生2019年6月1日被派到广州从事技术指导，9月21日返回A国。9月，麦克先生的工资总额为30 000元（折合人民币），其中A国公司支付20 000元，广州公司支付10 000元。计算麦克先生9月份工资应纳个人所得税税额。

解析：

麦克先生为非居民个人，在境内工作天数超过90天，取得归属于境内工作期间的工资、薪金所得，均应当计算缴纳个人所得税。

当月工资、薪金收入额＝30 000×20/30＝20 000(元)

当月工资、薪金所得应纳个人所得税税额＝(20 000－5 000)×20%－1 410
＝1 590(元)

② 无住所个人为居民个人的情形。在一个纳税年度内，在境内累计居住满183天的无住所个人取得工资、薪金所得，当月工资、薪金收入额按照以下规定计算。

第一，无住所个人在境内居住累计满183天的年度连续不满六年的情形。在境内居住累计满183天的年度连续不满六年的无住所居民个人，经向主管税务机关备案，其取得的全部工资、薪金所得，除归属于境外工作期间且由境外单位或者个人支付的工资、薪金所得部分外，均应计算缴纳个人所得税。工资、薪金所得收入额的计算公式如下：

$$\text{当月工资、薪金收入额}=\text{当月境内外工资、薪金总额}\times\left[1-\frac{\text{当月境外支付工资、薪金数额}}{\text{当月境内外工资、薪金总额}}\times\frac{\text{当月工资、薪金所属工作期间境外工作天数}}{\text{当月工资、薪金所属工作期间公历天数}}\right] \quad (6-3)$$

【例题 6-34】 A 国居民麦克先生 2019 年 1 月 1 日被派到广州从事技术指导，9 月 21 日返回 A 国。9 月，麦克先生的工资总额为 30 000 元（折合人民币），其中 A 国公司支付 20 000 元，广州公司支付 10 000 元。计算麦克先生 9 月份工资应纳的个人所得税税额。

解析：

麦克先生为居民个人，在境内工作天数超过 183 天不满 6 年，经向主管税务机关备案，其取得的全部工资、薪金所得，除归属于境外工作期间且由境外单位或者个人支付的工资、薪金所得部分外，均应计算缴纳个人所得税。

当月工资、薪金收入额＝30 000×(1－20 000/30 000×10/30)＝23 333.33(元)

当月工资、薪金所得应纳个人所得税税额＝(23 333.33－5 000)×20％－1 410
＝2 256.67(元)

第二，无住所个人在境内居住累计满 183 天的年度连续满六年的情形。在境内居住累计满 183 天的年度连续满六年后，没有向主管税务机关备案的无住所个人，其从境内和境外取得的全部工资、薪金所得均应计算缴纳个人所得税。

② 无住所个人为高管人员的情形。无住所个人为高管人员的，工资、薪金收入额按照公式（6-3）计算纳税。非居民个人为高管人员的，按照以下规定处理：

第一，高管人员在境内居住时间累计不超过 90 天的情形。在一个纳税年度内，在境内累计居住不超过 90 天的高管人员，其取得由境内雇主支付或者负担的工资、薪金所得应当计算缴纳个人所得税；不是由境内雇主支付或者负担的工资、薪金所得，不缴纳个人所得税。当月工资、薪金收入额为当月境内支付或者负担的工资、薪金收入额。

【例题 6-35】 接【例题 6-32】若 A 国居民麦克先生为 A 国公司技术总监，2019 年 6 月 1 日被派到广州从事技术指导，6 月 21 日返回 A 国。6 月，麦克先生的工资总额为 30 000 元（折合人民币），其中 A 国公司支付 20 000 元，广州公司支付 10 000 元。计算麦克先生 6 月份工资应纳的个人所得税税额。

解析：

麦克先生为公司高管，在境内居住不超过 90 天，其取得由境内雇主支付或者负担的工资、薪金所得应当计算缴纳个人所得税。

当月工资、薪金所得应纳个人所得税税额＝10 000×10％－210＝790(元)

第二，高管人员在境内居住时间累计超过 90 天不满 183 天的情形。在一个纳税年度内，在境内居住累计超过 90 天但不满 183 天的高管人员，其取得的工资、薪金所得，除归属于境外工作期间且不是由境内雇主支付或者负担的部分外，应当计算缴纳个人所得税。当月工资、薪金收入额的计算适用公式（6-3）。

【例题 6-36】 接【例题 6-33】A 国居民麦克先生为 A 国公司技术总监，2019 年 6 月 1 日被派到广州从事技术指导，9 月 21 日返回 A 国。9 月，麦克先生的工资总额为 30 000 元（折合人民币），其中 A 国公司支付 20 000 元，广州公司支付 10 000 元。计算麦克先生9月份工资应纳的个人所得税税额。

解析：

麦克先生为公司高管，在境内工作的天数超过90天但不满183天，其取得的工资、薪金所得，除归属于境外工作期间且不是由境内雇主支付或者负担的部分外，应当计算缴纳个人所得税。

$$当月工资、薪金收入额=30\,000\times(1-20\,000/30\,000\times10/30)=23\,333.33(元)$$

$$\begin{aligned}当月工资、薪金所得应纳个人所得税税额&=(23\,333.33-5\,000)\times20\%-1\,410\\&=2\,256.66(元)\end{aligned}$$

(4) 关于无住所个人的税款计算。

① 关于无住所个人税款计算的规定。

无住所个人取得综合所得的，在年度终了后，应按年计算个人所得税；有扣缴义务人的，由扣缴义务人按月或者按次预扣预缴税款；需要办理汇算清缴的，按照规定办理汇算清缴。年度综合所得应纳税额计算公式如下：

$$\begin{aligned}\begin{matrix}年度综合所得\\应纳税额\end{matrix}=\Big(&\begin{matrix}年度工资、\\薪金收入额\end{matrix}+\begin{matrix}年度劳务\\报酬收入额\end{matrix}+\begin{matrix}年度稿酬\\收入额\end{matrix}+\begin{matrix}年度特许权\\使用费收入额\end{matrix}-\begin{matrix}减除\\费用\end{matrix}\\&-\begin{matrix}专项\\扣除\end{matrix}-\begin{matrix}专项\\附加扣除\end{matrix}-\begin{matrix}依法确定的\\其他扣除\end{matrix}\Big)\times\begin{matrix}适用\\税率\end{matrix}-\begin{matrix}速算\\扣除数\end{matrix}\end{aligned}\quad(6-4)$$

无住所个人为外籍个人的，2022年1月1日前在计算工资、薪金收入额时，已经按规定减除住房补贴、子女教育费、语言训练费等八项津（补）贴的，不能同时享受专项附加扣除。

年度工资、薪金，劳务报酬，稿酬，特许权使用费收入额分别按年度内每月工资、薪金以及每次劳务报酬、稿酬、特许权使用费收入额合计数额计算。

【例题6-37】 A国居民麦克先生2019年被派往广州工作12个月，每月工资收入30 000元，全部由广州公司支付；5月还取得一笔稿酬收入10 000元。假定麦克先生除了费用扣除外，无其他专项扣除，计算麦克先生全年应纳的个人所得税税额。

解析：

麦克先生在境内居住满183天，为无住所居民个人，应按年计算个人所得税。

$$\begin{aligned}年度综合所得应纳税额&=[30\,000\times12+10\,000\times(1-20\%)\times70\%-60\,000]\\&\quad\times25\%-31\,920\\&=44\,480(元)\end{aligned}$$

② 关于非居民个人税款计算的规定。

第一，非居民个人一个月内取得数月奖金，单独按照规定计算当月收入额，不与当月其他工资、薪金合并，按6个月分摊计税，不减除费用，适用月度税率表计算应纳税额。在一个公历年度内，对每一个非居民个人，该计税办法只允许适用一次。相应的计算公式如下：

$$当月数月奖金应纳税额=\left(\frac{数月奖金收入额}{6}\times适用税率-速算扣除数\right)\times6$$

【例题6-38】 A国居民麦克先生2019年7月1日被派到广州从事技术指导，10月1日返回A国。9月，麦克先生的工资总额为30 000元（折合人民币），季度奖为60 000

元。计算麦克先生9月份奖金应纳的个人所得税税额。

解析：

麦克先生为非居民个人，取得数月奖金，单独按照规定计算当月收入额，不与当月其他工资、薪金合并，按6个月分摊计税，不减除费用，适用月度税率表计算应纳税额。

$$9\text{月份奖金的应纳税额}=\left(\frac{60\ 000}{6}\times10\%-210\right)\times6=4\ 740(\text{元})$$

第二，非居民个人一个月内取得股权激励所得，单独按照规定计算当月收入额，不与当月其他工资、薪金合并，按6个月分摊计税（一个公历年度内的股权激励所得应合并计算），不减除费用，适用月度税率表计算应纳税额。相应的计算公式如下：

$$\begin{matrix}\text{当月股权激励}\\\text{所得应纳税额}\end{matrix}=\left[\frac{\begin{matrix}\text{本公历年度内股权}\\\text{激励所得合计额}\end{matrix}}{6}\times\begin{matrix}\text{适用}\\\text{税率}\end{matrix}-\begin{matrix}\text{速算}\\\text{扣除数}\end{matrix}\right]\times6-\begin{matrix}\text{本公历年度内股权}\\\text{激励所得已纳税额}\end{matrix}$$

（5）关于无住所个人适用税收协定的规定。按照我国政府签订的避免双重征税协定、内地与香港及澳门签订的避免双重征税安排（以下简称“税收协定”）中居民条款规定为缔约对方税收居民的个人（以下简称“对方税收居民个人”），可以按照税收协定及财政部、国家税务总局有关规定享受税收协定待遇，也可以选择不享受税收协定待遇计算纳税。除税收协定及财政部、国家税务总局另有规定外，无住所个人适用税收协定的，按照以下规定执行：

① 关于无住所个人适用受雇所得条款的规定。

第一，无住所个人享受境外受雇所得协定待遇。境外受雇所得协定待遇是指按照税收协定中受雇所得条款的规定，对方税收居民个人在境外从事受雇活动取得的受雇所得，可不缴纳个人所得税。

无住所个人为对方税收居民个人，其取得的工资、薪金所得可享受境外受雇所得协定待遇的，可不缴纳个人所得税。工资、薪金收入额的计算适用公式（6-2）。

无住所个人为对方税收居民个人的，可在预扣预缴和汇算清缴时按前款规定享受协定待遇；非居民个人为对方税收居民个人的，可在取得所得时按前款规定享受协定待遇。

第二，无住所个人享受境内受雇所得协定待遇。境内受雇所得协定待遇是指按照税收协定中受雇所得条款的规定，在税收协定规定的期间内境内停留天数不超过183天的对方税收居民个人，在境内从事受雇活动取得受雇所得，不是由境内居民雇主支付或者代其支付的，也不是由雇主在境内常设机构负担的，可不缴纳个人所得税。

无住所个人为对方税收居民个人，其取得的工资、薪金所得可享受境内受雇所得协定待遇的，可不缴纳个人所得税。工资、薪金收入额的计算适用公式（6-1）。

无住所个人为对方税收居民个人的，可在预扣预缴和汇算清缴时按前款规定享受协定待遇；非居民个人为对方税收居民个人的，可在取得所得时按前款规定享受协定待遇。

② 关于无住所个人适用独立个人劳务或者营业利润条款的规定。独立个人劳务或者营业利润协定待遇是指按照税收协定中独立个人劳务或者营业利润条款的规定，对方税收居民个人取得的独立个人劳务所得或者营业利润符合税收协定规定条件的，可不缴纳个人所得税。

无住所个人为对方税收居民个人，其取得的劳务报酬所得、稿酬所得可享受独立个人劳务或者营业利润协定待遇的，在预扣预缴和汇算清缴时，可不缴纳个人所得税。

非居民个人为对方税收居民个人，其取得的劳务报酬所得、稿酬所得可享受独立个人劳务或者营业利润协定待遇的，在取得所得时可不缴纳个人所得税。

③ 关于无住所个人适用董事费条款的规定。对方税收居民个人为高管人员，该个人适用的税收协定未纳入董事费条款，或者虽然纳入董事费条款但该个人不适用董事费条款，且该个人取得的高管人员报酬可享受税收协定受雇所得、独立个人劳务或者营业利润条款规定待遇的，该个人取得的高管人员报酬可分别按照前述无住所个人享受境外受雇所得协定待遇以及无住所个人享受境内受雇所得协定待遇规定执行。

对方税收居民个人为高管人员，该个人取得的高管人员报酬按照税收协定董事费条款规定可以在境内征收个人所得税的，应按照有关工资、薪金所得或者劳务报酬所得的规定缴纳个人所得税。

④ 关于无住所个人适用特许权使用费或者技术服务费协定待遇的规定。特许权使用费或者技术服务费协定待遇是指按照税收协定中特许权使用费或者技术服务费条款的规定，对方税收居民个人取得符合规定的特许权使用费或者技术服务费，可按照税收协定规定的计税所得额和征税比例计算纳税。

无住所个人为对方税收居民个人，其取得的特许权使用费所得、稿酬所得或者劳务报酬所得可享受特许权使用费或者技术服务费协定待遇的，可不纳入综合所得，在取得当月按照税收协定规定的计税所得额和征税比例计算应纳税额，并预扣预缴税款。在年度汇算清缴时，该个人取得的已享受特许权使用费或者技术服务费协定待遇的所得不纳入年度综合所得，单独按照税收协定规定的计税所得额和征税比例计算年度应纳税额及补（退）税额。

非居民个人为对方税收居民个人，其取得的特许权使用费所得、稿酬所得或者劳务报酬所得可享受特许权使用费或者技术服务费协定待遇的，可按照税收协定规定的计税所得额和征税比例计算应纳税额。

（6）关于无住所个人的相关征管规定。

① 关于无住所个人预计境内居住时间的规定。无住所个人在一个纳税年度内首次申报时，应当根据合同约定等情况预计一个纳税年度内境内的居住天数以及在税收协定规定期间内的境内停留天数，并按照预计情况计算缴纳税款。若实际情况与预计情况不符的，分别按照以下规定处理：

第一，无住所个人预先判定为非居民个人，因延长居住天数达到居民个人条件的，在一个纳税年度内的税款扣缴方法保持不变，年度终了后按照居民个人有关规定办理汇算清缴，但该个人在当年离境且预计年度内不再入境的，可以选择在离境前办理汇算清缴。

第二，无住所个人预先判定为居民个人，因缩短居住天数不能达到居民个人条件的，从不能达到居民个人条件之日起至年度终了后 15 天内，应当向主管税务机关报告，按照非居民个人重新计算应纳税额，申报补缴税款，不加收税收滞纳金。需要退税的，按照规定办理。

第三，无住所个人预计一个纳税年度内的境内居住天数累计不超过 90 天，但实际累计居住天数超过 90 天的，或者对方税收居民个人预计在税收协定规定期间内的境内停留天数不超过 183 天，但实际停留天数超过 183 天的，待达到 90 天或者 183 天的月度终了后 15 天内，应当向主管税务机关报告，就以前月份的工资、薪金所得重新计算应纳税款，并补缴税款，不加收税收滞纳金。

② 关于无住所个人境内雇主报告境外关联方支付工资、薪金所得的规定。无住所个人在境内任职、受雇取得来源于境内的工资、薪金所得，凡境内雇主与境外单位或者个人存在关联关系，将本应由境内雇主支付的工资、薪金所得，部分或者全部由境外关联方支付的，无住所个人可以自行申报缴纳税款，也可以委托境内雇主代为缴纳税款。无住所个人未委托境内雇主代为缴纳税款的，境内雇主应当在相关所得支付当月终了后 15 天内向主管税务机关报告相关信息，包括境内雇主与境外关联方对无住所个人的工作安排、境外支付情况以及无住所个人的联系方式等信息。

6.6 税收优惠与征收管理

6.6.1 税收优惠

个人所得税既是一种分配手段，也是体现国家政策的重要工具。为了鼓励科学发明，支持社会福利、慈善事业和照顾某些纳税人的实际困难，《个人所得税法》对有关所得项目有免税、减税的优惠规定。

1. 免税项目

对于下列各项个人所得，免征个人所得税：

(1) 省级人民政府、国务院部委和中国人民解放军军以上单位，以及外国组织、国际组织颁发的科学、教育、技术、文化、卫生、体育、环境保护等方面的奖金。

(2) 国债和国家发行的金融债券利息。国债利息是指个人因持有中华人民共和国财政部发行的债券而取得的利息。国家发行的金融债券利息是指个人因持有经国务院批准发行的金融债券而取得的利息。

(3) 按照国家统一规定发给的补贴、津贴。按照国家统一规定发给的补贴、津贴是指按照国务院规定发给的政府特殊津贴、院士津贴，以及国务院规定免予缴纳个人所得税的其他补贴、津贴。

(4) 福利费、抚恤金、救济金。福利费是指根据国家有关规定，从企业、事业单位、国家机关、社会组织提留的福利费或者从工会经费中支付给个人的生活补助费。救济金是指各级人民政府民政部门支付给个人的生活困难补助费。

(5) 保险赔款。

(6) 军人的转业费、复员费、退役金。

(7) 按照国家统一规定发给干部和职工的安家费、退职费、基本养老金或者退休费、离休费、离休生活补助费。

(8) 依照有关法律规定应予免税的各国驻华使馆、领事馆的外交代表、领事官员和其他人员的所得。依照有关法律规定应予免税的各国驻华使馆、领事馆的外交代表、领事官员和其他人员的所得是指依照《中华人民共和国外交特权与豁免条例》和《中华人民共和国领事特权与豁免条例》规定免税的所得。

(9) 中国政府参加的国际公约、签订的协议中规定免税的所得。

(10) 国务院规定的其他免税所得。

对于第10项免税规定，由国务院报全国人民代表大会常务委员会备案。

2. 减税项目

有下列情形之一的，可以减征个人所得税，具体的减征幅度和期限由省、自治区、直辖市人民政府规定，并报同级人民代表大会常务委员会备案：

(1) 残疾、孤老人员和烈属的所得。

(2) 因自然灾害遭受重大损失的。

国务院可以规定其他的减税情形，并报全国人民代表大会常务委员会备案。

3. 暂免征税项目

(1) 外籍个人以非现金形式或实报实销形式取得的住房补贴、伙食补贴、搬迁费、洗衣费。

(2) 外籍个人按合理标准取得的境内外出差补贴。

(3) 外籍个人取得的探亲费、语言训练费、子女教育费等，经当地税务机关审核批准为合理的部分。

(4) 外籍个人从外商投资企业取得的股息、红利所得。

(5) 个人举报、协查各种违法、犯罪行为而获得的奖金。

(6) 个人办理代扣代缴手续，按规定取得的扣缴手续费。

(7) 个人转让自用达5年以上，并且是唯一家庭生活用房取得的所得。

(8) 对于个人购买福利彩票、赈灾彩票、体育彩票，一次中奖收入在1万元（含）以下的，暂免征收个人所得税；超过1万元的，全额征收个人所得税。

(9) 已达到离休、退休年龄，但确因工作需要适当延长离休、退休年龄的高级专家，其在延长离休、退休期间的工资、薪金所得，视同离休、退休工资免征个人所得税。

(10) 符合条件的社会保险和住房公积金。

① 符合比例标准的失业保险免税。

② 企业和个人按标准提取并向指定金融机构实际缴付的住房公积金、基本养老保险金和医疗保险金免税。

(11) 个人领取原提存的住房公积金、医疗保险金、基本养老保险金及具备条件的失业人员领取的失业保险金。

(12) 按照规定比例缴付的"三险一金"的利息所得免税。

(13) 个人转让离婚析产房屋的征税问题。

① 通过离婚析产的方式分割房屋产权是夫妻双方对共有财产的处置，个人因离婚办理房屋产权过户手续，不征收个人所得税。

② 个人转让离婚析产房屋所取得的收入，允许在扣除相应的财产原值和合理费用后，其余额按照规定的税率缴纳个人所得税。相应的财产原值为房屋在初次购置时的全部原

值和相关税费之和乘以转让者占房屋所有权的比例。

③ 个人转让离婚析产房屋取得的收入，符合家庭生活自用5年以上唯一住房的，可以申请免征个人所得税。

(14) 生育妇女按照县以上人民政府根据国家有关规定制定的生育保险办法取得的生育津贴、生育医疗费或其他属于生育保险性质的津贴、补贴，免征个人所得税。

(15) 对于个人购买符合规定的商业健康保险产品的支出，允许在当年（月）计算应纳税所得额时予以税前扣除，扣除限额为2 400元/年（或200元/月）。适用商业健康保险税收优惠政策的纳税人是指取得工资、薪金所得，连续性劳务报酬所得，以及取得经营所得的个人。

【例题6-39】 王教授就职于我国某高校，2019年1月取得省政府颁发的人文社科奖金20 000元，工资收入16 000元（其中包括王教授个人应负担的社会保险费和住房公积金2 400元）。计算2019年1月王教授取得的上述所得应预扣预缴的个人所得税税额。

解析：

省政府颁发的人文社科奖属于免税收入。个人负担的社会保险费和住房公积金可以在税前扣除。2019年1月，王教授应预扣预缴的个人所得税税额为：

应纳税所得额＝16 000－2 400－5 000＝8 600(元)

应预扣预缴的个人所得税税额＝8 600×3%＝258(元)

4. 与个人所得税优惠政策相衔接的有关事项

(1) 关于全年一次性奖金、中央企业负责人年度绩效薪金延期兑现收入和任期奖励的政策。

① 居民个人取得全年一次性奖金，符合《国家税务总局关于调整个人取得全年一次性奖金等计算征收个人所得税方法问题的通知》（国税发［2005］9号）规定的，在2021年12月31日前，不并入当年综合所得，以全年一次性奖金收入除以12个月得到的数额，按照按月换算后的综合所得税率表（以下简称"月度税率表"，见表6-9）确定适用的税率和速算扣除数，单独计算纳税。相应的计算公式为：

应纳税额＝全年一次性奖金收入×适用税率－速算扣除数

居民个人取得全年一次性奖金，也可以选择并入当年综合所得计算纳税。

自2022年1月1日起，居民个人取得全年一次性奖金，应并入当年综合所得计算缴纳个人所得税。

表6-9 按月换算后的综合所得税率表

级数	全月应纳税所得额	税率（%）	速算扣除数
1	不超过3 000元的	3	0
2	超过3 000元至12 000元的部分	10	210
3	超过12 000元至25 000元的部分	20	1 410
4	超过25 000元至35 000元的部分	25	2 660
5	超过35 000元至55 000元的部分	30	4 410
6	超过55 000元至80 000元的部分	35	7 160
7	超过80 000元的部分	45	15 160

【例题 6-40】 钱某为中国居民个人，任职于甲公司，2019 年 12 月领取年终奖 15 000 元。假定钱某在计算年终奖的个人所得税时选择不并入综合所得。计算钱某该笔奖金收入应缴纳的个人所得税税额。

解析：

钱某在计算年终奖的个人所得税时选择不计入当年综合所得，单独计算个人所得税。

由于

15 000÷12=1 250(元)

因而适用 3%的税率，相应的速算扣除数为 0，即

年终奖应缴纳的个人所得税税额=15 000×3%=450(元)

② 中央企业负责人取得年度绩效薪金延期兑现收入和任期奖励，符合《国家税务总局关于中央企业负责人年度绩效薪金延期兑现收入和任期奖励征收个人所得税问题的通知》（国税发［2007］118 号）规定的，在 2021 年 12 月 31 日前，参照上述规定执行；2022 年 1 月 1 日之后的政策另行明确。

（2）关于上市公司股权激励的政策。

① 居民个人取得股票期权、股票增值权、限制性股票、股权奖励等股权激励（以下简称“股权激励”），符合《财政部、国家税务总局关于个人股票期权所得征收个人所得税问题的通知》（财税［2005］35 号）、《财政部、国家税务总局关于股票增值权所得和限制性股票所得征收个人所得税有关问题的通知》（财税［2009］5 号）、《财政部、国家税务总局关于将国家自主创新示范区有关税收试点政策推广到全国范围实施的通知》（财税［2015］116 号）第四条、《财政部、国家税务总局关于完善股权激励和技术入股有关所得税政策的通知》（财税［2016］101 号）第四条第（一）项规定的相关条件的，在 2021 年 12 月 31 日前，不并入当年综合所得，全额单独适用综合所得税率表计算纳税。相应的计算公式为：

应纳税额=股权激励收入×适用税率−速算扣除数

② 居民个人在一个纳税年度内取得两次以上（含两次）股权激励的，应合并计算纳税。

③ 2022 年 1 月 1 日后的股权激励政策另行明确。

④ 股权激励应纳税额的计算。

第一，股票期权。企业员工股票期权（以下简称“股票期权”）是指上市公司按照规定的程序授予本公司及其控股企业员工的一项权利，该权利允许被授权员工在未来时间内以某特定价格购买本公司一定数量的股票。

某特定价格被称为授予价或施权价，即根据股票期权计划可以购买股票的价格，一般为股票期权授予日的市场价格或该价格的折扣价格，也可以是按照事先设定的计算方法约定的价格；授予日，又称授权日，是指公司授予员工上述权利的日期；行权，又称执行，是指员工根据股票期权计划选择购买股票的过程；员工行使上述权利的当日为行权日，又称购买日。

1）授权环节。员工在接受实施股票期权计划企业授予的股票期权时，除另有规定外，一般不作为应税所得征税。

2）行权环节。员工在行权时，其从企业取得股票的实际购买价（施权价）低于购买

日公平市场价（指该股票当日的收盘价，下同）的差额，是因员工在企业的表现和业绩情况而取得的与任职、受雇有关的所得，应按“工资、薪金所得”项目的规定计算缴纳个人所得税。

对于因特殊情况，员工在行权日之前将股票期权转让的，以股票期权的转让净收入计算征收个人所得税。

$$\text{行权环节股票期权收入}=\left(\text{行权股票的每股市场价}-\text{员工取得该股票期权支付的每股施权价}\right)\times\text{股票数量}$$

应纳税额=股权激励收入×适用税率－速算扣除数

员工将行权后的股票再转让时获得的高于购买日公平市场价的差额，是因个人在证券二级市场上转让股票等有价证券而获得的所得，应按照“财产转让所得”项目计算缴纳个人所得税。目前，按现行税法和政策规定，个人将行权后的境内上市公司股票再行转让而取得的所得，暂不征收个人所得税；个人转让境外上市公司的股票而取得的所得，应按税法的规定计算应纳税所得额和应纳税额，并依法缴纳税款。

员工因拥有股权而参与企业税后利润分配取得的所得，应按照“利息、股息、红利所得”项目的规定计算缴纳个人所得税。

【例题 6-41】 A上市公司 2017 年的股权激励计划规定：2018 年 1 月 1 日授予张某 10 万份股票期权，授权价格为 10 元/股；每份股票期权授予后自授予日起 3 年内有效；股票期权授予后至股票期权行权日之间的等待期为 1 年。

2019 年 1 月 1 日，经考核，张某符合行权条件。假定 2020 年 6 月 1 日，张某按 10 元/股购买 10 万股股票，当日该股的收盘价格为 16 元/股。2021 年 11 月 1 日，张某按 18 元/股转让 10 万股股票。计算张某的股票期权所得应缴纳的个人所得税。

解析：

授予日是 2018 年 1 月 1 日，可行权日是 2019 年 1 月 1 日，行权日是 2020 年 6 月 1 日，出售日是 2021 年 11 月 1 日。

张某在 2020 年 6 月 1 日需要按“综合所得”项目缴纳个人所得税。

应纳税所得额=(16－10)×100 000=600 000(元)

因此，该综合所得的适用税率为 30%

应纳税额=600 000×30%－52 920=127 080(元)

2021 年 11 月 1 日张某按 18 元/股转让 10 万股股票时无须再缴纳个人所得税。

第二，股票增值权。股票增值权是指上市公司授予公司员工在未来一定时期和约定条件下，获得规定数量股票价格上升所带来收益的权利。被授权人在约定条件下行权，上市公司按照行权日与授权日二级市场股票差价乘以授权股票数量，向被授权人发放现金。个人因任职、受雇从上市公司取得的股票增值权所得，由上市公司或其境内机构依法扣缴个人所得税。

股票增值权被授权人获取的收益，是由上市公司根据授权日与行权日股票差价乘以被授权股数，直接向被授权人支付的现金。上市公司应于向股票增值权被授权人兑现时依法扣缴个人所得税。

被授权人在取得股票增值权时，其个人所得税的计征方式如下：

$$\text{股票增值权某次行权收入}=\left(\text{行权日股票价格}-\text{授权日股票价格}\right)\times\text{行权股票份数}$$

应纳税额＝股权激励收入×适用税率－速算扣除数

纳税义务发生时间为上市公司向被授权人兑现股票增值权所得的日期。

上市公司实施股权激励，经向主管税务机关备案后，员工可自股票期权行权、限制性股票解禁或取得股权奖励之日起，在不超过12个月的期限内缴纳个人所得税。

【例题6-42】 某上市公司实行股票增值权计划，经公司股东会决议，该公司给予总经理王某5万份股票增值权，授予日为2019年10月15日，授权价格为10元/股，行权限制期为2019年10月15日至2021年1月14日。与此同时，公司规定该股票增值权必须在2021年1月15日至12月31日期间行权，过期作废。在行权日，如果股票的当日收盘价高于授权日价格，公司直接将价差收益作为股票增值权所得给予王某。假定2021年1月15日王某行使1万份股票增值权，当时股票的收盘价为24元/股。计算王某行权时应缴纳的个人所得税。

解析：

授予日是2019年10月15日，可行权日为2021年1月14日，行权有效期为2021年1月15日至2018年12月31日。

2021年1月15日，王某行权1万份，该日为这部分股权增值权所得的纳税义务发生时间，即

股票增值权收入＝(24－10)×10 000＝140 000(元)

应纳税额＝140 000×10％－2 520＝11 480(元)

第三，限制性股票。限制性股票是指上市公司按照股权激励计划约定的条件，授予公司员工一定数量本公司的股票。个人因任职、受雇从上市公司取得的限制性股票所得，由上市公司或其境内机构按照“工资、薪金所得”项目和“股票期权所得”个人所得税计税方法，依法扣缴个人所得税。

被授权人取得限制性股票个人所得税的计征方式如下：

$$\text{限制性股票收入}=\left(\text{股票登记日股票市价}+\text{本批次解禁股票当日市价}\right)\div 2\times \text{本批次解禁股票份数}-\text{被激励对象实际支付的资金总额}\times(\text{本批次解禁股票份数}\div\text{被激励对象获取的限制性股票总份数})$$

应纳税额＝股权激励收入×适用税率－速算扣除数

纳税义务发生时间为每一批次限制性股票解禁的日期。

被授权人限制性股票解禁后再转让的，免征个人所得税。

【例题6-43】 经股东大会批准，某上市公司于2019年3月1日授予员工限制性股票1 000万股（其中，员工李某工作5年，成绩优秀，被授予150万股），授予价格为13.5元/股，股票登记日收盘价格为24元/股。假定2021年11月7日解禁（本批解禁30％），当日收盘价为41元/股。计算李某限制性股票解禁日应缴纳的个人所得税。

解析：

李某2021年11月7日解禁时应缴纳个人所得税的计算过程如下：

本批次解禁30％，即

150×30％＝45(万股)

本批次解禁的公允价格＝32.5(元/股)

解禁收入额＝[(24＋41)÷2－13.5]×45＝855(万元)

应纳个人所得税＝855×45%－18.192＝366.558(元)

根据财税［2016］101号文的规定，非上市公司授予本公司员工的股票期权、股权期权、限制性股票和股权奖励，符合规定条件的，经向主管税务机关备案，可实行递延纳税政策，即员工在取得股权激励时可暂不纳税，递延至转让该股权时纳税；在股权转让时，按照股权转让收入减除股权取得成本以及合理税费后的差额，适用“财产转让所得”项目，按照20%的税率计算缴纳个人所得税。上市公司授予个人的股票期权、限制性股票和股权奖励，经向主管税务机关备案，个人可自股票期权行权、限制性股票解禁或取得股权奖励之日起，在不超过12个月的期限内缴纳个人所得税。

（3）关于保险营销员、证券经纪人佣金收入的政策。保险营销员、证券经纪人取得的佣金收入，属于劳务报酬所得，以不含增值税的收入减除20%费用后的余额为收入额，收入额减去展业成本以及附加税费后，并入当年综合所得，计算缴纳个人所得税。保险营销员、证券经纪人展业成本按照收入额的25%计算。

扣缴义务人在向保险营销员、证券经纪人支付佣金收入时，应按照《个人所得税扣缴申报管理办法（试行）》（国家税务总局公告2018年第61号）规定的累计预扣法计算预扣税款。

（4）关于个人领取企业年金、职业年金的政策。个人达到国家规定的退休年龄，领取的企业年金、职业年金符合《财政部、国家税务总局、人力资源和社会保障部关于企业年金、职业年金个人所得税有关问题的通知》（财税［2013］103号）规定的，不并入综合所得，全额单独计算应纳税款。其中，按月领取的，适用月度税率表计算纳税；按季领取的，平均分摊计入各月，按每月领取额适用月度税率表计算纳税；按年领取的，适用综合所得税率表计算纳税。

个人因出境定居而一次性领取的年金个人账户资金，或个人死亡后，其指定的受益人或法定继承人一次性领取的年金个人账户余额，适用综合所得税率表计算纳税。对个人除上述特殊原因外一次性领取年金个人账户资金或余额的，适用月度税率表计算纳税。

（5）关于解除劳动关系、提前退休、内部退养的一次性补偿收入的政策。

① 个人与用人单位解除劳动关系取得一次性补偿收入（包括用人单位发放的经济补偿金、生活补助费和其他补助费），在当地上年职工平均工资3倍数额以内的部分，免征个人所得税；超过3倍数额的部分，不并入当年综合所得，单独适用综合所得税率表计算纳税。

② 个人办理提前退休手续而取得的一次性补贴收入，应按照办理提前退休手续至法定离退休年龄之间的实际年度数平均分摊，确定适用税率和速算扣除数，单独适用综合所得税率表计算纳税。相应的计算公式为：

$$\text{应纳税额}=\left(\left(\left(\text{一次性补贴收入}\div\text{办理提前退休手续至法定退休年龄的实际年度数}\right)-\text{费用扣除标准}\right)\times\text{适用税率}-\text{速算扣除数}\right)\times\text{办理提前退休手续至法定退休年龄的实际年度数}$$

【例题6-44】 张某因身体原因，符合规定的30年以上工龄可申请提前退休的条件，于2019年9月办理提前退休手续，比正常退休提前2年，取得单位按照统一标准发放的一次性补贴收入48 000元。当月，张某还领取退休工资4 000元。张某应缴纳多少个人所得税？

解析：

先将一次性收入在办理退休手续至法定退休年龄之间的所属月份平均分摊，即

48 000÷(2×12)＝2 000(元)

由于该平均数 2 000 元小于 5 000 元的费用扣除标准，因此该项按照统一标准发放的提前退休一次性补贴收入无须缴纳个人所得税。

③ 个人办理内部退养手续而取得的一次性补贴收入，按照《国家税务总局关于个人所得税有关政策问题的通知》（国税发［1999］58 号）的规定计算纳税。

实行内部退养的个人在其办理内部退养手续后至法定离退休年龄之间从原任职单位取得的工资、薪金，不属于离退休工资，应按“工资、薪金所得”项目计征个人所得税。

个人在办理内部退养手续后从原任职单位取得的一次性收入，应按办理内部退养手续后至法定离退休年龄之间的所属月份进行平均，并与领取当月的“工资、薪金所得”合并后减除当月费用扣除标准，以余额为基数确定适用税率，再将当月的工资、薪金所得加上取得的一次性收入，减去费用扣除标准，按适用税率计征个人所得税。

个人在办理内部退养手续后至法定离退休年龄之间重新就业取得的“工资、薪金所得”，应与其从原任职单位取得的同一月份的“工资、薪金所得”合并，并依法自行向主管税务机关申报缴纳个人所得税。

【例题 6－45】 张某于 2019 年 7 月办理内退手续，比正常退休提前 2 年，取得原任职单位发放的一次性收入 48 000 元。当月从原单位领取基本工资 4 000 元，则其取得的一次性收入应缴纳多少个人所得税？

解析：

先将一次性收入进行均摊，即

48 000÷(2×12)＝2 000(元)

将其与当月工资、薪金（4 000 元）合并，而后减除当月费用扣除标准并查找适用税率，再计算应缴纳的个人所得税。

（6）关于单位低价向职工售房的政策。单位按低于购置或建造成本价格出售住房给职工，职工因此而少支出的差价部分，符合《财政部、国家税务总局关于单位低价向职工售房有关个人所得税问题的通知》（财税［2007］13 号）第二条规定的，不并入当年综合所得，以差价收入除以 12 个月得到的数额，按照月度税率表确定适用税率和速算扣除数，单独计算纳税。相应的计算公式为：

$$\text{应纳税额}=\left(\text{职工实际支付的购房价款低于该房屋的购置或建造成本价格的差额}\right)\times\text{适用税率}-\text{速算扣除数}$$

（7）关于外籍个人有关津贴和补贴的政策。

① 2019 年 1 月 1 日至 2021 年 12 月 31 日期间，外籍个人符合居民个人条件的，可以选择享受个人所得税专项附加扣除，也可以选择按照《财政部、国家税务总局关于个人所得税若干政策问题的通知》（财税字［1994］20 号）、《国家税务总局关于外籍个人取得有关补贴征免个人所得税执行问题的通知》（国税发［1997］54 号）和《财政部、国家税务总局关于外籍个人取得港澳地区住房等补贴征免个人所得税的通知》（财税［2004］29 号）的规定，享受住房补贴、语言训练费、子女教育费等津贴和补贴免税优惠政策，但

不得同时享受。外籍个人一经选择，在一个纳税年度内不得变更。

② 自 2022 年 1 月 1 日起，外籍个人不再享受住房补贴、语言训练费、子女教育费津贴和补贴免税优惠政策，应按规定享受专项附加扣除。

6.6.2 征收管理

1. 纳税调整

有下列情形之一的，税务机关有权按照合理方法进行纳税调整：

(1) 个人与其关联方之间的业务往来不符合独立交易原则而减少本人或者其关联方应纳税额，且无正当理由的。

(2) 居民个人控制的，或者居民个人和居民企业共同控制的设立在实际税负明显偏低的国家（地区）的企业，无合理经营需要，对应当归属于居民个人的利润不做分配或者减少分配的。

(3) 个人实施其他不具有合理商业目的的安排而获取不当税收利益的。

税务机关依照前款规定做出纳税调整，需要补征税款的，应当补征税款，并依法加收利息。

加收的利息应当按照税款所属纳税申报期最后一日中国人民银行公布的与补税期间同期的人民币贷款基准利率计算，自税款纳税申报期满次日起至补缴税款期限届满之日止按日加收。纳税人在补缴税款期限届满前补缴税款的，利息加收至补缴税款之日。

2. 源泉扣缴

个人所得税以所得人为纳税人，以支付所得的单位或者个人为扣缴义务人。

自然人的纳税人识别号是自然人办理各类涉税事项的唯一代码标识。自然人在办理纳税申报、税款缴纳、申请退税、开具完税凭证、纳税查询等涉税事项时应当向税务机关或扣缴义务人提供纳税人识别号。纳税人有中国居民身份证号码的，以中国居民身份证号码为纳税人识别号；纳税人没有中国居民身份证号码的，由税务机关赋予其纳税人识别号。扣缴义务人在扣缴税款时，纳税人应当向扣缴义务人提供纳税人识别号。

扣缴义务人在向个人支付应税款项时，应当依照《个人所得税法》的规定预扣或者代扣税款，按时缴库，并专项记载备查。

支付包括现金支付、汇拨支付、转账支付和以有价证券、实物以及其他形式支付。

非居民个人取得工资、薪金所得，劳务报酬所得，稿酬所得和特许权使用费所得，有扣缴义务人的，由扣缴义务人按月或者按次代扣代缴税款，不办理汇算清缴。

纳税人取得利息、股息、红利所得，财产租赁所得，财产转让所得和偶然所得，按月或者按次计算个人所得税，有扣缴义务人的，由扣缴义务人按月或者按次代扣代缴税款。

扣缴义务人应扣未扣、应收未收税款的，由税务机关向纳税人追缴税款，并对扣缴义务人处应扣未扣、应收未收税款 50%以上 3 倍以下的罚款；纳税人、扣缴义务人逃避、拒绝或者以其他方式阻挠税务机关检查的，由税务机关责令改正，可以处 1 万元以下的罚款；情节严重的，处 1 万元以上 5 万元以下的罚款。

税务机关应根据扣缴义务人所扣缴的税款，付给 2%的手续费。

3. 纳税申报

（1）自行纳税申报的范围：

① 取得综合所得需要办理汇算清缴的。

② 取得应税所得没有扣缴义务人的。

③ 取得应税所得，扣缴义务人未扣缴税款的。

④ 取得境外所得的。

⑤ 因移居境外注销中国户籍的。

⑥ 非居民个人在中国境内从两处以上取得工资、薪金所得的。

⑦ 国务院规定的其他情形。

【知识要点提醒】 自2019年起，年收入12万元以上的纳税人，无须再办理自行纳税申报。

（2）自行纳税申报的具体适用对象、申报时间及申报地点：

① 取得综合所得需要办理汇算清缴的纳税申报。居民个人取得综合所得，按年计算个人所得税；有扣缴义务人的，由扣缴义务人按月或者按次预扣预缴税款。取得综合所得且符合下列情形之一的纳税人，应当依法办理汇算清缴：

第一，纳税人在一个纳税年度中从两处或者两处以上取得综合所得，且综合所得年收入额减去“三险一金”等专项扣除后的余额超过6万元的。

【知识要点提醒】 对个人取得两处以上综合所得且合计超过6万元的，日常没有合并预扣预缴机制，难以做到预扣税款与汇算清缴税款一致，需要汇算清缴。

第二，纳税人取得劳务报酬所得、稿酬所得、特许权使用费所得中的一项或者多项所得，且综合所得年收入额减去“三险一金”等专项扣除后的余额超过6万元的。

【知识要点提醒】 劳务报酬所得、稿酬所得、特许权使用费所得三项综合所得的收入来源分散且不稳定，可能存在多个扣缴义务人，难以做到预扣税款与汇算清缴税款一致，需要汇算清缴。

第三，纳税人在一个纳税年度内，预扣预缴的税额低于依法计算出的应纳税额。

第四，纳税人申请退税的。申请退税是纳税人的合法权益，如果纳税人的年度预缴税款高于应纳税款的，可以申请退税。

纳税人申请退税，应当提供其在中国境内开设的银行账户，并在汇算清缴地就地办理税款退库。

需要办理汇算清缴的纳税人，应当在取得所得的次年3月1日至6月30日内，向任职、受雇单位所在地主管税务机关办理纳税申报，并报送个人所得税年度自行纳税申报表。纳税人有两处以上任职、受雇单位的，选择向其中一处任职、受雇单位所在地主管税务机关办理纳税申报；纳税人没有任职、受雇单位的，向户籍所在地或经常居住地主管税务机关办理纳税申报。

纳税人在同一月份存在两处以上工资、薪金所得，任职单位按照现行《个人所得税法》的规定，以本单位发放的工资、薪金所得来计算预扣预缴个人所得税，无须考虑其他任职单位。对于员工个人来说，应当核实两处以上的工资、薪金所得，办理个人所得税自行申报（即年终汇算清缴），不可以由一方单位代理合并申报纳税。

【即学即用】 某人在A单位的每月工资为10 000元，在B单位的每月工资为12 000元，A单位和B单位各自按照国家税务总局公告2018年第61号第六条规定预扣预缴个人所得税，其中在预扣预缴个人所得税税额时都可以减除累计减除费用（按照5 000元/月乘以纳税人当年截至本月在本单位的任职、受雇月份数计算）。

居民个人在取得工资、薪金所得时，可以向扣缴义务人提供专项附加扣除的有关信息，由扣缴义务人在扣缴税款时减除专项附加扣除。纳税人同时从两处以上取得工资、薪金所得，并由扣缴义务人减除专项附加扣除的，对同一专项附加扣除项目，在一个纳税年度内只能选择从一处取得的所得中减除。

【即学即用】 某人从A、B两单位同时取得工资、薪金所得，同时享有一个孩子的子女教育（专项附加扣除）和赡养老人专项附加扣除，则该纳税人可以选择将子女教育和赡养老人专项附加扣除都在A单位或B单位扣除，或者将两种专项附加扣除分别在A单位与B单位扣除，但不能选择同时在A单位与B单位扣除同一种专项附加扣除。

居民个人取得劳务报酬所得、稿酬所得、特许权使用费所得，应当在汇算清缴时向税务机关提供有关信息，减除专项附加扣除。

纳税人办理综合所得汇算清缴，应当准备与收入、专项扣除、专项附加扣除、依法确定的其他扣除、捐赠、享受税收优惠等相关的资料，并按规定留存备查或报送。

② 取得经营所得的纳税申报。个体工商户业主、个人独资企业投资者、合伙企业个人合伙人、承包（承租）经营者个人以及其他从事生产经营活动的个人取得经营所得，包括以下情形：

第一，个体工商户从事生产经营活动取得的所得，个人独资企业投资人、合伙企业个人合伙人来源于境内注册的个人独资企业、合伙企业的生产经营所得。

第二，个人依法从事办学、医疗、咨询以及其他有偿服务活动取得的所得。

第三，个人对企业、事业单位承包经营、承租经营以及转包、转租取得的所得。

第四，个人从事其他生产经营活动取得的所得。

纳税人办理汇算清缴退税或者扣缴义务人为纳税人办理汇算清缴退税的，税务机关在审核后，按照国库管理的有关规定办理退税。

纳税人可以委托扣缴义务人或者其他单位和个人办理汇算清缴。

纳税人取得经营所得，按年计算个人所得税，由纳税人在月度或季度终了后15日内，向经营管理所在地主管税务机关办理预缴纳税申报，并报送《个人所得税经营所得纳税申报表（A表）》。在取得所得的次年3月31日前，向经营管理所在地主管税务机关办理汇算清缴，并报送《个人所得税经营所得纳税申报表（B表）》；从两处以上取得经营所得的，选择向其中一处经营管理所在地主管税务机关办理年度汇总申报，并报送《个人所得税经营所得纳税申报表（C表）》。

③ 取得应税所得，扣缴义务人未扣缴税款的纳税申报。纳税人取得应税所得，扣缴义务人未扣缴税款的，应当区别以下情形办理纳税申报：

第一，居民个人取得综合所得的，按照取得综合所得需要办理汇算清缴的纳税申报的规定办理。

第二，非居民个人取得工资、薪金所得，劳务报酬所得，稿酬所得，特许权使用费所得的，应当在取得所得的次年6月30日前，向扣缴义务人所在地主管税务机关办理纳税申报，并报送《个人所得税自行纳税申报表（A表）》。有两个以上扣缴义务人均未扣缴税款的，选择向其中一处扣缴义务人所在地主管税务机关办理纳税申报。

非居民个人在次年6月30日前离境（临时离境除外）的，应当在离境前办理纳税申报。

第三，纳税人取得利息、股息、红利所得，财产租赁所得，财产转让所得和偶然所得的，应当在取得所得的次年6月30日前，按相关规定向主管税务机关办理纳税申报，并报送《个人所得税自行纳税申报表（A表）》。

税务机关通知限期缴纳的，纳税人应当按照期限缴纳税款。

④ 取得境外所得的纳税申报。居民个人从中国境外取得所得的，应当在取得所得的次年3月1日至6月30日内，向中国境内任职、受雇单位所在地主管税务机关办理纳税申报；在中国境内没有任职、受雇单位的，向户籍所在地或中国境内经常居住地主管税务机关办理纳税申报；户籍所在地与中国境内经常居住地不一致的，选择其中一地主管税务机关办理纳税申报；在中国境内没有户籍的，向中国境内经常居住地主管税务机关办理纳税申报。

⑤ 因移居境外而注销中国户籍的纳税申报。纳税人因移居境外而注销中国户籍的，应当在申请注销中国户籍前，向户籍所在地主管税务机关办理纳税申报，进行税款清算。

第一，纳税人在注销户籍年度取得综合所得的，应当在注销户籍前，办理当年综合所得的汇算清缴，并报送《个人所得税年度自行纳税申报表》。尚未办理上一年度综合所得汇算清缴的，应当在办理注销户籍纳税申报时一并办理。

第二，纳税人在注销户籍年度取得经营所得的，应当在注销户籍前，办理当年经营所得的汇算清缴，并报送《个人所得税经营所得纳税申报表（B表）》。从两处以上取得经营所得的，还应当一并报送《个人所得税经营所得纳税申报表（C表）》。尚未办理上一年度经营所得汇算清缴的，应当在办理注销户籍纳税申报时一并办理。

第三，纳税人在注销户籍当年取得利息、股息、红利所得，财产租赁所得，财产转让所得和偶然所得的，应当在注销户籍前，申报当年上述所得的完税情况，并报送《个人所得税自行纳税申报表（A表）》。

第四，纳税人有未缴或者少缴税款的，应当在注销户籍前，结清欠缴或未缴的税款。纳税人存在分期缴税且未缴纳完毕的，应当在注销户籍前，结清尚未缴纳的税款。

第五，纳税人在办理注销户籍纳税申报时，需要办理专项附加扣除、依法确定的其他扣除的，应当向税务机关报送《个人所得税专项附加扣除信息表》《商业健康保险税前扣除情况明细表》《个人税收递延型商业养老保险税前扣除情况明细表》等。

⑥ 非居民个人在中国境内从两处以上取得工资、薪金所得的纳税申报。非居民个人

在中国境内从两处以上取得工资、薪金所得的，应当在取得所得的次月 15 日内，向其中一处任职、受雇单位所在地主管税务机关办理纳税申报，并报送《个人所得税自行纳税申报表（A 表）》。

纳税人在办理自行纳税申报时，应当一并报送税务机关要求报送的其他有关资料。纳税人首次申报或者个人基础信息发生变化的，还应报送《个人所得税基础信息表（B 表）》。

(3) 扣缴申报。扣缴义务人应当按照国家规定办理全员全额扣缴申报，填写《个人所得税基础信息表（A 表）》，并向纳税人提供其个人所得和已扣缴税款等信息。

全员全额扣缴申报是指扣缴义务人在代扣税款的次月 15 日内，向主管税务机关报送其支付所得的所有个人的有关信息、支付所得数额、扣除事项和数额、扣缴税款的具体数额和总额以及其他相关涉税信息资料。

实行个人所得税全员全额扣缴申报的应税所得包括：

① 工资、薪金所得。

② 劳务报酬所得。

③ 稿酬所得。

④ 特许权使用费所得。

⑤ 利息、股息、红利所得。

⑥ 财产租赁所得。

⑦ 财产转让所得。

⑧ 偶然所得。

(4) 纳税申报方式。纳税人可以采用远程办税端、邮寄等方式申报，也可以直接到主管税务机关申报。

4. 纳税期限

扣缴义务人每月或者每次预扣、代扣的税款，应当在次月 15 日内缴入国库，并向税务机关报送扣缴个人所得税申报表。

纳税人取得应税所得没有扣缴义务人的，应当在取得所得的次月 15 日内向税务机关报送纳税申报表，并缴纳税款。

纳税人取得应税所得，扣缴义务人未扣缴税款的，纳税人应当在取得所得的次年 6 月 30 日前缴纳税款；税务机关通知限期缴纳的，纳税人应当按照期限缴纳税款。

居民个人从中国境外取得所得的，应当在取得所得的次年 3 月 1 日至 6 月 30 日内申报纳税。

非居民个人在中国境内从两处以上取得工资、薪金所得的，应当在取得所得的次月 15 日内申报纳税。

各项所得的计算以人民币为单位。所得为人民币以外的货币的，按照人民币汇率中间价折合成人民币缴纳税款。

5. 协助义务

公安、中国人民银行、金融监督管理等相关部门应当协助税务机关确认纳税人的身份、金融账户信息。教育、卫生、医疗保障、民政、人力资源和社会保障、住房城乡建设、公安、中国人民银行、金融监督管理等相关部门应当向税务机关提供纳税人子女教育、继续教育、大病医疗、住房贷款利息、住房租金、赡养老人等专项附加扣除信息。

个人转让不动产的，税务机关应当根据不动产登记等相关信息核验应缴的个人所得税，登记机构在办理转移登记时，应当查验与该不动产转让相关的个人所得税的完税凭证。个人转让股权办理变更登记的，市场主体登记机关应当查验与该股权交易相关的个人所得税的完税凭证。

有关部门依法将纳税人、扣缴义务人遵守《个人所得税法》的情况纳入信用信息系统，并实施联合激励或者惩戒。

【综合案例1】 假定某居民个人于2019年取得如下所得：

(1) 每月应发工资均为30 000元，每月减除费用5 000元，“三险一金”等专项扣除为4 500元，从1月起享受子女教育专项附加扣除1 000元，没有减免收入及减免税额等情况。

(2) 5月，取得劳务报酬所得1 000元。

(3) 将其拥有的两套住房中的一套已使用7年的住房出售，房屋转让收入为220 000元，该房产的造价为120 000元，另支付交易费用等相关费用4 000元。

(4) 储蓄存款利息收入800元，股息收入10 000元。

计算综合所得应预扣预缴的个人所得税税额、其他所得应缴纳的个人所得税税额以及综合所得汇算清缴应缴纳的个人所得税税额。

解析：

(1) 工资、薪金所得应预扣预缴个人所得税税额的计算：

1月份工资应预扣预缴的个人所得税税额

=(30 000－5 000－4 500－1 000)×3%=585(元)

2月份工资应预扣预缴的个人所得税税额

=(30 000×2－5 000×2－4 500×2－1 000×2)×10%－2 520－585=795(元)

3月份工资应预扣预缴的个人所得税税额

=(30 000×3－5 000×3－4 500×3－1 000×3)×10%－2 520－585－795=1 950(元)

4月份工资应预扣预缴的个人所得税税额

=(30 000×4－5 000×4－4 500×4－1 000×4)×10%－2 520－585－795－1 950
=1 950(元)

5月份工资应预扣预缴的个人所得税税额

=(30 000×5－5 000×5－4 500×5－1 000×5)×10%－2 520－585
－795－1 950－1 950=1 950(元)

6月份工资应预扣预缴的个人所得税税额

=(30 000×6－5 000×6－4 500×6－1 000×6)×10%－2 520－585
－795－1 950－1 950－1 950=1 950(元)

7月份工资应预扣预缴的个人所得税税额

=(30 000×7－5 000×7－4 500×7－1 000×7)×10%－2 520－585
－795－1 950－1 950－1 950－1 950=1 950(元)

8月份工资应预扣预缴的个人所得税税额

=(30 000×8－5 000×8－4 500×8－1 000×8)×20%－16 920－585

−795−1 950−1 950−1 950−1 950−1 950=3 150(元)

9月份工资应预扣预缴的个人所得税税额

=(30 000×9−5 000×9−4 500×9−1 000×9)×20%−16 920−585

−795−1 950−1 950−1 950−1 950−1 950−3 150=3 900(元)

10月份工资应预扣预缴的个人所得税税额

=(30 000×10−5 000×10−4 500×10−1 000×10)×20%−16 920−585

−795−1 950−1 950−1 950−1 950−1 950−3 150−3 900=3 900(元)

11月份工资应预扣预缴的个人所得税税额

=(30 000×11−5 000×11−4 500×11−1 000×11)×20%−16 920−585

−795−1 950−1 950−1 950−1 950−1 950−3 150−390−3 900=3 900(元)

12月份工资应预扣预缴的个人所得税税额

=(30 000×12−5 000×12−4 500×12−1 000×12)×20%−16 920−585−795

−1 950−1 950−1 950−1 950−1 950−3 150−3 900−3 900−3 900=3 900(元)

2019年度共预扣预缴的个人所得税税额

=585+795+1 950+1 950+1 950+1 950+1 950+3 150+3 900+3 900

+3 900+3 900=29 880(元)

2019年每月预扣预缴的个人所得税见表6-10。

表6-10　每月预扣预缴的个人所得税

月份	累计工资、薪金所得税前收入（元）	累计“三险一金”（元）	累计专项附加扣除（元）	累计预扣预缴应纳税所得额（元）	预扣率（%）	累计应预扣预缴税额（元）	累计已预扣预缴税额（元）	本期应预扣预缴税额（元）
1	30 000	4 500	1 000	19 500	3	585	0	585
2	60 000	9 000	2 000	39 000	10	1 380	585	795
3	90 000	13 500	3 000	58 500	10	3 330	1 380	1 950
4	120 000	18 000	4 000	78 000	10	5 280	3 330	1 950
5	150 000	22 500	5 000	97 500	10	7 230	5 280	1 950
6	180 000	27 000	6 000	117 000	10	9 180	7 230	1 950
7	210 000	31 500	7 000	136 500	10	11 130	9 180	1 950
8	240 000	36 000	8 000	156 000	20	14 280	11 130	3 150
9	270 000	40 500	9 000	175 500	20	18 180	14 280	3 900
10	300 000	45 000	10 000	195 000	20	22 080	18 180	3 900
11	330 000	49 500	11 000	214 500	20	25 980	22 080	3 900
12	360 000	54 000	12 000	234 000	20	29 880	25 980	3 900

（2）劳务报酬所得应预扣预缴个人所得税税额的计算：

收入额=1 000−800=200(元)

应预扣预缴的个人所得税税额=200×20%=40(元)

（3）出售非唯一房产，取得财产转让所得应缴纳个人所得税的计算：

应缴纳的个人所得税税额=(220 000−120 000−4 000)×20%=19 200(元)

（4）利息收入和股息收入应缴纳个人所得税的计算：

由于储蓄存款利息收入免税，故

股息收入应缴纳的个人所得税税额＝10 000×50％×20％＝1 000（元）

（5）汇算清缴应缴纳的个人所得税税额的计算：

全年综合所得应纳税所得额＝30 000×12＋1 000×（1－20％）－60 000
－4 500×12－1 000×12＝234 800（元）

综合所得应缴纳的个人所得税税额＝234 800×20％－16 920＝30 040（元）

2019 年度预扣预缴的总税款＝29 880＋40＝29 920（元）

汇算清缴应补（退）个人所得税税额＝30 040－29 920＝120（元）

【综合案例 2】 2019 年 1 月 8 日，甲公司向王女士支付工资 13 500 元。王女士在该月除由任职单位扣缴“三险一金”共计 2 560 元外，还通过任职单位缴付企业年金 540 元，并自行支付税优型商业健康保险费 200 元。

2019 年 2 月 2 日，该公司应支付王女士工资 13 500 元，同时发放春节的过节福利费 4 500 元，合计 18 000 元。此外，王女士任职单位扣缴的“三险一金”，王女士缴付的企业年金及支付的税优型商业健康保险费等金额均与 1 月份相同。

已知其他方面的情况如下：

王女士于 2018 年 9 月支付了女儿（4 岁）2018 年下学期（2018 年 9 月至 2019 年 1 月）的学前教育学费 7 000 元。王女士的大儿子正在上小学，她与丈夫约定，由王女士按子女教育专项附加扣除标准的 100％扣除。

王女士本人是在职博士研究生在读。

2018 年王女士使用商业银行个人住房贷款（或住房公积金贷款）购买了首套住房，现处于偿还贷款期间，每月需要支付贷款利息 1 300 元。她与丈夫约定，由王女士进行住房贷款利息专项附加扣除。

由于王女士所购住房距离小孩上学的学校很远，所以她以每月租金 1 200 元在（本市）孩子学校附近租住了一套房屋。

王女士的父母均已满 60 岁（每月均领取养老保险金），王女士与姐姐和弟弟签订了书面分摊协议，约定由王女士分摊赡养老人专项附加扣除 800 元。

计算王女士 1 月和 2 月预扣预缴的个人所得税情况。

1. 计算王女士 2019 年 1 月个人所得税时可扣除

（1）基本扣除费用 5 000 元。

（2）专项扣除“三险一金”2 560 元。

（3）专项附加扣除 4 200 元。

① 子女教育专项附加扣除 2 000 元（女儿和儿子各 1 000 元）。

② 继续教育专项附加扣除 400 元。

③ 住房贷款利息专项附加扣除 1 000 元。

④ 赡养老人专项附加扣除 800 元。

(4) 依法确定的其他扣除 740 元。

① 企业年金 540 元。

② 支付税优型商业健康保险费 200 元。

王女士 2019 年 1 月的应纳税所得额＝13 500－5 000－2 560－4 200－740
＝1 000(元)

王女士应在 1 月被预扣预缴的个人所得税＝1 000×3%＝30(元)

2. 计算王女士 2019 年 2 月个人所得税时可扣除

(1) 基本扣除费用 5 000 元。

(2) 专项扣除“三险一金”2 560 元。

(3) 专项附加扣除 4 200 元。

① 子女教育专项附加扣除 2 000 元（女儿和儿子各 1 000 元）。

② 继续教育专项附加扣除 400 元。

③ 住房贷款利息专项附加扣除 1 000 元。

④ 赡养老人专项附加扣除 800 元。

(4) 依法确定的其他扣除 740 元。

① 企业年金 540 元。

② 支付税优型商业健康保险费 200 元。

2 月王女士累计的应税收入＝13 500＋13 500＋4 500＝31 500(元)

2 月王女士累计的扣除额＝5 000×2＋2 560×2＋4 200×2＋740×2
＝25 000(元)

2 月王女士累计的预扣预缴应纳税所得额＝31 500－25 000＝6 500(元)

2 月王女士累计的应预扣预缴个人所得税＝6 500×3%＝195(元)

2 月王女士应预扣预缴个人所得税＝195－30＝165(元)

本章小结

个人所得税是以个人（自然人）取得的各项应税所得为征税对象所征收的一种税。按照住所标准和居住时间标准，我国个人所得税的纳税人分为居民个人和非居民个人两类。个人所得税的具体征税对象包括工资、薪金所得，劳务报酬所得，稿酬所得，特许权使用费所得，经营所得，利息、股息、红利所得，财产租赁所得，财产转让所得，偶然所得共计 9 项。个人所得税的税率包括超额累进税率和比例税率两种。个人所得税规定了免税、减税和暂免征收等税收优惠政策。

关键术语

个人所得税　征税范围　居民个人　非居民个人　速算扣除数

思考题

1. 个人所得税有哪些特点？
2. 个人所得税的作用是什么？

3. 居民个人和非居民个人如何划分？
4. 居民个人和非居民个人的纳税义务有什么区别？
5. 我国现行个人所得税具体对哪些项目征税？
6. 如何计算各个税目的应纳税额？
7. 个人所得税的优惠政策有哪些？
8. 在什么情况下个人要自行申报个人所得税？

第7章 土地增值税

【本章要点】

1. 土地增值税的纳税人和征税范围
2. 土地增值税的税率
3. 应税收入和扣除项目的确定
4. 土地增值税的税收优惠

【导入案例】

某公司销售一栋已使用过的办公楼，取得收入500万元（不含增值税），办公楼原价500万元，已提折旧300万元。经房地产评估机构评估，该办公楼的重置成本价为700万元，成新度折扣率为五成，销售时缴纳相关税费80万元（不含增值税）。该公司销售此办公楼应缴纳的土地增值税是多少？

7.1 土地增值税概述

7.1.1 土地增值税的概念

土地增值税是对有偿转让国有土地使用权及地上建筑物和其他附着物产权、取得增值性收入的单位和个人征收的一种税。我国现行土地增值税的基本法律规范是1993年12月13日国务院颁布的《中华人民共和国土地增值税暂行条例》(以下简称《土地增值税暂行条例》)。

7.1.2 土地增值税的特点

1. 以转让房地产取得的增值额为计税依据

我国的土地增值税属于“土地转移增值税”类型，是将土地、房屋的转让收入合并征收的。其中，增值额是纳税人转让房地产的收入减除税法规定准予扣除项目金额后的余额。

【知识要点提醒】 土地增值税的增值额与增值税的增值额不同，土地增值税的增值额是征税对象的全部销售收入额扣除与其相关的成本、费用、税金及其他项目金额后的余额。

2. 征税面比较广

凡在我国境内转让房地产并取得收入的单位和个人，除税法规定免税的以外，均应依照《土地增值税暂行条例》的规定缴纳土地增值税。也就是说，凡发生应税行为的单位和个人，不论其经济性质，也不分内、外资企业或中、外籍人员，无论专营或兼营房地产业务，均有缴纳土地增值税的义务。

3. 实行超率累进税率

土地增值税的税率是以转让房地产的增值率高低作为依据，按照累进原则设计，实行分级计税。增值率高的，适用税率高、多纳税；增值率低的，适用税率低、少纳税。

4. 按次征收

土地增值税是在房地产发生转让的环节实行按次征收，每发生一次转让行为，就应根据每次取得的增值额征收一次土地增值税。

5. 采用扣除法和评估法计算增值额

土地增值税在计算方法上考虑了我国的实际情况，以纳税人转让房地产取得的收入，减除法定扣除项目金额后的余额作为计税依据。对旧房及建筑物的转让以及对纳税人转让房地产申报不实、成交价格偏低的，则采用评估价格法确定增值额并计征土地增值税。

【即学即用】 在下列有关我国土地增值税的说法中，错误的是（　　）。

A. 实行按次征收　　B. 征税面比较广

C. 以转让房地产的增值额为计税依据　　D. 实行超额累进税率

答案：D

7.1.3 土地增值税的作用

1. 增强国家对房地产开发和房地产交易市场的调控

开征土地增值税，利用税收杠杆对房地产业的开发、经营和房地产市场进行适当调控，抑制房价的过快上涨，以保护房地产业和房地产市场的健康发展，控制投资规模，促进土地资源的合理利用，调节部分单位和个人通过炒买、炒卖房地产取得的高额收入。

【小思考】 我国基于什么原因开征土地增值税？

2. 增加国家财政收入

在我国，土地资源属国家所有，国家为土地的完整、不受侵犯及开发投入了巨额资金，因而应参与土地增值收益分配，并取得较大份额。对土地增值收益征税，可以为增加国家财政收入开辟新的财源。土地增值税属于地方财政收入，有利于地方政府积累资金进行经济建设。

7.2 纳税人与征税范围

7.2.1 纳税人

《土地增值税暂行条例》规定，土地增值税的纳税人为转让国有土地使用权、地上建筑物及其附着物（以下简称“转让房地产”）并取得收入的单位和个人。单位包括各类企业、事业单位、国家机关和社会团体及其他组织。个人包括个体经营者。

【知识要点提醒】 凡是有偿转让我国国有土地使用权、地上建筑物及附着物产权，并且取得收入的单位和个人，都是土地增值税的纳税人。

7.2.2 征税范围

土地增值税的征税范围包括转让国有土地使用权及其地上建筑物和附着物。

1. 基本规定

土地增值税是对转让国有土地使用权及其地上建筑物和附着物的行为征税，不包括国有土地使用权出让所取得的收入。国有土地使用权的转让是指土地使用者通过出让等形式取得土地使用权后，将土地使用权再转让的行为，包括出售、交换和赠予。土地使用权转让，其地上的建筑物、其他附着物的所有权随之转让。国有土地使用权出让是指国家以土地所有者的身份将土地使用权在一定年限内让给土地使用者，并由土地使用者向国家支付土地使用权出让金的行为。

(1) 转让国有土地使用权。国有土地是指按国家法律规定属于国家所有的土地。出售国有土地使用权是指土地使用者通过出让方式，向政府缴纳了土地出让金、有偿受让土地使用权后，仅对土地进行通水、通电、通路和平整地面等土地开发，不进行房产开发，即所谓“将生地变熟地”，然后直接将空地出售出去。

(2) 地上的建筑物及其附着物连同国有土地使用权一并转让。地上的建筑物是指建

于土地上的一切建筑物，包括地上、地下的各种附属设施。附着物是指附着于土地上的不能移动或一经移动即遭损坏的物品。这种情况就是通常所说的房地产开发，由于既发生了产权的转让又取得了收入，所以应纳入土地增值税的征税范围。

(3) 存量房地产的买卖。存量房地产是指已经建成并已投入使用的房地产，其房屋所有人将房屋产权和土地使用权一并转让给其他单位及个人。

土地增值税的征税范围不包括未转让土地使用权、房产产权的行为，是否发生转让行为主要以房地产权属（即土地使用权和房产产权）的变更为标准。凡土地使用权、房产产权未转让的（如房地产的出租），不征收土地增值税。

【知识要点提醒】 国有土地使用权的转让属于土地买卖的二级市场，属于土地增值税的征税范围；国有土地使用权的出让属于土地买卖的一级市场，国家作为土地使用权出让的出让方，凭借土地的所有权向土地使用者收取土地的租金，出让的目的是实行国有土地的有偿使用制度，以便合理开发、利用、经营土地。因此，土地使用权的出让不属于土地增值税的征税范围。

2. 具体规定

(1) 房地产的继承、赠予。因为这种情况只发生了房地产产权的转让，没有取得相应的收入，属于无偿转让房地产的行为，所以不能将其纳入土地增值税的征税范围。

① 房地产的继承。房地产的继承是指房产的原产权所有人、依照法律规定取得土地使用权的土地使用人死亡之后，由其继承人依法承受死者房产产权和土地使用权的民事法律行为。虽然这种行为发生了房地产的权属变更，但作为房产产权、土地使用权的原所有人（即被继承人）并没有因为权属变更而取得任何收入。因此，这种房地产的继承不属于土地增值税的征税范围。

② 房地产的赠予。房地产的赠予是指房产所有人、土地使用权所有人将自己拥有的房地产无偿地交给其他人的民事法律行为。但是，这里的“赠予”仅指以下情况：

第一，房产所有人、土地使用权所有人将房屋产权、土地使用权赠予直系亲属或承担直接赡养义务的人。

第二，房产所有人、土地使用权所有人通过中国境内非营利的社会团体、国家机关将房屋产权、土地使用权赠予教育、民政和其他社会福利、公益事业的。非营利的社会团体是指中国青少年发展基金会、希望工程基金会、宋庆龄基金会、减灾委员会、中国红十字会、中国残疾人联合会、全国老年基金会、老区促进会及经民政部门批准成立的其他非营利的公益性组织。

虽然房地产的赠予发生了房地产的权属变更，但作为房产所有人、土地使用权的所有人并没有因为权属的转让而取得任何收入。因此，房地产的赠予不属于土地增值税的征税范围。

【小思考】 不征土地增值税的房地产赠予行为包括哪些情况？

(2) 房地产的出租。房地产的出租是指房产所有人、依照法律规定取得土地使用权的土地使用人，将房产、土地使用权租赁给承租人使用，由承租人向出租人支付租金的行为。对于房地产的出租来说，虽然出租人取得了收入，但没有发生房产产权、土地使用权的转让，因此不属于土地增值税的征税范围。

【小思考】 W 拥有一处房产，由于经常不居住，于是将房子出租给其他个人使用，租期为两年，每月租金为 2 000 元，并按月支付租金。是否应对 W 取得的租金收入征收土地增值税？

（3）房地产的抵押。房地产的抵押是指房地产的产权所有人、依法取得土地使用权的土地使用人作为债务人提供不动产作为清偿债务的担保而不转移权属的法律行为。这种情况由于房产产权、土地使用权在抵押期间的产权并没有发生权属的变更，房产的产权所有人、土地使用人仍能对房地产行使占用、使用、收益等权利，虽然房产的产权所有人、土地使用权人在抵押期间取得了一定的抵押贷款，但实际上这些贷款在抵押期满后是要连本带利偿还给债权人的。因此，对房地产的抵押，在抵押期间不征收土地增值税。待抵押期满后，视该房地产是否转移占有而确定是否征收土地增值税。对于以房地产抵债而发生房地产权属转让的，应列入土地增值税的征税范围。

（4）房地产的交换。房地产的交换是指一方以房地产与另一方的房地产进行交换的行为。由于这种行为既发生了房产产权、土地使用权的转移，交换双方又取得了实物形态的收入，按《土地增值税暂行条例》的规定，它属于土地增值税的征税范围。但对个人之间互换自有居住用房地产的，经当地税务机关核实，可以免征土地增值税。需要强调的是，个人互换住房应当报给住房所在地的主管税务机关核实，而不应拒不申报。

（5）以房地产进行投资、联营。对于以房地产进行投资、联营的，投资、联营的一方以土地（房地产）作价入股进行投资或作为联营条件，将房地产转让到所投资、联营的企业中时，暂免征收土地增值税。对投资、联营企业将上述房地产再转让的，应征收土地增值税。

然而，投资、联营的企业属于从事房地产开发的，或者房地产开发企业以其建造的商品房进行投资和联营的，应当征收土地增值税。

（6）合作建房。对于一方出地、一方出资金，双方合作建房，建成后按比例分房自用的，暂免征收土地增值税；建成后转让的，应征收土地增值税。

（7）改制重组。

① 非公司制企业整体改建为有限责任公司或者股份有限公司，有限责任公司（股份有限公司）整体改建为股份有限公司（有限责任公司），对改建前的企业将国有土地、房屋权属转移、变更到改建后的企业，暂不征收土地增值税。

整体改建是指不改变原企业的投资主体，并承继原企业权利与义务的行为。

② 按照法律规定或者合同约定，两个或两个以上企业合并为一个企业，且原企业投资主体存续的，对原企业将国有土地、房屋权属转移、变更到合并后的企业，暂不征收土地增值税。

③ 按照法律规定或者合同约定，企业分设为两个或两个以上与原企业投资主体相同的企业，对原企业将国有土地、房屋权属转移、变更到分立后的企业，暂不征收土地增值税。

④ 单位、个人在改制重组时以国有土地、房屋进行投资，对其将国有土地、房屋权属转移、变更到被投资的企业，暂不征收土地增值税。

⑤ 上述改制重组中有关土地增值税的政策不适用于房地产开发企业。

⑥ 企业改制重组后再转让国有土地使用权并申报缴纳土地增值税时，应以改制前取

得该宗国有土地使用权所支付的地价款和按国家统一规定缴纳的有关费用，作为该企业“取得土地使用权所支付的金额”扣除。

（8）房地产的代建房行为。这是指房地产开发公司代客户进行房地产的开发，在开发完成后向客户收取代建收入的行为。对于房地产开发公司而言，虽然它们取得了收入，但没有发生房地产权属的转移，其收入属于劳动收入性质，故不属于土地增值税的征税范围。

（9）房地产的重新评估。这是指国有企业在清产核资时对房地产进行重新评估而使其升值的情况。在这种情况下，虽然房地产有增值，但其既没有发生房地产权属的转移，房产所有人、土地使用权所有人也未取得收入，所以不属于土地增值税的征税范围。

【即学即用】 在下列项目中，属于暂免征收土地增值税的有（　　）。

A. 一方出地、一方出资金，双方合作建房，建成后按比例分房自用的

B. 企业兼并时，被兼并企业将房地产转让到兼并企业中的

C. 房产所有人、土地使用权所有人通过中国红十字会将房屋产权、土地使用权赠予公益事业的

D. 房地产开发企业以其建造的商品房进行投资和联营的

E. 个人之间互换自有居住用房地产的

答案：ABCE

7.3 税　率

土地增值税税率设计的基本原则是增值多的多征，增值少的少征，无增值的不征。

土地增值税实行四级超率累进税率：

（1）增值额未超过扣除项目金额50%的部分，税率为30%。

（2）增值额超过扣除项目金额50%、未超过扣除项目金额100%的部分，税率为40%。

（3）增值额超过扣除项目金额100%、未超过扣除项目金额200%的部分，税率为50%。

（4）增值额超过扣除项目金额200%的部分，税率为60%。

上述所列四级超率累进税率，每级“增值额未超过扣除项目金额”的比例均包括本比例数。超率累进税率如表7-1所示。

表7-1　土地增值税四级超率累进税率

级数	增值额与扣除项目金额的比率	税率（%）	速算扣除系数（%）
1	不超过50%的部分	30	0
2	超过50%～100%的部分	40	5

续前表

级数	增值额与扣除项目金额的比率	税率（%）	速算扣除系数（%）
3	超过100%～200%的部分	50	15
4	超过200%的部分	60	35

【即学即用】 增值额超过扣除项目金额（　　）的部分，税率为60%。

A. 50%　　B. 100%　　C. 150%　　D. 200%

答案：D

7.4 应税收入与扣除项目的确定

土地增值税的计税依据是出售房地产所取得的土地增值额。税法规定，纳税人转让房地产所取得的收入减去税法规定的扣除项目金额后的余额为增值额。

7.4.1 应税收入的确定

纳税人转让房地产取得的应税收入为不含增值税收入。适用增值税一般计税方法的纳税人，其转让房地产的土地增值税应税收入不含增值税销项税额；适用简易计税方法的纳税人，其转让房地产的土地增值税应税收入不含增值税应纳税额。

应税收入应包括转让房地产的全部价款及有关的经济收益。从收入的形式看，包括货币收入、实物收入和其他收入。

1. 货币收入

货币收入是指纳税人转让房地产取得的现金、银行存款、支票、银行本票、汇票等各种信用票据和国库券、金融债券、企业债券、股票等有价证券。

2. 实物收入

实物收入是指纳税人转让房地产取得的各种实物形态的收入，如钢材、水泥等建材，房屋、土地等不动产。实物收入的价值不太容易确定，一般要对这些实物形态的财产进行估价。

3. 其他收入

其他收入是指纳税人转让房地产取得的无形资产或具有财产价值的权利，如专利权、商标权、著作权、专有技术使用权、土地使用权、商誉等。这种类型的收入比较少见，其价值需要进行专门的评估。

【小思考】 土地增值税纳税人转让房地产取得的应税收入应如何计量？

7.4.2 扣除项目的确定

土地增值税的税基是增值额，因此要计算增值额，首先必须确定扣除项目。税法准予纳税人从转让收入中减除的扣除项目包括如下几项。

1. 取得土地使用权所支付的金额

取得土地使用权所支付的金额包括两方面的内容：

（1）纳税人为取得土地使用权所支付的地价款。如果是以协议、招标、拍卖等出让方式取得土地使用权的，地价款为纳税人所支付的土地出让金；如果是以行政划拨方式取得土地使用权的，地价款为按照国家有关规定补交的土地出让金；如果是以转让方式取得土地使用权的，地价款为向原土地使用权人实际支付的地价款。

（2）纳税人在取得土地使用权时按国家统一规定交纳的有关费用。这是指纳税人在取得土地使用权过程中为办理有关手续，按国家统一规定交纳的有关登记、过户手续费。

【即学即用】 甲企业从乙企业购买到一块地的使用权，并向乙企业支付了100万元的地价款；在办理过户手续时，交纳了2 000元的登记、过户手续费。甲企业对土地进行通水、通电和平整地面等开发后，出售了土地使用权。那么，在计算甲企业应缴纳土地增值税税额时，准予从收入额中扣除的取得土地使用权所支付的金额是（　）。

A. 100万元　　B. 2 000元　　C. 1 002 000元　　D. 998 000元

答案：C

---

2. 房地产开发成本

房地产开发成本是指纳税人的房地产开发项目实际发生的成本，包括土地的征用及拆迁补偿费、前期工程费、建筑安装工程费、基础设施费、公共配套设施费、开发间接费用等。

（1）土地的征用及拆迁补偿费，是指为取得土地开发使用权（或开发权）而发生的各项费用，主要包括土地征用费、耕地占用税、劳动力安置费及有关地上、地下附着物拆迁补偿的净支出、安置动迁用房支出等。

（2）前期工程费，是指项目开发前期发生的规划、设计、项目可行性研究和水文、地质、勘察、测绘、“三通一平”等支出。

（3）建筑安装工程费，是指以出包方式支付给承包单位的建筑安装工程费，以自营方式发生的建筑安装工程费。

（4）基础设施费，是指开发项目在开发过程中所发生的各项基础设施支出，主要包括开发项目内道路、供水、供电、供气、排污、排洪、通信、照明、环卫、绿化等工程发生的支出。

（5）公共配套设施费，是指不能有偿转让的开发小区内公共配套设施发生的支出。

（6）开发间接费用，是指直接组织、管理开发项目发生的费用，包括工资、职工福利费、折旧费、修理费、办公费、水电费、劳动保护费、周转房摊销等。

3. 房地产开发费用

房地产开发费用是指与房地产开发项目有关的销售费用、管理费用和财务费用。根据现行会计制度的规定，成本核算的方法采用制造成本法，管理费用等三项费用作为期间费用，直接计入当期损益，不按成本核算对象进行分摊。需要说明的是，作为土地增值税扣除项目的房地产开发费用，不是按纳税人的房地产开发项目实际发生的费用进行扣除，而是依据税法的规定标准，按照取得土地使用权所支付的金额和房地产开发成本之和的一定比例扣除。

对于财务费用中的利息支出，凡能够按转让房地产项目计算分摊并提供金融机构证明的，允许据实扣除，但最高不能超过按商业银行同类同期贷款利率计算的金额。其他房地产开发费用，按取得土地使用权所支付的金额和房地产开发成本计算的金额之和的5%以内计算扣除。凡不能按转让房地产项目计算分摊利息支出或不能提供金融机构证明的，房地产开发费用按取得土地使用权所支付的金额和房地产开发成本计算的金额之和的10%以内计算扣除。计算扣除的具体比例，由各省、自治区、直辖市人民政府规定。

上述规定的具体含义如下：

(1) 纳税人能够按转让房地产项目计算分摊利息支出，并能提供金融机构贷款证明的，其允许扣除的房地产开发费用为：

房地产开发费用＝利息＋(取得土地使用权所支付的金额＋房地产开发成本)×5%

(说明：利息最高不能超过按商业银行同类同期贷款利率计算的金额。)

(2) 纳税人不能按转让房地产项目计算分摊利息支出或不能提供金融机构贷款利息证明的，其允许扣除的房地产开发费用为：

房地产开发费用＝(取得土地使用权所支付的金额＋房地产开发成本)×10%

(3) 房地产开发企业既向金融机构借款，又有其他借款的，其房地产开发费用计算扣除时不能同时适用上述 (1)、(2) 两种办法。

(4) 土地增值税清算时，已经计入房地产开发成本的利息支出应调整至财务费用计算中扣除。

【例题 7-1】 某企业为了开发房地产支付的土地使用权金额为1 000万元；房地产开发成本为6 000万元；向金融机构借入资金的利息支出为400万元（能提供贷款证明且可以合理分摊)。其中，超过国家规定上浮幅度的金额为100万元，超过贷款期限的利息和加罚的利息金额为100万元；该省规定能提供贷款证明且可以合理分摊利息支出的，其他房地产开发费用的计算扣除比例为5%。上述费用均不含增值税，计算该企业允许扣除的房地产开发费用。

解析：

纳税人能够按转让房地产项目计算分摊利息支出，并能提供金融机构贷款证明的，其允许扣除的房地产开发费用为：

房地产开发费用＝利息＋(取得土地使用权所支付的金额＋房地产开发成本)×5%

该企业允许扣除的房地产开发费用为：

房地产开发费用＝(400－100－100)＋(1 000＋6 000)×5%＝550(万元)

【知识要点提醒】 财政部、国家税务总局对扣除项目金额中利息支出的计算问题做了以下规定：一是利息的上浮幅度按国家的有关规定执行，超过上浮幅度的部分不允许扣除；二是对于超过贷款期限的利息部分和加罚的利息不允许扣除。

4. 与转让房地产有关的税金

与转让房地产有关的税金是指在转让房地产时缴纳的城市维护建设税、印花税等。因转让房地产缴纳的教育费附加，也可视同税金予以扣除。

根据《关于营改增后契税、房产税、土地增值税、个税计税依据问题的通知》（财税[2016] 43号）的规定，土地增值税扣除项目涉及的增值税进项税额，允许在销项税额中计算抵扣的，不计入扣除项目；不允许在销项税额中计算抵扣的，可以计入扣除项目。

此外，房地产开发企业按照《施工、房地产开发企业财务制度》的有关规定，在转让时缴纳的印花税已列入管理费用中，在此不允许单独扣除。其他纳税人缴纳的印花税允许在此扣除。

5. 其他扣除项目

对于从事房地产开发的纳税人，可按《土地增值税暂行条例实施细则》第七条第（一）、（二）项规定计算的金额之和（即取得土地使用权时所支付的金额和房地产开发成本之和），加计20%进行扣除。在此，应特别指出的是：此条优惠只适用于从事房地产开发的纳税人。

但是，对取得土地使用权后未进行开发就转让的，不得加计扣除。

6. 旧房及建筑物的评估价格

纳税人转让旧房的，应按房屋及建筑物的评估价格、取得土地使用权所支付的地价款或出让金、按国家统一规定缴纳的有关费用和转让环节缴纳的税金作为扣除项目金额计征土地增值税。对取得土地使用权时未支付地价款或不能提供已支付的地价款凭据的，在计征土地增值税时不允许扣除。

旧房及建筑物的评估价格是指在转让已使用的房屋及建筑物时，由政府批准设立的房地产评估机构评定的重置成本价乘以成新度折扣率后的价格。评估价格须经当地税务机关确认。

重置成本的含义是：对旧房及建筑物，按转让时的建材价格及人工费用计算，建造同样面积、同样层次、同样结构、同样建设标准的新房及建筑物所需花费的成本费用。

成新度折扣率的含义是：按旧房的新旧程度做一定比例的折扣。

【小思考】 一栋房屋已使用近6年，建造时的造价为2 000万元，按转让时的建材及人工费用计算，建造同样的新房需要花费3 000万元。该房屋有7成新，那么该房屋的评估价格是多少？

7. 关于转让旧房准予扣除项目的计算问题

纳税人转让旧房及建筑物，凡不能取得评估价格但能提供购房发票的，经当地税务部门确认，根据《土地增值税暂行条例》第六条第（一）、（三）项规定的扣除项目金额（即取得土地使用权所支付的金额，新建房及配套设施的成本、费用，或者旧房及建筑物的评估价格），可按发票所载金额并从购买年度起至转让年度止每年加计5%计算扣除。在计算扣除项目时，“每年”按购房发票所载日期起至售房发票开具之日止，每满12个月计 1 年；超过 1 年，未满 12 个月但超过 6 个月的，可以视为 1 年。对纳税人购房时缴纳的契税，凡能够提供契税完税凭证的，准予作为“与转让房地产有关的税金”予以扣除，但不作为加计 5%的基数。

“营改增”后，纳税人转让旧房及建筑物，凡不能取得评估价格，但能提供购房发票的，扣除项目的金额按照下列方法计算：

(1) 提供的购房凭据为“营改增”前取得的营业税发票的，按照发票所载金额（不扣减营业税）并从购买年度起至转让年度止每年加计 5%计算。

(2) 提供的购房凭据为“营改增”后取得的增值税普通发票的，按照发票所载价税合计金额从购买年度起至转让年度止每年加计 5%计算。

(3) 提供的购房发票为“营改增”后取得的增值税专用发票的，按照发票所载不含增值税金额加上不允许抵扣的增值税进项税额之和，并从购买年度起至转让年度止每年加计 5%计算。

对于转让旧房及建筑物，既没有评估价格，又不能提供购房发票的，税务机关可以根据《税收征管法》第三十五条的规定，实行核定征收。

【例题 7-2】 2018 年 9 月，某企业转让一处 2014 年 9 月购置的员工宿舍用房，转让时不能取得评估价格，原购房发票注明购房款 300 万元，购入时缴纳契税 9 万元，转让时缴纳税金及附加 6 万元，缴纳印花税 0.5 万元。上述金额和凭证均经过主管税务机关的确认。计算该房产的土地增值税时可扣除的金额是多少？

解析：

可按发票所载金额并从购买年度起至转让年度止每年加计 5%计算扣除，自购买至转让历时 4 年。购房时缴纳的契税准予作为“与转让房地产有关的税金”予以扣除，但不作为加计 5%的基数。转让时缴纳的税金及附加、印花税均可扣除。

计算该房产的土地增值税时可扣除的金额为：

$$300\times(1+5\%\times4)+9+6+0.5=375.5(\text{万元})$$

7.5 应纳税额的计算

7.5.1 增值额的确定

土地增值税纳税人转让房地产所取得的收入减除规定的扣除项目金额后的余额，为增值额。

《土地增值税暂行条例》规定，纳税人有下列情形之一的，按照房地产评估价格计算征收。

1. 隐瞒、虚报房地产成交价格的

“隐瞒、虚报房地产成交价格的”是指纳税人不报或有意低报转让土地使用权、地上建筑物及其附着物价款的行为。隐瞒、低报房地产成交价格，应由评估机构参照同类房

地产的市场交易价格进行评估，税务机关根据评估价格确定转让房地产的收入。

2. 提供扣除项目金额不实的

“提供扣除项目金额不实的”是指纳税人在纳税申报时不据实提供扣除项目金额的行为。提供扣除项目金额不实的，应由评估机构按照房屋重置成本价乘以成新度折扣率计算的房屋成本价和取得土地使用权时的基准地价进行评估。税务机关根据评估价格确定扣除项目金额。

3. 转让房地产的成交价格低于房地产评估价格，又无正当理由的

“转让房地产的成交价格低于房地产评估价格，又无正当理由的”是指纳税人申报的转让房地产的实际成交价格低于房地产评估机构评定的交易价，纳税人又不能提供凭据或无正当理由的。转让房地产的成交价格低于房地产评估价格，又无正当理由的，由税务机关参照房地产评估价格确定转让房地产的收入。

【即学即用】 按照土地增值税的有关规定，纳税人提供扣除项目金额不实的，在计算土地增值税时，应按照（　　）。

A. 税务部门与房地产主管部门协商的价格扣除

B. 房地产评估价格扣除

C. 税务部门估定的价格扣除

D. 房地产原值减除20%后的余值扣除

答案： B

【知识要点提醒】 “房地产评估价格”是指由政府批准设立的房地产评估机构根据相同地段、同类房地产进行综合评定的价格，不是由税务机关进行评估的。

7.5.2 应纳税额的计算方法

土地增值税按照纳税人转让房地产所取得的增值额和规定的税率计算征收。土地增值税的计算公式为：

$$应纳税额 = \sum(每级距的土地增值额 \times 适用税率)$$

但在实际工作中，分步计算比较烦琐，一般可以采用速算扣除法计算。也就是说，在计算土地增值税税额时，可按增值额乘以适用的税率减去扣除项目金额乘以速算扣除系数的简便方法计算，具体公式如下：

（1）当增值额未超过扣除项目金额50%时，相应的计算公式为：

土地增值税税额＝增值额×30%

（2）当增值额超过扣除项目金额50%、未超过100%时，相应的计算公式为：

土地增值税税额＝增值额×40%－扣除项目金额×5%

（3）当增值额超过扣除项目金额100%、未超过200%时，相应的计算公式为：

土地增值税税额＝增值额×50%－扣除项目金额×15%

(4) 当增值额超过扣除项目金额200%时，相应的计算公式为：

土地增值税税额＝增值额×60%－扣除项目金额×35%

上述公式中的5%、15%、35%分别是二、三、四级的速算扣除系数。

【例题7-3】 参见【导入案例】。

解析：

纳税人转让旧房的，应按房屋及建筑物的评估价格、取得土地使用权所支付的地价款或出让金、按国家统一规定缴纳的有关费用和转让环节缴纳的税金作为扣除项目金额计征土地增值税。旧房及建筑物的评估价格是指在转让已使用的房屋及建筑物时，由政府批准设立的房地产评估机构评定的重置成本价乘以成新度折扣率后的价格。

土地增值额＝500－700×50%－80＝70(万元)

增值额÷扣除项目金额＝70÷(700×50%＋80)＝16.28%

由于增值额未超过扣除项目金额的50%，故适用的税率为30%，则

应缴纳的土地增值税＝70×30%＝21(万元)

【例题7-4】 某纳税人转让房地产取得的不含税收入为2 000万元，其扣除项目金额为500万元。计算其应纳的土地增值税税额。

解析：

要计算应纳土地增值税税额，需要先计算增值额，然后按照增值额与扣除额的比率适用的土地增值税税率计算土地增值税税额。

方法一：按分级计算的方法计算。

(1) 计算增值额。

增值额＝2 000－500＝1 500(万元)

(2) 计算增值额与扣除项目金额之比。

增值额与扣除项目金额之比＝1 500÷500×100%＝300%

由此可见，增值额超过扣除项目金额200%，分别适用30%、40%、50%和60%四档税率。

(3) 分别计算各级次土地增值税税额。

增值额未超过扣除项目金额50%的部分，适用30%的税率。

这部分增值额＝500×50%＝250(万元)

这部分增值额应纳的土地增值税税额＝250×30%＝75(万元)

增值额超过扣除项目金额50%、未超过扣除项目金额100%的部分，适用40%的税率。

这部分增值额＝500×(100%－50%)＝250(万元)

这部分增值额应纳的土地增值税税额＝250×40%＝100(万元)

增值额超过扣除项目金额100%、未超过扣除项目金额200%的部分，适用50%的税率。

这部分增值额＝500×(200%－100%)＝500(万元)

这部分增值额应纳的土地增值税税额＝500×50%＝250(万元)

增值额超过扣除项目金额200%的部分，适用60%的税率。

这部分增值额＝500×(300%－200%)＝500(万元)

这部分增值额应纳的土地增值税税额＝500×60%＝300(万元)

(4) 将各级的税额相加，即可得出总税额。

土地增值税税额＝75＋100＋250＋300＝725(万元)

方法二：按速算扣除法计算。

(1) 计算增值额。

增值额＝2 000－500＝1 500(万元)

(2) 计算增值额与扣除项目金额之比。

增值额与扣除项目金额之比＝1 500÷500×100%＝300%

由此可见，增值额超过扣除项目金额200%，其适用的简单计算公式为：

土地增值税税额＝增值额×60%－扣除项目金额×35%

(3) 计算土地增值税税额。

土地增值税税额＝1 500×60%－500×35%＝725(万元)

【例题7-5】 某房地产开发企业销售自己开发的合税房地产项目，假设转让取得的含税收入为15 000万元。在扣除项目中，土地出让金为3 000万元，开发成本中的建筑材料为3 000万元，前期工程费用为1 000万元，房地产开发费用中的利息支出为1 200万元（不能按转让房地产项目计算分摊利息支出，也不能提供金融机构证明），房地产开发费用的计算扣除比例为10%。

假设A企业为一般纳税人，采取一般计税方法缴纳增值税，所有费用均取得按照适用税率计税的增值税专用发票，前期工程费用全部适用9%的增值税税率，以上价格均为含税价格，城市维护建设税的税率为7%，教育费附加为3%，地方教育附加为2%，暂不考虑印花税。计算应缴纳的土地增值税。

解析：

销售房地产收入的增值税销项税额＝(15 000－3 000)÷(1＋9%)×9%
＝990.83(万元)

不含税转让收入＝15 000÷(1＋9%)＝13 761.47(万元)

各项扣除项目的金额为：

开发成本＝3 000÷(1＋13%)＋1 000÷(1＋9%)＝3 572.30(万元)

开发费用＝(土地出让金＋开发成本)×10%＝[3 000÷(1＋9%)＋3 572.30]×10%
＝632.46(万元)

与转让房地产有关的税金＝城市维护建设税＋教育费附加＋地方教育附加
＝[(15 000－3 000)÷(1＋9%)×9%－3 000÷(1＋13%)×13%
－1 000÷(1＋9%)×9%]×(7%＋3%＋2%)
＝67.57(万元)

加计扣除＝(土地出让金＋开发成本)×20%
＝[3 000÷(1＋9%)＋3 572.30]×20%
＝1 264.92(万元)

以上5项扣除金额合计为：

3 000÷(1＋9%)＋3 572.30＋632.46＋67.57＋1 264.92＝8 289.54(万元)

土地增值率＝(13 761.47－8 289.54)÷8 289.54×100%＝66.01%

因此，适用的税率为40%，速算扣除系数为5%，即

应纳土地增值税＝(13 761.47－8 289.54)×40%－8 289.54×5%＝1 774.30(万元)

7.6 税收优惠

1. 建造普通标准住宅的税收优惠

纳税人建造普通标准住宅出售，增值额未超过扣除项目金额20%的，免征土地增值税；增值额超过扣除项目金额20%的，应就其全部增值额按规定计税。

对于纳税人既建造普通标准住宅，又从事其他房地产开发的，应分别核算增值额。不分别核算增值额或不能准确核算增值额的，其建造的普通标准住宅不能适用这一免税规定。

【小思考】 我国界定普通标准住宅的意义是什么？

2. 国家征用收回的房地产的税收优惠

因国家建设需要依法征用、收回的房地产，免征土地增值税。

“因国家建设需要依法征用、收回的房地产”是指因城市实施规划、国家建设的需要而被政府批准征用的房产或收回的土地使用权。

3. 因城市实施规划、国家建设需要而搬迁，由纳税人自行转让原房地产的税收优惠

因城市实施规划、国家建设的需要而搬迁，由纳税人自行转让原房地产的，免征土地增值税。

7.7 征收管理

7.7.1 纳税地点

土地增值税的纳税人应向房地产所在地主管税务机关办理纳税申报，并在税务机关核定的期限内缴纳土地增值税。

“房地产所在地”是指房地产的坐落地。纳税人转让的房地产坐落在两个或两个以上地区的，应按房地产所在地分别申报纳税。

在实际工作中，纳税地点的确定又可分为以下两种情况：

(1) 纳税人是法人的，当转让的房地产坐落地与机构所在地或经营所在地一致时，则向办理税务登记的原管辖税务机关申报纳税即可；如果转让的房地产坐落地与其机构所在地或经营所在地不一致时，则应向房地产坐落地的管辖税务机关申报纳税。

（2）纳税人是自然人的，当转让的房地产坐落地与其居住地一致时，则向其居住地税务机关申报纳税；当转让的房地产坐落地与其居住地不一致时，向办理过户手续所在地的税务机关申报纳税。

7.7.2 纳税申报时间

纳税人应于转让房地产合同签订之日起7日内，到房地产所在地的主管税务机关办理纳税申报，并向税务机关提交房屋及建筑物产权证书、土地使用权证书、土地转让合同、房产买卖合同、房地产评估报告及其他与转让房地产有关的资料。纳税人因经常发生房地产转让而难以每次转让后申报的，经税务机关审核同意后，可以定期进行纳税申报，具体期限由税务机关根据情况确定。定期申报方式确定后，一年内不得变更。

纳税人在项目全部竣工结算前转让房地产取得的收入，由于涉及成本确定或其他原因，而无法据以计算土地增值税的，可以预征土地增值税，待该项目全部竣工、办理结算后再进行清算，多退少补。具体办法由各省、自治区、直辖市税务机关根据当地情况制定。

【例题7-6】 某房地产开发公司与某单位于2019年6月正式签署一份写字楼转让合同，取得转让收入20 000万元（不含税收入），房地产开发公司按税法规定缴纳了城市维护建设税110万元、教育附加（包括地方教育附加）110万元。已知该公司为取得土地使用权所支付的地价款和按国家统一规定缴纳的有关费用为2 000万元；投入的房地产开发成本为4 000万元（其中，建筑安装工程费为1 000万元，公共配套设施费为1 000万元，开发间接费用为2 000万元）；房地产开发费用中的利息支出为1 200万元（不能按转让房地产项目计算分摊利息支出，也不能提供金融机构证明）。另外，该公司所在省人民政府规定的房地产开发费用的计算扣除比例为10%。该房地产开发公司为一般纳税人，以上金额均为不含税价格，计算该公司转让此写字楼应缴纳的土地增值税税额。

解析：

要计算应纳土地增值税税额，需要先计算增值额，然后按照增值额与扣除额的比率适用的土地增值税税率计算土地增值税税额。关键在于确定扣除项目金额，应严格按照税法规定计算。

（1）确定转让房地产的收入：

转让收入＝20 000(万元)

（2）确定转让房地产的扣除项目金额：

取得土地使用权所支付的金额＝2 000(万元)

房地产开发成本＝4 000(万元)

房地产开发费用＝(2 000＋4 000)×10%＝600(万元)

与转让房地产有关的税金＝110＋110＝220(万元)

从事房地产开发的加计扣除＝(2 000＋4 000)×20%＝1 200(万元)

转让房地产的扣除项目金额合计＝2 000＋4 000＋600＋220＋1 200

＝8 020(万元)

（3）计算转让房地产的增值额：

增值额＝20 000－8 020＝11 980(万元)

（4）计算增值额与扣除项目金额的比率：

增值比率＝11 980÷8 020×100％≈149.38％

（5）计算应纳土地增值税税额：

应纳土地增值税＝11 980×50％－8 020×15％＝4 787（万元）

该房地产开发公司土地增值税纳税申报表的填制如表 7－2 所示。

表 7－2

土地增值税纳税申报表

（从事房地产开发的纳税人适用）

填表日期： 年 月 日

纳税人识别号： 金额单位：元（列至角分）

纳税人名称		税款所属时期	
项目		行次	金额
一、转让房地产收入总额 1＝2＋3		1	200 000 000
其中	货币收入	2	200 000 000
	实物收入及其他收入	3	
二、扣除项目金额总计 4＝5＋6＋13＋16＋19		4	80 200 000
1. 取得土地使用权所支付的金额		5	20 000 000
2. 房地产开发成本 6＝7＋8＋9＋10＋11＋12		6	40 000 000
其中	土地征用及拆迁补偿费	7	
	前期工程费	8	
	建筑安装工程费	9	10 000 000
	基础设施费	10	
	公共配套设施费	11	10 000 000
	开发间接费用	12	20 000 000
3. 房地产开发费用 13＝14＋15		13	6 000 000
其中	利息支出	14	
	其他房地产开发费用	15	6 000 000
4. 与转让房地产有关的税金等 16＝17＋18		16	2 200 000
税金	城市维护建设税	17	1 100 000
	教育费附加	18	1 100 000
5. 财政部规定的其他扣除项目		19	12 000 000
三、增值额 20＝1－4		20	119 800 000
四、增值额与扣除项目金额之比（％）21＝20÷4		21	149.38％
五、适用税率		22	50％
六、速算扣除系数		23	15％
七、应缴土地增值税税额 24＝20×22－4×23		24	47 870 000
八、已缴土地增值税税额		25	0
九、应补（退）土地增值税税额 26＝24－25		26	47 870 000

如纳税人填报，由纳税人填写以下各栏		如委托代理人填报，由代理人填写以下各栏		备注
会计主管（签章）	纳税人（公章）	代理人名称	代理人（公章）	
		代理人地址		
		经办人姓名	电话	
以下由税务机关填写				
收到申报表日期			接收人	

本章小结

土地增值税是对有偿转让国有土地使用权及地上建筑物和其他附着物产权，取得增值收入的单位和个人征收的一种税。转让国有土地使用权、地上建筑物及其附着物并取得收入的单位和个人是土地增值税的纳税人。土地增值税的基本征税范围包括转让国有土地使用权、地上建筑物及其附着物连同国有土地使用权一并转让和存量房地产的买卖。对于房地产的继承、赠予、出租、抵押，以房地产进行投资联营，企业兼并转让房地产，房地产的代建房和房地产的重新评估等行为不征收土地增值税。土地增值税实行四级超率累进税率，最高税率为60%。土地增值税以增值额为税基，要计算增值额必须确定应税收入和扣除项目。扣除项目包括取得土地使用权所支付的金额、房地产开发成本、房地产开发费用、与转让房地产有关的税金和其他扣除项目。

关键术语

土地增值税　土地增值税纳税人　土地增值额　房地产评估价格　房地产开发成本

思考题

1. 征收土地增值税有什么意义?
2. 土地增值税的税率有什么特点?
3. 土地增值税的征收范围包括哪些?
4. 计算土地增值税税额时准予扣除的项目包括哪些?

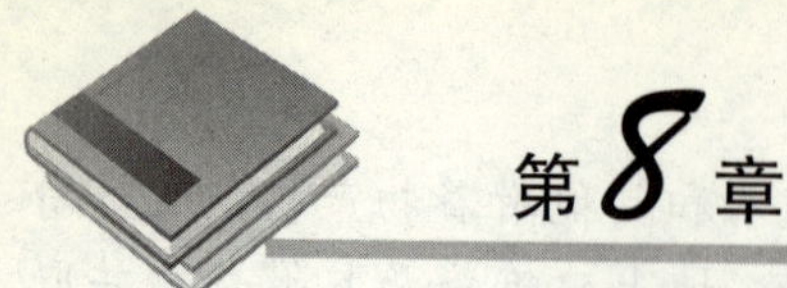

第8章 其他税种

【本章要点】

1. 城市维护建设税的纳税人、税率及应纳税额的计算
2. 资源税的纳税人、税目、税率
3. 城镇土地使用税的概念、特点、征税范围、减免规定和应纳税额
4. 耕地占用税的概念、特点、征税范围、应纳税额和税收优惠
5. 房产税的概念、征税范围、计税依据、税收优惠和应纳税额
6. 车船税的概念、征税范围、税率、应纳税额和税收优惠
7. 印花税的概念、纳税人、税目、税率、计税依据和征收管理
8. 车辆购置税的概念、特点、作用、纳税人、征税范围和应纳税额
9. 契税的概念、征税对象、计税依据和应纳税额
10. 环境保护税的概念、征税对象、计税依据和应纳税额
11. 船舶吨税的概念、征税对象、计税依据和应纳税额

【导入案例】

某市区一卷烟厂委托某县城一卷烟厂加工一批雪茄烟，双方均为增值税一般纳税人。委托方提供原材料50 000元（不含税），支付加工费4 000元（不含增值税），雪茄烟的消费税税率为36%，这批雪茄烟无同类产品市场价格。受托方代收代缴消费税时，应代收代缴多少城市维护建设税？

8.1 城市维护建设税[①]

8.1.1 城市维护建设税概述

1. 城市维护建设税的概念

城市维护建设税是对从事工商经营，缴纳增值税、消费税的单位和个人，按其实际缴纳的增值税和消费税税额的一定比例征收，专门用于城市维护建设的一种税。它属于特定目的税，是国家为加强城市的维护建设、扩大和稳定城市维护建设资金的来源而采取的一项税收措施。

2. 城市维护建设税的特点

（1）属于一种附加税。城市维护建设税是以纳税人实际缴纳的增值税、消费税税额为计税依据，随增值税和消费税同时征收，没有特定的征税对象，其征管方法也完全比照增值税和消费税的有关规定办理。

（2）专款专用。在通常情况下，税收收入都直接纳入国家预算，由中央和地方政府根据需要，统一安排使用到国家建设和事业发展的各个方面，税法并不规定各个税种收入的具体使用范围和方向。但是，城市维护建设税的税款被要求用于城市公共设施和公用事业的建设及维护。

（3）根据所处区域设计不同的比例税率。城市维护建设税的负担水平，不是依据纳税人获取的利润水平或经营特点确定，而是根据纳税人所在区域设计的，位于市区的税率高于非市区的税率。

（4）征税范围较广。城市维护建设税以增值税、消费税的税额作为税基，而增值税、消费税是对商品和劳务征税，它们的征税范围包括我国境内所有经营的单位和个人。因此，除了减免税等特殊情况以外，任何从事生产经营活动的企业、单位和个人都要缴纳城市维护建设税。

【小思考】 城市维护建设税设计比例税率的依据是什么？为什么？

3. 城市维护建设税的作用

（1）补充城市维护建设资金的不足。由于城市维护建设税以增值税和消费税的税额为计税依据，与增值税和消费税同时征收，可以保证城市维护建设税的收入随增值税和消费税的增长而增长，从而使城市维护和建设有了一个比较稳定及可靠的资金来源，有效地补充了城市维护建设资金的不足。

（2）调动了地方政府进行城市维护和建设的积极性。城市维护建设税是一个具有专款专用性质的地方税。将城市维护建设税的收入与当地城市建设直接挂钩，可以保证税

① 根据《中华人民共和国城市维护建设税法（征求意见稿）》修订。

收收入越多，城镇建设资金越充裕，城镇建设发展越快，从而充分调动了地方政府加强城市维护建设税征收管理的积极性。同时，城市维护建设税作为一个地方税种，也充实和完善了地方税体系，扩大了地方政府的财政收入规模。

8.1.2 纳税人与税率

1. 纳税人

城市维护建设税的纳税人是指负有缴纳增值税、消费税义务的单位及个人，包括国有企业、集体企业、私营企业、股份制企业、其他企业和行政单位、事业单位、军事单位、社会团体、其他单位，以及个体工商户及其他个人。

自2010年12月1日起，对外商投资企业、外国企业及外籍个人（以下简称“外资企业”）征收城市维护建设税。

【知识要点提醒】 负有缴纳增值税和消费税义务，不是说同时缴纳增值税和消费税两种税才涉及城市维护建设税，而是指除特殊环节（进口）外，只要缴纳增值税、消费税中任何一个税种，都会涉及城市维护建设税。

2. 税　率

城市维护建设税的税率是指纳税人应缴纳的城市维护建设税税额与纳税人实际缴纳的增值税和消费税税额之间的比率。城市维护建设税实行地区差别税率，根据纳税人所在地的不同，设置了两档地区差别税率：

城市维护建设税的税率如下：

（1）纳税人所在地在市区的，税率为7%。

（2）纳税人所在地不在市区的，税率为5%。

城市维护建设税的适用税率应当按纳税人所在地的规定税率执行。但是，对以下两种情况，可按缴纳增值税和消费税所在地的规定税率就地缴纳城市维护建设税：

① 由受托方代扣代缴、代收代缴增值税和消费税的单位及个人，其代扣代缴、代收代缴的城市维护建设税按受托方所在地适用税率执行。

② 流动经营等无固定纳税地点的单位和个人，在经营地缴纳增值税和消费税的，其城市维护建设税的缴纳按经营地适用税率执行。

8.1.3 计税依据与应纳税额的计算

1. 计税依据

城市维护建设税的计税依据为纳税人实际缴纳的增值税、消费税税额，以及出口货物、劳务或者跨境销售服务、无形资产的增值税免、抵税额。

纳税人违反有关税法而加收的滞纳金和罚款，是税务机关对纳税人违法行为的经济制裁，不作为城市维护建设税的计税依据，但纳税人在被查补增值税和消费税以及被处以罚款时，应同时对其偷漏的城市维护建设税进行补税并征收滞纳金和罚款。

城市维护建设税以增值税和消费税税额为计税依据并同时征收，如果要免征或者减征增值税和消费税，就会同时免征或者减征城市维护建设税。

对实行增值税期末留抵退税的纳税人，允许其从城市维护建设税的计税依据中扣除退还的增值税税额。

对出口货物、劳务和跨境销售服务、无形资产以及因优惠政策退还增值税、消费税的，不退还已缴纳的城市维护建设税。

2. 应纳税额的计算

城市维护建设税的应纳税额按照纳税人实际缴纳的增值税、消费税税额和出口货物、劳务或者跨境销售服务、无形资产的增值税免、抵税额乘以税率计算。

对实行增值税期末留抵退税的纳税人，允许其从城市维护建设税的计税依据中扣除退还的增值税税额。

$$\text{应纳税额}=\left(\begin{matrix}\text{纳税人实际缴纳的}\\\text{增值税、消费税税额}\end{matrix}+\begin{matrix}\text{出口货物、劳务或者跨境销售服务、}\\\text{无形资产的增值税免、抵税额}\end{matrix}\right)\times\text{适用税率}$$

【例题8-1】 参见【导入案例】。

解析：

首先确定纳税人缴纳的消费税税额，然后根据下述公式计算：

应纳税额＝纳税人实际缴纳的增值税、消费税税额×适用税率

其中，税率的确定原则是：由受托方代扣代缴、代收代缴增值税和消费税的单位及个人，其代扣代缴、代收代缴的城市维护建设税按受托方所在地的适用税率执行。

城市维护建设税＝(50 000＋4 000)÷(1－36%)×36%×5%＝1 518.75(元)

所以，受托方在代收代缴消费税时，应代收代缴1 518.75元的城市维护建设税。

【例题8-2】 某县城一家企业实际缴纳增值税20万元，缴纳消费税30万元，并因违反增值税税法有关规定而被处以5万元的罚款。计算该企业应缴纳的城市维护建设税税额。

解析：

城市维护建设税的计算公式为：

应纳税额＝纳税人实际缴纳的增值税、消费税税额×适用税率

由于该企业位于县城，故其适用税率为5%。

该企业应缴纳的城市维护建设税税额＝(20＋30)×5%＝2.5(万元)

【知识要点提醒】 纳税人违反增值税和消费税有关税法而加收的滞纳金及罚款，是税务机关对纳税人违法行为的经济制裁，不作为城市维护建设税的计税依据。由于城市维护建设税根据纳税人所在地实行差别比例税率，所以在计算应纳税额时，应根据纳税人所在地来确定适用税率。

8.1.4 税收优惠和征收管理

1. 税收优惠

城市维护建设税原则上不单独减免，但因城市维护建设税具有附加税的性质，当主税发生减免时，城市维护建设税相应发生税收减免。城市维护建设税的税收减免有下列几种情况：

（1）城市维护建设税按减免后实际缴纳的增值税和消费税税额计征，即随增值税和消费税的减免而减免。

（2）对进口货物或者境外单位和个人向境内销售劳务、服务、无形资产缴纳的增值税、消费税税额，不征收城市维护建设税。

【即学即用】 在下列各项中，符合城市维护建设税征收管理规定的有（　　）。

A. 纳税人延迟缴纳增值税而加收滞纳金，不作为城市维护建设税的计税依据

B. 海关对进口产品代征增值税时，应同时代征城市维护建设税

C. 对增值税实行先征后返的，应同时返还附征的城市维护建设税

D. 对出口产品退还增值税的，不退还已经缴纳的城市维护建设税

答案：AD

2. 纳税义务发生时间

城市维护建设税的纳税义务发生时间为缴纳增值税、消费税的当日。

城市维护建设税的扣缴义务发生时间为扣缴增值税、消费税的当日。

3. 纳税地点

城市维护建设税的纳税地点为实际缴纳增值税、消费税的地点。

扣缴义务人应当向其机构所在地或者居住地的主管税务机关申报缴纳其扣缴的税款。

4. 纳税期限

城市维护建设税按月或者按季计征。不能按固定期限计征的，可以按次计征。

实行按月或者按季计征的，纳税人应当于月度或者季度终了之日起 15 日内申报并缴纳税款。实行按次计征的，纳税人应当于纳税义务发生之日起 15 日内申报并缴纳税款。

扣缴义务人解缴税款的期限，依照上述规定执行。

8.2 资源税

8.2.1 资源税概述

1. 资源税的概念

资源税是对在我国境内从事应税矿产品开采和生产盐的单位及个人课征的一种税，属于对自然资源占用课税的范畴。我国现行资源税的基本法律规范是 2011 年 9 月 30 日国务院公布的《中华人民共和国资源税暂行条例》（以下简称《资源税暂行条例》），2011 年 10 月 28 日财政部、国家税务总局公布的《中华人民共和国资源税暂行条例实施细则》（以下简称《资源税暂行条例实施细则》），2016 年 5 月 9 日财政部、国家税务总局公布的《关于全面推进资源税改革的通知》（财税〔2016〕53 号），财政部、国家税务总局公布的

《关于资源税改革具体政策问题的通知》（财税〔2016〕54号）以及2018年3月30日国家税务总局公布的《资源税征收管理规程》。

《财政部、国家税务总局关于实施煤炭资源税改革的通知》（财税〔2014〕72号）规定，为促进资源节约、集约利用和环境保护，推动转变经济发展方式，规范资源税费制度，自2014年12月1日起在全国范围内实施煤炭资源税从价计征改革，同时清理相关收费基金。

2011年9月21日，国务院第173次会议通过了《国务院关于修改〈中华人民共和国资源税暂行条例〉的决定》（国务院令〔2011〕第605号），自2011年11月1日起实施，在全国范围内将原油、天然气的资源税由从量计征改为从价计征，税率为销售额的5%～10%。

自2014年12月1日起，原油、天然气矿产资源补偿费费率降为零，将相应的资源税适用税率由5%提高至6%；与此同时，煤炭的资源税由从量计征改为从价计征，煤炭资源税税率幅度为2%～10%，具体适用税率由省、自治区、直辖市政府拟定。

自2015年5月1日起，稀土、钨、钼的资源税由从量定额计征改为从价定率计征。轻稀土按地区执行不同的适用税率，内蒙古为11.5%、四川为9.5%、山东为7.5%，中重稀土的资源税适用税率为27%；钨资源税适用税率为6.5%；钼资源税适用税率为11%。

自2016年7月1日起全面推进资源税改革，对资源税税目进行全面从价计征改革，并在河北进行水资源税改革试点。

【小思考】 征收一般资源税和级差资源税的意义是什么？

2. 资源税的特点

（1）征税范围较窄。目前，我国的资源税征税范围较窄，仅把部分级差收入差异较大、资源较为普遍且易于征收管理的矿产品和盐列入了征税范围。

【小思考】 我国对原油、天然气采用什么方式征收资源税？

（2）具有收益税的特点。资源税是国家凭借其政治权力和自然资源所有权的双重权力对开采者征收的一种税。一方面体现了有偿开采利用国有资源的原则，另一方面也体现了税收强制性、固定性的特点。

（3）实行源泉课征。不论采掘或生产单位是否属于独立核算，资源税均规定在采掘或生产地征收。这样既照顾了采掘地的利益，又避免了税款的流失。

3. 资源税的作用

（1）合理调节资源级差收入，促进企业平等竞争。我国资源税属于比较典型的级差资源税，根据应税产品的品种、质量、开采方式以及企业所处地理位置和交通运输条件等客观因素的差异确定差别税率，从而使条件优越者税负较高；反之，税负较低。这种税率设计使资源税能够比较有效地调节由于自然条件差异等客观原因给企业带来的收入差别，促进企业平等竞争。

（2）促进对自然资源的合理开发。我国确立了国有资源有偿开采的原则，任何企业和个人只要开采国家规定的应税资源，都是资源税的纳税人，从而可以促进纳税人节约、合理地开发和利用自然资源，有利于我国经济可持续发展。

（3）为国家筹集财政资金。资源税的收入规模及其在税收收入总额中所占的比重都在相应增加，从而为国家筹集财政资金发挥了不可忽视的作用。

【即学即用】 资源税的作用包括（ ）。

A. 调节资源级差收入，有利于企业在同一水平上竞争

B. 与其他税种配合，有利于发挥税收杠杆的整体功能

C. 以国家矿产资源的开采和利用为对象所课征的税

D. 加强资源管理，有利于促进企业合理开发、利用资源

答案：ABD

8.2.2 纳税人与税目、税率及扣缴义务人

1. 纳税人

资源税的纳税人是指在中华人民共和国境内开采应税矿产品或者生产盐的单位和个人。

单位是指国有企业、集体企业、私有企业、股份制企业、其他企业和行政单位、事业单位、军事单位、社会团体及其他单位。个人是指个体经营者及其他个人。其他单位和其他个人包括外商投资企业、外国企业及外籍个人。

单位和个人以应税产品投资、分配、抵债、赠予、以物易物等，视同销售，应按规定计算缴纳资源税。此外，纳税人以自采原矿直接加工为非应税产品的，视同原矿销售；纳税人以自采原矿洗选（加工）后的精矿连续生产非应税产品的，视同精矿销售。

《资源税暂行条例》规定，收购未税矿产品的单位为资源税的扣缴义务人。购买未税矿产品的单位应当主动向主管税务机关办理扣缴税款登记，依法代扣代缴资源税。规定资源税的扣缴义务人，主要是针对零星、分散、不定期开采的情况，为了加强管理、避免漏税，由扣缴义务人在收购矿产品时代扣代缴资源税。对已纳入开采地正常税务管理或者在销售矿产品时开具增值税发票的纳税人，不采用代扣代缴的征管方式。

收购未税矿产品的单位是指独立矿山、联合企业及其他收购未税矿产品的单位。独立矿山是指只有采矿或只有采矿和选矿、独立核算、自负盈亏的单位，其生产的原矿和精矿主要用于对外销售。联合企业是指连续进行采矿、选矿、冶炼（或加工）的企业或连续进行采矿、冶炼（或加工）的企业，其采矿单位一般是该企业的二级或二级以下核算单位。其他单位包括收购个体户在内。

2. 税目、税率

（1）税目。资源税包括5大类，下面又设有若干个子目。现行资源税的税目及子目主要是根据资源税的应税产品和纳税人开采资源的行业特点设置的。

① 原油，是指开采的天然原油，不包括人造石油。

② 天然气，是指专门开采或者与原油同时开采的天然气。

③ 煤炭，包括原煤和以未税原煤加工的洗选煤。

④ 金属矿，包括铁矿石、锰矿石、铬矿石、铜矿石、铅锌矿石、铝土矿石、钨矿石、锡矿石、锑矿石、铝矿石、镍矿石、黄金矿石、钒矿石（含石煤钒）等。

⑤ 其他非金属矿，包括石墨、硅藻土、高岭土、萤石、石灰石、硫铁矿、磷矿、氯

化钾、硫酸钾、井矿盐、湖盐、提取地下卤水晒制的盐、煤层（成）气、海盐、稀土、未列举名称的其他非金属矿产品。

纳税人在开采主矿产品过程中伴采的其他应税矿产品，凡未单独规定适用税率（税额）的，一律按主矿产品或视同主矿产品税目征收资源税。

【即学即用】 在下列各项中，属于资源税应税产品的有（　　）。

A. 进口原油　　B. 原油　　C. 煤炭　　D. 盐

答案： BCD

（2）税率。资源税采取从价定率或者从量定额的办法计征，分别以应税产品的销售额乘以纳税人具体适用的比例税率或者以应税产品的销售数量乘以纳税人具体适用的定额税率计算，实行“级差调节”的原则。级差调节是指运用资源税对因资源贮存状况、开采条件、资源优劣、地理位置等客观存在的差别而产生的资源级差收入，通过实行差别税额标准进行调节。资源条件好的，税率、税额高一些；资源条件差的，税率、税额低一些。具体的资源税税目税率如表8－1所示。

表8－1　资源税税目税率表

税目		税率
一、原油		销售额的6%
二、天然气		销售额的6%
三、煤炭	焦煤和其他煤炭	销售额的2%～10%
四、金属矿	铁矿	精矿销售额的1%～6%
	金矿	金锭销售额的1%～4%
	铜矿	精矿销售额的2%～8%
	铝土矿	原矿销售额的3%～9%
	铅锌矿	精矿销售额的2%～6%
	镍矿	精矿销售额的2%～6%
	锡矿	精矿销售额的2%～6%
	钨	精矿销售额的6.5%
	钼	精矿销售额的11%
	未列举名称的其他金属矿矿产品（原矿或精矿）	税率不超过20%
五、非金属矿	稀土	轻稀土，按地区执行不同的适用税率（内蒙古为11.5%、四川为9.5%、山东为7.5%）；中重稀土，精矿销售额的27%
	石墨	精矿销售额的3%～10%
	硅藻土	精矿销售额的1%～6%
	高岭土	原矿销售额的1%～6%
	萤石	精矿销售额的1%～6%
	石灰石	原矿销售额的1%～6%
	硫铁矿	精矿销售额的1%～6%
	磷矿	原矿销售额的3%～8%

续前表

税目		税率
五、非金属矿	氯化钾	精矿销售额的3%～8%
	硫酸钾	精矿销售额的6%～12%
	井矿盐	氯化钠初级产品销售额的1%～6%
	湖盐	氯化钠初级产品销售额的1%～6%
	提取地下卤水晒制的盐	氯化钠初级产品销售额的3%～15%
	煤层（成）气	原矿销售额的1%～2%
	黏土、砂石	每吨或立方米0.1～5元
	未列举名称的其他非金属矿产品（原矿或精矿）	从量税率每吨或立方米不超过30元；从价税率不超过20%
	海盐	氯化钠初级产品销售额的1%～5%

说明：(1) 铝土矿包括耐火级矾土、研磨级矾土等高铝黏土。

(2) 氯化钠初级产品是指井矿盐、湖盐原盐、提取地下卤水晒制的盐和海盐原盐，包括固体和液体形态的初级产品。

(3) 海盐是指海水晒制的盐，不包括提取地下卤水晒制的盐。

煤炭的具体适用税率由省级财税部门在上述幅度内，根据本地区清理收费基金、企业承受能力、煤炭资源条件等因素提出建议，报省级人民政府拟定。结合当前煤炭行业的实际情况，现行税费负担较高的地区要适当降低负担水平。省级人民政府需要将拟定的适用税率在公布前报财政部、国家税务总局审批。跨省煤田的适用税率由财政部、国家税务总局确定。

资源税具体适用的税额、税率是在表8-1列示的幅度范围内按等级来确定的，而等级的划分是按照《资源税暂行条例实施细则》所附《几个主要品种的矿山资源等级表》执行。岩金矿各等级的划分是按照《岩金矿资源等级表》执行。

对《资源税税目税率表》中列举名称的资源品目，由省级人民政府在规定的税率幅度内提出具体的适用税率建议，报财政部、国家税务总局确定核准。

对未列举名称的其他金属和非金属矿产品，由省级人民政府根据实际情况确定具体的税目和适用税率，报财政部、国家税务总局备案。

对《资源税税目税率表》中未列举名称的其他非金属矿产品，按照从价计征为主、从量计征为辅的原则，由省级人民政府确定计征方式。

纳税人开采或生产不同税目应税产品的，应当分别核算不同税目应税产品的销售额或销售数量；未分别核算或不能准确提供不同税目应税产品的销售额或者销售数量的，从高适用税率。

3. 扣缴义务人

购买未税矿产品的单位，应当主动向主管税务机关办理扣缴税款登记，依法代扣代缴资源税。

8.2.3 计税依据与应纳税额的计算

1. 计税依据

根据《资源税暂行条例》，2016年5月9日财政部、国家税务总局公布的《关于全面推进资源税改革的通知》和《关于资源税改革具体政策问题的通知》的规定，资源税应纳税额的计算可按照从价定率或者从量定额的办法，分别以应税产品的销售额和应税产品的销售数量作为计税依据。

（1）从价定率征收的计税依据。目前，实行从价定率征收的税目包括：石油、天然气、煤炭、稀土、钨、钼以及《资源税税目税率表》中列举名称的21种资源品目和未列举名称的其他金属矿计税依据由原矿销售量调整为原矿、精矿（或原矿加工品）、氯化钠初级产品或金锭的销售额。列举名称的21种资源品目包括：铁矿、金矿、铜矿、铝土矿、铅锌矿、镍矿、锡矿、石墨、硅藻土、高岭土、萤石、石灰石、硫铁矿、磷矿、氯化钾、硫酸钾、井矿盐、湖盐、提取地下卤水晒制的盐、煤层（成）气、海盐。

实行从价定率征收的应税产品以销售额作为计税依据。销售额是指纳税人销售应税产品向购买方收取的全部价款和价外费用，但不包括收取的增值税销项税额和运杂费。价外费用包括价外向购买方收取的手续费、补贴、基金、集资费、返还利润、奖励费、违约金、滞纳金、延期付款利息、赔偿金、代收款项、代垫款项、包装费、包装物租金、储备费、优质费、运输装卸费以及其他各种性质的价外费用。然而，下列项目不包括在内：

① 同时符合以下条件的代垫运输费用：承运部门的运输费用发票开具给购买方的；纳税人将该项发票转交给购买方的。

② 同时符合以下条件、代为收取的政府性基金或者行政事业性收费：由国务院或者财政部批准设立的政府性基金，由国务院或者省级人民政府及其财政、价格主管部门批准设立的行政事业性收费；收取时开具省级以上财政部门印制的财政票据；所收款项全额上缴财政。

运杂费用是指应税产品从坑口或洗选（加工）地到车站、码头或购买方指定地点的运输费用、建设基金以及随运销产生的装卸、仓储、港杂费用。运杂费用应与销售额分别核算，凡未取得相应凭据或不能与销售额分别核算的，应当一并计征资源税。对同时符合以下条件的运杂费用，纳税人在计算应税产品计税销售额时，可予以扣减：

第一，包含在应税产品销售收入中。

第二，属于纳税人销售应税产品环节发生的运杂费用，具体是指运送应税产品从坑口或者洗选（加工）地到车站、码头或者购买方指定地点的运杂费用。

第三，取得相关运杂费用发票或者其他合法有效凭据。

第四，将运杂费用与计税销售额分别进行核算。

纳税人扣减的运杂费用明显偏高，导致应税产品价格偏低且无正当理由的，主管税务机关可以合理调整计税价格。

为了平衡原矿与精矿之间的税负，对于同一种应税产品，征税对象为精矿的，纳税人在销售原矿时，应将原矿销售额换算为精矿销售额缴纳资源税；征税对象为原矿的，纳税人销售自采原矿加工的精矿，应将精矿销售额折算为原矿销售额缴纳资源税。换算比或折算率原则上应通过原矿售价、精矿售价和选矿比计算，也可通过原矿销售额、加工环节平均成本和利润计算。

金矿以标准金锭为征税对象，纳税人销售金原矿、金精矿的，应比照上述规定将其销售额换算为金锭销售额缴纳资源税。

换算比或折算率应按简便可行、公平合理的原则，由省级财税部门确定，并报财政部、国家税务总局备案。

【即学即用】 在确定作为资源税计税依据的销售额时，向购买方收取的下列项目中，包括在内的是（　　）。

A. 包装物租金　　B. 包装物押金

C. 增值税销项税额　　D. 延期付款利息

答案：AD

纳税人以人民币以外的货币结算销售额的，应当折合成人民币计算。其销售额的人民币折合率可以选择销售额发生的当天或者当月1日的人民币汇率中间价。纳税人应事先确定采用何种折合率计算方法，确定后1年内不得变更。

纳税人申报的应税产品销售额明显偏低且无正当理由的、有视同销售应税产品行为而无销售额的，除财政部、国家税务总局另有规定外，按下列顺序确定销售额：

第一，按纳税人最近时期同类产品的平均销售价格确定。

第二，按其他纳税人最近时期同类产品的平均销售价格确定。

第三，按组成计税价格确定。

组成计税价格的计算公式为：

组成计税价格＝成本×(1＋成本利润率)÷(1－资源税税率)

上式中的“成本”是指应税产品的实际生产成本，“成本利润率”由省、自治区、直辖市税务机关确定。

第四，按后续加工非应税产品的销售价格，减去后续加工环节的成本利润后确定。

（2）从量定额征收的计税依据。对于经营分散、多为现金交易且难以控管的黏土、砂石，按照便利征管原则，仍实行从量定额计征。实行从量定额征收的应税产品以销售数量作为计税依据。销售数量的具体规定为：

① 销售数量，包括纳税人开采或者生产应税产品的实际销售数量和视同销售的自用数量。

【即学即用】 某矿山本月开采砂石1 000吨，销售砂石1 600吨，又用400吨砂石换取了生产设备。本月应缴纳资源税的计税数量为（　　）。

A. 2 000吨　　B. 3 000吨　　C. 1 000吨　　D. 1 600吨

答案：A

---

② 纳税人不能准确提供应税产品销售数量的，以应税产品的产量或者主管税务机关确定的折算比换算成的数量为计征资源税的销售数量。

③ 纳税人在进行资源税纳税申报时，除财政部、国家税务总局另有规定外，应当将其应税和减免税项目分别计算及报送。

2. 应纳税额的计算

资源税的应纳税额可按照从价定率或者从量定额的办法，分别以应税产品的销售额

乘以纳税人具体适用的比例税率或者以应税产品的销售数量乘以纳税人具体适用的定额税率计算。

(1) 实行从价定率征收的，根据应税产品的销售额和规定的适用税率计算应纳税额。相应的计算公式为：

应纳税额＝销售额×适用税率

【例题8-3】 某海盐场自产海盐500吨，其中300吨对外销售并取得不含税收入200万元，其余用于抵偿债务。假设该盐场的海盐税率为3%。计算该盐场应缴纳的资源税税额。

解析：

根据税法的规定，纳税人以应税产品投资、分配、抵债、赠予、以物易物等，视同销售，依规定计算缴纳资源税。该盐场应缴纳的资源税税额为：

(200＋200÷300×200)×3%＝10(万元)

【例题8-4】 某油田销售原油3 000吨，开具增值税专用发票并取得销售额2 000万元、增值税税额260万元，已知该原油的适用税率为6%。计算该油田应缴纳的资源税税额。

解析：

原油按照从价定率的方法计算资源税，其应纳税额的计算公式为：

应纳税额＝销售额×适用税率

其中，销售额中不包括收取的增值税销项税额，故

应纳税额＝2 000×6%＝120(万元)

(2) 实行从量定额征收的，根据应税产品的课税数量和规定的单位税额计算应纳税额。相应的计算公式为：

应纳税额＝课税数量×单位税额

代扣代缴应纳税额＝收购未税矿产品的数量×适用的单位税额

(3) 纳税人以自采未税产品和外购已税产品混合销售或者混合加工为应税产品销售的，在计算应税产品计税销售额时，准予扣减已单独核算的已税产品购进金额；未单独核算的，一并计算缴纳资源税。已税产品购进金额当期不足扣减的，可结转下期扣减。

外购原矿或者精矿形态的已税产品与自产未税产品的征税对象不同的，在计算应税产品计税销售额时，应对混合销售额或者外购已税产品的购进金额进行换算或者折算。

8.2.4 税收优惠和征收管理

1. 减税、免税项目

(1) 开采原油过程中用于加热、修井的原油，免税。

(2) 纳税人开采或者生产应税产品过程中，因意外事故或者自然灾害等原因遭受重大损失的，由省、自治区、直辖市人民政府酌情决定减税或者免税。

(3) 有下列情形之一的，免征或者减征资源税：

① 油田范围内运输稠油过程中用于加热的原油、天然气，免征资源税。

② 稠油、高凝油和高含硫天然气资源税减征 40%。

③ 三次采油资源税减征 30%。三次采油是指二次采油后继续以聚合物驱、三元复合驱、泡沫驱、二氧化碳驱、微生物驱等方式进行采油。

④ 对低丰度油气田资源税暂减征 20%。

⑤ 对深水油气田资源税减征 30%。

⑥ 对符合条件的采用充填开采方式采出的矿产资源，资源税减征 50%。

⑦ 对符合条件的衰竭期矿山开采的矿产资源，资源税减征 30%。具体认定条件由财政部、国家税务总局规定。

⑧ 对鼓励利用的低品位矿、废石、尾矿、废渣、废水、废气等提取的矿产品，由省级人民政府根据实际情况确定是否减税或免税，并制定具体办法。

纳税人开采的煤炭，同时符合上述减税情形的，纳税人只能选择其中一项执行，不能叠加适用。

⑨ 对依法在建筑物下、铁路下、水体下（以下简称“三下”）通过充填开采方式采出的矿产资源，资源税减征 50%。“三下”的具体范围由省税务机关商同级国土资源主管部门确定。

⑩ 对实际开采年限在 15 年（含）以上的衰竭期矿山开采的矿产资源，资源税减征 30%。

⑨和⑩不适用于原油、天然气、煤炭、稀土、钨、钼，上述资源税税目的有关优惠政策仍按原文件执行。

⑪ 自 2018 年 4 月 1 日至 2021 年 3 月 31 日，对页岩气资源税（按 6%的规定税率）减征 30%。

⑫ 铁矿石资源税减按 40%征收。

⑬ 纳税人开采、销售共伴生矿，共伴生矿与主矿产品销售额分开核算的，对共伴生矿暂不计征资源税；没有分开核算的，共伴生矿按主矿产品的税目和适用税率计征资源税。

纳税人应当单独核算不同减税项目的销售额或销售量，未单独核算的，不享受减税优惠。纳税人开采销售的应税矿产资源（同一笔销售业务）同时符合两项（含）以上资源税备案类减免税政策的，纳税人可选择享受其中一项优惠政策，不得叠加适用。

2. 出口退税产品不退（免）资源税的规定

资源税规定仅对在中国境内开采或生产应税产品的单位和个人征收，进口的矿产品和盐不征收资源税。由于对进口应税产品不征收资源税，因而对出口应税产品也不免征或退还已纳资源税。

【即学即用】 在下列各项中，应当征收资源税的有（ ）。

A. 进口的铁矿石　　B. 开采的大理石

C. 生产用于出口的卤水　　D. 开采的煤矿瓦斯

答案： BC

---

3. 纳税义务发生时间

纳税人销售应税产品，纳税义务发生时间为收讫销售款项或者取得索取销售款项凭

据的当天；自产自用应税产品，纳税义务发生时间为移送使用的当天。

以自采原矿加工精矿产品的，在原矿移送使用时不缴纳资源税，在精矿销售或自用时缴纳资源税。

纳税人以自采原矿加工金锭的，在金锭销售或自用时缴纳资源税。纳税人销售自采原矿或者自采原矿加工的金精矿、粗金，在原矿或者金精矿、粗金销售时缴纳资源税，在移送使用时不缴纳资源税。

资源税纳税义务发生时间的具体规定如下：

（1）纳税人销售应税产品，其纳税义务发生时间是：

① 纳税人采取分期收款结算方式的，其纳税义务发生时间为销售合同规定的收款日期的当天。

② 纳税人采取预收货款结算方式的，其纳税义务发生时间为发出应税产品的当天。

③ 纳税人采取其他结算方式的，其纳税义务发生时间为收讫销售款项或者取得索取销售款项凭据的当天。

（2）纳税人自产自用应税产品的纳税义务发生时间，为移送使用应税产品的当天。

（3）扣缴义务人代扣代缴税款的纳税义务发生时间，为支付首笔货款或首次开具支付货款凭据的当天。

4. 纳税期限

纳税人的纳税期限为1日、3日、5日、10日、15日或者1个月，由主管税务机关根据实际情况具体核定。不能按固定期限计算纳税的，可以按次计算纳税。

纳税人以1个月为一期纳税的，自期满之日起10日内申报纳税；以1日、3日、5日、10日或者15日为一期纳税的，自期满之日起5日内预缴税款，于次月1日起10日内申报纳税并结清上月税款。

扣缴义务人的解缴税款期限，比照前两款的规定执行。

【小思考】 资源税的纳税期限与其他税种的纳税期限有什么不同？

5. 纳税地点

（1）凡是缴纳资源税的纳税人，应当向应税产品的开采或者生产所在地主管税务机关缴纳。

（2）如果纳税人在本省、自治区、直辖市范围内开采或者生产应税产品，其纳税地点需要调整的，由省、自治区、直辖市税务机关决定。

（3）跨省开采资源税应税产品的单位，其下属生产单位与核算单位不在同一省、自治区、直辖市的，对其开采或生产的矿产品，一律在开采地或者生产地纳税。实行从量计征的应税产品，其应纳税款一律由独立核算的单位按照每个开采地或者生产地的销售量及适用税率计算划拨；实行从价计征的应税产品，其应纳税款一律由独立核算的单位按照每个开采地或者生产地的销售量、单位销售价格及适用税率计算划拨。

（4）扣缴义务人代扣代缴的资源税，应当向收购地主管税务机关缴纳。

8.3 城镇土地使用税

8.3.1 城镇土地使用税概述

1. 城镇土地使用税的概念

城镇土地使用税是以国有土地或集体土地为征税对象，对拥有土地使用权的单位和个人征收的一种税。现行城镇土地使用税的基本法律规范是 2006 年 12 月 31 日国务院颁布的《中华人民共和国城镇土地使用税暂行条例》（以下简称《城镇土地使用税暂行条例》），自 2007 年 1 月 1 日起施行。2013 年 12 月 4 日国务院第 32 次常务会议做了部分修改。

2. 开征城镇土地使用税的意义

（1）促进土地资源的合理配置和节约使用，提高土地使用效益。就我国目前的国情而言，存在着土地资源的浪费，降低了土地资源的使用效率。开征城镇土地使用税可以对浪费土地资源的行为起到很好的遏制作用，从而提高土地使用效益。

（2）有利于调节土地级差收益，为土地使用者创造公平竞争环境。城镇土地使用税根据不同地区的经济发展状况制定了不同的税率，对经济发展较快地区实行较高税率，对经济发展较慢地区实行较低税率，从而为土地使用者创造了公平的竞争环境，并促使企业加强经济核算。

（3）有利于理顺国家与土地使用者之间的分配关系。我国土地为国有和集体所有，个人和企业只有使用权，而没有所有权，征收城镇土地使用税更加明确了这一分配关系。

3. 城镇土地使用税的特点

（1）征税对象是国有土地。城镇土地使用税以土地面积为征税对象，向土地使用人课征，属于以有偿占用为特点的行为税类型。

（2）征税范围广。城镇土地使用税的征税范围包括城市、县城、建制镇、工矿区内的国家和集体所有的土地。因此，城镇土地使用税将在筹集地方财政资金、调节土地使用和收益分配方面发挥积极的作用。

（3）实行差别幅度定额税率。对不同城镇适用不同税额，对同一城镇的不同地段，根据市政建设状况和经济繁荣程度确定不等的负担水平。

【小思考】 城镇土地使用税为什么实行差别定额税率？

8.3.2 纳税人

城镇土地使用税的纳税人为在城市、县城、建制镇、工矿区范围内使用土地的单位和个人。

单位包括国有企业、集体企业、私营企业、股份制企业、外商投资企业、外国企业

以及其他企业和事业单位、社会团体、国家机关、军队以及其他单位。个人包括个体工商户以及其他个人。

城镇土地使用税的纳税人通常包括下列几类：

(1) 拥有土地使用权的单位和个人。

(2) 拥有土地使用权的单位和个人不在土地所在地的，其土地的实际使用人和代管人为纳税人。

(3) 土地使用权未确定或权属纠纷未解决的，其实际使用人为纳税人。

(4) 在征税范围内，承租集体所有建设用地的，由直接从集体经济组织承租土地的单位和个人为纳税人。

(5) 土地使用权共有的，由共有各方分别纳税。

几个人或几个单位共同拥有一块土地的使用权，这块土地的城镇土地使用税的纳税人应是对这块土地拥有使用权的每一个人或每一个单位，以其实际使用的土地面积占总面积的比例，分别计算缴纳城镇土地使用税。

【例题8-5】 某城市的A与B共同拥有一块土地的使用权，这块土地的面积为1 000平方米，A实际使用1/4，B实际使用3/4。A和B如何确定各自的纳税义务？

解析：

A和B应以其实际使用的土地面积占总面积的比例确定各自的纳税义务。所以，A应按250平方米缴纳城镇土地使用税，B应按750平方米缴纳城镇土地使用税。

8.3.3 征税范围

城镇土地使用税的征税范围是在城市、县城、建制镇、工矿区内的国家和集体所有的土地。

上述城市、县城、建制镇和工矿区按以下标准确认：

(1) 城市是指经国务院批准设立的市。

(2) 县城是指县人民政府所在地。

(3) 建制镇是指经省、自治区、直辖市人民政府批准设立的建制镇。

(4) 工矿区是指工商业比较发达、人口比较集中、符合国务院规定的建制镇标准，但尚未设立建制镇的大中型工矿区企业所在地。工矿区须经省、自治区、直辖市人民政府批准。

建立在城市、县城、建制镇和工矿区以外的工矿区企业不需缴纳城镇土地使用税。

另外，自2009年1月1日起，公园、名胜古迹内的索道公司经营用地，应按规定缴纳城镇土地使用税。

【即学即用】 城镇土地使用税的征税范围是（　　）。

A. 城市　　B. 农村　　C. 建制镇　　D. 工矿区

答案： ACD

8.3.4 税 率

城镇土地使用税采用定额税率，实行有幅度的差别税额，按大、中、小城市和县城、建制镇、工矿区分别规定每平方米城镇土地使用税的年应纳税额，见表 8-2。

表 8-2 城镇土地使用税税率表 单位：元/平方米

	大城市	中等城市	小城市	县城、建制镇、工矿区
税率	1.5～30	1.2～24	0.9～18	0.6～12

大、中、小城市是以公安部门登记在册的非农业正式户口人数为依据，按照国务院颁布的《城市规划条例》中规定的标准划分。现行的划分标准是：市区及郊区非农业人口总计在 50 万以上的，为大城市；市区及郊区非农业人口总计在 20 万至 50 万的，为中等城市；市区及郊区非农业人口总计在 20 万以下的，为小城市。

经省、自治区、直辖市人民政府批准，经济落后地区城镇土地使用税的使用额标准可以适当降低，但降低额不得超过规定的最低税额的 30%。经济发达地区城镇土地使用税的使用额标准可以适当提高，但须报经财政部批准。

8.3.5 计税依据及应纳税额的计算

1. 计税依据

城镇土地使用税的计税依据为纳税人实际占用的土地面积。土地面积的计量标准为每平方米。也就是说，税务机关根据纳税人实际占用的土地面积，按照规定的税额计算应纳税额，向纳税人征收城镇土地使用税。

纳税人实际占用的土地面积按下列办法确定：

（1）由省、自治区、直辖市人民政府确定的单位组织测定土地面积的，以测定的面积为准。

（2）尚未组织测量，但纳税人持有政府部门核发的土地使用证书的，以证书确认的土地面积为准。

（3）尚未核发土地使用证书的，应由纳税人申报土地面积，据以纳税，待核发土地使用证书以后再做调整。

（4）对在城镇土地使用税征税范围内单独建造的地下建筑用地，按规定征收城镇土地使用税。其中，已取得地下土地使用权证的，按土地使用权证确认的土地面积计算应征税款；未取得地下土地使用权证或地下土地使用权证上未标明土地面积的，按地下建筑垂直投影面积计算应征税款。对上述地下建筑用地暂按应征税款的 50%征收城镇土地使用税。

2. 应纳税额的计算

城镇土地使用税应纳税额的计算公式为：

全年应纳税额＝实际占用应税土地面积（平方米）×适用税率

【例题 8-6】 设在某中等城市的一家企业实际占用土地面积 1 500 平方米，单位税额

为每平方米 4 元。计算该企业年应纳城镇土地使用税税额。

解析：

年应纳城镇土地使用税税额＝1 500×4＝6 000（元）

【例题 8－7】 某企业占地 1.5 万平方米，其中厂房占地 0.5 万平方米，仓库占地 0.2 万平方米，生活办公用地 0.3 万平方米，该企业所在地城镇土地使用税年税额为每平方米 2.4 元。计算该企业全年应缴纳的城镇土地使用税。

解析：

该企业全年应缴纳的城镇土地使用税＝（0.5＋0.2＋0.3）×2.4
＝2.4（万元）

【例题 8－8】 甲企业与乙企业按 3∶1 的占用比例共用一块土地，该土地的面积为 3 000 平方米，该土地所属地区城镇土地使用税每平方米年税额 3 元。该地区规定城镇土地使用税每年 5 月、10 月两次缴纳。计算甲公司上半年缴纳的城镇土地使用税。

解析：

$$甲公司占用面积=3\ 000\times\frac{3}{3+1}=2\ 250（平方米）$$

$$甲公司上半年应缴纳的城镇土地使用税=2\ 250\times\frac{3}{2}=3\ 375（元）$$

8.3.6 税收优惠

城镇土地使用税的免税项目有：

（1）国家机关、人民团体、军队自用的土地。这部分土地是指这些单位本身的办公用地和公务用地，如国家机关、人民团体的办公楼用地，军队的训练场用地等。

（2）由国家财政部门拨付事业经费的单位自用的土地。这部分土地是指这些单位本身的业务用地，如学校的教学楼、操场、食堂等占用的土地。

（3）宗教寺庙、公园、名胜古迹自用的土地。宗教寺庙自用的土地是指举行宗教仪式等的用地和寺庙内宗教人员的生活用地。

公园、名胜古迹自用的土地是指供公共参观游览的用地及其管理单位的办公用地。

以上单位的生产经营用地和其他用地，不属于免税范围，应按规定缴纳城镇土地使用税。例如，公园、名胜古迹中附设的营业单位，如影剧院、饮食部、茶社、照相馆等使用的土地。

（4）市政街道、广场、绿化地带等公共用地。

（5）直接用于农、林、牧、渔业的生产用地。这部分土地是指直接从事种植、养殖、饲养的专业用地，不包括农副产品加工场地和生活办公用地。

（6）经批准开山填海整治的土地和改造的废弃土地，从使用的月份起免缴土地使用税 5～10 年，具体免税期限由各省、自治区、直辖市税务局在《城镇土地使用税暂行条例》规定的期限内自行确定。

（7）对非营利性医疗机构、疾病控制机构和妇幼保健机构等卫生机构自用的土地，免征城镇土地使用税。

(8) 企业办的学校、医院、托儿所、幼儿园，其用地能与企业其他用地明确区分的，免征城镇土地使用税。

(9) 免税单位无偿使用纳税单位的土地，免征城镇土地使用税。纳税单位无偿使用免税单位的土地，纳税单位应照章缴纳城镇土地使用税。纳税单位与免税单位共同使用、共有使用权土地上的多层建筑，对纳税单位可按其占用的建筑面积占建筑总面积的比例计征城镇土地使用税。

【小思考】 甲企业一块生产经营用地的土地使用权属于某免税单位，请问甲企业的这块土地还用缴纳城镇土地使用税吗？

(10) 对行使国家行政管理职能的中国人民银行总行（含国家外汇管理局）所属分支机构自用的土地，免征城镇土地使用税。

(11) 为了体现国家的产业政策，对一些特殊用地给予政策性减免税照顾。

① 对石油、天然气生产建设中用于地质勘探、钻井、井下作业、油气田地面工程等施工临时用地暂免征收城镇土地使用税。

② 对企业的铁路专用线、公路等用地，在厂区以外、与社会公用地段未加隔离的，暂免征收城镇土地使用税。

③ 对企业厂区以外的公共绿化用地和向社会开放的公园用地，暂免征收城镇土地使用税。

④ 对盐场的盐滩、盐矿的矿井用地，暂免征收城镇土地使用税。

(12) 自 2019 年 1 月 1 日至 2021 年 12 月 31 日，对专门经营农产品的农产品批发市场、农贸市场使用（包括自有和承租）的土地，暂免征收城镇土地使用税。对同时经营其他产品的农产品批发市场和农贸市场使用的土地，按其他产品与农产品交易场地面积的比例确定征免城镇土地使用税。

(13) 由省、自治区、直辖市税务机关确定的减免税项目。

① 个人所有的居住房屋及院落用地。

② 房产管理部门在房租调整改革前经租的居民住房用地。

③ 免税单位职工家属的宿舍用地。

④ 集体和个人办的各类学校、医院、托儿所、幼儿园用地。

【例题 8-9】 某林场处于城镇土地使用税征收区域内，共占地 3 万平方米，其中办公占地 0.3 万平方米，职工宿舍占地 0.1 万平方米；育林地 1 万平方米，运材道占地 1 万平方米，林中度假村占地 0.6 万平方米。林场所在地的城镇土地使用税年税额每平方米 1.2 元。计算该林场全年应缴纳的城镇土地使用税。

解析：

应缴纳的城镇土地使用税=(0.3+0.1+0.6)×1.2=1.2(万元)

在城镇土地使用税的征收范围内，利用林场兴建度假村等休闲娱乐场所的，其经营办公用地和生活用地应按规定征收城镇土地使用税。

【例题 8-10】 某厂土地使用证标明实际占地 30 000 平方米，厂区内厂医院占地 400 平方米，托儿所占地 250 平方米，将 50 平方米无偿提供给公安局派出所使用，厂区内还有 300 平方米绿地向厂内开放。该厂所在地区的城镇土地使用税年税额为每平方米 2 元。计算该厂当年应缴纳的城镇土地使用税。

解析：

该厂当年应缴纳的城镇土地使用税＝(30 000－400－250－50)×2＝58 600(元)

【知识要点提醒】 厂内医院、幼儿园及无偿提供给免税单位使用的有明确范围的土地免征城镇土地使用税，厂内绿地照章征税。

【即学即用】 在下列情况中，应缴纳城镇土地使用税的是（ ）。

A. 某村农产品收获物用地

B. 某镇标志性广场用地

C. 某县城军事仓库用地

D. 某工矿基地工厂仓库用地

答案： D

8.3.7 征收管理

1. 纳税期限

城镇土地使用税实行按年计算、分期缴纳的征收办法，具体纳税期限由省、自治区、直辖市人民政府确定。

2. 纳税义务发生时间

(1) 纳税人购置新建商品房，自房屋交付使用的次月起，缴纳城镇土地使用税。

(2) 纳税人购置存量房，自办理房屋权属转移、变更登记手续，房地产权属登记机关签发房屋权属证书的次月起，缴纳城镇土地使用税。

(3) 纳税人出租、出借房产，自交付出租、出借房产的次月起，缴纳城镇土地使用税。

(4) 以出让或转让方式有偿取得土地使用权的，应由受让方从合同约定交付土地时间的次月起缴纳城镇土地使用税；合同未约定交付时间的，由受让方从合同签订的次月起缴纳城镇土地使用税。

(5) 纳税人新征用的耕地，自批准征用之日起满一年时开始缴纳城镇土地使用税。

(6) 纳税人新征用的非耕地，自批准征用次月起缴纳城镇土地使用税。

(7) 自 2009 年 1 月 1 日起，纳税人因土地的权利发生变化而依法终止城镇土地使用税纳税义务的，其应纳税款的计算应截至土地权利发生变化的当月末。

3. 纳税地点

城镇土地使用税在土地所在地缴纳。纳税人使用的土地不属于同一省、自治区、直辖市管辖的，由纳税人分别向土地所在地的税务机关缴纳城镇土地使用税；在同一省、自治区、直辖市管辖范围内，纳税人跨地区使用的土地，其纳税地点由各省、自治区、直辖市税务机关确定。

8.4 耕地占用税

8.4.1 耕地占用税概述

1. 耕地占用税的概念

耕地占用税是对占用耕地建房或从事其他非农业建设的单位和个人，就其实际占用的耕地面积征收的一种税，它属于对特定土地资源占用课税。我国现行耕地占用税的基本法律规范是 2018 年 12 月 29 日第十三届全国人民代表大会常务委员会第七次会议通过并于 2019 年 9 月 1 日起施行的《中华人民共和国耕地占用税法》（以下简称《耕地占用税法》）。

2. 耕地占用税的特点

（1）兼具资源税与特定行为税的性质。耕地占用税以占用农用耕地建房或从事其他非农业建设的行为为征税对象，以约束纳税人占用耕地的行为、促进土地资源的合理运用为课征目的，除具有资源税的属性外，还具有明显的特定行为税的特点。

（2）采用地区差别税率。耕地占用税采用地区差别税率，根据不同地区的具体情况，分别制定差别税额，以适应我国地域辽阔、各地区之间耕地质量差别较大、人均占有耕地面积相差悬殊的具体情况，具有因地制宜的特点。

（3）在占用耕地环节一次性课征。耕地占用税在纳税人获准占用耕地的环节征收，除对获准占用耕地后超过两年未使用者须加征耕地占用税外，此后不再征收耕地占用税。因此，耕地占用税具有一次性征收的特点。

（4）税收收入专用于耕地开发与改良。耕地占用税的收入按规定应用于建立发展农业专项基金，主要用于开展宜耕土地开发和改良现有耕地之用。因此，耕地占用税具有“取之于地、用之于地”的补偿性特点。

8.4.2 纳税人和征税范围

1. 纳税人

在中华人民共和国境内占用耕地建设建筑物、构筑物或者从事非农业建设的单位和个人，为耕地占用税的纳税人。单位包括国有企业、集体企业、私营企业、股份制企业、外商投资企业、外国企业以及其他企业和事业单位、社会团体、国家机关、部队及其他单位；个人包括个体工商户以及其他个人。

经申请批准占用耕地的，纳税人为农用地转用审批文件中标明的建设用地人；农用地转用审批文件中未标明建设用地人的，纳税人为用地申请人；未经批准占用耕地的，纳税人为实际用地人。

2. 征税范围

耕地占用税的征税范围包括纳税人为建设建筑物、构筑物或者从事非农业建设而占

用的耕地。

耕地是指用于种植农作物的土地，包括菜地，园地。其中，园地包括花圃、苗圃、茶园、果园、桑园和其他种植经济林木的土地。

占用林地、牧草地、农田水利用地、养殖水面以及渔业水域滩涂等其他农用地建房或者从事非农业建设的，比照占用耕地情况征收耕地占用税。

建设直接为农业生产服务的生产设施占用林地、牧草地、农田水利用地、养殖水面以及渔业水域滩涂等其他农用地的，不征收耕地占用税。

占用已开发从事种植、养殖的滩涂、草场、水面和林地等从事非农业建设，由省、自治区、直辖市本着有利于保护土地资源和生态平衡的原则，结合具体情况确定是否征收耕地占用税。

此外，在占用之前三年内属于上述范围的耕地或农用土地，也视为耕地。

占用耕地建设农田水利设施的，不缴纳耕地占用税。

【小思考】 占用鱼塘需要缴纳耕地占用税吗？

【即学即用】 根据耕地占用税的有关规定，在下列各项中属于耕地的有（　　）。

A. 果园　　B. 花圃　　C. 菜地　　D. 茶园

答案：ABCD

8.4.3 税　率

耕地占用税采用定额税率，实行有幅度的地区差别税额。耕地占用税的税额幅度如下：

（1）人均耕地不超过1亩的地区（以县、自治县、不设区的市、市辖区为单位，下同），每平方米为10～50元。

（2）人均耕地超过1亩但不超过2亩的地区，每平方米为8～40元。

（3）人均耕地超过2亩但不超过3亩的地区，每平方米为6～30元。

（4）人均耕地超过3亩的地区，每平方米为5～25元。

各地区耕地占用税的适用税额，由省、自治区、直辖市人民政府根据人均耕地面积和经济发展等情况，在前款规定的税额幅度内提出，报同级人民代表大会常务委员会决定，并报全国人民代表大会常务委员会和国务院备案。各省、自治区、直辖市耕地占用税适用税额的平均水平，不得低于《耕地占用税法》所附的《各省、自治区、直辖市耕地占用税平均税额表》规定的平均税额。在人均耕地低于0.5亩的地区，省、自治区、直辖市可以根据当地经济的发展情况，适当提高耕地占用税的适用税额，但提高的部分不得超过上述确定的适用税额的50%，具体的适用税额按照上述规定的程序确定。

占用基本农田的，应当按照上述确定的当地适用税额，加按150%征收。各省、自治区、直辖市耕地占用税的平均税额见表8-3。

表 8-3　各省、自治区、直辖市耕地占用税平均税额

地区	每平方米平均税额（元）
上海	45
北京	40
天津	35
江苏、浙江、福建、广东	30
辽宁、湖北、湖南	25
河北、安徽、江西、山东、河南、重庆、四川	22.5
广西、海南、贵州、云南、陕西	20
山西、吉林、黑龙江	17.5
内蒙古、西藏、甘肃、青海、宁夏、新疆	12.5

【小思考】 耕地占用税为什么采用地区差别定额税率？

8.4.4 计税依据及应纳税额的计算

1. 计税依据

耕地占用税以纳税人实际占用的耕地面积为计税依据，按照规定的适用税额一次性征收。

实际占用的耕地面积包括经批准占用的耕地面积和未经批准占用的耕地面积。

2. 应纳税额的计算

耕地占用税以纳税人实际占用的耕地面积为计税依据，以每平方米为计税单位，按适用的定额税率计税，应纳税额为纳税人实际占用的耕地面积（平方米）乘以适用税额。相应的计算公式为：

应纳税额＝实际占用的耕地面积(平方米)×适用税额

【例题 8-11】 假设甲企业新占用 10 000 平方米耕地用于工业建设，所占耕地适用的定额税率为 20 元/平方米。计算甲企业应缴纳的耕地占用税。

解析：

应缴纳的耕地占用税＝10 000×20＝200 000(元)

【例题 8-12】 为修建某民用机场，经批准占用其他农用地 2 000 亩。① 当地耕地占用税的适用税额标准为 22 元/平方米，计算应缴纳的耕地占用税。

解析：

应缴纳的耕地占用税＝2 000×666.7×22＝29 334 800(元)

8.4.5 税收优惠

耕地占用税对占用耕地实行一次性征收，对生产经营单位和个人不设立减免税，对

① 1 亩＝666.7 平方米。

公益性单位和需要照顾群体设立减免税。

下列情形免征或者减征耕地占用税：

（1）军事设施、学校、幼儿园、社会福利机构、医疗机构占用耕地，免征耕地占用税。

（2）铁路线路、公路线路、飞机场跑道、停机坪、港口、航道、水利工程占用耕地，减按每平方米2元的税额征收耕地占用税。

（3）农村居民在规定用地标准以内占用耕地新建自用住宅，按照当地适用税额减半征收耕地占用税；其中，农村居民经批准搬迁，新建自用住宅占用耕地不超过原宅基地面积的部分，免征耕地占用税。

（4）农村烈士遗属、因公牺牲军人遗属、残疾军人以及符合农村最低生活保障条件的农村居民，在规定用地标准以内新建自用住宅，免征耕地占用税。

根据国民经济和社会发展的需要，国务院可以规定免征或者减征耕地占用税的其他情形，报全国人民代表大会常务委员会备案。

免征或者减征耕地占用税后，纳税人改变原占地用途，不再属于免征或者减征耕地占用税情形的，应当按照当地适用税额补缴耕地占用税。

【即学即用】 在下列各项中，应征收耕地占用税的有（　　）。

A. 军事设施占用耕地　　B. 学校占用耕地

C. 农村居民占用耕地新建住宅　　D. 铁路线路占用耕地

答案： CD

【例题8-13】 农村某居民新建住宅，经批准占用耕地100平方米。该地区耕地占用税税额为7元/平方米。计算该村民应缴纳的耕地占用税。

解析：

应纳税额＝100×7×50%＝350（元）

8.4.6 征收管理

耕地占用税的纳税义务发生时间为纳税人收到自然资源主管部门办理占用耕地手续的书面通知的当日。纳税人应当自纳税义务发生之日起30日内申报缴纳耕地占用税。自然资源主管部门凭耕地占用税完税凭证或者免税凭证和其他有关文件发放建设用地批准书。

纳税人因建设项目施工或者地质勘查临时占用耕地，应当依照《耕地占用税法》的规定缴纳耕地占用税。纳税人在批准临时占用耕地期满之日起一年内依法复垦、恢复种植条件的，全额退还已经缴纳的耕地占用税。

占用园地、林地、草地、农田水利用地、养殖水面、渔业水域滩涂以及其他农用地建设建筑物、构筑物或者从事非农业建设的，依照《耕地占用税法》的规定缴纳耕地占用税。占用上述规定的农用地的，适用税额可以适当低于本地区按照人均耕地面积和经济发展等情况确定的适用税额，但降低的部分不得超过50%。具体适用税额由省、自治区、直辖市人民政府提出，报同级人民代表大会常务委员会决定，并报全国人民代表大会常务委员会和国务院备案。占用上述规定的农用地建设直接为农业生产服务的生产设施的，不缴纳耕地占用税。

税务机关应当与相关部门建立耕地占用税涉税信息共享机制和工作配合机制。县级以上地方人民政府自然资源、农业农村、水利等相关部门应当定期向税务机关提供农用地转用、临时占地等信息，协助税务机关加强耕地占用税征收管理。

税务机关发现纳税人的纳税申报数据资料异常或者纳税人未按照规定期限申报纳税的，可以提请相关部门进行复核，相关部门应当自收到税务机关复核申请之日起30日内向税务机关出具复核意见。

8.5 房产税

8.5.1 房产税概述

1. 房产税的概念

房产税是以房屋为征税对象，按照房屋的计税余值或租金收入，向产权所有人征收的一种财产税。我国现行房产税的基本规范是1986年9月15日国务院颁布的《中华人民共和国房产税暂行条例》（以下简称《房产税暂行条例》）。

2. 房产税的特点

（1）房产税属于财产税中的个别财产税。按征税对象的范围不同，财产税可分为一般财产税与个别财产税。一般财产税又称综合财产税，是对纳税人拥有的各类财产实行综合课征的税收。个别财产税又称单项财产税，是对纳税人拥有的土地、房屋、资本和其他财产分别课征的税收。房产税属于个别财产税，其征税对象只是房屋。

（2）征税范围限于城镇的经营性房屋。房产税在城市、县城、建制镇和工矿区范围内征收，不涉及农村。农村的房屋大部分是农民居住用房，为了不增加农民负担，没有将农村的房屋纳入征税范围。另外，对某些拥有房屋但自身没有纳税能力的单位，如国家拨付行政经费、事业经费和国防经费的单位自用的房产，税法也通过免税的方式将这类房屋排除在征税范围之外。

（3）区别房屋的经营使用方式规定征税办法。拥有房屋的单位和个人，既可以将房屋用于经营自用，又可以把房屋用于出租、出典。房产税根据纳税人的不同经营形式，对前一类房屋按房产计税余值征收，对后一类房屋按租金收入计税，使征税办法符合纳税人的经营特点，便于平衡税收负担和征收。

8.5.2 纳税人和征税范围

1. 纳税人

房产税以在征税范围内的房屋产权所有人为纳税人。

（1）产权属国家所有的，由经营管理单位纳税；产权属集体单位和个人所有的，由集体单位和个人纳税。

（2）产权出典的，由承典人纳税。产权出典是指产权所有人将房屋、生产资料等的产权，在一定期限内典当给他人使用而取得资金的一种融资业务。

（3）产权所有人、承典人不在房屋所在地的，由房产代管人或者使用人纳税。

（4）产权未确定及租典纠纷未解决的，也由房产代管人或者使用人纳税。

（5）无租使用其他房产的问题。纳税单位和个人无租使用房产管理部门、免税单位及纳税单位的房产，应由使用人代为缴纳房产税。

（6）自 2009 年 1 月 1 日起，外商投资企业、外国企业和组织以及外籍个人，依照《房产税暂行条例》缴纳房产税。

【即学即用】 以下属于房产税纳税人的是（　　）。

A. 房屋的出典人

B. 拥有农村房产的农民

C. 允许他人无租使用房产的房产管理部门

D. 产权不明的房屋的使用人

答案：D

---

2. 征税范围

房产税以房产为征税对象。房产是指有屋面和围护结构，能够遮风避雨，可供人们在其中生产、学习、工作、娱乐、居住或储藏物资的场所。

房地产开发企业建造的商品房，在出售前不征收房产税；但对出售前房地产开发企业已使用或者出租、出借的商品房，应按规定征收房产税。

房产税的征税范围为城市、县城、建制镇和工矿区。房产税的征税范围不包括农村，这主要是为了减轻农民的负担。农村房屋不纳入房产税征税范围，有利于农业发展、繁荣农村经济和社会稳定。

【小思考】 加油站罩棚属于房产吗？是否应该对其征收房产税？

8.5.3 税　率

我国现行房产税采用的是比例税率。由于房产税的计税依据分为从价计征和从租计征两种形式，所以房产税的税率也有两种：一种是按房产原值一次减除 10%～30%后的余值计征的，税率为 1.2%；另一种是按房产出租的租金收入计征的，税率为 12%。从 2008 年 3 月 1 日起，对个人出租住房，不区分实际用途，均按 4%的税率征收。对企事业单位、社会团体以及其他组织按市场价格出租用于居住的住房，减按 4%的税率征收房产税。

8.5.4 计税依据

房产税的计税依据是房产的计税价值或房产的租金收入。按照房产计税价值计征的，称为从价计证；按照房产租金收入计征的，称为从租计征。

1. 从价计征

《房产税暂行条例》规定，房产税依照房产原值一次减除10%～30%后的余值计算缴纳。各地扣除比例由当地省、自治区、直辖市人民政府确定。房产原值是指纳税人按照会计制度规定，在账簿“固定资产”科目中记载的房屋原价。房产原值应包括与房屋不可分割的各种附属设备或一般不单独计算价值的配套设施。纳税人对原有房屋进行改建、扩建的，要相应增加房屋的原值。此外，以下几种情况需要在实际征收中根据具体情形来确定房产税的计征方式：

(1) 对投资联营的房产，在计征房产税时应予以区别对待。对于以房产投资联营，投资者参与投资利润分红、共担风险的，按房产余值作为计税依据计征房产税；对以房产投资，收取固定收入，不承担联营风险的，实际是以联营名义取得房产租金，应根据《房产税暂行条例》的有关规定由出租方按租金收入计缴房产税。

(2) 对融资租赁房屋的情况，在计征房产税时应以房产余值计算征收。

(3) 对房屋附属设备和配套设施计征房产税按以下规定执行：

① 凡以房屋为载体，不可随意移动的附属设备和配套设施，无论在会计核算中是否单独记账与核算，都应计入房产原值，计征房产税。

② 对于更换房屋附属设备和配套设施的，在将其价值计入房产原值时，可扣减原来相应设备和设施的价值；对附属设备和配套设施中易损坏、需要经常更换的零配件，更新后不再计入房产原值。

(4) 居民住宅区内业主共有的经营性房产缴纳房产税。从2007年1月1日起，对居民住宅区内业主共有的经营性房产，由实际经营的代管人或使用人缴纳房产税。

(5) 对按照房产原值计税的房产，无论会计上如何核算，房产原值均应包含地价，包括为取得土地使用权支付的价款、开发土地发生的成本费用等。

(6) 凡在房产税征收范围内的具备房屋功能的地下建筑，包括与地上房屋相连的地下建筑以及完全建在地面以下的建筑、地下人防设施等，均应当依照有关规定征收房产税。

【即学即用】 在下列各项中，应依照房产余值缴纳房产税的有（ ）。

A. 融资租赁的房产

B. 产权出典的房产

C. 无租使用其他单位的房产

D. 用于自营的居民住宅区内业主共有的经营性房产

答案：ABCD

2. 从租计征

《房产税暂行条例》规定，房产出租的，以房产租金收入为房产税的计税依据。租金收入不含增值税。

如果以劳务或者其他形式为报酬抵付房租收入的，应根据当地同类房产的租金水平确定一个标准租金额从租计征。

对于出租房产，租赁双方签订的租赁合同约定有免收租金期限的，免收租金期间由

产权所有人按照房产原值缴纳房产税。

8.5.5 应纳税额的计算

根据房产税计税依据的不同，房产税应纳税额的计算分为两种：一是从价计征的计算；二是从租计征的计算。

1. 从价计征

从价计征是按房产的原值减除一定比例后的余值计征。相应的计算公式为：

应纳税额＝应税房产原值×(1－扣除比例)×1.2％

【例题 8-14】 某公司办公大楼原值 30 000 万元，当地规定房产税原值减除比例为 20％，适用税率为 1.2％。计算该公司应缴纳的房产税。

解析：

应缴纳的房产税＝30 000×(1－20％)×1.2％＝288(万元)

【例题 8-15】 某企业生产用房原值 3 000 万元，按照当地规定允许减除 30％后的余值计税，适用税率为 1.2％。计算该企业应缴纳的房产税税额。

解析：

应纳税额＝3 000×(1－30％)×1.2％＝25.2(万元)

2. 从租计征

从租计征是按房产的租金收入计征。相应的计算公式为：

应纳税额＝租金收入×12％(或 4％)

【例题 8-16】 某公司出租房屋 2 间，年租金收入为 10 000 元。计算该公司应缴纳的房产税税额。

解析：

应纳税额＝10 000×12％＝1 200(元)

【例题 8-17】 某企业拥有房产 1 000 平方米，房产原值 100 万元。年初，该企业将其中的 200 平方米房产出租一年，年租金 20 万元。已知省政府规定的当地房产税减除比例为 30％。计算该企业当年应缴纳的房产税税额。

解析：

该企业当年应纳房产税＝100×(1 000－200)÷1 000×(1－30％)×1.2％＋20×12％

＝3.072(万元)

【例题 8-18】 甲与乙签订房屋租赁合同，将一栋原值 2 500 万元的写字楼租给乙商户使用。合同规定因乙租期为 2 年，可在入住时有一个月的免收租金期限。按照合同，该写字楼的月租金为 20 万元，房屋于 2018 年 12 月 30 日交付承租方，并规定了甲自 2019 年 2 月 1 日起向乙收取租金。计算甲在 2019 年应缴纳的房产税（当地的房产税原值减除比例为 20％）。

解析：

甲对于该写字楼应在 1 月从价计税，2—12 月从租计税，故

应纳房产税＝2 500×(1－20％)×1.2％÷12＋20×12％×11＝28.4(万元)

【知识要点提醒】 对于出租房产，租赁双方签订的租赁合同约定有免收租金期限的，免收租金期间由产权所有人按照房产原值缴纳房产税。

8.5.6 税收优惠

免征房产税的项目为：

（1）国家机关、人民团体、军队自用的房产免征房产税。但是，上述免税单位的出租房产以及非自身业务使用的生产、营业用房，不属于免税范围。

（2）由国家财政部门拨付事业经费的单位，如学校、医疗卫生单位、托儿所、幼儿园、敬老院、文化、体育、艺术这些实行全额或差额预算管理的事业单位所有的，在本身业务范围内使用的房产，免征房产税。

（3）宗教寺庙、公园、名胜古迹自用的房产免征房产税。但是，其附设的营业单位，如影剧院、饮食部、茶社、照相馆等所使用的房产及出租的房产，不属于免税范围，应照章纳税。

（4）个人所有非营业用的房产免征房产税。对个人拥有的营业用房或者出租的房产，不属于免税房产，应照章纳税。

（5）对行使国家行政管理职能的中国人民银行总行（含国家外汇管理局）所属分支机构自用的房产，免征房产税。

（6）经财政部批准免税的其他房产。

这类免税房产的情况特殊、范围较小，是根据实际情况确定的，主要包括：

① 损坏不堪使用的房屋和危险房屋，经有关部门鉴定，在停止使用后，可免征房产税。

② 纳税人因房屋大修导致连续停用半年以上的，在房屋大修期间免征房产税，免征税额自纳税人在申报缴纳房产税时自行计算扣除，并在申报表附表或备注栏中做相应说明。

③ 在基建工地为基建工地服务的各种工棚、材料棚、休息棚和办公室、食堂、茶炉房、汽车房等临时性房屋，在施工期间，一律免征房产税。但工程结束后，施工企业将这种临时性房屋交还或估价转让给基建单位的，应从基建单位接受的次月起，照章纳税。

④ 为鼓励利用地下人防设施，暂不征收房产税。

⑤ 对非营利性医疗机构、疾病控制机构和妇幼保健机构等卫生机构自用的房产，免征房产税。

⑥ 老年服务机构自用的房产，免征房产税。

⑦ 对按政府规定价格出租的公有住房和廉租住房，暂免征收房产税。

⑧ 对于提供居民供热并向居民收取采暖费的供热企业，暂免征收房产税。供热企业不包括从事热力生产但不直接向居民供热的企业。

⑨ 企业办的各类学校、医院、托儿所、幼儿园自用的房产，免征房产税。

⑩ 天然林保护工程相关房产，免征房产税。

【即学即用】 在下列各项中，应当征收房产税的是（ ）。

A. 行政机关招待所使用的房产

B. 自收自支事业单位向职工出租的单位自有住房

C. 施工期间施工企业在基建工地搭建的临时住房

D. 邮政部门坐落在城市、县城、建制镇、工矿区以外的房产

答案： A

【即学即用】 某省政府机关有一栋办公用房，房产原值 5 000 万元，2019 年将其中的 1/3 对外出租，取得租金收入 100 万元。该政府机关当年应缴纳的房产税为（ ）万元（房产余值的减除幅度为 20%）。

A. 12　　B. 74　　C. 0　　D. 36

答案： A

8.5.7 征收管理

1. 纳税义务发生时间

（1）纳税人将原有房产用于生产经营，从生产经营当月起缴纳房产税。

（2）纳税人自行新建房屋用于生产经营，从建成的次月起缴纳房产税。

（3）纳税人委托施工企业建设的房屋，从办理验收手续的次月起缴纳房产税。

（4）纳税人购置新建商品房，自房屋交付使用的次月起缴纳房产税。

（5）纳税人购置存量房，自办理房屋权属转移、变更登记手续，房地产权属登记机关签发房屋权属证书的次月起缴纳房产税。

（6）纳税人出租、出借房产，自交付出租、出借房产的次月起缴纳房产税。

（7）房地产开发企业自用、出租、出借本企业建造的商品房，自房屋使用或交付的次月起缴纳房产税。

（8）自 2009 年 1 月 1 日起，纳税人因房产的实物或权利状态发生变化而依法终止房产税纳税义务的，其应纳税款的计算应截至房产的实物或权利状态发生变化的当月末。

【即学即用】 在下列各项中，符合房产税纳税义务发生时间规定的有（ ）。

A. 纳税人将原有房产用于生产经营，自生产经营的次月起缴纳房产税

B. 纳税人委托施工企业建设的房屋，自建成的次月起缴纳房产税

C. 纳税人购置新建商品房，自权属登记机关签发房屋权属证书的次月起缴纳房产税

D. 纳税人购置存量房，自权属登记机关签发房屋权属证书的次月起缴纳房产税

答案： D

2. 纳税期限

房产税实行按年计算、分期缴纳的征收方法，具体纳税期限由省、自治区、直辖市人民政府确定。

3. 纳税地点

房产税在房产所在地缴纳。房产不在同一地方的纳税人，应按房产的坐落地点分别向房产所在地的税务机关纳税。

【例题 8-19】 甲拥有一栋办公楼，原值 5 000 万元，以每月 10 万元的租金将 1/3 出租给乙企业使用。2019 年 3 月底，原租户的租期到期。甲企业将该办公楼进行改建，更换了楼内电梯，将原值 60 万元的电梯更换为 100 万元的新电梯。这些改建工程于 6 月底完工。计算甲企业 2019 年应纳房产税（该企业所在地人民政府规定计算房产余值的减除比例为 30%）。

解析：

2019 年 1—3 月该企业应缴纳的房产税

$$=5\,000\times\frac{2}{3}\times(1-30\%)\times1.2\%\times\frac{3}{12}+10\times3\times12\%$$

$$=10.6(万元)$$

2019 年 4—6 月该企业应缴纳的房产税

$$=5\,000\times(1-30\%)\times1.2\%\times\frac{3}{12}$$

$$=10.5(万元)$$

2019 年 7—12 月该企业应缴纳的房产税

$$=(5\,000+100-60)\times(1-30\%)\times1.2\%\times\frac{6}{12}$$

$$=21.17(万元)$$

该企业 2019 年应缴纳的房产税＝10.6＋10.5＋21.17＝42.27（万元）

8.5.8 房产税改革

1. 房产税改革概述

根据国务院第 136 次常务会议精神，重庆市政府和上海市政府分别在 2011 年 1 月 27 日出台了《重庆市关于开展对部分个人住房征收房产税改革试点的暂行办法》和《上海市开展对部分个人住房征收房产税试点的暂行办法》，均规定自 2011 年 1 月 28 日起，开展对部分个人住房征收房产税试点。

2. 上海市房产税改革方案

（1）征收对象。征收对象是指上海市居民家庭在上海市新购且属于该居民家庭第二套及以上的住房（包括新购的二手存量住房和新建商品住房）和非上海市居民家庭在上海市新购的住房。

（2）税率。适用税率暂定为 0.6%。应税住房每平方米市场交易价格低于上海市上年度新建商品住房平均销售价格（由市统计局每年公布）2 倍（含 2 倍）的，税率暂减为 0.4%。

（3）税收优惠。

① 上海市居民家庭在上海市新购且属于该居民家庭第二套及以上住房的，合并计算的家庭全部住房面积（指住房建筑面积，下同）人均不超过 60 平方米（即免税住房面积，

含60平方米）的，其新购的住房暂免征收房产税；人均超过60平方米的，对属于新购住房超出部分的面积，按规定计算征收房产税。

合并计算的家庭全部住房面积为居民家庭新购住房面积和其他住房面积的总和。

上海市居民家庭中有无住房的成年子女共同居住的，经核定可计入该居民家庭计算免税住房面积；对有其他特殊情形的居民家庭，免税住房面积计算办法另行制定。

② 上海市居民家庭在新购一套住房后的一年内出售该居民家庭原有唯一住房的，其新购住房已按规定计算征收的房产税，可予退还。

③ 上海市居民家庭中的子女成年后，因婚姻等需要而首次新购住房且该住房属于成年子女家庭唯一住房的，暂免征收房产税。

④ 符合国家和上海市有关规定引进的高层次人才、重点产业紧缺急需人才，持有上海市居住证并在上海市工作与生活的，其在上海市新购住房且该住房属于家庭唯一住房的，暂免征收房产税。

⑤ 持有上海市居住证满3年并在上海市工作与生活的购房人，其在上海市新购住房且该住房属于家庭唯一住房的，暂免征收房产税；持有上海市居住证但不满3年的购房人，其上述住房先按规定计算征收房产税，待持有上海市居住证满3年并在上海市工作与生活的，其上述住房已征收的房产税，可予退还。

3. 重庆市房产税改革方案

（1）征收对象。

① 试点采取分步实施的方式。首批纳入征收对象的住房为：

第一，个人拥有的独栋商品住宅。

第二，个人新购的高档住房。高档住房是指建筑面积交易单价达到上两年主城九区新建商品住房成交建筑面积均价2倍（含2倍）以上的住房。

第三，在重庆市同时无户籍、无企业、无工作的个人新购的第二套（含第二套）以上的普通住房。

② 未列入征税范围的个人高档住房、多套普通住房，将适时纳入征税范围。

（2）税率。

① 独栋商品住宅和高档住房建筑面积交易单价在上两年主城九区新建商品住房成交建筑面积均价3倍以下的住房，税率为0.5%；3倍（含3倍）至4倍的，税率为1%；4倍（含4倍）以上的，税率为1.2%。

② 在重庆市同时无户籍、无企业、无工作的个人新购第二套（含第二套）以上的普通住房，税率为0.5%。

（3）税收优惠。

① 对农民在宅基地上建造的自有住房，暂免征收房产税。

② 在重庆市同时无户籍、无企业、无工作的个人拥有的普通应税住房，如纳税人在重庆市具备有户籍、有企业、有工作任一条件的，从当年起免征税款；已缴纳税款的，退还当年已缴纳税款。

③ 因自然灾害等不可抗力因素，纳税人纳税确有困难的，可向税务机关申请减免税和缓缴税款。

8.6 车船税

8.6.1 车船税概述

1. 车船税的概念

车船税是指在中华人民共和国境内的车辆、船舶的所有人或者管理人按照《中华人民共和国车船税暂行条例》应缴纳的一种税。现行车船税的基本法律规范是2011年2月25日由中华人民共和国第十一届全国人民代表大会常务委员会第十九次会议通过的《中华人民共和国车船税法》(以下简称《车船税法》),自2012年1月1日起施行。

2. 车船税的特点

(1) 涉及面广、税源广泛。车船税是对行驶于公共道路的车辆和航行于国内河流、湖泊或领海口岸的船舶,按照其种类、吨位和规定的税额计算征收的一种使用行为税,属于地级税种。因此,车船税的涉及面广、税源广泛。

(2) 纳税人多为个人,征税难度大。车船税的纳税人是车辆、船舶的所有人或者管理人,因而纳税人多为个人,征管难度较大。因此,国家税务总局决定由保险机构在办理交强险业务时代收代缴机动车的车船税,这样可以方便纳税人缴纳车船税,节约双方的成本。

【小思考】 车船税除了可以增加政府财政收入外,还有其他作用吗?

8.6.2 纳税人和征税范围

1. 纳税人

在中国境内依法应当在车船管理部门登记的车辆、船舶的所有人或者管理人为车船税的纳税人。车船管理部门是指公安、交通、农业、渔业、军事等依法具有车船管理职能的部门。管理人是指对车船具有管理使用权,不具有所有权的单位。

从事机动车第三者责任强制保险业务的保险机构为机动车车船税的扣缴义务人。

2. 征税范围

车船税的征税范围是指在中华人民共和国境内属于《车船税法》所附《车船税税目税额表》规定的车辆、船舶。车辆、船舶是指:

(1) 依法应当在车船管理部门登记的机动车辆和船舶。

(2) 依法不需要在车船管理部门登记、在单位内部场所行驶或者作业的机动车辆和船舶。

车辆包括机动车辆和非机动车辆。船舶包括机动船舶和非机动船舶。

【小思考】 公园里行驶的小木船需要缴纳车船税吗?

8.6.3 税目和税率

车船税实行定额税率。国务院财政、税务主管部门可以根据实际情况，在《车船税税目税额表》规定的科目范围和税额幅度内，划分子税目，并明确车辆的子税目税额幅度和船舶的具体适用税额。车辆的具体适用税额由省、自治区、直辖市人民政府在规定的子税目税额幅度内确定。

车船税采用定额税率，即对征税的车船规定单位固定税额。车船税的税额也有所不同，见表8-4。

表8-4　　车船税税目税额表

<table>
<tr><th colspan="2">目录</th><th>计税单位</th><th>年基准税额（元）</th><th>备注</th></tr>
<tr><td rowspan="7">乘用车按发动机气缸容量（排气量分档）</td><td>1.0升（含）以下</td><td rowspan="7">每辆</td><td>60～360</td><td rowspan="7">核定载客人数9人（含）以下</td></tr>
<tr><td>1.0升以上至1.6升（含）</td><td>360～660</td></tr>
<tr><td>1.6升以上至2.0升（含）</td><td>660～960</td></tr>
<tr><td>2.0升以上至2.5升（含）</td><td>960～1 620</td></tr>
<tr><td>2.5升以上至3.0升（含）</td><td>1 620～2 460</td></tr>
<tr><td>3.0升以上至4.0升（含）</td><td>2 460～3 600</td></tr>
<tr><td>4.0升以上</td><td>3 600～5 400</td></tr>
<tr><td rowspan="2">商用车</td><td>客车</td><td>每辆</td><td>480～1 440</td><td>核定载客人数9人（包括电车）以上</td></tr>
<tr><td>货车</td><td>整备质量每吨</td><td>16～120</td><td>1. 包括半挂牵引车、挂车、客货两用汽车、三轮汽车和低速载货汽车等
2. 挂车按照货车税额的50%计算</td></tr>
<tr><td rowspan="2">其他车辆</td><td>专用作业车</td><td>整备质量每吨</td><td>16～120</td><td rowspan="2">不包括拖拉机</td></tr>
<tr><td>轮式专用机械车</td><td>整备质量每吨</td><td>16～120</td></tr>
<tr><td>摩托车</td><td>—</td><td>每辆</td><td>36～180</td><td>—</td></tr>
<tr><td rowspan="2">船舶</td><td>机动船舶</td><td>净吨位每吨</td><td>3～6</td><td rowspan="2">拖船、非机动驳船分别按照机动船舶税额的50%计算；游艇的税额另行规定</td></tr>
<tr><td>游艇</td><td>艇身长度每米</td><td>600～2 000</td></tr>
</table>

（1）机动船舶，具体适用税额为：

① 净吨位小于或者等于200吨的，每吨3元。

② 净吨位201～2 000吨的，每吨4元。

③ 净吨位2 001～10 000吨的，每吨5元。

④ 净吨位10 001吨以上的，每吨6元。

拖船按照发动机功率每千瓦折合净吨位0.67吨计算征收车船税。

【例题8-20】 某航运公司拥有拖船2艘，发动机功率为1 200千瓦。计算该公司应缴纳的车船税。该公司机动船舶适用的年税率为：净吨位210吨～2 000吨的，每吨4元。（拖船按照发动机功率每千瓦折合净吨位0.67吨计算征收车船税。）

解析：

该公司应缴纳的车船税＝2×1 200×0.67×4×50%＝3 216(元)

（2）游艇，具体适用税额为：

① 艇身长度不超过10米的游艇，每米600元。

② 艇身长度超过10米但不超过18米的游艇，每米900元。

③ 艇身长度超过18米但不超过30米的游艇，每米1 300元。

④ 艇身长度超过30米的游艇，每米2 000元。

⑤ 辅助动力帆艇，每米600元。

游艇艇身长度是指游艇的总长。

（3）车辆整备质量尾数不超过0.5吨的，按照0.5吨计算；超过0.5吨的，按照1吨计算。整备质量不超过1吨的车辆，按照1吨计算。

（4）船舶净吨位尾数不超过0.5吨的不予计算；超过0.5吨的，按照1吨计算。净吨位不超过1吨的船舶，按照1吨计算。

（5）《车船税法》及实施条例所涉及的排气量、整备质量、核定载客人数、净吨位、马力、艇身长度，以车船管理部门核发的车船登记证书或者行驶证相应项目所载数据为准。

8.6.4　应纳税额

纳税人按照纳税地点所在的省、自治区、直辖市人民政府确定的具体适用税额缴纳车船税。对于纳税人购置的新车船，购置当年的应纳税额自纳税义务发生的当月起按月计算。相应的计算公式为：

$$应纳税额=年应纳税额\times\frac{应纳税月份数}{12}$$

已缴纳车船税的车、船在同一纳税年度内办理转让过户的，不另纳税，也不退税。

【例题8-21】 某公司拥有载货汽车10辆（货车载重的净吨位均为20吨）；乘人客车15辆；小客车20辆。计算该公司应纳车船税（载货汽车每吨年税额80元，乘人客车每辆年税额800元，小客车每辆年税额700元）。

解析：

载货汽车应纳税额＝10×20×80＝16 000(元)

乘人客车应纳税额＝15×800＋20×700＝26 000(元)

全年应纳车船税额＝16 000＋26 000＝42 000(元)

8.6.5　税收优惠

1. 法定减免

（1）捕捞、养殖渔船，是指在渔业船舶管理部门登记为捕捞船或者养殖船的船舶。

（2）军队、武装警察部队专用的车船，是指按照规定在军队、武装警察部队车船管理部门登记，并领取军队、武警牌照的车船。

(3) 警用车船，是指公安机关、国家安全机关、监狱、人民法院、人民检察院领取警用牌照的车辆和执行警备的专用船舶。

(4) 依照法律规定应当予以免税的外国驻华使领馆、国际组织驻华代表机构及其有关人员的车船。

(5) 对节约能源的车辆，减半征收车船税；对使用新能源的车辆，免征车船税。对受严重自然灾害影响纳税困难以及有其他特殊原因确需减税、免税的，可以减征或者免征车船税。

(6) 省、自治区、直辖市人民政府根据当地实际情况，可以对公共交通车船，农村居民拥有并主要在农村地区使用的摩托车、三轮汽车和低速载货汽车定期减征或者免征车船税。

【即学即用】 下列属于车船税法定免税的有（ ）。

A. 专项作业车　　B. 非机动驳船

C. 警用车船　　D. 捕捞、养殖用渔船

答案： CD

---

2. 特定减免

(1) 经批准临时入境的外国车船和香港特别行政区、澳门特别行政区、台湾地区的车船，不征收车船税。

(2) 按照规定缴纳船舶吨税的机动船舶，自《车船税法》实施之日起5年内免征车船税。

(3) 机场、港口内部行驶或作业的车船，自《车船税法》实施之日起5年内免征车船税。

【即学即用】 下列不缴或免缴车船税的有（ ）。

A. 工人的自行车　　B. 农民的大马车

C. 残疾人专用轮椅车　　D. 商贩的平板手推车

答案： ABCD

8.6.6 征收管理

1. 纳税期限

车船税的纳税义务发生时间为取得车船所有权或者管理权的当月，以购买车船的发票或其他证明文件所载日期的当月为准。

具体说来，车船税的纳税义务发生时间为车船管理部门核发的车船登记证书或者行驶证书所记载日期的当月。纳税人未按照规定到车船管理部门办理应税车船登记手续的，以车船购置发票所载开具时间的当月作为车船税的纳税义务发生时间。对未办理车船登记手续且无法提供车船购置发票的，由主管税务机关核定纳税义务发生时间。

2. 纳税地点

车船税的纳税地点为车船的登记地或者车船税扣缴义务人所在地。依法不需要办理登记的车船，车船税的纳税地点为车船的所有人或者管理人所在地。

扣缴义务人代扣代缴车船税的，纳税地点为扣缴义务人所在地。

纳税人自行申报缴纳车船税的，纳税地点为车船登记地的主管税务机关所在地。

依法不需要办理登记的车船，纳税地点为车船所有人或者管理人主管税务机关所在地。

3. 纳税申报

车船税按年申报，分月计算，一次性缴纳。纳税年度为公历1月1日至12月31日，具体申报纳税期限由省、自治区、直辖市人民政府规定。

【即学即用】 在下列各项中，符合车船税征收管理规定的有（ ）。

A. 不需要办理登记的车船不缴纳车船税

B. 纳税人自行申报缴纳车船税的，纳税地点为车船登记地的主管税务机关所在地

C. 车船税按年申报，分月计算，一次性缴纳

D. 车船税纳税义务发生时间为取得车船所有权或管理权的次月

答案： BC

【例题8－22】 某船运公司拥有旧机动船10艘，每艘净吨位1 500吨；拥有拖船2艘，每艘发动机功率600千瓦。当年8月新购置机动船4艘，每艘净吨位2 000吨。该公司机动船舶适用的年税额为：净吨位201吨～2 000吨的，每吨4元。计算该公司当年应缴纳的车船税。（拖船按照发动机功率每千瓦折合净吨位0.67吨计算征收车船税。）

解析：

拖船按照机动船船舶税额的50%计算，故

该运输公司应缴纳的车船税

$$=10\times1\,500\times4+2\times600\times0.67\times4\times50\%+4\times2\,000\times4\times\frac{5}{12}$$

$$=74\,941.33(\text{元})$$

8.7 印花税[①]

8.7.1 印花税概述

1. 印花税的概念

印花税是以经济活动和经济交往中书立、使用、领受应税凭证和证券交易的行为为征税

① 根据《中华人民共和国城市维护建设税法（征求意见稿）》修订。

对象征收的一种税。印花税因其采用在应税凭证上粘贴印花税票的方法缴纳税款而得名。

2. 印花税的特点

(1) 征税面广。印花税规定的征税范围广泛，凡税法列举的合同或具有合同性质的凭证、产权转移书据、营业账簿及权利、许可证照等，都必须依法纳税。

(2) 税率低，税负轻。印花税的最高税率为1‰，最低税率为0.05‰；按定额税率征税的，每件5元。税负轻是印花税的一大优点，易为纳税人所接受，也因此得以在世界各国广泛推行。

(3) 纳税人自行完税。印花税主要通过纳税人自行计算、自行购花、贴花并注销或画销完成，即“三自”的纳税办法。也就是说，纳税人在书立、使用、领受应税凭证，发生纳税义务的同时，先根据凭证所载计税金额和适用的税目税率，自行计算其应纳税额；再由纳税人自行购买印花税票，并一次足额粘贴在应税凭证上；最后由纳税人按《中华人民共和国印花税暂行条例》的规定对已粘贴的印花税票自行注销或者画销。

【小思考】 印花税有哪些优点？

8.7.2 纳税人

订立、领受在中华人民共和国境内具有法律效力的应税凭证，或者在中华人民共和国境内进行证券交易的单位和个人，为印花税的纳税人。单位和个人是指各类企业、事业、机关、团体、部队以及中外合资企业、合作企业、外资企业、外国公司和其他经济组织及其在华机构等单位和个人。

上述单位和个人，按照书立、使用、领受应税凭证的不同，可以分别确定为立合同人、立据人、立账簿人、领受人、使用人和各类电子应税凭证的签订人。

1. 立合同人

各类合同的纳税人是立合同人。立合同人是指合同的当事人。当事人是指对凭证有直接权利与义务关系的单位和个人，但不包括合同的担保人、证人、鉴定人。各类合同包括购销合同、加工承揽合同、建设工程承包合同、财产租赁合同、货物运输合同、仓储保管合同、借款合同、财产保险合同、技术合同或者具有合同性质的凭证。

【即学即用】 甲企业将货物卖给乙企业，双方订立了购销合同，丙企业作为该合同的担保人，丁先生作为证人，戊先生作为鉴定人，则该购销合同印花税的纳税人为（　）。

A. 甲企业和乙企业

B. 甲企业、乙企业和戊先生

C. 甲企业、乙企业和丙企业

D. 甲企业、乙企业、丙企业和丁先生

答案：A

2. 立据人

产权转移书据的纳税人是立据人，是指土地、房屋权属转移过程中买卖双方的当事人。所立书据以合同方式签订的，应由持有书据的各方分别按全额贴花。

3. 立账簿人

营业账簿的纳税人是立账簿人。立账簿人是指设立并使用营业账簿的单位和个人。例如，企业单位因生产经营需要而设立了营业账簿，则该企业就是纳税人。

4. 领受人

权利、许可证照的纳税人是领受人。领受人是指领取或接受并持有该项凭证的单位和个人。例如，某人因其发明创造，经申请依法取得国家相关机关颁发的专利证书，该人就是纳税人。

5. 使用人

在国外书立、领受但在国内使用的应税凭证，其纳税人是使用人。

6. 各类电子应税凭证的签订人

各类电子应税凭证的签订人是以电子形式签订各类应税凭证的当事人。

需要注意的是，对于应税凭证，凡由两方或者两方以上当事人共同书立的，其当事人各方都是印花税的纳税人，应各就其所持凭证的计税金额履行纳税义务。

7. 证券交易人

在中华人民共和国境内进行证券交易的单位和个人均是印花税的纳税人。

证券登记结算机构为证券交易印花税的扣缴义务人。

8.7.3 征税对象

印花税的征税对象是订立、领受在中华人民共和国境内具有法律效力的应税凭证，或者在中华人民共和国境内进行证券交易。

应税凭证是指规定的书面形式的合同、产权转移书据、营业账簿和权利、许可证照。

证券交易是指在依法设立的证券交易所上市交易或者在国务院批准的其他证券交易场所转让公司股票和以股票为基础发行的存托凭证。

8.7.4 税 率

印花税的税率设计遵循税负从轻、共同负担的原则，所以税率比较低。凭证的当事人，即对凭证有直接权利与义务关系的单位和个人均应就其所持凭证依法纳税。印花税的税率有两种形式，即比例税率和定额税率。印花税的税目税率表见表 8-5。

表 8-5　　印花税税目税率表

税目		税率	备注
合同	买卖合同	支付价款的 0.3‰	指动产买卖合同
	借款合同	借款金额的 0.05‰	指银行业金融机构与借款人（不包括银行同业拆借）订立的借款合同
	融资租赁合同	租金的 0.05‰	
	租赁合同	租金的 1‰	
	承揽合同	支付报酬的 0.3‰	

续前表

税目		税率	备注
合同	建设工程合同	支付价款的0.3‰	
	运输合同	运输费用的0.3‰	指货运合同和多式联运合同（不包括管道运输合同）
	技术合同	支付价款、报酬或者使用费的0.3‰	
	保管合同	保管费的1‰	
	仓储合同	仓储费的1‰	
	财产保险合同	保险费的1‰	不包括再保险合同
产权转移书据	土地使用权出让和转让书据；房屋等建筑物和构筑物的所有权、股权（不包括上市和挂牌公司股票）、商标专用权、著作权、专利权、专有技术使用权转让书据	支付价款的0.5‰	
权利、许可证照	不动产权证书、营业执照、商标注册证、专利证书	每件5元	
营业账簿		实收资本（股本）与资本公积合计金额的0.25‰	
证券交易		成交金额的1‰	对证券交易的出让方征收，不对证券交易的受让方征收

【小思考】 为什么这几个项目要使用定额税率？

8.7.5 计税依据

印花税的计税依据，按照下列方法确定：

（1）应税合同的计税依据为合同列明的价款或者报酬，不包括增值税税款；合同中的价款或者报酬与增值税税款未分开列明的，按照合计金额确定。

（2）应税产权转移书据的计税依据为产权转移书据列明的价款，不包括增值税税款；产权转移书据中的价款与增值税税款未分开列明的，按照合计金额确定。

（3）应税营业账簿的计税依据为营业账簿记载的实收资本（股本）与资本公积的合计金额。

（4）应税权利、许可证照的计税依据，按件确定。

（5）证券交易的计税依据为成交金额。

（6）应税合同、产权转移书据未列明价款或者报酬的，按照下列方法确定计税依据：

① 按照订立合同、产权转移书据时的市场价格确定；依法应当执行政府定价的，按照其规定确定。

② 不能按照上述规定的方法确定的，按照实际结算的价款或者报酬确定。

（7）以非集中交易方式转让证券时无转让价格的，按照办理过户登记手续前一个交易日的收盘价计算确定计税依据；办理过户登记手续前一个交易日无收盘价的，按照证券面值计算确定计税依据。

【即学即用】 甲工厂委托乙服装厂加工制服，合同约定布料由甲企业提供，价值30万元。甲企业另支付加工费10万元。下列各项关于计算印花税的表达，正确的是（ ）。

A. 甲企业应以30万元为计税依据，按买卖合同的税率计算印花税

B. 服装厂应以10万元加工费为计税依据，按承揽合同的税率计算印花税

C. 服装厂应以30万元为计税依据，按买卖合同的税率计算印花税

D. 甲企业应以30万元为计税依据，按承揽合同的税率计算印花税

答案： B

【例题8-23】 某高新技术企业发生一项经营活动，签订租赁合同1份，共支付租赁费50万元。该企业签订这份合同的印花税计税依据是多少？

解析：

该企业签订租赁合同的印花税计税依据为50万元。

【例题8-24】 某企业与A公司签订借款合同1份，记载金额50万元，当年取得借款利息收入0.8万元。该公司签订借款合同的印花税计税依据是多少？

解析：

该公司签订借款合同的印花税计税依据为50万元。

【即学即用】 甲企业与中科院签订技术开发合同，注明研究与开发经费20万元，技术开发报酬25万元，则该合同印花税的计税依据为（ ）。

A. 20万元 B. 25万元 C. 45万元 D. 暂时贴花5元

答案： B

8.7.6 应纳税额

印花税的应纳税额按照下列方法计算：

（1）应税合同的应纳税额为价款或者报酬乘以适用税率。

（2）应税产权转移书据的应纳税额为价款乘以适用税率。

（3）应税营业账簿的应纳税额为实收资本（股本）与资本公积的合计金额乘以适用税率。

（4）应税权利、许可证照的应纳税额为适用税额。

（5）证券交易的应纳税额为成交金额或者按照规定计算确定的计税依据乘以适用税率。

（6）同一应税凭证载有两个或者两个以上经济事项并分别列明价款或者报酬的，按照各自适用的税目及税率计算应纳税额；未分别列明价款或者报酬的，按税率高的计算应纳税额。

(7) 同一应税凭证由两方或者两方以上当事人订立的，应当按照各自涉及的价款或者报酬分别计算应纳税额。

【例题 8-25】 某企业开业时领受工商营业执照、房屋产权证、土地使用证各一份；建账时共设 8 个账簿，其中资金账簿记载的实收资本为 220 万元。计算该公司领受权利许可证照和设置账簿应缴纳的印花税。

解析：

领受许可证照应缴纳的印花税＝5×3＝15(元)

设置账簿应缴纳的印花税＝2 200 000×0.25‰＝550(元)

【例题 8-26】 甲公司将闲置厂房出租给乙公司，合同约定每月租金2 000 元，租期未定。2 月签订合同时，预收租金 3 000 元，双方已按定额贴花。当年 6 月底合同解除，甲公司收到乙公司补交的租金 4 000 元。计算甲公司 6 月应补缴的印花税。

解析：

甲公司 6 月应补缴的印花税＝(3 000＋4 000)×1‰－5＝2(元)

【例题 8-27】 某企业记载资金的账簿记载实收资本 2 000 万元、资本公积 200 万元，计算资金账簿应缴纳的印花税税额。

解析：

应纳税额＝(20 000 000＋2 000 000)×0.25‰＝5 500(元)

【即学即用】 某建筑公司与甲企业签订一份建筑承包合同，合同金额 1 000 万元。在施工期间，该建筑公司又将其中价值 200 万元的安装工程转包给乙企业，并签订转包合同。该建筑公司此项业务应缴纳印花税（　　）元。

A. 3 600　　B. 4 000　　C. 4 600　　D. 5 400

答案： A

【例题 8-28】 某新办企业领受工商营业执照、土地使用证、商标注册证 3 本证照，并建其他账簿 7 本。计算这 3 本证照和 7 本其他账簿应缴纳的印花税税额。

解析：

其他账簿免征印花税，故

应纳税额＝3×5＝15(元)

【即学即用】 甲公司与乙公司分别签订了一份货物购销合同，货物价值 100 万元，但因故合同未能兑现。甲公司应缴印花税为（　　）元。

A. 0　　B. 300　　C. 400　　D. 500

答案： B

8.7.7 税收优惠

下列情形免征或者减征印花税：

(1) 应税凭证的副本或者抄本，免征印花税。

(2) 农民、农民专业合作社、农村集体经济组织、村民委员会购买农业生产资料或者销售自产农产品订立的买卖合同和农业保险合同，免征印花税。

(3) 无息或者贴息借款合同、国际金融组织向我国提供优惠贷款订立的借款合同、金融机构与小微企业订立的借款合同，免征印花税。

(4) 财产所有权人将财产赠予政府、学校、社会福利机构订立的产权转移书据，免征印花税。

(5) 军队、武警部队订立、领受的应税凭证，免征印花税。

(6) 转让、租赁住房订立的应税凭证，免征个人（不包括个体工商户）应当缴纳的印花税。

(7) 国务院规定免征或者减征印花税的其他情形。

【即学即用】 在下列印花税应税凭证中，可免纳印花税的有（ ）。

A. 货物运输合同　　B. 无息贷款合同

C. 贴息贷款合同　　D. 合同副本

答案： BCD

8.7.8 征收管理

1. 纳税方法

(1) 自行贴花办法。一般来说，这种办法适用于应税凭证较少或者贴花次数较少的纳税人。纳税人书立、签订或者使用印花税法列举的应税凭证的同时，纳税义务就已产生，纳税人应当根据应税凭证的性质和适用的税目、税率自行计算应纳税额，自行购买印花税票，自行一次贴足印花税票并加以注销或画销。对于已贴花的凭证，若修改后所载金额增加的，其增加部分应当补贴印花税票。凡多贴印花税票者，不得申请退税或者抵用。

【即学即用】 采用自行贴花缴纳印花税的，纳税人应（ ）。

A. 自行计算应纳税额　　B. 自行购买印花税票

C. 自行申报应税行为　　D. 自行一次贴足印花税票并注销

答案： ABD

---

(2) 汇贴或汇缴办法。一般来说，这种办法适用于应纳税额较大或者贴花次数频繁的纳税人。

一份凭证应纳税额超过 500 元的，应向当地税务机关申请填写缴款书或者完税凭证，将其中一联粘贴在凭证上或者由税务机关在凭证上加注完税标记代替贴花。这就是通常所说的“汇贴办法”。

同一种类应税凭证需要频繁贴花的，纳税人可以根据实际情况自行决定是否采用按

期汇总缴纳印花税的方式，汇总缴纳的期限为1个月。采用按期汇总缴纳方式的纳税人应事先告知主管税务机关。缴纳方式一经选定，1年内不得改变。主管税务机关对于要求以按期汇总缴纳方式缴纳印花税的纳税人，应加强日常监督、检查。

实行印花税按期汇总缴纳的单位，对征税凭证和免税凭证汇总时，凡分别汇总的，按本期征税凭证的汇总金额计算缴纳印花税；凡确属不能分别汇总的，应按本期全部凭证的实际汇总金额计算缴纳印花税。

凡汇总缴纳印花税的凭证，应在加注税务机关指定的汇缴戳记、编号并装订成册后，将已贴印花或者缴款书的一联粘附册后，然后盖章注销、保存备查。

【即学即用】 对同一类应税凭证贴花次数频繁的纳税人，适用印花税的纳税办法是（　　）。

A. 汇贴纳税　　B. 自行贴花　　C. 汇缴纳税　　D. 委托代征

答案：C

---

(3) 委托代征方法。该方法主要是通过税务机关的委托，经由发放或者办理应税凭证的单位代为征收印花税税款。税务机关应与代征单位签订代征委托书。税务机关委托工商行政管理机关代售印花税票，按代售金额5%的比例支付代售手续费。

【即学即用】 税务机关采用委托代征方法征税时，其委托工商管理机关代售印花税票应按代售金额的（　　）支付代售手续费。

A. 15%　　B. 10%　　C. 5%　　D. 2%

答案：C

---

2. 纳税义务发生时间

印花税的纳税义务发生时间为纳税人订立、领受应税凭证或者完成证券交易的当日。

证券交易印花税的扣缴义务发生时间为证券交易完成的当日。

3. 纳税地点

单位纳税人应当向其机构所在地的主管税务机关申报缴纳印花税。个人纳税人应当向应税凭证订立、领受地或者居住地的税务机关申报缴纳印花税。

纳税人出让或者转让不动产产权的，应当向不动产所在地的税务机关申报缴纳印花税。

证券交易印花税的扣缴义务人应当向其机构所在地的主管税务机关申报缴纳扣缴的税款。

4. 纳税申报

印花税按季、按年或者按次计征。实行按季、按年计征的，纳税人应当于季度、年度终了之日起15日内申报并缴纳税款。实行按次计征的，纳税人应当于纳税义务发生之日起15日内申报并缴纳税款。

证券交易印花税按周解缴。证券交易印花税的扣缴义务人应当于每周终了之日起5日内申报解缴税款及孳息。

已缴纳印花税的凭证所载价款或者报酬增加的，纳税人应当补缴印花税；已缴纳印花税的凭证所载价款或者报酬减少的，纳税人可以向主管税务机关申请退还印花税税款。

8.8 车辆购置税

8.8.1 车辆购置税概述

1. 车辆购置税的概念

车辆购置税是以在中国境内购置规定的车辆为征税对象、在特定的环节向车辆购置者征收的一种税。我国现行车辆购置税的基本法律规范是 2018 年 12 月 29 日第十三届全国人民代表大会常务委员会第七次会议通过并于 2019 年 7 月 1 日起施行的《中华人民共和国车辆购置税法》。

【小思考】 购买二手车自用，需要缴纳车辆购置税吗？

2. 车辆购置税的特点

车辆购置税除具有税收的共同特点外，还有其自身的特点：

(1) 征收范围单一。车辆购置税是以购置的特定车辆为征税对象，征收范围较窄。

(2) 征收环节单一。车辆购置税实行一次课征制，它不是在生产、经营和消费的每一环节均征收，只是在退出流通领域进入消费领域的特定环节一次征收。

(3) 税率单一。车辆购置税均按统一的比例税率征收，税率具有不随征税对象数额变动的特点，因而计征简便、负担稳定。

(4) 征收方法单一。车辆购置税根据纳税人购置应税车辆的计税价格实行从价计征，以价格为计税标准，课税与价值直接发生关系，价值高者多征税，价值低者少征税。

(5) 征税具有特定目的。车辆购置税具有专门用途，由中央财政根据国家交通建设投资计划进行统筹安排。

(6) 价外征收，税负不易发生转嫁。车辆购置税的计税依据中不包含车辆购置税税额，车辆购置税税额是附加在价格之外的，且纳税人就是负税人，税负不易发生转嫁。

【小思考】 车辆购置税与车船税的特点有什么共同之处？

8.8.2 纳税人

车辆购置税的纳税人是在中华人民共和国境内购置应税车辆的单位和个人。其中，购置是指以购买、进口、自产、受赠、获奖或者其他方式取得并自用应税车辆的行为。

车辆购置税的纳税人是指：

单位包括国有企业、集体企业、私营企业、股份制企业、外商投资企业、外国企业以及其他企业、事业单位、社会团体、国家机关、部队及其他单位。

个人包括个体工商户及其他个人，既包括中国公民又包括外国公民。

【即学即用】 车辆购置税的纳税人包括（ ）。

A. 集体企业　　B. 外商投资企业

C. 事业单位　　D. 个人

答案：ABCD

8.8.3 征税对象

车辆购置税以列举的车辆作为征税对象，未列举的车辆不纳税。其征税对象包括汽车、有轨电车、汽车挂车和排气量超过150ml的摩托车。具体规定如下：

（1）汽车，包括各类汽车。农用运输车、电车中的无轨电车属于汽车。

（2）有轨电车，是指以电能为动力，在轨道上行驶的公共车辆。

（3）摩托车，包括轻便摩托车、二轮摩托车、三轮摩托车。

（4）汽车挂车，包括全挂车（无动力设备，独立承载，由牵引车辆牵引行驶的车辆）和半挂车（无动力设备，与牵引车共同承载，由牵引车辆牵引行驶的车辆）。

【即学即用】 下列车辆属于车辆购置税征税范围的有（ ）。

A. 摩托车　　B. 有轨电车　　C. 半挂车　　D. 电动自行车

答案：ABC

8.8.4 税率与计税依据

1. 税　率

车辆购置税实行统一比例税率，税率为10%。

2. 计税依据

车辆购置税的计税价格，按照下列方法确定：

（1）纳税人购买自用应税车辆的计税价格，为纳税人实际支付给销售者的全部价款，不包括增值税税款。

（2）纳税人进口自用应税车辆的计税价格，为关税完税价格加上关税和消费税。

（3）纳税人自产自用应税车辆的计税价格，按照纳税人生产的同类应税车辆的销售价格确定，不包括增值税税款。

（4）纳税人以受赠、获奖或者其他方式取得自用应税车辆的计税价格，按照购置应税车辆时相关凭证载明的价格确定，不包括增值税税款。

纳税人申报的应税车辆计税价格明显偏低且无正当理由的，由税务机关依照《税收征管法》的规定核定其应纳税额。

纳税人以外汇结算应税车辆价款的，按照申报纳税之日的人民币汇率中间价折合成人民币计算缴纳税款。

【例题 8-29】 王某购置了一辆乘用车，支付的全部价款（含增值税）为 169 500 元，包括车辆装饰费 5 500 元。计算王某应缴纳的车辆购置税的计税价格。

解析：

应纳车辆购置税的计税价格＝169 500÷(1＋13％)＝150 000(元)

【例题 8-30】 某公司进口 12 辆小轿车，海关审定的关税完税价格为 25 万元/辆，关税税率为 25％。当月销售 8 辆，取得含税销售额 240 万元；2 辆企业自用；2 辆用于抵偿债务，合同约定的含税价格为 30 万元。该型号汽车的消费税税率为 9％。计算该公司应缴纳的车辆购置税的计税价格。

解析：

虽然贸易公司进口了 12 辆小轿车，但只对其自用的 2 辆征收车辆购置税。当月销售和抵债的小轿车由取得小轿车自用的一方纳税，不由汽车贸易公司纳税。

该公司应缴纳的车辆购置税的计税价格＝2×(250 000＋250 000×25％)÷(1－9％)

＝686 813.2(元)

【即学即用】 在下列各项中，属于车辆购置税应税行为的有（　　）。

A. 购买使用行为　　B. 获奖使用行为

C. 进口使用行为　　D. 受赠使用行为

答案： ABCD

8.8.5 应纳税额的计算

车辆购置税实行从价定率的方法计算应纳税额，相应的计算公式为：

应纳税额＝计税价格×税率

由于应税车辆的来源、应税行为的发生以及计税依据组成的不同，因而车辆购置税应纳税额的计算方法也有区别。

1. 购买自用应税车辆应纳税额的计算

在应纳税额的计算当中，应注意以下费用的计税规定：

(1) 购买者随购买车辆支付的工具件和零部件价款应作为购车价款的一部分，并入计税依据中征收车辆购置税。

(2) 支付的车辆装饰费应作为价外费用并入计税依据中计税。

(3) 代收款项应区别征税。凡使用代收单位（受托方）票据收取的款项，应视作代收单位价外收费，购买者支付的价费款，应并入计税依据中一并征税；凡使用委托方票据收取，受托方只履行代收义务和收取代收手续费的款项，应按其他税收政策规定征税。

(4) 销售单位开给购买者的各种发票金额中包含增值税税款，因此在计算车辆购置税时，应换算为不含增值税的计税价格。

(5) 销售单位开展优质销售活动所开票收取的有关费用，应属于经营性收入，企业在代理过程中按规定支付给有关部门的费用，企业已作经营性支出列支核算，其收取的各项费用并在一张发票上难以划分的，应作为价外收入计算征税。

【例题8-31】 某事业单位从汽车贸易公司购进一辆轿车自用，取得普通发票，发票上注明销售额269 900元。另外，该单位还支付购买工具和零配件价款3 600元；支付控购部门控购费21 000元；汽车贸易公司提供系列服务，代办各种手续并收取一定的费用，该事业单位支付新车登记费、上牌办证费、手续费等共计16 500元。计算该事业单位应缴纳的车辆购置税。

解析：

该事业单位应缴纳的车辆购置税＝(269 900＋3 600＋16 500)÷(1＋13%)×10%
＝25 663.72(元)

【例题8-32】 李某购置了一辆乘用车，支付的全部价款（含增值税）为113 000元，包括车辆装饰费5 000元。计算李某应缴纳的车辆购置税。

解析：

李某应缴纳的车辆购置税＝113 000÷(1＋13%)×10%＝10 000(元)

2. 进口自用应税车辆应纳税额的计算

纳税人进口自用的应税车辆应纳税额的计算公式为：

应纳税额＝(关税完税价格＋关税＋消费税)×税率

【例题8-33】 某公司从国外进口一辆某型号小轿车自用。该公司在报关进口这辆小轿车时，经报关地海关对有关报关资料的审查，确定关税完税价格为185 000元人民币，海关按关税政策规定征收了关税27 750元，并按消费税、增值税有关规定分别代征了小轿车的进口消费税21 041.21元和增值税30 392.86元。计算该企业应缴纳的车辆购置税。

解析：

进口汽车应按组成计税价格作为计税依据计算车辆购置税。

车辆购置税的计税依据＝185 000＋27 750＋21 041.21＝233 791.21(元)

车辆购置税的应纳税额＝233 791.21×10%＝23 379.12(元)

3. 纳税人自产自用应税车辆应纳税额的计算

纳税人自产自用应税车辆的，按照纳税人生产的同类应税车辆的销售价格乘以税率计算应纳税额。相应的计算公式为：

应纳税额＝同类应税车辆的销售价格×税率

【例题8-34】 某客车制造厂将自产的一辆某型号的客车用于本厂后勤服务，该厂在办理车辆上牌落籍前，该车的对外销售价格为40 000元。计算该车应缴纳的车辆购置税。

解析：

由于自产自用车辆应纳车辆购置税的计税依据为同类应税车辆的销售价格，因而有

车辆购置税的应纳税额＝40 000×10%＝4 000(元)

4. 纳税人受赠、获奖或者以其他方式取得并自用应税车辆应纳税额的计算

纳税人受赠、获奖或者以其他方式取得并自用应税车辆，按照购置应税车辆时相关凭证载明的不含增值税价格乘以税率计算应纳税额。相应的计算公式为：

应纳税额＝相关凭证上载明的价格×税率

【例题8-35】 李先生在购物抽奖活动中抽中一辆汽车，该汽车销售发票上注明的不含增值税价格为100 000元，增值税为13 000元。计算应缴纳的车辆购置税。

解析：

纳税人受赠、获奖或者以其他方式取得并自用应税车辆，按照购置应税车辆时相关凭证载明的不含增值税价格乘以税率计算应纳税额，即

车辆购置税应纳税额＝100 000×10％＝10 000(元)

8.8.6 税收优惠

1. 车辆购置税的免税

下列车辆免征车辆购置税：

(1) 依照法律规定应当予以免税的外国驻华使馆、领事馆和国际组织驻华机构及其有关人员自用的车辆。

(2) 中国人民解放军和中国人民武装警察部队列入装备订货计划的车辆。

(3) 悬挂应急救援专用号牌的国家综合性消防救援车辆。

(4) 设有固定装置的非运输专用作业车辆。

(5) 城市公交企业购置的公共汽电车辆。

根据国民经济和社会发展的需要，国务院可以规定减征或者其他免征车辆购置税的情形，报全国人民代表大会常务委员会备案。

免税、减税车辆因转让、改变用途等原因不再属于免税、减税范围的，纳税人应当在办理车辆转移登记或者变更登记前缴纳车辆购置税。计税价格以免税、减税车辆初次办理纳税申报时确定的计税价格为基准，每满一年扣减10％。

2. 车辆购置税的退税

纳税人将已征车辆购置税的车辆退回车辆生产企业或者销售企业的，可以向主管税务机关申请退还车辆购置税。退税额以已缴税款为基准，自缴纳税款之日至申请退税之日，每满一年扣减10％。

【即学即用】 下列车辆征收车辆购置税的是（　）。

A. 挂车　　B. 轿车

C. 农产品运输车　　D. 设有固定装置的非运输车辆

答案：ABC

8.8.7 征收管理

1. 纳税申报

车辆购置税由税务机关负责征收。车辆购置税实行一车一申报制度。纳税人在办理纳税申报时应如实填写《车辆购置税纳税申报表》，同时提供车主身份证明、车辆价格证明、车辆合格证明及税务机关要求提供的其他资料的原件和复印件。主管税务机关应对纳税申报资料进行审核，确定计税依据，征收税款，核发完税证明。征税车辆在完税证明征税栏加盖车购税征税专用章，免税车辆在完税证明免税栏加盖车购税征税专用章。在完税后，由税务机

关保存有关复印件，并对已经办理纳税申报的车辆建立车辆购置税征收管理档案。

车辆购置税实行一次征收制度。购置已征车辆购置税的车辆，不再征收车辆购置税。

公安机关交通管理部门办理车辆注册登记，应当根据税务机关提供的应税车辆完税或者免税电子信息对纳税人申请登记的车辆信息进行核对，核对无误后依法办理车辆注册登记。

税务机关和公安、商务、海关、工业和信息化等部门应当建立应税车辆信息共享和工作配合机制，及时交换应税车辆和纳税信息资料。

2. 纳税义务发生时间

车辆购置税的纳税义务发生时间为纳税人购置应税车辆的当日。纳税人应当自纳税义务发生之日起 60 日内申报缴纳车辆购置税。

纳税人应当在向公安机关交通管理部门办理车辆注册登记前，缴纳车辆购置税。

3. 纳税申报地点

纳税人购置应税车辆，应当向车辆登记地的主管税务机关申报缴纳车辆购置税；购置不需要办理车辆登记的应税车辆的，应当向纳税人所在地的主管税务机关申报缴纳车辆购置税。

8.9 契　税

8.9.1 契税概述

1. 契税的概念

契税是以在中华人民共和国境内转移土地、房屋权属为征税对象，向产权承受人征收的一种财产税。现行契税的基本法律规范是 1997 年 7 月 7 日国务院发布并于同年 10 月 1 日开始施行的《中华人民共和国契税暂行条例》(以下简称《契税暂行条例》)。

【小思考】 契税与房产税最大的区别在哪里？

2. 契税的特点

(1) 契税属于财产转移税。契税以发生转移的不动产（即土地和房屋）为征税对象，具有财产转移课税性质。土地、房屋产权未发生转移的，不征契税。

(2) 契税由财产承受人缴纳。契税属于土地、房屋产权发生交易过程中的财产税，由承受人纳税，即买方纳税。

8.9.2 纳税人与征税对象

1. 纳税人

契税的纳税人是境内转移土地、房屋权属的承受单位和个人。境内是指中华人民共和国实际税收行政管辖范围内。土地、房屋权属是指土地使用权和房屋所有权。单位是指企业、事业单位、国家机关、军事单位和社会团体以及其他组织。个人是指个体经营者及其他个人，包括中国公民和外籍公民。

【即学即用】 王某将自有住房无偿赠予非法定继承人李某，已向税务机关提交经审核并签字盖章的个人无偿赠予不动产登记表。下列说法正确的是（　　）。

A. 王某应缴纳契税　　B. 李某应缴纳契税

C. 王某应缴纳印花税　　D. 李某应缴纳印花税

答案：BCD

---

2. 征税对象

契税的征税对象是境内转移的土地、房屋权属，具体包括以下五项内容：

（1）国有土地使用权出让。国有土地使用权出让是指土地使用者向国家交纳土地使用权出让费用，国家将国有土地使用权在一定年限内让予土地使用者的行为。

对承受国有土地使用权所应支付的土地出让金，要计征契税，不得因减免土地出让金而减免契税。

（2）土地使用权的转让。土地使用权的转让是指土地使用者以出售、赠予、交换或者其他方式将土地使用权转移给其他单位和个人的行为。土地使用权的转让不包括农村集体土地承包经营权的转移。

（3）房屋买卖。以下几种特殊情况，视同买卖房屋：

① 以房产抵债或实物交换房屋。经当地政府和有关部门批准，以房产抵债和实物交换房屋，均视同房屋买卖，应由产权承受人按房屋现值缴纳契税。

例如，甲某因无力偿还乙某债务，而以自有的房产折价抵偿债务。经双方同意、有关部门批准，乙某取得甲某的房屋产权，在办理产权过户手续时，按房产折价款缴纳契税。若以实物交换房屋，应视同以货币购买房屋。

对已缴纳契税的购房单位和个人，在未办理房屋权属变更登记前退房的，退还已纳契税；在办理房屋权属变更登记后退房的，不予退还已纳契税。

② 以房产进行投资或股权转让。这种交易业务属于房屋产权转移，应根据国家房地产管理的有关规定，办理房屋产权交易和产权变更登记手续，视同房屋买卖，由产权承受方按契税税率计算缴纳契税。

例如，甲某以自有房产投资于乙企业。其房屋产权变为乙企业所有，该房产的产权所有人发生变化。因此，乙企业在办理产权登记手续后，按甲某入股房产现值缴纳契税。若丙某以股份方式购买乙企业的房屋产权，则丙某在办理产权登记后，按取得房产的买价缴纳契税。

以自有房产投入本人独资经营的企业，免纳契税。因为以自有的房地产投入本人独资经营的企业，产权所有人和使用权使用人未发生变化，无须办理房产变更手续，也不用办理契税手续。

③ 买房拆料或翻建新房，应照章征收契税。例如，甲某购买乙某的房产，不论其目的是取得该房产的建筑材料或是翻建新房，实际已构成房屋买卖。甲某应先办理房屋产权变更手续，并按买价缴纳契税。

（4）房屋赠予。房屋赠予是指房屋产权所有人将房屋无偿转让给他人所有。其中，将自己的房屋转交给他人的法人和自然人，称作房屋赠予人；接受他人房屋的法人和自然人，称为受赠人。房屋的受赠人要按规定缴纳契税。

（5）房屋交换。房屋交换是指房屋所有者之间交换房屋的行为。

此外，土地、房屋权属以下列方式转移的，视同土地使用权转让、房屋买卖或者房屋赠予征税：

① 以土地、房屋权属作价投资、入股。

② 以土地、房屋权属抵债。

③ 以获奖方式承受土地、房屋权属。

④ 以预购方式或者预付集资建房款方式承受土地、房屋权属。

8.9.3 税　率

契税实行3%～5%的幅度税率。实行幅度税率是考虑到我国经济发展的不平衡，各地经济差别较大的实际情况。因此，各省、自治区、直辖市人民政府可以在3%～5%的幅度税率规定范围内，按照本地区的实际情况决定。

8.9.4 计税依据及应纳税额的计算

1. 计税依据

契税的计税依据为不动产的价格。由于土地、房屋权属的转移方式不同，定价方法不同，因而具体计税依据视不同情况决定。

（1）国有土地使用权出让、土地使用权出售、房屋买卖，以成交价格为计税依据。成交价格是指土地、房屋权属转移合同确定的价格，包括承受者应交付的货币、实物、无形资产或者其他经济利益。

（2）土地使用权赠予、房屋赠予，由征收机关参照土地使用权出售、房屋买卖的市场价格核定。

（3）土地使用权交换、房屋交换，为所交换的土地使用权、房屋的价格差额。也就是说，交换价格相等时，免征契税；交换价格不等时，由多交付货币、实物、无形资产或者其他经济利益的一方缴纳契税。

【即学即用】 *居民乙拖欠居民甲的债务无力偿还，最终以自有房产抵偿债务，居民甲因此取得该房产的产权并支付给居民乙差价款10万元。甲、乙双方应由谁缴纳契税？*

解析：

以房抵债视同房屋买卖，应由产权承受人按房屋现值缴纳契税，所以应由居民甲缴纳。

（4）以划拨方式取得土地使用权，经批准转让房地产时，由房地产转让者补缴契税。计税依据为补缴的土地使用权出让费用或者土地收益。

为了避免偷、逃税款，税法规定：成交价格明显低于市场价格且无正当理由的，或者所交换土地使用权、房屋的价格差额明显不合理且无正当理由的，征收机关可以参照市场价格核定计税依据。

（5）房屋附属设施征收契税的依据。

① 采取分期付款方式购买房屋附属设施土地使用权、房屋所有权的，应按合同规定的总价款计征契税。

② 承受的房屋附属设施权属如为单独计价的，按照当地确定的适用税率征收契税；如与房屋统一计价的，适用与房屋相同的契税税率。

（6）个人无偿赠予不动产行为（法定继承人除外），应对受赠人全额征收契税。

2. 应纳税额的计算

应纳税额的计算公式为：

应纳税额＝计税依据×税率

【例题 8－36】 A 企业卖给 B 企业一套房屋，契约上的成交价格为 200 万元。契税征收机关经过核实，确定计税价格为 150 万元。假设当地规定的契税税率为 4%，计算 B 企业的应纳税额。

解析：

B 企业的应纳税额＝150×4%＝6(万元)

【例题 8－37】 居民李某共有两套房产，他将第一套市价为 60 万元的房产与王某进行房屋交换，并支付给王某 10 万元；将第二套市价为 50 万元的房产折价给赵某，抵偿了 40 万元的债务。若当地确定的契税税率为 5%，计算李某应缴纳的契税。

解析：

李某应缴纳的契税＝100 000×5%＝5 000(元)

以房屋抵债的，承受房屋的赵某缴纳契税，王某不纳税。房屋交换的，支付差价的一方按照支付的差价纳税。

8.9.5 税收优惠

1. 契税优惠的一般规定

（1）国家机关、事业单位、社会团体、军事单位承受土地、房屋用于办公、教学、医疗、科研和军事设施的，免征契税。

（2）城镇职工按规定第一次购买公有住房，免征契税。对个人购买普通住房，且该住房属于家庭（成员范围包括购房人、配偶以及未成年子女，下同）唯一住房的，减半征收契税。对个人购买 90 平方米及以下普通住房，且该住房属于家庭唯一住房的，减按 1%的税率征收契税。

（3）因不可抗力灭失住房而重新购买住房的，酌情减免。不可抗力是指自然灾害、战争等不能预见、不可避免并不能克服的客观情况。

（4）土地、房屋被县级以上人民政府征用、占用后，重新承受土地、房屋权属的，由省级人民政府确定是否减免。

（5）承受荒山、荒沟、荒丘、荒滩土地使用权，并用于农、林、牧、渔业的生产，

免征契税。

(6) 经外交部确认，依照我国有关法律规定以及我国缔结或参加的双边和多边条约或协定，应当予以免税的外国驻华使馆、领事馆、联合国驻华机构及其外交代表、领事官员和其他外交人员承受土地、房屋权属。

(7) 对公租房经营管理单位购买住房作为公租房，免征契税。

(8) 个人首次购买 90 平方米以下改造安置住房，按 1%的税率计征契税；购买超过 90 平方米，但符合普通住房标准的改造安置住房，按法定税率减半计征契税。对个人购买家庭第二套改善性住房，面积为 90 平方米及以下的，减按 1%的税率征收契税；面积为 90 平方米以上的，减按 2%的税率征收契税。

【即学即用】 下列可以享受减免契税优惠待遇的是（　　）。

A. 城镇职工购买公有住房的　　B. 房屋所有者之间互相交换房屋的

C. 学校承受土地用于教学　　D. 取得荒山用于工业园建设

答案： C

---

2. 契税优惠的特殊规定

(1) 企业按照《中华人民共和国公司法》有关规定整体改制，包括非公司制企业改制为有限责任公司或股份有限公司，有限责任公司变更为股份有限公司，股份有限公司变更为有限责任公司，原企业投资主体存续并在改制（变更）后的公司中所持股权（股份）比例超过 75%，且改制（变更）后公司承继原企业权利、义务的，对改制（变更）后公司承受原企业土地、房屋权属，免征契税。

非公司制国有独资企业或国有独资有限责任公司，以其部分资产与他人组建新公司，且该国有独资企业（公司）在新设公司中所占股份超过 50%的，对新设公司承受该国有独资企业（公司）的土地、房屋权属，免征契税。

国有控股公司以部分资产投资组建新公司，且该国有控股公司占新公司的股份超过 85%的，对新公司承受该国有控股公司土地、房屋权属，免征契税。国有控股公司是指国家出资额占有限责任公司资本总额超过 50%，或国有股份占股份有限公司股本总额超过 50%的公司。

(2) 公司股权重组。在股权（股份）转让中，单位、个人承受企业股权（股份），企业土地、房屋权属不发生转移，不征收契税。

(3) 公司合并。两个或两个以上的公司，依据法律规定、合同约定，合并改建为一个公司，对其合并后的公司承受原合并各方的土地、房屋权属，免征契税。

(4) 公司分立。公司依照法律规定、合同约定，分设为两个或两个以上投资主体相同的企业，对分立后公司承受原公司土地、房屋权属，不征收契税。

(5) 企业出售。国有企业、集体企业出售，被出售企业法人予以注销，并且买受人按照《中华人民共和国劳动法》（以下简称《劳动法》）等国家有关法律、法规、政策妥善安置原企业全部职工，其中与原企业 30%以上职工签订服务年限不少于 3 年的劳动用工合同的，对其承受所购企业的土地、房屋权属，减半征收契税；与原企业全部职工签订服务年限不少于3年的劳动用工合同的，免征契税。

(6) 企业注销、破产。企业依照有关法律、法规的规定实施注销、破产后，债权人(包括注销、破产企业职工) 承受注销、破产企业土地、房屋权属以抵偿债务的，免征契税；对非债权人承受注销、破产企业土地、房屋权属，凡按照《劳动法》等国家有关法律、法规、政策妥善安置原企业全部职工，其中与原企业30%以上职工签订服务年限不少于3年的劳动用工合同的，对其承受所购企业的土地、房屋权属，减半征收契税；与原企业全部职工签订服务年限不少于3年的劳动用工合同的，免征契税。

(7) 房屋的附属设施。对于承受与房屋相关的附属设施(包括停车位、汽车库、自行车库、顶层阁楼以及储藏室，下同) 所有权或土地使用权的行为，按照契税法律、法规的规定征收契税；对于不涉及土地使用权和房屋所有权转移变动的，不征收契税。

(8) 继承土地、房屋权属。对于《中华人民共和国继承法》规定的法定继承人(包括配偶、子女、父母、兄弟姐妹、祖父母、外祖父母) 继承土地、房屋权属，不征契税。

按照《中华人民共和国继承法》的规定，非法定继承人根据遗嘱承受死者生前的土地、房屋权属，属于赠予行为，应征收契税。

(9) 事业单位按照国家有关规定改制为企业的过程中，投资主体没有发生变化的，对改制后的企业承受原事业单位土地、房屋权属，免征契税。投资主体发生变化的，改制后的企业按照《劳动法》等有关法律、法规妥善安置原事业单位全部职工，其中与原事业单位全部职工签订服务年限不少于3年的劳动用工合同的，对其承受原事业单位的土地、房屋权属，免征契税；与原事业单位30%以上职工签订服务年限不少于3年的劳动用工合同的，对其承受原事业单位的土地、房屋权属，减半征收契税。

(10) 事业单位改制过程中，改制后的企业以出让或国家作价出资(入股) 方式取得原国有划拨土地使用权的，不属于本通知规定的契税减免税范围，应按规定缴纳契税。

(11) 事业单位按照国家有关规定改制为企业，原投资主体存续并在改制后企业中出资(股权、股份) 比例超过50%的，对改制后企业承受原事业单位土地、房屋权属，免征契税。

(12) 对承受县级以上人民政府或国有资产管理部门按规定进行行政性调整、划转国有土地、房屋权属的单位，免征契税。同一投资主体内部所属企业之间土地、房屋权属的划转，包括母公司与其全资子公司之间，同一公司所属全资子公司之间，同一自然人与其设立的个人独资企业、一人有限公司之间土地、房屋权属的划转，免征契税。母公司以土地、房屋权属向其全资子公司增资，视同划转，免征契税。

(13) 经国务院批准实施债权转股权的企业，对债权转股权后新设立的公司承受原企业的土地、房屋权属，免征契税。

(14) 以出让方式或国家作价出资(入股) 方式承受原改制重组企业、事业单位划拨用地的，不属于上述规定的免税范围，对承受方应按规定征收契税。

(15) 在婚姻关系存续期间，房屋、土地权属原归夫妻一方所有，变更为夫妻双方共有或另一方所有的，或者房屋、土地权属原归夫妻双方共有，变更为其中一方所有的，或者房屋、土地权属原归夫妻双方共有，双方约定、变更共有份额的，免征契税。

8.9.6 征收管理

1. 纳税义务发生时间

契税的纳税义务发生时间是纳税人签订土地、房屋权属转移合同的当天，或者纳税人取得其他具有土地、房屋权属转移合同性质凭证的当天。

2. 纳税期限

纳税人应当自纳税义务发生之日起 10 日内，向土地、房屋所在地的契税征收机关办理纳税申报，并在契税征收机关核定的期限内缴纳税款。

3. 纳税地点

契税在土地、房屋所在地的征收机关缴纳。

【即学即用】 契税的纳税地点是（　　）。

A. 企业的核算地　　　　B. 纳税人的居住地

C. 单位的注册地　　　　D. 土地、房屋所在地

答案：D

4. 征收管理

纳税人办理纳税事宜后，征收机关应向纳税人开具契税完税凭证。纳税人持契税完税凭证和其他规定的文件材料，依法向土地管理部门、房产管理部门办理有关土地、房屋的权属变更登记手续。土地管理部门和房产管理部门应向契税征收机关提供有关资料，并协助契税征收机关依法征收契税。

8.10 环境保护税

在实施排污费征收制度 30 年后，基于“费改税”的原则，我国于 2016 年 12 月 25 日出台了《中华人民共和国环境保护税法》（以下简称《环境保护税法》）。根据该法规定，自 2018 年 1 月 1 日起依法征收环境保护税，不再征收排污费。

8.10.1 环境保护税概述

1. 环境保护税的概念

环境保护税是以在中华人民共和国领域和中华人民共和国管辖的其他海域，直接向环境排放应税污染物的企业、事业单位和其他生产经营者为纳税人征收的一种税。

【小思考】 环境保护税与排污费最大的区别在哪里？

2. 环境保护税的特点

(1)“费改税”，实现税负平移。将排污费的缴纳人作为环境保护税的纳税人，根据现行排污收费项目、计费办法和收费标准，设置环境保护税的税目、计税依据和税额标准。

(2) 需要多部门配合，实现制度转换。相比部分已有税种，环境保护税所涉及的技术性相对较强。《环境保护税法》明确，在“费改税”后，由税务部门征收，生态环境保护部门配合，确定“企业申报、税务征收、环保监测、信息共享”的税收征管模式。

(3) 税款用于治理环境和生态文明建设。税收收入纳入一般公共预算管理，用于污染防治和生态环境保护，推进生态文明建设。

8.10.2 纳税人、征税对象与税率

1. 纳税人

环境保护税的纳税人是在中华人民共和国领域和中华人民共和国管辖的其他海域，直接向环境排放应税污染物的企业、事业单位和其他生产经营者。

2. 征税对象

环境保护税的征税对象为4大类污染物，包括大气污染物、水污染物、固体废物和噪声。环境保护税的具体税目、税额，依照《环境保护税法》所附的环境保护税税目税额表执行。

有下列情形之一的，不属于直接向环境排放污染物，不缴纳相应污染物的环境保护税：

(1) 企业、事业单位和其他生产经营者向依法设立的污水集中处理、生活垃圾集中处理场所排放应税污染物的。

(2) 企业、事业单位和其他生产经营者在符合国家及地方环境保护标准的设施、场所贮存或者处置固体废物的。

依法设立的城乡污水集中处理、生活垃圾集中处理场所超过国家和地方规定的排放标准向环境排放应税污染物的，应当缴纳环境保护税。

企业、事业单位和其他生产经营者贮存或者处置固体废物不符合国家和地方环境保护标准的，应当缴纳环境保护税。

3. 税　率

环境保护税实行从量征收，其税目税额表见表8-6。

表8-6　　环境保护税税目税额表

税目		计税单位	税额
大气污染物		每污染当量	1.2元至12元
水污染物		每污染当量	1.4元至14元
固体废物	煤矸石	每吨	5元
	尾矿	每吨	15元
	危险废物	每吨	1 000元
	冶炼渣、粉煤灰、炉渣、其他固体废物（含半固态、液态废物）	每吨	25元

续前表

税目		计税单位	税额
噪声	工业噪声	超标 1～3 分贝	每月 350 元
		超标 4～6 分贝	每月 700 元
		超标 7～9 分贝	每月 1 400 元
		超标 10～12 分贝	每月 2 800 元
		超标 13～15 分贝	每月 5 600 元
		超标 16 分贝以上	每月 11 200 元

应税大气污染物和水污染物具体适用税额的确定及调整，由省、自治区、直辖市人民政府统筹考虑本地区环境承载能力、污染物排放现状和经济社会生态发展目标要求，在《环境保护税税目税额表》规定的税额幅度内提出，报同级人民代表大会常务委员会决定，并报全国人民代表大会常务委员会和国务院备案。

8.10.3 计税依据及应纳税额的计算

1. 计税依据

（1）应税污染物的计税依据，按照下列方法确定：

① 应税大气污染物按照污染物排放量折合的污染当量数。

② 应税水污染物按照污染物排放量折合的污染当量数。

③ 应税固体废物按照固体废物的排放量。固体废物的排放量为当期应税固体废物的产生量减去当期应税固体废物的贮存量、处置量、综合利用量的余额。

④ 应税噪声按照超过国家规定标准的分贝数。

（2）应税大气污染物、水污染物的污染当量数，以该污染物的排放量除以该污染物的污染当量值计算。每种应税大气污染物、水污染物的具体污染当量值，依照《环境保护税法》所附的应税污染物和当量值表执行。

每一排放口或者没有排放口的应税大气污染物，按照污染当量数从大到小排序，对前三项污染物征收环境保护税。

每一排放口的应税水污染物，按照《环境保护税法》所附的应税污染物和当量值表，区分第一类水污染物和其他类水污染物，按照污染当量数从大到小排序，对第一类水污染物按照前五项征收环境保护税，对其他类水污染物按照前三项征收环境保护税。

省、自治区、直辖市人民政府根据本地区污染物减排的特殊需要，可以增加同一排放口征收环境保护税的应税污染物项目数，报同级人民代表大会常务委员会决定，并报全国人民代表大会常务委员会和国务院备案。

纳税人有下列情形之一的，以其当期应税大气污染物、水污染物的产生量作为污染物的排放量：

① 未依法安装、使用污染物自动监测设备或者未将污染物自动监测设备与生态环境主管部门的监控设备联网。

② 损毁或者擅自移动、改变污染物自动监测设备。

③ 篡改、伪造污染物监测数据。

④ 通过暗管、渗井、渗坑、灌注或者稀释排放以及不正常运行防治污染设施等方式违法排放应税污染物。

⑤ 进行虚假纳税申报。

(3) 应税大气污染物、水污染物、固体废物的排放量和噪声的分贝数，按照下列方法和顺序计算：

① 纳税人安装使用符合国家规定和监测规范的污染物自动监测设备的，按照污染物自动监测数据计算。

② 纳税人未安装使用污染物自动监测设备的，按照监测机构出具的符合国家有关规定和监测规范的监测数据计算。

③ 因排放污染物种类多等原因不具备监测条件的，按照国务院生态环境主管部门规定的排污系数、物料衡算方法计算。

④ 不能按照①项至③项规定的方法计算的，按照省、自治区、直辖市人民政府生态环境主管部门规定的抽样测算的方法核定计算。

2. 应纳税额的计算

环境保护税应纳税额按照下列方法计算：

(1) 应税大气污染物的应纳税额为污染当量数乘以具体适用税额。

(2) 应税水污染物的应纳税额为污染当量数乘以具体适用税额。

(3) 应税固体废物的应纳税额为固体废物排放量乘以具体适用税额。

(4) 应税噪声的应纳税额为超过国家规定标准的分贝数对应的具体适用税额。

8.10.4 税收优惠

1. 环境保护税的免征

对于下列情形，暂予免征环境保护税：

(1) 农业生产（不包括规模化养殖）排放应税污染物的。

(2) 机动车、铁路机车、非道路移动机械、船舶和航空器等流动污染源排放应税污染物的。

(3) 依法设立的城乡污水集中处理、生活垃圾集中处理场所排放相应应税污染物，不超过国家和地方规定的排放标准的。

(4) 纳税人综合利用的固体废物，符合国家和地方环境保护标准的。

(5) 国务院批准免税的其他情形。

上述第五项免税规定，由国务院报全国人民代表大会常务委员会备案。

2. 环境保护税优惠的特殊规定

纳税人排放应税大气污染物或者水污染物的浓度值低于国家和地方规定的污染物排放标准30%的，减按75%征收环境保护税。纳税人排放应税大气污染物或者水污染物的浓度值低于国家和地方规定的污染物排放标准50%的，减按50%征收环境保护税。

8.10.5 征收管理

1. 纳税义务发生时间

环境保护税的纳税义务发生时间是纳税人排放应税污染物的当日。

2. 纳税期限

环境保护税按月计算，按季申报缴纳。不能按固定期限计算缴纳的，可以按次申报缴纳。

纳税人在申报缴纳时，应当向税务机关报送所排放应税污染物的种类、数量，大气污染物、水污染物的浓度值，以及税务机关根据实际需要要求纳税人报送的其他纳税资料。

纳税人按季申报缴纳的，应当自季度终了之日起 15 日内，向税务机关办理纳税申报并缴纳税款。纳税人按次申报缴纳的，应当自纳税义务发生之日起 15 日内，向税务机关办理纳税申报并缴纳税款。

纳税人应当依法如实办理纳税申报，对申报的真实性和完整性承担责任。

3. 纳税地点

纳税人应当向应税污染物排放地的税务机关申报缴纳环境保护税。

4. 征收管理

税务机关应当将纳税人的纳税申报数据资料与生态环境主管部门交送的相关数据资料进行比对。税务机关发现纳税人的纳税申报数据资料异常或者纳税人未按照规定期限办理纳税申报的，可以提请生态环境主管部门进行复核，生态环境主管部门应当自收到税务机关的数据资料之日起 15 日内向税务机关出具复核意见。税务机关应当按照生态环境主管部门复核的数据资料调整纳税人的应纳税额。

纳税人和税务机关、生态环境主管部门及其工作人员违反《环境保护税法》规定的，依照《税收征管法》、《环境保护法》和有关法律法规的规定追究法律责任。

8.11 船舶吨税

8.11.1 船舶吨税概述

船舶吨税是以中华人民共和国境外港口进入境内港口的船舶为征税对象，由海关负责征收的一种行为税。船舶吨税的基本法律规范为《中华人民共和国船舶吨税法》，于 2017 年 12 月 27 日第十二届全国人民代表大会常务委员会第三十一次会议通过，自 2018 年 7 月 1 日起施行。2011 年 12 月 5 日国务院公布的《中华人民共和国船舶吨税暂行条例》同时废止。

8.11.2 纳税人与征税对象

1. 纳税人

船舶吨税的纳税人是中国境内港口的应税船舶负责人。

2. 征税对象

船舶吨税的征税对象是自中华人民共和国境外港口进入境内港口的船舶。

8.11.3 税 率

船舶吨税设置优惠税率和普通税率，见表 8-7。

(1) 中华人民共和国籍的应税船舶，船籍国（地区）与中华人民共和国签订了含有相互给予船舶税费最惠国待遇条款的条约或者协定的应税船舶，适用优惠税率。

(2) 其他应税船舶，适用普通税率。

表 8-7 船舶吨税税目税率表

税目（按船舶净吨位划分）	税率（元/净吨）						备注
	普通税率（按执照期限划分）			优惠税率（按执照期限划分）			
	1年	90日	30日	1年	90日	30日	
不超过 2 000 净吨	12.6	4.2	2.1	9.0	3.0	1.5	1. 拖船按照发动机功率每千瓦折合净吨位 0.67 吨。 2. 无法提供净吨位证明文件的游艇，按照发动机功率每千瓦折合净吨位 0.05 吨。 3. 拖船和非机动驳船分别按相同净吨位船舶税率的 50%计征税款。
超过 2 000 净吨但不超过 10 000 净吨	24.0	8.0	4.0	17.4	5.8	2.9	
超过 10 000 净吨但不超过 50 000 净吨	27.6	9.2	4.6	19.8	6.6	3.3	
超过 50 000 净吨	31.8	10.6	5.3	22.8	7.6	3.8	

8.11.4 计税依据及应纳税额的计算

1. 计税依据

船舶吨税按照船舶净吨位和船舶吨税执照期限征收。应税船舶负责人在每次申报纳税时，可以按照船舶吨税税目税率表选择申领一种期限的船舶吨税执照。

2. 应纳税额的计算

应纳税额的计算公式为：

应纳税额＝船舶净吨位×适用税率

8.11.5 税收优惠

下列船舶免征船舶吨税：

(1) 应纳税额在人民币 50 元以下的船舶。

(2) 自境外以购买、受赠、继承等方式取得船舶所有权的初次进口到港的空载船舶。

(3) 船舶吨税执照期满后 24 小时内不上下客货的船舶。

(4) 非机动船舶（不包括非机动驳船）。

(5) 捕捞、养殖渔船。

(6) 避难、防疫隔离、修理、改造、终止运营或者拆解，并不上下客货的船舶。

(7) 军队、武装警察部队专用或者征用的船舶。

(8) 警用船舶。

(9) 依照法律规定应当予以免税的外国驻华使领馆、国际组织驻华代表机构及其有关人员的船舶。

(10) 国务院规定的其他船舶。

8.11.6 征收管理

1. 纳税义务发生时间

船舶吨税的纳税义务发生时间为应税船舶进入港口的当日。

应税船舶在船舶吨税执照期满后尚未离开港口的，应当申领新的船舶吨税执照，自上一次执照期满的次日起续缴船舶吨税。

2. 纳税期限

应税船舶负责人应当自海关填发船舶吨税缴款凭证之日起 15 日内缴清税款。未按期缴清税款的，自滞纳税款之日起至缴清税款之日止，按日加收滞纳税款 0.5‰的税款滞纳金。

3. 征收管理

(1) 应税船舶到达港口前，经海关核准先行申报并办结出入境手续的，应税船舶负责人应当向海关提供与其依法履行船舶吨税缴纳义务相适应的担保；应税船舶到达港口后，需要依法律规定向海关申报纳税。

(2) 应税船舶在船舶吨税执照期限内，因修理、改造导致净吨位变化的，船舶吨税执照继续有效。应税船舶办理出入境手续时，应当提供船舶经过修理、改造的证明文件。

应税船舶在船舶吨税执照期限内，因税目、税率调整或者船籍改变而导致适用税率变化的，船舶吨税执照继续有效。因船籍改变而导致适用税率变化的，应税船舶在办理出入境手续时，应当提供船籍改变的证明文件。

(3) 海关发现少征或者漏征税款的，应当自应税船舶应当缴纳税款之日起一年内，补征税款。但因应税船舶违反规定造成少征或者漏征税款的，海关可以自应当缴纳税款之日起 3 年内追征税款，并自应当缴纳税款之日起按日加征少征或者漏征税款 0.5‰的税款滞纳金。海关发现多征税款的，应当在 24 小时内通知应税船舶办理退还手续，并加算银行同期活期存款利息。

应税船舶发现多缴税款的，可以自缴纳税款之日起 3 年内以书面形式要求海关退还多缴的税款并加算银行同期活期存款利息；海关应当自受理退税申请之日起 30 日内查实并通知应税船舶办理退还手续。

（4）应税船舶有下列行为之一的，由海关责令限期改正，处 2 000 元以上 30 000 元以下的罚款；不缴或者少缴应纳税款的，处不缴或者少缴税款 50%以上 5 倍以下的罚款，但罚款不得低于 2 000 元。

① 未按照规定申报纳税、领取船舶吨税执照。

② 未按照规定交验船舶吨税执照（或者申请核验吨税执照电子信息）以及提供其他证明文件。

（5）船舶吨税的税款、税款滞纳金、罚款以人民币计算。

本章小结

城市维护建设税是对从事工商经营，缴纳增值税、消费税的单位和个人，按其实际缴纳的增值税和消费税税额的一定比例征收，专门用于城市维护建设的一种税。资源税是对在我国境内从事应税矿产品开采及生产盐的单位和个人课征的一种税。城镇土地使用税是以城镇土地为征税对象，对拥有土地使用权的单位和个人征收的一种税。耕地占用税是对占用耕地建房或从事其他非农业建设的单位和个人，就其实际占用的耕地面积征收的一种税。房产税是以房屋为征税对象，按照房屋的计税余值或租金收入，向产权所有人征收的一种财产税。车船税是指在中华人民共和国境内的车辆、船舶的所有人或者管理人按照《中华人民共和国车船税暂行条例》应缴纳的一种税。印花税是以经济活动和经济交往中书立、使用、领受应税凭证和证券交易的行为为征税对象征收的一种税。车辆购置税是以在中国境内购置规定车辆为征税对象、在特定的环节向车辆购置者征收的一种税。契税是以在中华人民共和国境内转移土地、房屋权属为征税对象，向产权承受人征收的一种财产税。环境保护税是向在中华人民共和国领域和中华人民共和国管辖的其他海域，直接向环境排放应税污染物的企业、事业单位和其他生产经营者征收的一种税。船舶吨税是以中华人民共和国境外港口进入境内港口的船舶为征税对象，由海关负责征收的一种行为税。

关键术语

城市维护建设税　资源税　城镇土地使用税　耕地占用税　房产税
车船税　印花税　车辆购置税　契税　环境保护税
船舶吨税

思考题

1. 城市维护建设税的税基是如何确定的？
2. 资源税的税率是如何具体规定的？
3. 城镇土地使用税的意义有哪些？请具体阐述。
4. 耕地占用税有哪些特点？

5. 房产税的计税依据有哪两种？分别是如何征收的？
6. 车船税税收优惠中有哪些是法定减免？
7. 印花税的税目包括哪些内容？
8. 车辆购置税的计税依据有哪几种具体情况？
9. 契税的征税对象具体包括哪些？
10. 环境保护税的征税对象包括哪些？
11. 船舶吨税的应纳税额如何计算？

第9章 国际税收

【本章要点】

1. 国际税收协定
2. 《经合组织范本》与《联合国范本》
3. 国际避税与反避税
4. 国际税收征管合作

9.1 国际税收概述

9.1.1 国际税收的概念

国际税收是在开放的经济条件下因纳税人的经济活动扩大到境外以及国与国之间的税收法规存在差异或相互冲突而带来的一些税收问题和税收现象。

国际税收问题是在开放经济条件下出现的种种税收现象，其背后隐含着的是国与国之间的税收关系，这种国家之间的税收关系是国际税收的本质所在。①

9.1.2 税收管辖权

税收管辖权是指主权国家根据其法律所拥有和行使的征税权力。

① 朱青．国际税收．7版．北京：中国人民大学出版社，2016.

国际上确定税收管辖权的原则包括以下两个方面：

第一，属人原则，又称属人主义，即以纳税人（包括自然人和法人）的国籍、登记注册所在地或者住所、居所和管理机构所在地为标准，确定其税收管辖权。一国有权对本国居民或公民的一切所得征税。按照属人原则确立的管辖权称为居民（公民）管辖权。

第二，属地原则，又称属地主义，即以一国的领土疆域范围为标准，确定其税收管辖权。一国有权对来源于本国境内的一切所得征税。按照属地原则确立的管辖权称为地域（或收入来源地）管辖权。

9.2 国际重复征税与国际税收协定

9.2.1 国际重复征税

国际重复征税是指两个国家各自依据自己的税收管辖权按同一税种对同一纳税人的同一征税对象在同一征税期限内同时征税。

国际重复征税产生的原因包括：一是纳税人（包括自然人和法人）拥有跨国所得，即在其居住国以外的国家取得收入或占有财产；二是两国对同一纳税人都行使税收管辖权。例如，甲国居民在乙国从事经济活动并在当地有一笔所得，甲国依据居民管辖权有权对这笔所得征税，乙国依据地域管辖权也有权对这笔所得征税。这样，甲、乙两国的税收管辖权就在该甲国居民的同一笔所得上发生了重叠。如果甲、乙两国都行使自己的征税权，则这笔所得就会面临国际重复征税。

9.2.2 国际税收协定

1. 国际税收协定的概念

广义的国际税收协定是指国与国之间签订的有关税收问题的具有法律效力的书面协议，包括避免所得和财产双重征税的协定（以下简称“双重征税协定”）、双边或多边缔结的关税协定（特定税种）、空运企业和海运企业国际运输收入互免税收的协定（特定项目）等。狭义的国际税收协定特指避免所得和财产双重征税的国际协定。

世界上最早的国际税收协定是比利时和法国在1843年签订的，1899年德国和奥地利也签订了国际税收协定。由于跨国贸易日益增多，所得和财产的国际重复征税问题越来越突出，参与制定国际税收协定的国家越来越多。在第二次世界大战结束后，国际税收协定开始快速发展。第二次世界大战结束后的二三十年经历了国际税收协定的高峰期。

早期的国际税收协定并没有范本，所以从具体内容上看，它们相互之间的差异比较大。为了规范国际税收协定的内容，简化签订过程，一些国家和国际组织开始研究国际税收协定范本。1963年，经济合作与发展组织（以下简称“经合组织”）首次公布《关于对所得和资本避免双重征税的协定范本》，即《经合组织范本》（《OECD 范本》）。1979 年，联合国通过《关于发达国家与发展中国家间避免双重征税的协定范本》，即《联合国范本》（《UN 范本》）。

国际税收协定可以弥补用国内税法单边解决国际重复征税问题时存在的缺陷，同时能够兼顾居住国和来源国的税收利益，有利于在防止国际避税和国际偷逃税问题上加强国际合作。

2. 国际税收协定的法律地位

从目前大多数国家的规定来看，当国际税收协定与国内税法不一致时，国际税收协定处于优先执行的地位。我国是主张国际税收协定应优先于国内税法的国家。目前，其他许多国家也主张国际税收协定不能干预缔约国制定、补充和修改国内税法，更不能限制国内税法做出比税收协定更加优惠的规定；如果国内税法的规定比税收协定更为优惠，则一般应遵照执行国内税法。

3. 国际税收协定范本

《联合国范本》较为注重扩大收入来源国的税收管辖权，主要目的在于促进发达国家和发展中国家之间签订双边税收协定，同时也促进发展中国家相互间签订双边税收协定。

虽然《经合组织范本》在某些特殊方面承认收入来源国的优先征税权，但其主导思想强调的是居民管辖权原则，主要是为促进经合组织成员之间签订双边税收协定的工作。

《联合国范本》强调，收入来源国对国际资本收入的征税应当考虑以下三点：①考虑为取得这些收入所应分担的费用，以保证对这种收入按其净值征税；②税率不宜过高，以免挫伤投资积极性；③考虑与提供资金的国家适当地分享税收收入，尤其是对在来源国产生的即将汇出境的股息、利息、特许权使用费所征收的预提所得税，以及对从事国际运输的船运利润征税，应体现税收分享原则。

在《经合组织范本》和《联合国范本》中主要包括协定的适用范围、基本用语的定义、对所得和财产的课税、避免双重征税的办法、特别规定以及协定生效或终止的时间等。这两个国际税收协定范本都把协定包括的纳税人（包括自然人、公司、社团以及基金会等）限制在缔约国一方或同时成为缔约国双方的居民。两个国际税收协定范本规定：除了协定的个别条款（无差别待遇条款、税收情报交换和政府职员的退休金等）外，非缔约国居民不能享受协定的待遇。在两个国际税收协定范本中均规定协定仅适用于对所得和财产征收的各种直接税。

4. 我国对外缔结税收协定的概况

我国重视对外缔结国际税收协定是从改革开放以后开始的。从 1981 年 1 月起，我国首先同日本就签订避免双重征税协定进行了谈判。中日税收协定是我国对外签订的第一个全面性的避免双重征税协定。

截至 2018 年 12 月，我国已对外正式签署了 107 个避免双重征税协定，其中 100 个协定已生效。此外，我国内地与香港、澳门两个特别行政区分别签署了税收安排，现已生效；中国大陆与台湾地区签署了税收协议，目前尚未生效。《内地和香港特别行政区关于对所得避免双重征税和防止偷漏税的安排》以及《内地和澳门特别行政区关于对所得避免双重征税和防止偷漏税的安排》均已生效。

9.3 国际避税与反避税

9.3.1 一般反避税

按照《企业所得税法》的规定，税务机关有权对企业实施其他不具有合理商业目的的安排而减少其应纳税收入或所得额进行审核评估和调查调整。

国家税务总局制定的《一般反避税管理办法（试行）》（国家税务总局令 2014 年第 32 号）自 2015 年 2 月 1 日起施行。该文件的基本精神是，企业实施以减少、免除或者推迟缴纳税款等不具有合理商业目的的安排而减少其应纳税收入或者所得额的，税务机关有权按照合理方法调整。

税务机关应当以具有合理商业目的和经济实质的类似安排为基准，按照实质重于形式的原则实施特别纳税调整，主要的调整方法包括：

（1）对安排的全部或者部分交易重新定性。

（2）在税收上否定交易方的存在，或者将该交易方与其他交易方视为同一实体。

（3）对相关所得、扣除、税收优惠、境外税收抵免等重新定性或者在交易各方间重新分配。

（4）其他合理方法。

国家税务总局在 2015 年 2 月 3 日出台了《关于非居民企业间接转让财产企业所得税若干问题的公告》（国家税务总局公告 2015 年第 7 号），规定非居民企业通过实施不具有合理商业目的的安排，间接转让中国居民企业的股权等财产，规避企业所得税纳税义务的，应按照《企业所得税法》的规定，重新定性该间接转让交易，确认为直接转让中国居民企业的股权等财产。

9.3.2 税基侵蚀和利润转移项目行动计划

税基侵蚀和利润转移（BEPS）项目是 G20（二十国集团）领导人背书并委托经合组织推进的国际税改项目，也是各国携手打击国际逃避税，共同建立有利于全球经济增长的国际税收规则体系和行政合作机制，见表 9－1。

表 9－1 BEPS 15 项行动计划

类别	行动计划（15 项）
应对数字经济带来的挑战	数字经济
协调各国企业所得税税制	混合错配、受控外国公司规则、利息扣除、有害税收实践
重塑现行税收协定和转让定价国际规则	税收协定滥用、常设机构、无形资产、风险和资本、其他高风险交易

续前表

类别	行动计划（15项）
提高税收透明度和确定性	数据统计分析、强制披露原则、转让定价同期资料、争端解决
开发多边工具，促进行动计划实施	多边工具

【即学即用】 在以下各项中，属于税基侵蚀和利润转移项目行动计划的有（ ）。

A. 数字经济　　B. 有害税收实践

C. 数据统计分析　　D. 实际管理机构规则

答案： ABC

9.4 国际税收征管协作

2013年8月27日，中国签署了《多边税收征管互助公约》（以下简称《公约》），成为该《公约》的第56个签约方，G20成员至此已全部加入这一《公约》。我国签署和执行《公约》，将进一步推动国际税收征管协作，提高对跨境纳税人的税收服务和征管水平，有助于营造公平、透明的税收环境。

9.4.1 税收情报交换

税收情报交换是我国作为税收协定缔约国承担的一项国际义务，也是我国与其他国家（地区）税务主管当局之间进行国际税收征管合作以及保护我国合法税收权益的重要方式。国家税务总局特别制定《国际税收情报交换工作规程》（以下简称《规程》），以此加强我国与相关税收协定缔约国的国际税务合作。

《规程》中所称的情报交换是指我国与相关税收协定缔约国的税务主管当局为了正确执行税收协定及其所涉及税种的国内法而相互交换所需信息的行为。

税收情报交换类型包括专项情报交换、自动情报交换、自发情报交换以及同期税务检查、授权代表访问和行业范围情报交换等。当然，税收情报泄露会使国家的安全和利益受损。我国从缔约国税务主管当局获取的税收情报可以作为税收执法行为的依据，并可以在诉讼程序中出示。目前，我国税收情报交换通过国家税务总局进行。

9.4.2 《海外账户税收遵从法案》

美国制定《海外账户税收遵从法案》（以下简称“FATCA”）的主要目的是追查全球范围内美国富人逃避缴纳税款的行为，属于美国国内法，但其适用范围远远超出了美国。

美国公布了以政府间合作方式实施 FATCA 的两种协议模式：①模式一是通过政府开展信息交换，包括互惠型和非互惠型两种子模式；②模式二是金融机构直接向美国税务机关报送信息。

2014 年 6 月，中国按照模式一中的互惠型子模式与美国签订了政府间协议。一方面，FATCA 在中国的实施将使中国金融业的运营产生较高的合规成本——中国金融机构在前期研究、流程再造、系统改造以及人员培训方面都需要投入大量的成本；另一方面，FATCA 的实施将倒逼中国金融领域和税收领域的改革取得突破，有助于夯实税源信息基础，为税务机关识别跨境税收风险构建长效机制。

9.4.3 金融账户涉税信息自动交换

随着经济全球化进程的不断加快，纳税人通过境外金融机构持有和管理资产，并将收益隐匿在境外金融账户以逃避居住国纳税义务的现象日趋严重，各国对进一步加强国际税收信息交换、维护本国税收权益的意愿愈显迫切。受二十国集团（G20）委托，2014 年 7 月，经济合作与发展组织（OECD）发布了金融账户涉税信息自动交换标准（common reporting standard，CRS），旨在推动国与国之间税务信息的自动交换。虽然 CRS 不是具有法律效力的标准，但发起 CRS 的 OECD 提倡各成员应按照要求，签署公民信息交换的协议。CRS 重点关注海外金融资产，主要包括在海外银行的存款、保险公司有现金价值的保单等，从而为各国加强国际税收合作、打击跨境偷逃税提供了强有力的工具。

本章小结

国际税收问题是在开放经济条件下出现的种种税收现象，其背后隐含着的是国与国之间的税收关系。这种国家之间的税收关系是国际税收的本质所在。国际重复征税是指两个国家各自依据自己的税收管辖权按同一税种对同一纳税人的同一征税对象在同一征税期限内同时征税。国际税收协定一般是指避免所得和资本双重征税的国际协定，它可以弥补用国内税法单边解决国际重复征税问题时存在的缺陷，同时能够兼顾居住国和来源国的税收利益，有利于在防止国际避税和国际偷逃税问题上加强国际合作。税基侵蚀和利润转移项目行动计划是各国携手打击国际偷逃税，共同建立有利于全球经济增长的国际税收规则体系和行政合作机制。2013 年，中国签署了《多边税收征管互助公约》，有利于推动国际税收征管协作和营造公平、透明的税收环境。

关键术语

国际税收协定　《联合国范本》　《经合组织范本》
税基侵蚀和利润转移项目行动计划　税收情报交换

思考题

1. 《联合国范本》和《经合组织范本》有什么异同？
2. BEPS 项目行动计划包含哪几项？
3. 国际税收问题的本质是什么？
4. 国际税收协定与国内税法不一致时，应该优先选择哪一个？

第10章 税收征收管理

【本章要点】

1. 税务管理的内涵
2. 税款征收制度
3. 违反税务管理的法律行政责任
4. 税务行政复议与税务行政诉讼
5. 纳税信用评估制度

10.1 税务管理

《中华人民共和国税收征收管理法》（以下简称《税收征管法》）于 1992 年 9 月 4 日第七届全国人民代表大会常务委员会第二十七次会议通过，自 1993 年 1 月 1 日起施行，1995 年、2001 年修订。2013 年和 2015 年全国人民代表大会常务委员会对《税收征管法》又进行过两次修订。《税收征管法》第二条规定："凡依法由税务机关征收的各种税收的征收管理，均适用本法。"

10.1.1 税务登记管理

税务登记是税务机关对纳税人的生产经营活动进行登记并据此对纳税人实施税收管理的一种法定制度。税务登记又称纳税登记，是税务机关对纳税人实施税收管理的重要环节和基础工作，是征纳双方法律关系成立的依据和证明，也是纳税人必须依法履行的义务。

税务登记管理包括：设立税务登记，变更、注销税务登记，停业、复业税务登记等。

1. 设立税务登记

设立税务登记是指企业、单位和个人经国家工商行政管理部门或有关部门批准设立后所需办理的税务登记。

(1)“一照一码”登记制度。新设立企业、个体工商户、农民专业合作社（以下统称“企业”）领取由工商行政管理部门核发、加载法人和其他组织统一社会信用代码（以下简称“统一代码”）的营业执照后，无须再次进行税务登记，不再领取税务登记证。登记机关将企业基本登记信息及变更、注销等信息及时传输至信息共享平台；暂不具备联网共享条件的，由登记机关限时提供上述信息。企业办理涉税事宜时，凭加载统一代码的营业执照可代替税务登记证使用。

①“三证合一”登记制度。“三证合一”登记制度是指将企业登记时依次申请，分别由工商行政管理部门核发的工商营业执照、质量技术监督部门核发的组织机构代码证、税务部门核发的税务登记证，改为一次申请、由工商行政管理部门核发一个营业执照的登记制度。通过“一窗受理、互联互通、信息共享”，将由工商行政管理、质量技术监督、税务三个部门分别核发不同证照，改为由工商行政管理部门核发一个加载法人和其他组织统一社会信用代码的营业执照，即“一照一码”登记模式。自2015年10月1日起，工商营业执照、组织机构代码证和税务登记证“三证合一”，实行“一照一码”登记模式。

②“五证合一”登记制度。根据《国务院办公厅关于加快推进“五证合一、一照一码”登记制度改革的通知》（国办发［2016］53号），在全面实施工商营业执照、组织机构代码证和税务登记证“三证合一”登记制度改革的基础上，再整合社会保险登记证和统计登记证，从2016年10月1日起正式实施“五证合一、一照一码”制度。“五证合一”全面实行“一套材料、一表登记、一窗受理”的工作模式，申请人办理企业注册登记时只需填写“一张表格”，向“一个窗口”提交“一套材料”。登记部门直接核发加载统一社会信用代码的营业执照，相关信息在全国企业信用信息公示系统公示，并归集至全国信用信息共享平台。企业不再另行办理社会保险登记证和统计登记证。目前，我国正积极推进“五证合一”申请、受理、审查、核准、发照、公示等全程电子化登记管理，加快实现“五证合一”网上办理。已按照“三证合一”登记模式领取加载统一社会信用代码营业执照的企业，不需要重新申请办理“五证合一”登记，由登记机关将相关登记信息发送至社会保险经办机构、统计机构等单位。企业原证照有效期满、申请变更登记或者申请换发营业执照的，登记机关换发加载统一社会信用代码的营业执照。取消社会保险登记证和统计登记证的定期验证与换证制度，改为企业按规定自行向工商部门报送年度报告并向社会公示，年度报告要通过全国企业信用信息公示系统向社会保险经办机构、统计机构等单位开放共享。

需要明确的是，在“三证合一”与“五证合一”登记制度改革中，税务登记并没有取消，税务登记的法律地位仍然存在，只是政府在简政放权的大背景下，将税务登记的环节改为由工商行政管理部门受理，即由工商行政管理部门对企业核发一个加载法人和其他组织统一社会信用代码的营业执照，这个营业执照具备税务登记证的法律地位和作用。

(2) 未纳入“一照一码”管理范围的纳税人的税务设立登记流程。未列入“五证合一”登记制度管理的纳税人，应向生产经营所在地税务机关申报办理税务登记：

① 从事生产经营的纳税人未办理工商营业执照但经有关部门批准设立的，应当自有关部门批准设立之日起 30 日内申报办理税务登记，税务机关核发税务登记证及副本。

② 从事生产经营的纳税人未办理工商营业执照，也未经有关部门批准设立的，应当自纳税义务发生之日起 30 日内申报办理税务登记，税务机关核发临时税务登记证及副本。

③ 有独立的生产经营权、在财务上独立核算并定期向发包人或者出租人上交承包费或租金的承包、承租人，应当自承包、承租合同签订之日起 30 日内，向其承包、承租业务发生地税务机关申报办理税务登记，税务机关核发临时税务登记证及副本。

④ 从事生产、经营的纳税人外出经营，自其在同一县（市）实际经营或提供劳务之日起，在连续 12 个月内累计超过 180 天的，应当自期满之日起 30 日内，向生产、经营所在地税务机关申报办理税务登记，税务机关核发临时税务登记证及副本。

⑤ 境外企业在中国境内承包建筑、安装、装配、勘探工程和提供劳务的，应当自项目合同或协议签订之日起 30 日内，向项目所在地税务机关申报办理税务登记，税务机关核发临时税务登记证及副本。

⑥ 除国家机关、个人和无固定生产经营场所的流动性农村小商贩外的其他纳税人，均应当自纳税义务发生之日起 30 日内，向纳税义务发生地税务机关申报办理税务登记，税务机关核发税务登记证及副本。

已办理税务登记的扣缴义务人应当自扣缴义务发生之日起 30 日内，向税务登记地税务机关申报办理扣缴税款登记。税务机关在其税务登记证上登记扣缴税款事项，税务机关不再发给扣缴税款登记证件。根据税收法律、行政法规的规定可不办理税务登记的扣缴义务人，应当自扣缴义务发生之日起 30 日内，向机构所在地税务机关申报办理扣缴税款登记，税务机关核发扣缴税款登记证件。

2. 变更税务登记

变更税务登记是指纳税人办理设立税务登记后，因登记内容发生了变化，需要对原登记内容进行更改，而向税务机关申报办理的税务登记。变更税务登记的适用情形主要包括：改变名称；改变法人代表；改变经济性质；增设或撤销分支机构；改变住所或经营地点（涉及主管税务机关变动的办理注销登记）；改变生产经营范围或经营方式；增减注册资本；改变隶属关系；改变生产经营期限；改变开户银行和账号；改变生产经营权属以及改变其他税务登记内容。

(1) 对于纳入“一照一码”管理范围的纳税人，其变更税务登记的流程如下：

①“一照一码”企业办理变更税务登记，除生产经营地址、财务负责人、核算方式变更由企业向税务机关提出变更申请以外，其他变更信息由企业登记机关统一采集。纳税人在办理股东股权变更登记手续时，应向企业登记机关提供所得税完税凭证或者不征税证明；对不能提供的，企业登记机关暂缓办理变更税务登记，并将情况通报同级主管税务机关。已领取营业执照但未办理税务登记的，税务机关按新设企业处理。

② 企业生产经营地址、财务负责人、核算方式发生变化的，由企业直接向主管税务机关申报变更。企业向税务机关提出变更所需资料，即《变更税务登记表》一式两份(加盖单位公章)。

(2) 对于未纳入“一照一码”管理制度的纳税人，其变更税务登记的流程如下：

未纳入“一照一码”管理制度的纳税人税务登记内容发生变化的，应当向原税务登记机关申报办理变更税务登记。纳税人已在工商行政管理机关办理变更税务登记的，应当自工商行政管理机关变更税务登记之日起30日内，向原税务登记机关如实提供相关证件、资料，申报办理变更税务登记。

3. 注销税务登记

注销税务登记是指当纳税人发生纳税义务终止或作为纳税主体资格消亡，或因其住所、经营地点变更而涉及改变税务机关的情形时，依法向原税务登记机关申报办理的税务登记。

（1）对于纳入“一照一码”管理范围的纳税人，其注销税务登记的流程如下：

① 企业应先到税务部门办理税务清税手续，填写《清税申报表》，结清税款、缴销结存发票、注销各种税控设备及办结全部涉税事项。

② 主管税务机关向纳税人开具“清税证明”。在清税完毕后，一方税务机关及时将本部门的清税结果信息反馈给受理税务机关，由受理税务机关根据清税结果向纳税人统一出具“清税证明”，并将信息共享到交换平台。企业凭税务部门出具的“清税证明”前往工商行政管理部门或市场监督管理部门办理企业注销。

（2）对于未纳入“一照一码”管理范围的纳税人，其注销税务登记的流程如下：

在过渡期间未换发“一照一码”营业执照的企业申请注销，税务机关按照原规定办理。

纳税人发生解散、破产、撤销以及其他情形，依法终止纳税义务的，应当在向工商行政管理机关或者其他机关办理注销登记前，持有关证件和资料向原税务登记机关申报办理注销登记；按规定不需要在工商行政管理机关或者其他机关办理注册登记的，应当自有关机关批准或者宣告终止之日起15日内，持有关证件和资料向原税务登记机关申报办理注销登记。纳税人被工商行政管理机关吊销营业执照或者被其他机关予以撤销登记的，应当自营业执照被吊销或者被撤销登记之日起15日内，向原税务登记机关申报办理注销登记。

纳税人因住所、经营地点变动，涉及改变税务登记机关的，应当在向工商行政管理机关或者其他机关申请办理变更、注销税务登记前，或者住所、经营地点变动前，持有关证件和资料向原税务登记机关申报办理注销税务登记，并自注销税务登记之日起30日内向迁达地税务机关申报办理税务登记。境外企业在中国境内承包建筑、安装、装配、勘探工程和提供劳务的，应当在项目完工、离开中国前15日内，持有关证件和资料向原税务登记机关申报办理注销登记。

纳税人办理注销税务登记前，应当向税务机关提交相关证明文件和资料，结清应纳税款、多退（免）税款、滞纳金和罚款，缴销发票、税务登记证和其他税务证件，经税务机关核准后，办理注销税务登记手续。

4. 停业、复业税务登记

实行定期定额征收方式的纳税人，在营业执照核准的经营期限内需要停业的，应当向税务机关提出停业税务登记，说明停业的理由、时间，停业前的纳税情况和发票的领、用、存情况，并如实填写申请停业登记表。

纳税人的停业期限不得超过一年。

10.1.2 账簿凭证管理

1. 设置账簿

根据《税收征管法》及实施细则的规定，纳税人、扣缴义务人应当按照有关法律、行政法规和国务院财政、税务主管部门的规定设置账簿，根据合法、有效凭证记账，进行核算。

（1）从事生产经营的纳税人应当自领取营业执照或者发生纳税义务之日起15日内，按照国家有关规定设置账簿。前款所称账簿，是指总账、明细账、日记账以及其他辅助性账簿。总账、日记账应当采用订本式。

（2）生产经营规模小，确无建账能力的纳税人，可以聘请经批准从事会计代理记账业务的专业机构或者经税务机关认可的财会人员代为建账和办理账务；聘请上述机构或者人员有实际困难的，经县以上税务机关批准，可以按照税务机关的规定，建立收支凭证粘贴簿、进货销货登记簿或者使用税控装置。

【小思考】 如何理解小规模纳税人要建立收支凭证粘贴簿、进货销货登记簿或者使用税控装置？

（3）扣缴义务人应当自税收法律、行政法规规定的扣缴义务发生之日起10日内，按照所代扣、代收的税种，分别设置代扣代缴、代收代缴税款账簿。

（4）纳税人、扣缴义务人会计制度健全，能够通过计算机正确、完整地计算其收入和所得或者代扣代缴、代收代缴税款情况的，其计算机输出的完整的书面会计记录，可视同会计账簿。

（5）纳税人、扣缴义务人会计制度不健全，不能通过计算机正确、完整地计算其收入和所得或者代扣代缴税款情况的，应当建立总账及与纳税或者代扣代缴、代收代缴税款有关的其他账簿。

2. 保管账簿、凭证

从事生产经营的纳税人、扣缴义务人必须按照国务院财政、税务主管部门规定的保管期限保管账簿、记账凭证、完税凭证及其他有关资料。除法律、行政法规另有规定外，账簿、会计凭证、报表、完税凭证及其他有关纳税资料应当保存10年。

纳税人、扣缴义务人不得伪造、变造或者擅自销毁账簿、记账凭证、完税凭证及其他有关资料。

10.2 税款征收

10.2.1 税款征收方式

1. 查账征收

查账征收是指税务机关根据纳税人的会计账册资料，依照税法规定计算征收税款的

一种方式。它适用于经营规模较大、财务会计制度健全、能够如实核算和提供生产经营状况以及正确计算应纳税款并认真履行纳税义务的纳税人。

2. 查定征收

查定征收是指税务机关根据纳税人的从业人员、生产设备、原材料耗用情况等因素，查实核定其在正常生产经营条件下应税产品的产量、销售额，并据以征收税款的一种方式。具体做法是：由纳税单位向税务机关报送纳税申报表，经税务机关审查核实，按照其原材料的使用、进货和销货情况等，计算核定征收税额，开具纳税缴款书，由纳税人据以缴纳税款的征收方式。它适用于经营规模较小、产品零星、税源分散、会计账册不健全的小型厂矿和作坊。

3. 查验征收

查验征收是税务机关对某些难以进行源泉控制的征收对象，通过查验证照和实物，据以征税而采取的一种征收方式。这种方式适用于对零星分散、流动性大的税源，如城乡集贸市场的临时经营和机场、码头等场外经销商品的税款征收。

【小思考】 查定征收和查验征收在具体流程上有什么区别？

4. 定期定额征收

定期定额征收是指税务机关按照法律、法规的规定，依照一定的程序，核定纳税人在一定经营时期内的应纳税经营额及收益额，并以此作为计税依据，确定其应纳税额的一种税款征收方式。税务机关在核定定额时应依照以下程序办理：纳税人自动申报、典型调查、定额核定、下达定额。这种税款的征收方式适用于生产经营规模小、确实无建账能力，经主管税务机关审核批准，可以不设置账簿或者暂缓建账的小型纳税人。

定额的核定工作由税务机关负责。

10.2.2 税款征收措施

1. 核定税额征收

为了保证税款足额征收，《税收征管法》赋予税务机关税款核定权，即在某些情形下，税务机关有权按照规定的方法核定纳税人的应纳税额，并按核定数额征收。

（1）核定税额的适用范围。根据《税收征管法》，纳税人有下列情形之一的，税务机关有权核定其应纳税额：

① 依照法律、行政法规的规定可以不设置账簿的。

② 依照法律、行政法规的规定应当设置但未设置账簿的。

③ 擅自销毁账簿或者拒不提供纳税资料的。

④ 虽设置账簿，但账目混乱或者成本资料、收入凭证、费用凭证残缺不全，难以查账的。

⑤ 发生纳税义务，未按照规定的期限办理纳税申报，经税务机关责令限期申报，逾期仍不申报的。

⑥ 纳税人申报的计税依据明显偏低且无正当理由的。

（2）核定税额的方法及要求。根据《税收征管法》的规定，税务机关有权采用下列任何一种方法核定纳税人的应纳税额：

① 参照当地同类行业或者类似行业中经营规模和收入水平相近的纳税人的税负水平核定。

② 按照营业收入或者成本加合理的费用和利润的方法核定。

③ 按照耗用的原材料、燃料、动力等推算或者测算核定。

④ 按照其他合理方法核定。

在采用前款所列一种方法不足以正确核定应纳税额时，可以同时采用两种以上的方法核定。

2. 纳税担保

纳税担保是指经税务机关同意或确认，纳税人或其他自然人、法人、经济组织以保证、抵押、质押的方式，为纳税人应当缴纳的税款及滞纳金提供担保的行为。

纳税担保的范围包括税款、滞纳金和实现税款、滞纳金的费用。费用包括抵押、质押登记费用，质押保管费用以及保管、拍卖、变卖担保财产等相关费用支出。

3. 税收保全措施

税收保全措施是指税务机关对可能由于纳税人的行为或者某种客观原因，致使以后税款的征收不能保证或难以保证的案件，采取限制纳税人处理或转移商品、货物或其他财产的措施。税收保全措施的两种主要形式为：

(1) 书面通知纳税人开户银行或其他金融机构暂停支付纳税人相当于应纳税款的存款。

(2) 扣押、查封纳税人的价值相当于应纳税款的商品、货物或其他财产。个人及其所抚养家属维持生活必需的住房和用品，不在税收保全措施的范围之内。

税收保全措施的期限一般不超过6个月；重大案件需要延长的，应当报国家税务总局批准。

4. 税收强制执行措施

税收强制执行措施是指当事人不履行法律、行政法规规定的义务，有关国家机关采用法定的强制手段，强迫当事人履行义务的行为。税收强制执行措施的两种主要形式为：

(1) 书面通知纳税人开户银行或其他金融机构从其存款中扣缴税款。

(2) 扣押、查封、拍卖其价值相当于应纳税款的商品、货物或其他财产，以拍卖所得抵缴税款。

5. 税款的退还和追征制度

纳税人多缴纳税款，税务机关发现后应当立即退还，纳税人自结算缴纳税款之日起3年内发现的，可以向税务机关要求退还多缴纳的税款并加算银行同期存款利息，税务机关及时查实后应当立即退还。

由于税务机关的责任，纳税人少缴纳税款，税务机关在3年内可要求纳税人、扣缴义务人补缴税款，但不得加收滞纳金。

由于纳税人、扣缴义务人计算失误而少缴纳税款，税务机关在3年内可以追征税款、滞纳金；有特殊情况的，追征期可以延长到5年。

纳税人抗税、骗税，税务机关可以无限期地追征其未缴或者少缴的税款、滞纳金或者骗取的税款。

【即学即用】 在下列关于退还纳税人多缴税款的表述中，正确的是（ ）。

A. 纳税人发现多缴税款但距缴款日期已超过3年的，税务机关不再退还多缴税款
B. 税务机关发现多缴税款的，在退还税款的同时，应一并计算银行同期存款利息
C. 税务机关发现多缴税款但距缴款日期已超过3年的，税务机关不再退还多缴税款
D. 纳税人发现当年预缴企业所得税税款超过应缴税额的，可要求退款并加计银行同期存款利息

答案：A

解析：纳税人自结算缴纳税款之日起3年内发现的，可以向税务机关要求退还多缴纳的税款并加算银行同期存款利息，税务机关及时查实后应当立即退还。

10.3 纳税人的法律责任

1. 对违反税务管理基本规定行为的处罚

（1）纳税人有下列行为之一的，由税务机关责令限期改正，可以处2 000元以下的罚款；情节严重的，可以处2 000元以上10 000元以下的罚款。

第一，未按照规定的期限申报办理税务登记、变更或者注销登记的。

第二，未按照规定设置、保管账簿或者保管记账凭证和有关资料的。

第三，未按照规定将财务会计制度或者财务会计处理办法和会计核算软件报送税务机关备查的。

第四，未按照规定将其全部银行账号向税务机关报告的。

第五，未按照规定安装、使用税控装置，或者损毁或擅自改动税控装置的。

（2）纳税人不办理税务登记的，由税务机关责令限期改正；逾期不改正的，由工商行政管理机关吊销其营业执照。

（3）纳税人未按照规定使用税务登记证，或者转借、涂改、损毁、买卖、伪造税务登记证的，处2 000元以上10 000元以下的罚款；情节严重的，处10 000元以上50 000元以下的罚款。

（4）扣缴义务人违反账簿、凭证管理的处罚。扣缴义务人未按照规定设置、保管代扣代缴、代收代缴税款账簿或者保管代扣代缴、代收代缴税款记账凭证及有关资料的，由税务机关责令限期改正，可以处2 000元以下的罚款；情节严重的，处2 000元以上5 000元以下的罚款。

（5）纳税人、扣缴义务人未按规定进行纳税申报的法律责任。纳税人未按照规定的期限办理纳税申报和报送纳税资料的，或者扣缴义务人未按照规定的期限向税务机关报送代扣代缴、代收代缴税款报告表和有关资料的，由税务机关责令限期改正，可以处2 000元以下的罚款；情节严重的，可以处2 000元以上10 000元以下的罚款。

2. 偷税及其法律责任

（1）偷税。纳税人伪造、变造、隐匿、擅自销毁账簿、记账凭证，或者在账簿上多

列支出或者不列、少列收入，或者经税务机关通知申报而拒不申报或进行虚假的纳税申报，不缴或者少缴应纳税款的，是偷税。对纳税人偷税的，由税务机关追缴其不缴或者少缴的税款、税款滞纳金，并处不缴或者少缴的税款50%以上5倍以下的罚款；构成犯罪的，依法追究刑事责任。

扣缴义务人采取前款所列手段，不缴或者少缴已扣、已收税款，由税务机关追缴其不缴或者少缴的税款、税款滞纳金，并处不缴或者少缴的税款50%以上5倍以下的罚款；构成犯罪的，依法追究刑事责任。

(2) 逃避缴纳税款罪。《中华人民共和国刑法》(以下简称《刑法》) 第二百零一条规定：纳税人采取欺骗、隐瞒手段进行虚假纳税申报或者不申报，逃避缴纳税款数额较大并且占应纳税额10%以上的，处3年以下有期徒刑或者拘役，并处罚金；数额巨大并且占应纳税额30%以上的，处3年以上7年以下有期徒刑，并处罚金。

扣缴义务人采取前款所列手段，不缴或者少缴已扣、已收税款，数额较大的，依照前款的规定处罚。

对多次实施前两款行为，未经处理的，按照累计数额计算。

有第一款行为，经税务机关依法下达追缴通知后，补缴应纳税款，缴纳滞纳金，已受行政处罚的，不予追究刑事责任；但是，5年内因逃避缴纳税款受过刑事处罚或者被税务机关给予两次以上行政处罚的除外。

3. 欠税及其法律责任

(1) 欠税。欠税是指纳税人、扣缴义务人超过征收法律法规规定或税务机关依照税收法律法规规定的纳税期限，未缴或少缴税款的行为。

纳税人欠缴应纳税款，采取转移或者隐匿财产的手段，妨碍税务机关追缴欠缴的税款，由税务机关追缴欠缴的税款、滞纳金，并处欠缴税款50%以上5倍以下的罚款；构成犯罪的，依法追究刑事责任。

(2) 逃避追缴欠税罪。《刑法》第二百零三条规定：纳税人欠缴应纳税款，采取转移或者隐匿财产的手段，致使税务机关无法追缴欠缴的税款，数额在1万元以上不满10万元的，处3年以下有期徒刑或者拘役，并处或者单处欠缴税款1倍以上5倍以下罚金；数额在10万元以上的，处3年以上7年以下有期徒刑，并处欠缴税款1倍以上5倍以下罚金。

4. 骗取出口退税的法律责任

(1) 骗税。骗税是指纳税人以假报出口或者其他欺骗手段，骗取国家出口退税款的行为。

以假报出口或者其他欺骗手段骗取国家出口退税款的，由税务机关追缴其骗取的退税款，并处骗取税款1倍以上5倍以下的罚款；构成犯罪的，依法追究刑事责任。

对骗取国家出口退税款的，税务机关可以在规定期间内停止为其办理出口退税。

(2) 骗取出口退税罪。《刑法》第二百零四条规定：以假报出口或者其他欺骗手段，骗取国家出口退税款，数额较大的，处5年以下有期徒刑或者拘役，并处骗取税款1倍以上5倍以下罚金；数额巨大或者有其他严重情节的，处5年以上10年以下有期徒刑，并处骗取税款1倍以上5倍以下罚金；数额特别巨大或者有其他特别严重情节的，处10年以上有期徒刑或者无期徒刑，并处骗取税款1倍以上5倍以下罚金或者没收财产。

5. 抗税的法律责任

（1）抗税。抗税是以暴力、威胁方法拒不缴纳税款。抗税除由税务机关追缴其拒缴的税款、滞纳金外，依法追究刑事责任。情节轻微，未构成犯罪的，由税务机关追缴其拒缴的税款、滞纳金，并处拒缴税款1倍以上5倍以下的罚款。

（2）抗税罪。《刑法》第二百零二条规定：以暴力、威胁方法拒不缴纳税款的，处3年以下有期徒刑或者拘役，并处拒缴税款1倍以上5倍以下罚金；情节严重的，处3年以上7年以下有期徒刑，并处拒缴税款1倍以上5倍以下罚金。

6. 进行虚假申报的法律责任

纳税人、扣缴义务人编造虚假计税依据的，由税务机关责令限期改正，并处5万元以下的罚款。

7. 在规定期限内不缴或者少缴税款的法律责任

纳税人、扣缴义务人在规定期限内不缴或者少缴应纳或者应解缴的税款，经税务机关责令限期缴纳，逾期仍未缴纳的，税务机关除依照《税收征管法》规定采取强制执行措施，追缴其不缴或者少缴的税款外，可以处不缴或者少缴的税款50%以上5倍以下的罚款。

8. 扣缴义务人不履行扣缴义务的法律责任

扣缴义务人应扣未扣、应收未收税款的，由税务机关向纳税人追缴税款，对扣缴义务人处应扣未扣、应收未收税款50%以上3倍以下的罚款。

9. 不配合税务机关依法检查的法律责任

纳税人、扣缴义务人逃避、拒绝或者以其他方式阻挠税务机关检查的，由税务机关责令改正，可以处1万元以下的罚款；情节严重的，处1万元以上5万元以下的罚款。税务机关依法到车站、码头、机场、邮政企业及其分支机构检查纳税人有关情况时，有关单位拒绝的，由税务机关责令改正，可以处1万元以下的罚款；情节严重的，处1万元以上5万元以下的罚款。

10. 对有履行能力但拒不履行的重大税收违法案件当事人的限制

自2018年5月1日起，对有履行能力但拒不履行的重大税收违法案件当事人，民航局按照规定程序，每月第一个工作日在指定的民航网站和“信用中国”网站发布限制乘机名单信息，对以上人员在一年内适当限制乘坐民用航空器。

【小思考】 纳税人违反税务管理基本规定的几种主要处罚手段之间的区别是什么？

10.4 税务行政复议

税务行政复议是指当事人不服税务机关及其工作人员做出的税务具体行政行为，依法向上一级税务机关（复议机关）提出申请，复议机关经审理对原税务机关具体行政行为依法做出维持、变更、撤销等决定的活动。

1. 税务行政复议的受案范围

（1）申请人对税务机关下列具体行政行为不服而提出的行政复议申请。

① 征税行为，包括确认纳税主体、征税对象、征税范围、减税、免税及退税、适用税率、计税依据、纳税环节、纳税期限、纳税地点以及税款征收方式等具体行政行为。

② 征收税款、加收滞纳金，扣缴义务人、受税务机关委托征收的单位做出的代扣代缴、代收代缴、代征行为等。

（2）行政许可、行政审批行为。

（3）发票管理行为，包括发售、收缴、代开发票等。

（4）税收保全措施、强制执行措施。

（5）行政处罚行为：

① 罚款。

② 没收财务和非法所得。

③ 停止出口退税权。

（6）不依法履行下列职责的行为。

① 颁发税务登记。

② 开具、出具完税凭证、外出经营活动税收管理证明。

③ 行政赔偿。

④ 行政奖励。

⑤ 其他不依法履行职责的行为。

（7）资格认定行为。

（8）不依法确认纳税担保行为。

（9）政府信息公开工作中的具体行政行为。

（10）纳税信用等级评定行为。

（11）通知出入境管理机关阻止出境行为。

（12）其他具体行政行为。

2. 税务行政复议申请

申请人可以在知道税务机关做出具体行政行为之日起 60 日内提出行政复议申请。申请人对“征税行为”不服的，应当先向行政复议机关申请行政复议；对行政复议决定不服的，可以向人民法院提起行政诉讼。申请人对“征税行为”以外的其他具体行政行为不服的，可以申请行政复议，也可以直接向人民法院提起行政诉讼。

3. 税务行政复议审查和决定

复议机关应当自受理申请之日起 60 日内做出行政复议决定。对于情况复杂、不能在规定期限内做出行政复议决定的，经复议机关负责人批准，可以适当延长，但延长期限最多不超过 30 日。行政复议决定书一经送达，即发生法律效力。

具体行政行为有下列情形之一的：决定撤销、变更或者确认该具体行政行为违法；决定撤销或者确认该具体行政行为违法的，可以责令被申请人在一定期限内重新做出具体行政行为：

第一，主要事实不清、证据不足的。

第二，适用依据错误的。

第三，违反法定程序的。

第四，超越职权或者滥用职权的。

第五，具体行政行为明显不当的。

10.5 税务行政诉讼

税务行政诉讼是指公民、法人和其他组织认为税务机关及其工作人员的具体税务行政行为违法或者不当，侵犯了其合法权益，依法向人民法院提起行政诉讼，由人民法院对具体税务行政行为的合法性和适当性进行审理并做出裁决的司法活动。

1. 税务行政诉讼的特点

(1) 被告必须是税务机关，或经法律、法规授权的行使税务行政管理权的组织，而不是其他行政机关或组织。

(2) 解决的争议发生在税务行政管理过程中。

(3) 因税款征纳问题发生的争议，当事人在向人民法院提起行政诉讼前，必须先经过税务行政复议程序，即复议前置。

2. 税务行政诉讼的原则

(1) 人民法院特定主管原则。

(2) 合法性审查原则。

(3) 不适用调解原则。

(4) 起诉不停止执行原则。

(5) 税务机关负举证责任原则。

(6) 由税务机关负责赔偿的原则。

3. 税务行政诉讼的受案范围

(1) 税务机关做出的征税行为。

(2) 税务机关做出的责令纳税人提交纳税保证金或者纳税担保行为。

(3) 税务机关做出的行政处罚行为。

(4) 税务机关做出的通知出境管理机关阻止出境行为。

(5) 税务机关做出的税收保全措施。

(6) 税务机关做出的税收强制执行措施。

(7) 认为符合法定条件，申请税务机关颁发税务登记证和发售发票，税务机关拒绝颁发、发售或者不予答复的行为。

(8) 税务机关的复议行为。

4. 税务行政诉讼的起诉和受理

在税务行政诉讼等行政诉讼中，起诉权是单向性的权利，税务机关不享有起诉权，只有应诉权，即税务机关只能作为被告；与民事诉讼不同，作为被告的税务机关不能反诉。

纳税人、扣缴义务人等税务管理相对人在提起税务行政诉讼时，必须符合下列条件：

(1) 原告是认为具体税务行为侵犯其合法权益的公民、法人或者其他组织。

(2) 有明确的被告。

(3) 有具体的诉讼请求和事实、法律根据。

(4) 属于法院的受案范围和受诉人民法院管辖。

对税务机关的征税行为提起诉讼，必须先经过复议；对复议决定不服的，可以在接到复议决定书之日起 15 日内向人民法院起诉；对其他具体行政行为不服的，当事人可以在接到通知或者知道之日起 15 日内直接向人民法院起诉。

10.6 纳税信用管理

纳税信用管理是指税务机关对纳税人的纳税信用信息开展的采集、评价、确定、发布和应用等活动，适用于已办理税务登记，从事生产经营并适用查账征收的企业纳税人。

1. 纳税信用信息采集

纳税信用信息采集工作由国家税务总局和省税务机关组织实施，按月采集。

纳税信用信息包括纳税人信用历史信息、税务内部信息、外部信息。

纳税人信用历史信息包括基本信息和评价年度之前的纳税信用记录以及相关部门评定的优良信用记录和不良信用记录。

税务内部信息包括经常性指标信息和非经常性指标信息。经常性指标信息是指涉税申报信息、税（费）款缴纳信息、发票与税控器具信息、登记与账簿信息等纳税人在评价年度内经常产生的指标信息；非经常性指标信息是指税务检查信息等纳税人在评价年度内不经常产生的指标信息。

外部信息包括外部参考信息和外部评价信息。外部参考信息包括评价年度相关部门评定的优良信用记录和不良信用记录；外部评价信息是指从相关部门取得的影响纳税人纳税信用评价的指标信息。

2. 纳税信用评价

纳税信用评价采取年度评价指标得分和直接判级方式。评价指标包括税务内部信息和外部评价信息。

年度评价指标得分采取扣分方式。纳税人评价年度内经常性指标和非经常性指标信息齐全的，从 100 分起评；非经常性指标缺失的，从 90 分起评。

直接判级适用于有严重失信行为的纳税人。

纳税信用级别设 A、B、C、D、M 五级。A 级纳税信用为年度评价指标得分 90 分以上的；B 级纳税信用为年度评价指标得分 70 分以上不满 90 分的；C 级纳税信用为年度评价指标得分 40 分以上不满 70 分的；D 级纳税信用为年度评价指标得分不满 40 分或者直接判级确定的。未发生《纳税信用管理办法（试行）》所列失信行为的下列企业适用 M 级纳税信用：

（1）新设立企业。

（2）评价年度内无生产经营业务收入且年度评价指标得分 70 分以上的企业。

（3）有下列情形之一的纳税人，本评价年度不能评为 A 级（纳税信用评价周期为一个纳税年度）：

① 实际生产经营期不满 3 年的。

② 上一评价年度纳税信用评价结果为 D 级的。

③ 由于非正常原因在一个评价年度内连续 3 个月或者累计 6 个月增值税零申报、负申报的。

④ 不能按照国家统一的会计制度规定设置账簿，并根据合法、有效凭证核算，向税务机关提供准确税务资料的。

（4）有下列情形之一的纳税人，本评价年度直接判为 D 级：

① 存在逃避缴纳税款、逃避追缴欠税、骗取出口退税、虚开增值税专用发票等行为，经判决构成涉税犯罪的。

② 存在前项所列行为，未构成犯罪，但偷税（逃避缴纳税款）金额 10 万元以上且占各税种应纳税总额 10%以上，或者存在逃避追缴欠税、骗取出口退税、虚开增值税专用发票等税收违法行为，已缴纳税款、滞纳金、罚款的。

③ 在规定期限内未按税务机关处理结论缴纳或者足额缴纳税款、滞纳金和罚款的。

④ 以暴力、威胁方法拒不缴纳税款或者拒绝、阻挠税务机关依法实施税务稽查执法行为的。

⑤ 存在违反增值税发票管理规定或者违反其他发票管理规定的行为，导致其他单位或者个人未缴、少缴或者骗取税款的。

⑥ 提供虚假申报材料享受税收优惠政策的。

⑦ 骗取国家出口退税款，被停止出口退（免）税资格未到期的。

⑧ 有非正常户记录或者由非正常户直接责任人员注册登记或者负责经营的。

⑨ 由 D 级纳税人的直接责任人员注册登记或者负责经营的。

⑩ 存在税务机关依法认定的其他严重失信情形的。

（5）纳税人有下列情形的，不影响其纳税信用评价：

① 由于税务机关的原因或者不可抗力，造成纳税人未能及时履行纳税义务的。

② 非主观故意的计算公式运用错误以及明显的笔误造成未缴或者少缴税款的。

③ 国家税务总局认定的其他不影响纳税信用评价的情形。

3. 纳税信用评价结果的发布

税务机关每年 4 月确定上一年度纳税信用评价结果，并为纳税人提供自我查询服务。税务机关对纳税人的纳税信用级别实行动态调整。因税务检查等发现纳税人以前评价年度需要扣减信用评价指标得分或者直接判级的，税务机关应按前述规定调整其以前年度纳税信用评价结果和记录。

4. 纳税信用评价结果的应用

（1）对纳税信用评价为 A 级的纳税人，税务机关予以下列激励措施：

① 主动向社会公告年度 A 级纳税人名单。

② 一般纳税人可单次领取 3 个月的增值税发票用量，需要调整增值税发票用量时即

时办理。

③ 普通发票按需领用。

④ 连续3年被评为A级信用级别（以下简称“3连A”）的纳税人，除享受以上措施外，还可以由税务机关提供绿色通道或专门人员帮助办理涉税事项。

（2）对纳税信用评价为B级的纳税人，税务机关实施正常管理，适时进行税收政策和管理规定的辅导，并视信用评价状态变化趋势选择性地提供《纳税信用管理办法（试行）》的激励措施。

（3）对纳税信用评价为C级的纳税人，税务机关应依法从严管理，并视信用评价状态变化趋势选择性地采取纳税信用D级纳税人适用的管理措施。

（4）对纳税信用评价为D级的纳税人，税务机关应采取以下措施：

① 公开D级纳税人及其直接责任人员的名单，对直接责任人员注册登记或者负责经营的其他纳税人纳税信用直接判为D级。

② 增值税专用发票领用按辅导期一般纳税人政策办理，普通发票的领用实行交（验）旧供新、严格限量供应。

③ 加强出口退税审核。

④ 加强纳税评估，严格审核其报送的各种资料。

⑤ 列入重点监控对象，提高监督检查频次，发现税收违法违规行为的，不得适用规定处罚幅度内的最低标准。

⑥ 将纳税信用评价结果通报相关部门，建议在经营、投融资、取得政府供应土地、进出口、出入境、注册新公司、工程招投标、政府采购、获得荣誉、安全许可、生产许可、从业任职资格、资质审核等方面予以限制或禁止。

⑦ D级评价持续两年，则第三年的纳税信用不得评为A级。

⑧ 税务机关与相关部门实施的联合惩戒措施以及结合实际情况依法采取的其他严格管理措施。

本章小结

税收征收管理是国家征税机关依据国家税收法律、行政法规的规定，按照统一的标准，通过一定的程序，将纳税人应纳税额组织入库的一种行政活动，也是国家将税收政策贯彻实施到每个纳税人，有效地组织税收收入及时、足额入库的一系列活动的总称。税收征收管理作为国家的行政行为，一方面要维护国家的利益，另一方面也要保护纳税人的合法权益不受侵犯。

关键术语

税务管理　税务登记　账簿凭证管理　税务行政复议　税务行政诉讼

思考题

1. 纳税人应当自领取营业执照或者发生纳税义务之日起多少日内设置账簿？
2. 税款征收的原则是什么？
3. 税务行政复议和税务行政诉讼的区别是什么？
4. 纳税信用的评定标准是什么？

图书在版编目（CIP）数据

税法/梁俊娇主编．—6版．—北京：中国人民大学出版社，2019.5
经济管理类课程教材．税收系列
ISBN 978-7-300-26907-8

Ⅰ.①税…　Ⅱ.①梁…　Ⅲ.①税法-中国-高等学校-教材　Ⅳ.①D922.22

中国版本图书馆 CIP 数据核字（2019）第080239号

经济管理类课程教材·税收系列
税法（第六版）
主　编　梁俊娇
副主编　王怡璞
Shuifa

出版发行	中国人民大学出版社		
社　　址	北京中关村大街31号	**邮政编码**	100080
电　　话	010－62511242（总编室）		010－62511770（质管部）
	010－82501766（邮购部）		010－62514148（门市部）
	010－62515195（发行公司）		010－62515275（盗版举报）
网　　址	http://www.crup.com.cn		
经　　销	新华书店		
印　　刷	北京七色印务有限公司	**版　　次**	2013年6月第1版
规　　格	185 mm×260 mm　16开本		2019年5月第6版
印　　张	24.25	**印　　次**	2019年8月第3次印刷
字　　数	565 000	**定　　价**	49.00元